U0125119

全本全注全译丛书

中华经典名著

彭 林◎译注

仪 礼

中华书局

图书在版编目(CIP)数据

仪礼/彭林译注. —北京:中华书局,2012.6(2023.7 重印)
(中华经典名著全本全注全译丛书)
ISBN 978-7-101-08567-9

Ⅰ.仪… Ⅱ.彭… Ⅲ.①礼仪-中国-古代②《仪礼》-注释
③《仪礼》-译文 Ⅳ.K892.9

中国版本图书馆 CIP 数据核字(2012)第 030889 号

书　名	仪　礼	
译 注 者	彭　林	
丛 书 名	中华经典名著全本全注全译丛书	
责任编辑	王水涣	
责任印制	管　斌	
出版发行	中华书局	

(北京市丰台区太平桥西里 38 号　100073)
http://www.zhbc.com.cn
E-mail:zhbc@zhbc.com.cn

印　　刷	北京盛通印刷股份有限公司
版　　次	2012 年 6 月第 1 版
	2023 年 7 月第 11 次印刷
规　　格	开本/880×1230 毫米　1/32
	印张 19⅛　字数 400 千字
印　　数	60001-65000 册
国际书号	ISBN 978-7-101-08567-9
定　　价	48.00 元

目 录

前言

　　《仪礼》是中国最早的关于礼的文献。汉武帝建元五年（前136），初置五经博士，《仪礼》即居其一。入唐，有"九经"，至宋，有"十三经"，《仪礼》均在其中，是为儒家经邦治国的煌煌大典之一，对中国文化的影响之深远，自不难想见。

一、《仪礼》其书

　　《周礼》、《仪礼》、《礼记》，习称"三礼"。《仪礼》是礼的本经，故又称《礼经》，在"三礼"中，成书最早，而且首先取得经的地位。

　　《仪礼》本名《礼》。《汉书·景十三王传》："献王所得书皆古文先秦旧书，《周官》、《尚书》、《礼》、《礼记》、《孟子》、《老子》之属，皆经传说记，七十子之徒所论。"其中的《礼》，就是指《仪礼》。《汉书·艺文志》也称"礼"，不称"仪礼"。汉人还每每把《仪礼》称为《礼记》，如《史记·孔子世家》说"故《书传》、《礼记》自孔氏出"，此处的《礼记》，是指《仪礼》。《后汉书·卢植传》也称《仪礼》为《礼记》。此外，郭璞注《尔雅》称引《仪礼》文字，屡屡称其为《礼记》。这可能是《士礼》的经文之后大多附有记的缘故。何休《公羊》注引及《仪礼》经文或记，则每每混称，而不加区别。据段玉裁考证，《礼》十七篇的标题，在汉代均无"仪"字。东晋元帝时，荀崧奏请置《仪礼》博士，始有《仪礼》之名，但未成通称。如唐人张参《五经文字》引《仪礼》文字很多，但都只说"见《礼经》"。唐文宗开成年间石刻九经，《礼经》用《仪礼》之名，遂成为通称，沿用至今。

先秦、汉初人好以篇首之字作为篇名或书名，《仪礼》十七篇的首篇为《士冠礼》，故又摘其篇首之字而名之为《士礼》。有的学者认为，《士礼》的名，当由内容而起，因为此书所记，以士的礼仪为主。

汉代《仪礼》的传本有大戴本、小戴本、刘向《别录》本等几种，都将《仪礼》十七篇分为冠昏、朝聘、丧祭、乡射等四类，但只有《士冠礼》、《士昏礼》、《士相见礼》三篇的次序完全相同，其余各篇则不尽相同。几种传本的次序，以戴德本最为合理，此书以冠、昏、丧、祭、乡、射、朝、聘等八大纲为序排列各篇，《丧服》一篇相传为子夏所作，故列在最后。刘向《别录》本则以有关冠、昏、乡、射、朝、聘的十篇居先，有关丧、祭的七篇列后，可能是前十篇为吉礼，后七篇属凶礼，全书依吉、凶、人神为序。戴圣本所定次序最乱，似无条理可寻。郑玄注《仪礼》，鉴于二戴本"尊卑吉凶杂乱"，刘向《别录》本"尊卑吉凶次第伦序"，所以采用的是刘向《别录》本。1957年，甘肃武威磨嘴子6号汉墓出土一批西汉晚期抄写的《仪礼》竹、木简，共496支。据简的形制及内容，可以分为甲、乙、丙三种文本。甲本木简包括《士相见》、《服传》、《特牲》、《少牢》、《有司》、《燕礼》、《泰射》等七篇；乙本木简只有《服传》一篇；丙本为竹简，仅《丧服》一篇。从文字上看，丙本的《丧服》为单经本，甲本和乙本的《服传》为单传本，与今天所见经、传合一的文本不同，证明西汉时经文和传文是各自独立成书的。

据《汉书·艺文志》，汉代的《仪礼》有古文经和今文经两种，古文经是用先秦古文字书写的，今文经则是用汉代通行的隶书书写的。《汉书·艺文志》目录有"《礼古经》五十六卷，《经》七十篇"，前者为古文，后者为今文。所谓《礼古经》，出于鲁壁中，有五十六篇。"《经》七十篇"，指高堂生所传的十七篇《士礼》，"七十"乃"十七"之误倒。今文经只有十七篇，比古文经少三十九篇。今、古文《仪礼》都有的十七篇，内容基本相同,仅文字上有差异,因此,《仪礼》实际上无所谓今古文的问题。古文经多出的三十九篇不在当时通行的礼经之中,所以人们多不传习,后来渐渐失传,人们称之为"逸礼"。《周礼》、《礼记》的郑玄注,以及其他一些古书的注中,曾提及《天子巡狩礼》、《朝贡礼》、《烝尝礼》、《王居明堂礼》、《古大明堂礼》等篇名,王应麟认为就是三十九篇"逸礼"之属。元儒吴澄又将这些文字分类汇辑,附在《仪礼》各篇之后。有学者认为,三十九篇"逸礼"传授不明,又无师说,可能是子虚乌有之物。清人邵懿辰认为,后人所引及吴氏所辑,内容与十七篇所记不相类,文字也不古朴,可能是后人的伪作。

关于《仪礼》的作者与成书年代,学术界的看法一直有分歧。古文经学家认为出于周公,今文经学家认为出于孔子,古代学者大都踵此二说。如崔灵恩、陆德明、贾公彦、郑樵、朱熹、胡培翚等均持周公手作说。《礼记·明堂位》说:"周公践天子之位,以治天下。六年,朝诸侯于明堂,制礼作乐。"他们认定,周公所制之"礼",就是《仪礼》、《周官》等书,是周公损益三代之制而成;《仪礼》词意简严,仪节详备,非周公不能作。司马迁、班固等则认为《仪礼》是孔子慨叹周室衰微,礼崩乐坏,乃追迹三代之礼而作。《礼记·杂记》记载,恤由死后,鲁哀公派孺悲到孔子处学习士丧礼,皮锡瑞《三礼通论》、梁启超《古书真伪及其年代》据此认为,这是孔子作《仪礼》的明证,进而推定其余十六篇也是孔子所作;此外,《仪礼》的文字风格与《论语》颇有相同处,内容也与孔子的礼学思想相一致,例如孔子很重视冠、昏、丧、祭、朝、聘、乡、射等八礼,而《仪礼》十七篇所记正是这八种礼仪。邵懿辰等断言,《仪礼》并非因秦火而残缺,而是孔子用以教弟子的原典,十七篇已足以总揽礼的大纲。清人崔述《丰镐考信录》则说:"今《士丧礼》未必即孔子之所书。"从周代金文以及《尚书》、《逸周书》、《国语》、《左传》、《毛诗》等文献看,周代已经出现某些比较程式化的礼仪,如冠礼、觐礼、聘礼、飨礼、丧礼等,仪节与《仪礼》所见有相同或相似之处。近人沈文倬先生认为,《仪礼》一书是公元前5世纪中期到前4世纪中期的一百多年中,由孔门弟子及后学陆续撰作的。其中有关丧礼的四篇内容相贯通,著成年代当相近,约在鲁哀公末年至鲁悼公初年,即周元王、定王之际。其说较为公允。

《仪礼》十七篇,除《士相见礼》、《大射礼》、《少牢馈食礼》、《有司彻》等四篇之外,其余各篇之末都有"记"。一般认为,记是孔门七十子之徒所作。《丧服》一篇体例较为特殊,"经"与"记"均分章分节,其下又有"传"。传统的说法认为,"传"是孔子门人子夏所作。

二、历代的《仪礼》研究

汉初最早传授《仪礼》的是高堂生。《史记·儒林列传》:"诸学多言礼,而高堂生最本。礼固自孔子时而其经不具。及至秦焚书,书散亡益多。于今独有《士礼》,高堂生能言之。"一般认为,高堂生把《仪礼》传给萧奋,萧奋传给孟卿,孟卿传给后苍,后苍传给大戴(戴德)、小戴(戴圣)、庆普。此即所谓《礼》的五传弟子。宣帝时,博士后苍以《诗》、《礼》名世。据《汉书·儒林传》,后苍以《礼》授"沛闻人通汉子方、梁戴德延君、戴圣次君、沛庆普孝公。……由是《礼》有大戴、小戴、庆氏之学"。西汉政府设立的《易》、《诗》、《书》、《礼》、《春秋》"五经博士",都是今文经学。《礼》大、小戴及庆氏三家也都是今文经学,其中,大、小戴列于学官。

最早为《仪礼》全书作注的是郑玄,在此之前,只有少数人为《仪礼》某篇作过注。郑玄,字康成,北海高密(今山东高密西)人,东汉经学大师。郑玄曾入太学从第五元先学《京氏易》、《公羊春秋》等今文经,后又师从东郡张恭祖学《周礼》、《左传》、《古文尚书》等古文经,最后师从扶风马融。游学十余年后,回归故里,聚徒讲学,弟子达数百千人。后因党锢之祸而被禁,遂潜心学术,遍注"五经",成为汉代经学的集大成者。郑注《仪礼》的特点是:一、抛开门户之见,兼采今古文,博综众家,择义优者从之。从今文者,则在注内列出古文,如《士昏礼》"主人拂几授校"。郑注:"古文校为枝。"从古文者,则在注内列出今文。如《士相见礼》"若父,则游目",郑注:"今文父为甫。"若今古文之字义均合于文意,则互换见之。当时,学者苦于家法繁冗难从,郑玄沟通今古文,学者读之,可不再舍此逐彼,因而靡然从之。二、郑注文字精审,要而不繁,如《仪礼》的《少牢馈食礼》全文共 2979 字,注仅 2787 字;《有司彻》全文共 4790 字,注仅 3456 字,十分难得。三、发明义例。四、去取谨慎。例如,《仪礼》的《丧服传》,郑玄确认有错简,但他决不轻易删改,而只是将自己的意见在注文中加以说明,以保存书的原貌。由于郑注的种种优长,使它很快取代了《仪礼》的其他注本,成为唯一的通行至今的注本。《后汉书》褒赞郑玄"括囊大典,网罗众家,删裁繁诬,刊改漏失,自是学者略知所归",是"三礼"的功臣。由于郑玄为《仪礼》、《周礼》、《礼记》作了出色的注,"三礼"由此成为显学。郑注的不足是:好事综合,以不同为同,好引谶纬之说。

晋初,"三礼"都立于学官,但王肃借助政治上的势力,与郑学争胜。泰始二年(266),依王说置七庙。郊庙之礼也用王肃说,不用郑义。晋元帝时,方准荀崧之请,设郑注《仪礼》博士。

南北朝时期,政权分立,学术也分化为"南学"和"北学"。南学重玄学,北学重经学;南学约简,北学深芜;学术风格有很大不同,"三礼"本是实学,非可空言,故学分南北,皇、熊立说虽异,而都在郑注的范围之中。刘宋雷次宗以精于礼学而著名于世,学术声望堪与郑玄相比,时人以"雷郑"并称。齐朝礼学也比较发达,最著名的学者是王俭和刘瓛。王俭长于礼学,熟悉朝廷的各种礼仪,朝中每有关于礼仪的论辩,他都旁征博引,语折四座。刘瓛则是私学中的大儒,所著文集,皆是《礼》义。

南朝是一个宗法色彩很浓的社会,门阀士族严辨宗法血统,重视宗法礼制的应用,政府注重礼仪典制的修订,礼书遂成为主要的理论依据。《仪礼·丧服传》对丧服的等级、样式以及服丧者的身份等都有严格规定,它标志着人们嫡庶亲疏和等级身份,几乎具有与法律等同的效应,尤受重视。雷次宗曾为皇太子等讲《丧服经》,晋宋南方诸儒,尤其热衷于《丧服传》的讨论,著述也很多,如王俭著有《古今丧服记》、《礼仪答问》等。晋袁准、陈铨各注《丧服经传》一卷,晋孔伦、宋裴松之、蔡超宗各撰《集注丧服经传》一卷或二卷。宋雷次宗撰《略注丧服经传》一卷,晋杜预撰《丧服要集》二卷,卫瓘撰《丧服仪》一卷,环济撰《丧服要略》一卷,蔡谟、贺循各撰《丧服谱》一卷,葛洪撰《丧服变除》一卷,孔衍撰《凶礼》一卷,贺循撰《丧服要记》十卷等。

梁朝的礼学在南朝中最盛。天监初,何佟之撰吉、凶、军、宾、嘉五礼,共一千余卷。天监七年(508),梁武帝为皇子的丧服问题召群臣廷议。据《南史·儒林传》,当时的著名学者何佟之、司马筠、崔灵恩、孔佥、沈峻、皇侃、沈洙、戚衮、郑灼、张崖、陆羽、沈德威、贺德基等都系统研习过"三礼",或者就是博通"三礼"的专家。沈不害曾总著《五礼仪》。《仪礼》研究成就最高的学者是鲍泉。

北朝经学直接承袭汉代,其特点是重训诂,重实用。通礼学的著名经师有刘献之、张吾贵、徐遵明、卢景裕等。据《北史》,魏末大儒徐遵明师承多门而独树一帜,兼通群经,邃精"三礼",授徒讲学,是北方最大的经师。当时尤为崇尚《诗》、《礼》、《春秋》,通"三礼"者,几乎都出其门下。徐遵明下传李铉,李铉又传刁柔、张买奴、刘昼、熊安生等,熊安生又传孙灵晖、郭仲坚、丁恃德等。徐氏后学都通《小戴礼》,兼通《周礼》、《仪礼》者,十有二三。沈重为南梁儒者,为梁武帝五经博士,博通于礼。熊安生专以"三礼"讲授,颇为周武帝所重。

南北朝之时,诸儒倡为义疏之学,其功不可没。南如崔灵恩《三礼义宗》三十卷。戚衮受"三礼"于刘文绍,官至江州刺史,撰有《三礼义记》,逢乱亡失。北如刘献之《三礼大义》四卷,李铉《三礼义疏》,沈重《仪礼义》三十五卷以及《仪礼音》等,皆有口碑。从汉魏六朝到唐,儒家的经典历经传抄,文字错误已经不少,对经义的说解各奉其是,不归于一,加之章句繁杂,不便阅读。为了维护儒学的正统地位,统一经学思想，唐太宗诏令国子祭酒孔颖达与诸儒为《周易》、《尚书》、《毛诗》、《礼记》、《左传》等五经作义疏，以资讲习，总名为《五经正义》，共一百八十卷，永徽四年(653)，颁于天下。与此同时，贾公彦为《周礼》、《仪礼》作疏解，杨士勋和徐彦则分别为《公羊传》、《榖梁传》作疏解，此四书也列入官学。《五经正义》对六朝以来的义疏进行了归纳和总结，融合了南北经学家的种种长处，具有较高的学术价值。自唐至宋，明经取士，都以此为定本。

贾公彦的《仪礼注疏》，是最早为《仪礼》全书作疏解的著作，但是所能依据的材料太少，《丧服》一篇所引章疏，尚有袁准、孔伦等十余家，其余各篇所引，只有南齐的黄庆、隋的李孟哲两家，详略十分悬殊，而黄、李二家之注疏漏之多，连贾氏自己都觉得不满。

唐以《易》、《诗》、《书》、"三礼"、"三传"备为"九经"，考课取士。按经文字数的多少，将"九经"分为三等：《礼记》、《左传》为大经，《毛诗》、《周礼》、《公羊》为中经，《周易》、《尚书》、《仪礼》、《榖梁》为小经。由于《礼记》的字数比《左传》少，所以，攻大经者竞相读《礼记》；中经与小经之中，《周礼》、《仪礼》、《公羊》、《榖梁》四经或文字艰深，或经义晦涩，难收速效，故鲜有攻读者，这是"三礼"之学中衰的重要原因。

宋神宗熙宁四年(1071)，王安石改革科举制度，宣布废罢诗赋及明经诸科。《仪礼》在废罢之列，古代科举分房阅卷，此后再无《仪礼》之房，《仪礼》之学受到冷落，但仍有不少值得称道的著作。

《仪礼》一书在宋代已经出现很多讹脱衍倒之处，由于诵习者少，很少有人问津。朱熹曾慨叹：《仪礼》人所罕读，难得善本。因而，《仪礼》经注的校勘，已经迫在眉睫。南宋乾道八年(1172)，两浙转运判官直秘阁曾逮刊刻《仪礼郑氏注》十七卷，陆氏《释文》一卷，张淳为之校定《仪礼》文字的讹误，将所改字句，汇为《仪礼识误》三卷。其所引据的版本，有周广顺三年(953)及显德六年(959)刊行的监本，有汴京的巾箱本、杭州的细字本、严州的重刊巾箱本等，又参考陆德明《经典释文》和贾公彦

《仪礼疏》，比较异同，再定取舍，至为详审。淳熙中（1174—1189），李如圭的《仪礼集释》三十卷全录郑玄注，"旁征博引，以为之释，多发贾公彦《疏》所未备"。李如圭依据当时尚可见到错误较少的古本，并注意吸收张淳《仪礼识误》的校勘成果，校正当时通行本的文句和字体的讹误，并附案语于下，是《仪礼》校勘的重要之作。李如圭另有《仪礼释官》考订古代官室之制，此书仿照《尔雅·释官》的体例，条分胪序，各引经记注疏，参考证明，辨析详明，且多有新见。

魏了翁《仪礼要义》五十卷，以《仪礼》十七篇各为条目，而节取注疏录于下方，删其枝叶，分列纲目，条理井然，品节度数之辨，展卷即知，不再为词义所难，梳爬剔抉，极便于学者。虽所采不及他家之广，而郑、贾之精华，已备于此书，故名为"要义"。

朱熹《仪礼经传通解》，初名《仪礼集传集注》。此书以《仪礼》十七篇为经，而取《礼记》及诸经史杂书所载有关礼的记载，分类附于经文之下，并详列诸儒注疏之说。《仪礼》各篇，经文原不分节。为便于阅读，朱熹离析经文，按仪节分段，每节之末，均标明为某事，眉目清楚，极便读者。此书包括《家礼》五卷、《乡礼》三卷、《学礼》十一卷、《邦国礼》四卷，共二十三卷。二十四卷至二十七卷为《王朝礼》，内容多有缺失，为未定之稿。其后，朱熹门人黄榦续修《丧礼》十五卷，又其后，杨复续修《祭礼》十四卷，全书始成，共六十卷，对《仪礼》的传播颇有功。

宋代《仪礼》研究的另一个领域是礼图。后汉阮谌可能是最早作礼图的人之一，他受学于颍川綦母君，作礼图三卷，但其图大多不据礼经文意，所引汉代史事也往往与郑玄之注不合，而以綦母君之说为据。《唐书·艺文志》有夏侯伏朗《三礼图》十二卷，张镒《二礼图》九卷；《崇文总目》有梁正《三礼图》九卷。隋开皇中（581—600），礼部也曾奉敕修撰图礼。后周显德中（954—960），周世宗议修定礼典，由于年代久远，宗庙彝器大多失去原貌，随意制作，世宗乃命国子司业与太常博士，参定礼器法式，以供有司营造。聂崇义遂搜罗前朝三礼旧图，共得六种，重加考订,作《新定三礼图》二十卷,于宋建隆三年(962)上于朝,太祖览而嘉之,命儒学之本参议论定后,下诏颁行。此书分冕服图、宫室图、投壶图、射侯图、旌旗图、祭玉图、鼎俎图、丧服图等十六门。书中也有不少图并无来历,而是望文生义之作,宋代儒者对其评价并不很高,沈括《梦溪笔谈》、欧阳修《集古录》、赵彦卫《云麓漫钞》等都讥其好臆测古制。

杨复《仪礼图》十七卷,附《仪礼旁通图》一卷。此书全录《仪礼》十七篇经文,疏解文意,均以图示,共 205 幅。又按宫庙门、冕弁门、牲鼎礼器门等分类,作图 205 幅,称之为《仪礼旁通图》,附于书后。此书依经绘象,随事立图,读者可据此粗见古礼之梗概。但有些图或纵或横,方向不定,远近大小,全无规矩,令人端绪莫寻。

北宋礼仪长期沿用唐代《开元礼》。宋徽宗认为《开元礼》既失其本,又不合时宜,故定重行修订。徽宗亲自撰写《冠礼沿革》十一卷,交议礼局,作为重修五礼的标准。政和三年(1113),新修五礼完成,共二百二十卷,定名为《政和五礼新仪》。政和六年(1116),颁行天下。国子监还将民间常用的冠、婚、丧、祭之礼从《政和五礼新仪》中摘出单独印行,以便推广。同时,北宋开始出现家礼类著作。司马光有《书仪》五卷,朱熹《仪礼经传通解》有《家礼》六卷。这类著作影响到明清,如明代有黄佐的《泰泉乡礼》七卷,清有毛奇龄的《辩定祭礼通俗谱》五卷。

元、明两朝是《仪礼》之学的低谷期,著述稀少,水平不高。如熊朋来是以礼学著称的学者,然所著《五经说》,于古义古音多所抵牾,识见尚在宋人之下。熊氏如此,遑论其弟子。吴澄有《仪礼逸经传》二卷,此书拾掇逸经,以补《仪礼》之遗。此书颇有奋笔改经之处,为后人所诟病。汪克宽有《礼经补逸》九卷,此书取《周礼》、《仪礼》、大小戴《礼记》以及其他典籍有关礼的记载,以吉、凶、军、宾、嘉五礼统辖。此书考订不精,且杂列古制,少有断语,令读者莫知所从。元代敖继公的《仪礼集说》,声称"郑注疵多而醇少",故处处与郑注立异,其书的影响,由元至明,再到清代前期,被其误导者,不知凡几。

《仪礼》之学至明殆绝。《仪礼》为实学,非空词所可敷演,故理学家多避而不论。注其书者,寥寥数家,大抵影响揣摩,横生臆见。研究《仪礼》的学者只有季本、郝敬等数人。季本著有《读礼疑图》、《庙制考仪》等,以后世之情推论前代,多有牵合。郝敬著有《仪礼节解》等,其解经,好以私意穿凿,为识者所讥。

有清一代,是《仪礼》之学的极盛期,名家迭出,著述充盈,学术水平也远超前贤。清代的《仪礼》研究,始于顾炎武。康熙初,顾炎武以唐开成石经校明北监本"十三经",而知《仪礼》一经脱误最多,在《九经误字》中详加胪列。稍后,张尔岐作《仪礼郑注句读》,附《监本正误》,石经正误二卷,详校《仪礼》经注之误。其后,研究《仪礼》的学者大多对《仪礼》作过校勘,其中比较重要的有卢文弨《仪礼注疏详校》、浦镗《仪礼正字》、金曰追《仪礼经注疏正讹》、阮元《仪礼石经校勘记》及《仪礼注疏校勘记》等,严可均、冯登府等则继顾氏而起,再以唐石经与《仪礼》经注对勘,成绩又出顾氏之上。黄丕烈为清代著名版刻家,对《仪礼》单注本和单疏本也都作过详尽的校勘。由此,《仪礼》的经注疏基本恢复了原貌,为《仪礼》研究的深入,奠定了基础。

乾隆十三年(1748),敕撰《三礼义疏》,其中《仪礼义疏》四十八卷,此书大旨以敕书为本,参核诸家,以补舛漏。对今文古文同异,则全采郑注,而移附音切之下。所分章节,则多从朱子《仪礼经传通解》,而以杨复、敖继公之说互相参校。《释官》则用朱子校定的李如圭本。《礼器》则用聂崇义《三礼图》本。礼节则用杨复《礼图》本,而刊正其讹谬。研究《仪礼》的学者相当多,主要的著作有:

李光坡《仪礼述注》十七卷,此书取郑注贾疏,总撮大义而节取其词,间取诸家异同之说附于后。但对注疏原文的删节,多有不当之处;采诸家之说,也有未审之处。

方苞《仪礼析疑》十七卷,其大旨在辨析《仪礼》的可疑之处。无可疑者一概不录。方氏博通"三礼"之学,晚年自谓治《仪礼》十一次,用力尤深。著有《仪礼析疑》十七卷,推尊程朱,贬抑郑玄。此书多有细心体认,合乎经义之处,就全书而言,瑜瑕互见。

万斯大也精于"三礼"之学,说礼之言,为书三百卷,著有《学礼质疑》《周官辨非》《仪礼商》《礼记偶笺》等。万氏治礼,不拘汉宋,故有"信宋疑汉"之评。其《仪礼商》二卷,取《仪礼》十七篇为之说,颇有新义,而亦勇于信心,往往发前人所未发。万斯大、方苞兼通"三礼",多信宋而疑汉,毛奇龄则不染宋学,而毛务与朱子立异,朱子信《仪礼》,而毛以《仪礼》为可疑,颇见敌忾之气。

吴廷华《仪礼章句》十七卷,其书以张尔岐《仪礼郑注句读》过于墨守郑注,王文清《仪礼分节句读》以句读为主,笺注过于简略,因而折衷先儒,以补二书所未及。每篇之中,分其节次;每节之内,又析其句读。其训释多本郑贾笺疏,间采他说,于丧礼考订,尤为详审,但也有空凿之处,然其章分句释,笺疏明简,于经学不为无备。

沈彤《仪礼小疏》一卷,此书取《仪礼》士冠礼、士昏礼、公食大夫礼、丧服、士丧礼五篇作笺疏,各数十条,篇后为监本刊误。卷末附有《左右异尚考》一篇,考证精审,足正旧说之误。

盛世佐《仪礼集编》四十卷,此书汇辑古今说《仪礼》者197家,而断以己意,持论谨严、公允,无轻排郑、贾之弊。对杨复《仪礼图》的疏漏,逐条纠正。对各家谬说,辨析尤详。

清人对《仪礼》的研究向纵深发展,出现了许多专题研究的著作。如深衣之制,众说纷纭,聚讼不已,黄宗羲有《深衣考》一卷,详列朱熹、吴澄、朱右、黄润玉、王廷相等五家图说,各指其误,力图推出新说。江永《深衣考误》一卷,从训诂学的角度探究深衣之制,多有创获。又如宫室之制,旧说也互有歧异,难以考究,江永《仪礼释宫增注》一卷,对李如圭《仪礼释宫》详加推敲,多所发明补正,辨析入微,考证精密。任启运《宫室考》十三篇,为增李如圭《仪礼释宫》而作,细别为门、观、朝、庙、寝、塾、伫、等威、名物、明堂、方明、辟雍等类，融会贯通，条理秩然。胡匡衷《仪礼释官》一卷，多建新义。毛奇龄《郊社禘祫问》一卷，就古代祭礼以答客难。任启运《肆献祼馈食礼》三卷，试图从注疏中钩稽索隐，以窥王礼，分祭统、吉蠲、朝践、正祭、绎祭等五篇，博综众家，融通为一，至为精密。关于朱熹礼学的著作则有李光坡《朱子礼纂》五卷，朱熹精于礼学，除《仪礼经传通解》之外，尚有大量论礼的言论散见于文集与《语类》之中，李氏乃广为搜集，萃于一书，分为总论、冠昏、丧、祭、杂仪等五目，极便于读者。

清代《仪礼》学兴盛的另一特点是，出现了辞书性的著作，最具代表性的是江永的《礼书纲目》、徐乾学的《读礼通考》和秦蕙田的《五礼通考》。

江永《礼书纲目》八十五卷。朱熹以晚年撰《仪礼经传通解》，未竟而殁，其后虽有黄榦、杨复相继纂续，仍颇有缺略，乃仿照朱书体例，参考群经，融会郑注，间出新说，对经义多所阐发，能补苴朱书之所未及。所解《考工记》二卷，尤为精审。

徐乾学《读礼通考》一百二十卷。以考论丧礼为主，分文献与历代沿革两类。前者仿照朱熹《仪礼经传通解》的体例，对《丧服》、《士丧礼》、《既夕礼》、《士虞礼》四篇经文作考订；后者则以历代正史为主，参以《通典》、《开元礼》、《政和五礼》、《新仪》等书，探究典制递嬗之迹。立纲统目，分为丧期、丧服、丧仪节、葬考、丧具、变礼、丧制、庙制等八类。关于历代丧期的异同，列有详表；关于丧服、仪节、丧具等，则配有图，堪称详备。

秦蕙田《五礼通考》二百六十二卷。徐乾学《读礼通考》专为丧礼而作，而古礼有吉凶军宾嘉五大类，为补《读礼通考》之不足，秦氏乃沿用徐氏体例，网罗众说，以成一书。五礼之下，细分为七十五小目，极其赅博，是关于礼学的最为详备的资料汇编。

代表清代《仪礼》研究最高水平的著作，是胡培翚的《仪礼正义》。

胡培翚，安徽绩溪人，自祖父胡匡衷起，一门四世皆致力于《仪礼》研究，渊源深长。胡培翚积四十年之功，作《仪礼正义》四十卷，是为《仪礼》研究集大成的著作。胡氏把自己的工作概括为四点：一、"补注"，即补充郑注之不足；二、"申注"，即申述郑注之义蕴；三、"附注"，与郑注相异而义又可通的说法，附而存之，以资研究；四、"订注"，即订正郑注的错误。此书不仅对以往《仪礼》研究的成果作了全面总结，解决了许多难点，而且新见迭出，使《仪礼》研究跃上了全新的台阶。时至今日，《仪礼正义》依然是《仪礼》研究的必读之书。

三、怎样认识《仪礼》的价值

《仪礼》是现存年代最早的礼学经典，其学术价值主要体现在如下几方面。

首先，《仪礼》材料来源甚古，而且涉及面广，从冠、婚、飨、射，到朝、聘、丧、葬，无所不备，犹如一幅古代社会生活的长卷，因而是历史学家研究古代社会不可或缺的典籍。

其次，此书详尽地记述了古代宫室、车旗、服饰、饮食、丧葬之制，以及各种礼乐器的形制、组合方式等等，考古学家每每要用它与考古遗址及文物相印证、阐发。

第三，此书保存了相当丰富的上古语汇，文献学家、语言文字学家每每要依傍于它，从中发掘出有价值的材料。

第四，此书蕴含有大量有关古代宗法制度、伦理思想、生活方式、社会风尚等方面的资料，例如，有关丧服和丧礼的四篇文字，对宗法制的形态与细则作了最详尽最权威的阐述，是宗法制的理论形态，要深刻把握古代中国的特质，不能不求于此。

毋庸讳言，《仪礼》所记载的种种礼典，都早已从我国社会消失，对于不从事学术研究的读者是否还有一读的必要？它对于当代社会是否还有生命力可言？为了回答这些问题，需要对中国古礼作一些简要的说明。

　　中华文明源远流长，殷、周则是其源头。殷代已经进入青铜时代，其物质文明的发达程度，令人惊叹。遗憾的是，殷人在意识形态方面却相对滞后，用鬼道统治人道，《礼记·表记》说"殷人尊神，率民以事神，先鬼而后礼"，可谓一语中的。今天所见的十几万片殷代甲骨多是贞卜之辞，便是明证。周人在继承了殷人青铜文化的同时，在意识形态领域产生了质的飞跃，把人的一生和社会生活的一切，全部纳入了礼的范畴，在观念和制度层面形成了完整的体系，使社会从巫术走向礼治，这是一个巨大的进步。《礼记·表记》用"周人尊礼"来概括周代文化的特点，极中肯綮。这是周人超越殷人之处，也是周人对中华文明的重大贡献。

　　从学术角度而言，礼学包括礼法和礼义两大要素。礼法，是指仪式的过程与物质形式，包括人物、仪节、礼器、服饰、辞令、场所等。礼法是供操作用的，具有严格的规定性，必须处处遵行，否则就不成其为礼。礼义，是指制作礼法的人文内涵，每一个细节的设计，背后无不寓有深义。礼义是礼法的灵魂，是礼的精神之所在，礼法是礼义的外在形式，是礼义的展现。没有礼义的礼典，是毫无意义的繁文缛节，近乎游戏。因此，古人十分重视礼义，《礼记·郊特牲》说："礼之所尊，尊其义也；失其义，陈其数，祝史之事也。"孔子也说："礼云礼云，玉帛云乎哉！乐云乐云，钟鼓云乎哉！"（《论语·阳货》）玉帛、钟鼓不过是行礼的器具，礼的可贵，在于它的深刻而又超前的礼义。礼器和仪节可以随时势的发展而有所损益嬗变，但作为礼的内核的礼义，却是历久弥新，生机依然。例如，被称为"冠礼"的成年礼，原本是氏族社会的成丁礼，儒家对这种旧俗进行改造，注入了新的人文精神，使之变成文明时代的成年教育仪式。到宋代，冠礼的礼法已有较多变化，但它强调成年男子对家庭、对社会的责任的礼义并没有改变。进入近代社会后，冠礼被废除了，天长日久，便出现了社会问题，相当多的青年人没有成年意识，对家庭、对社会没有责任感。于是，人们终于再次意识到古人设计和推广冠礼的远见卓识,于是不少有识之士转而到《仪礼》中寻找智慧。

再如,氏族时代曾经盛行昏时抢亲的习俗。进入到文明时代之后,抢婚的现象几乎消失,但社会上昏时成亲的传统依然流行。儒家对此悄然作了改革,将昏时解释为阴阳交会,将亲迎解释为阳往阴来,将婚姻大义诠释为结二姓之好,从而既保留了婚姻的外在习俗,却又将其升格为新时代的婚姻大典。

《仪礼》中的《乡射礼》,记载了春秋时期,乃至西周时期的竞技运动的完整规程,将它与《礼记·射义》合读,可以发现,中国式竞技运动,不仅年代与古希腊奥林匹克运动会相当,甚至更早,而且人文内涵更为鲜明。在体育运动日渐商业化的今天,重读《乡射礼》,对于正确理解体育运动的真谛,促进人的内外兼修,全面发展,极富启迪意义。

《仪礼》中的《聘礼》,是迄今为止我国年代最早的成文的外交礼的法典,将它与《礼记·聘义》合读可知,中国式的外交礼仪,强调相交以德,鄙视金钱奥援,充满理性精神,证明自古相传的道德立国的理念,绝非虚言,对于我们观察当今的国际事务,提供了一把崭新的标尺。

凡此等等,不一而足。我们完全可以说,《仪礼》是一座亟待开发的富矿。

改革开放打破了闭关锁国的局面,使中国走向世界,颇具积极意义。但是,文化失衡的现象也由此出现,崇拜西方文化已成为一部分青年的心理定式。中国要自立于世界民族之林,就必须建立富有民族特色的本位文化,否则,我们不可能成为真正意义上的强国。而要做到这一点,就必须吸引民众学习和研究传统典籍。正是有感于此,笔者不揣菲陋,注译《仪礼》,希望引起读者对古礼的兴趣。

本书的《仪礼》原文,以唐开成石经《仪礼》(张宗昌皕忍堂影刻本)为底本,以宋严州单注本《仪礼》(黄丕烈士礼居重刻本)、明徐氏仿宋单注本《仪礼》(叶德辉观古堂藏本)和宋景德官本《仪礼疏》(张敦仁刊本)为参校本,并参考了胡培翚《仪礼正义》所汇集的诸家校勘成果,反复校订而成。

　　《仪礼》一书，自古以难读著称，韩愈是唐代古文大家，已直称"《仪礼》难读"，遑论他人。将《仪礼》译成现代汉语，困难很多，笔者深感学力不足，敬希读者诸君指正。

彭　林

2011 年冬日于北京

士冠礼第一

【题解】

　　早在氏族时代就有成丁礼,氏族用各种方式测试成年男女的体质和生产、战争的技能,以确定能否成为氏族的正式成员。这种仪式流传到周代,经过儒家的改造,就成了士冠礼。儒家注重用礼仪推行教化,因而有各种人生礼仪,士冠礼则是成年教育礼。主持冠礼的不是家长,而是乡中有德行者。整个礼仪充满着对冠者的教诲和期望。冠礼之后的男子,从此成年,可以参加社交活动,社会也要用成人之礼来约束他。本篇可分为四部分:第一部分是冠礼前的准备,包括筮日、戒宾、筮宾、约期等。第二部分是冠礼的过程。第三部分记冠礼的变礼及各种辞令。第四部分记冠礼的礼意。

　　士冠礼①。筮于庙门②。主人玄冠朝服③,缁带素韠④,即位于门东⑤,西面⑥。有司如主人服⑦,即位于西方⑧,东面,北上⑨。筮与席、所卦者⑩,具馔于西塾⑪,布席于门中⑫,阈西阈外⑬,西面。筮人执策⑭,抽上韇⑮,兼执之、进受命于主人⑯。宰自右少退⑰,赞命⑱。筮人许诺,右还⑲,即席坐,西面;卦者在左。卒筮,书卦⑳,执以示主人。主人受视,反之。筮人还，东面；旅占㉑，卒；进告吉。若不吉，则筮远日㉒，如初仪㉓。彻筮席㉔。宗人告事毕㉕。

【注释】

①士：古代四民之一。《汉书·食货志》："士、农、工、商，四民有业，学以居位曰士。"此处的士包括在学之士。

②筮（shì）：郑玄注："以蓍问日吉凶于《易》也。"用蓍草问冠日吉利与否而占于《易》。庙：祢庙，即父庙。

③主人：将冠者之父。冠礼的主人由冠者的父亲担任，若父殁或有废疾而无法出席，则由亲戚代替。玄冠：浅黑色的冠。朝服：诸侯及群臣每日朝会时所穿的服装，为玄冠、缁布衣、素裳、素韠，衣用十五升缁布（经线密度为一千二百缕，是麻布中最精细的）。

④缁（zī）：黑色有绀、纁、玄、缁之别，缁色最深。带：束衣用的丝织大带。素：白色。韠（bì）：蔽膝，用熟皮制作，围在裳外，系于腰间的革带之上，长三尺，上宽一尺，下宽二尺。

⑤即：就。门东：门东侧；门朝南，故门东即门左。

⑥西面：即面西，面朝西。《仪礼》凡言"某面"，均指面朝某方。

⑦有司：泛指参与冠礼的家臣、小吏。敖继公云："有司即下筮者，卦者，宰，宗人之类。"

⑧西方：指门西侧。

⑨北上：以北边的位置为上位。《仪礼》凡言"某上"，均指以某方为上位。此时有司有若干人，由北向南纵向排列成行，尊者在北。

⑩筮：指蓍草，占筮吉凶用，此时盛于椟中。席：蒲席，即下文筮人所坐之席。所卦者：用以记爻书卦的工具。

⑪具：同"俱"。馔（zhuàn）：陈设。西塾：门外西堂。塾，李如圭《仪礼释宫》云，"夹门之堂谓之塾"，即寝庙门两侧的堂屋，内外均有，故一门有四塾。

⑫布：铺设。

⑬阑（niè）：门橛，竖在门中央的短木，用以止门。阈（yù）：门限。

⑭筮人：掌筮事的有司。策：蓍草。

⑮韇（dú）：盛筮草的筒，上下两截相合而成。此时打开，露出蓍草，表示将有筮事。

⑯兼执之：张尔岐《仪礼郑注句读》云："兼执之者，兼上韇与下韇而并执之，此时筮尚在下韇。待筮时，乃取出以筮。"

⑰宰：主政教的家臣。自：由，从。少退：稍后退，表示不敢与主人并立。

⑱赞：佐助。命：告。

⑲还（xuán）：旋转，回旋。

⑳书卦：六爻齐备后，卦体已成，遂书记在版上。

㉑旅占：占者有三人，顺长幼之序而占。旅，顺序。

㉒筮远日：筮日之法，于本月之下旬，筮下月之日。若是吉事，先以本月之下旬，筮下月之上旬，不吉，则筮中旬；仍不吉，再筮下旬。若是丧事，则先以本月之下旬，筮下月之下旬，不吉，筮中旬；又不吉，再筮上旬。其规则是，吉事先近日后远日，丧事先远日后近日。

㉓如初仪：张尔岐《仪礼郑注句读》云："谓进受命于主人以下。"

㉔彻：通"撤"，撤除，收藏。

㉕宗人：主礼事的有司。

【译文】

士冠礼。筮求冠礼吉日的仪式在父庙门前举行。主人头戴浅黑色的冠，身穿朝服，腰束黑色大带，系着白色的蔽膝，在门东即位，面朝西而立。有司们穿着和主人一样的服装，在门西即位，面朝东而立，以北为上位。占筮用的蓍草、蒲席和记卦爻的用具，陈放在门外西堂，在门中铺设蒲席，要在门橛以西，门限之外的地方，按面朝西的方向布设。

筮人左手持蓍草筒下端,右手将上半截抽下,让左手兼持,走上前请命于主人:所筮为何事。宰站到主人的右边,再稍稍后退,在此协助主人传命。筮人受命后应诺,右旋,向北走到蒲席前坐下,面朝西,记卦爻者在其左侧。占筮完毕,筮人把所得之卦书写在版上给主人看。主人接过来过目后,退还筮人。筮人向西行,回到有司之位,面朝东而立;三位占人据所得之卦,顺序占问吉凶完毕,禀告主人某日吉利,如果此旬内没有吉日,就从此旬之外筮求,但要重复先前进受命于主人以后的仪式。吉日择定后,便撤去蓍草和蒲席。宗人向主人禀告筮日之仪完毕。

(以上为占筮行冠礼的吉日。)

主人戒宾①。宾礼辞②,许。主人再拜③,宾答拜。主人退,宾拜送。

【注释】

①戒:告知,通报。宾:主人的同僚、朋友等。冠日筮定后,主人要提前三日通报僚友,邀其届时前来观礼。

②礼辞:谦辞一次之后接受叫礼辞。郑玄注云:"礼辞,一辞而许,再辞而许曰固辞,三辞曰终辞,不许也。"

③再拜:一拜而又拜,表示恭敬的礼节。

【译文】

筮日完毕,主人亲至宾家的大门之外,通报行礼的日期,邀其前来观礼,宾谦辞后接受。主人行再拜之礼,表示感谢,宾答拜回礼。主人退归,宾拜而送之。

(以上为邀请众宾。)

前期三日①,筮宾②,如求日之仪。

【注释】

①前期三日：冠期前三日，中间隔二日。

②筮宾：主人从所通报的僚友中筮择一位贤而有德望者，作为冠礼的嘉宾。此宾即冠礼的正宾。

【译文】

冠期的前三天，主人从所通报的僚友中筮定一人，作为冠礼的正宾，其仪节与筮定冠期一样。

（以上为筮求正宾。）

乃宿宾①。宾如主人服，出门左，西面再拜。主人东面答拜，乃宿宾；宾许。主人再拜，宾答拜。主人退，宾拜送。宿赞冠者一人②，亦如之。

【注释】

①宿："夙"的古文，与"速"通，有预先邀请，使之前来之意。戒宾是对僚友的一般通报，届时可来可不来；宿宾是对冠仪中正宾的特别邀请，至冠期必须前来，否则不能成礼。

②赞冠者：协助正宾加冠的人。

【译文】

于是主人专程前往邀请宾。宾穿着与主人一样的礼服，出门站在左边，面朝西以再拜之礼相迎。主人站在门右，面朝东答拜，并亲致邀请之辞，宾表示接受。主人再拜致谢，宾答拜回礼。主人退归，宾拜而送之。邀请赞冠者一位，仪式也是如此。

（以上为邀请正宾和赞冠者。）

厥明夕①，为期于庙门之外②。主人立于门东，兄弟在其南③,少退;西面,北上。有司皆如宿服④,立于西方,东面,北上。摈者请期⑤,宰告曰:"质明行事⑥。"告兄弟及有司。告事毕。摈者告期于宾之家。

【注释】

①厥(jué):其。明夕:宿宾次日之夕,即冠日前一天之夕。

②为期:约期,约定时间。冠日虽已确定,但行礼的具体时间尚未确定,因此需进一步约定。

③兄弟:犹言族亲,同辈男性家属及亲戚,下同。

④宿服:宿宾时所穿的朝服。

⑤摈(bìn)者:同"傧"。郑玄注云:"摈者,有司佐礼者,在主人曰摈,在客曰介。"

⑥质明:许慎《说文解字》日部晳字下引此作"晣明",天色初明。

【译文】

宿宾次日的傍晚,在庙门之外举行约定冠礼时间的仪式。主人站在门的东边,将冠者的亲戚在主人南侧相次而立,但稍稍退后,表示不敢与主人并立;面朝西方,以站在北边者为尊。有司们身穿与主人宿宾时一样的朝服,站在门西边,面朝东,以站在北边者为尊。摈者请问明日举行冠礼的时间,宰转达主人的决定说:"天色初明时开始。"摈者通告在场的亲戚和有司。宗人禀告主人,约期仪式完毕。然后,摈者前往宾的家中,通报刚约定的时间。

(以上为约定行冠礼的时间。)

夙兴①,设洗②,直于东荣③,南北以堂深④。水在洗东⑤,陈服于房中西墉下⑥,东领,北上。爵弁服⑦:纁裳⑧,纯衣⑨,缁带,韎韐⑩。皮弁服⑪:素积⑫,缁带,素韠。玄端⑬:玄裳、黄裳、杂裳可也⑭，缁带，爵韠。缁布冠，缺项⑮，青组缨属于缺⑯。缁纚⑰，广终幅⑱，长六尺；皮弁笄，爵弁笄，缁组纮⑲，纁边⑳，同箧㉑，栉实于簟㉑。蒲筵二，在南。侧尊一甒醴㉒，在服北㉓；有篚实勺、觯、角柶㉔，脯醢㉕，南上。爵弁，皮弁，缁布冠，各一匴㉖，执以待于西坫南㉗，南面，东上㉘，宾升则东面。

【注释】

①夙：早。兴：起。

②洗：盥洗时接弃水用的盆。

③直：当，对着。荣：屋翼，屋檐四角向上翘的部分。

④堂深：堂的纵向深度。

⑤水：指盛有水的器皿。

⑥房：指东房。大夫、士的寝庙的布局，中间为室，左右分别为东房、西房。墉：墙，胡培翚云："凡室中，房中与两夹之墙，则谓之墉。"

⑦爵弁：形似冕而无旒，其色如雀头，赤而微黑，故名。爵弁服，大夫祭于家庙，士为君助祭的服装，包括爵弁、纁裳、纯衣、缁带、韎韐。士冠礼三加及士婚礼亲迎也可用。爵，通"雀"。

⑧纁(xūn)：浅红色。

⑨纯衣：郑玄云："纯衣，丝衣也。余衣皆用布，唯冕与爵弁服用丝耳。"

⑩韎(mèi)：一种可以作赤黄色染料的草，也指赤黄色。韐(gé)：士祭服上的蔽膝。韎韐，用草染成赤黄色的蔽膝，其色是赤色中最浅的。

⑪皮弁：用白鹿皮缝制的冠，形状似后世的瓜皮帽。皮弁服，君臣

视朔时所穿的服装,包括皮弁、素积、缁带、素韠。

⑫素:白缯。积:即襞积,后世称为衣褶。人身以腰部为细,故于腰两旁为襞积。

⑬玄端:缁布衣,因其袖正直端方,故名玄端,此指玄端服。玄端服是士常服之礼服,天子、诸侯则以之为燕居之服。玄端服与朝服都是玄冠、缁布衣,但玄端服配以玄裳、黄裳、杂裳,朝服则配以素裳。

⑭杂裳:颜色为前玄后黄的裳。

⑮缺项:缺读为"頍"(kuǐ)。缺项的形制,今已不可详考,通常认为,类似于后世的帻,覆罩于头发之上,又在发际收束,结于颈项之中,用以固定冠。

⑯组:用丝编织成的带子。属:系,连缀。缺:缺项。

⑰纚(xǐ):包发用的帛。古人戴冠前,先用帛包发,再挽成髻,使发不外露。

⑱广:宽,阔。终:充,满。幅:幅宽,古时布帛幅宽二尺二寸。

⑲紘(hóng):冠上的带子,一端系于笄,向下绕过颔,再上系于笄的另一端。

⑳箧(qiè):竹器名,其形狭长而不正方。

㉑栉(zhì):梳篦。实:放入。箪(dān):竹器名,圆形。

㉒侧:独,无偶。郑玄注云:"侧犹特也,无偶曰侧。"尊一般有二,一为玄酒,一为醴,冠礼无玄酒,故称"侧"。尊:酒尊,此处作动词用,意为设置酒尊。甒(wǔ):酒器名,瓦制,又称"瓦大",盛醴酒用。醴:未去糟的浊酒,如今之酒糟,古人以醴致祭,但仅以口啐之,不饮。

㉓服:指缁裳。

㉔篚(fěi):竹器名,圆形,冠礼时专以盛酒器。勺:把酒器名,容量为一升,用木或青铜制作。觯(zhì):青铜酒器名,容量为三升。

栖(sì)：挹取器名，状如今之汤匙，但首尖而薄，用角或木制作。

㉕ 脯(fǔ)：干肉，盛于笾中。醢(hǎi)：肉酱，盛于豆中。故《仪礼》每每以笾豆指代脯醢。

㉖ 匴(suǎn)：郑玄注云："匴，竹器名，今之冠箱也。"

㉗ 坫(diàn)：郑玄注云："坫在堂角。"堂之四角均为坫，此处之坫，在堂的西南角。

㉘ 东上：三位执匴者在西坫前，面朝南并排而立，东为上位，故执爵弁匴者居此位，执皮弁匴、缁布冠匴者依次在其西侧。

【译文】

冠日早起，先陈设冠礼所用的器服。洗放设在正对着堂东端屋翼的地方；洗与堂的距离，与堂的纵深相当。盛水器放在洗的东侧，将冠者的三套衣服，由北而南依次陈放在东房的西墙下，衣领都朝东，以放在北边者为尊。最北边是爵弁服：浅红色的裳，黄黑色的衣，黑色的大带，赤黄色的蔽膝。其次是皮弁服：用白缯制作、腰两侧有褶的裳，黑色的大带，白色的蔽膝。再往南是玄端服：与玄冠、缁布衣相配的裳可以有浅黑色、黄色、杂色等三种，依将冠者的身份等级而定，还有黑色的大带和雀色的蔽膝。冠饰有：戴缁布冠时用的"缺项"，用青丝带编成的缨系在它的两端。包发用的黑色的帛，宽度与帛的幅宽相等，为二尺二寸，长度则为六尺；戴皮弁用的笄，固定爵弁用的笄；颔下的冠带，中间为黑色，两侧有浅红色的边，皮弁、爵弁各有一根；以上六件饰物放在同一个篚中。梳篦放在箪内。蒲席有两张，放在箪的南面。独设的醴酒在东房内爵弁服的北面；再往北是篚，里面放着勺、觯和角制的匕，盛干肉和肉酱的笾豆则又在其北，陈设在爵弁服之北的器物，以南边的为尊。爵弁、皮弁和缁布冠，分别陈放在三个匴中，由三位有司捧着，在堂西隅之南面朝南而立，以东边为上位，宾升堂后，有司转为面朝东而立。

（以上为冠期之日陈设器物。）

主人玄端爵韠,立于阼阶下①,直东序②,西面。兄弟毕袗玄③,立于洗东,西面,北上。摈者玄端,负东塾。将冠者采衣④,纚⑤,在房中,南面。

【注释】

①阼(zuò)阶:东阶。郑玄注云:"阼犹酢也。东阶所以答酢宾客也。"阼阶是主人升降之阶,故又称主阶,西阶是宾升降之阶,故又称宾阶,两者有主宾相酢之义。

②序:堂上的东、西墙。

③毕袗玄:衣与裳之色相同,均为玄色,即纯玄之服。袗,为"袀"(jūn)之误,古文作"均",同。

④采衣:胡培翚云:"采衣为童子未冠者之常服,故将冠时服此以待也。"因衣的边缘和衣带等用朱色之锦做成,故名。

⑤纚(jì):结发,即后世的"髻"字。

【译文】

主人身穿玄端服和雀色蔽膝,站在阼阶之下,正对着堂上东序的地方,面朝西。主人的亲戚身穿衣裳、大带和蔽膝均为玄色的服装,站在洗的东边,面朝西,以北边的位置为上位。摈者身穿玄端衣,背朝东塾而立。将冠者身穿童子之服,梳着发髻,在东房内面朝南而立。

(以上为主人一方即位。)

宾如主人服,赞者玄端从之①,立于外门之外②。摈者告③,主人迎,出门左④,西面,再拜。宾答拜。主人揖赞者⑤,与宾揖,先入⑥,每曲揖⑦。至于庙门,揖入。三揖⑧,至于阶,三让。主人升,立于序端,西面,宾西序,东面。赞者盥于洗西⑨,升⑩,立于房中,西面,南上⑪。

【注释】

①赞者：即赞冠者。玄端：此处有省文，其意当为，赞者的服装，仅玄端与主人相同，下裳不必相同。从：随。

②外门：大门。据《礼记·曲礼》孔疏，古代天子五门，诸侯三门，大夫士二门。二门指大门、寝庙门。大门之内，东庙西寝。大门在外，故称外门。

③告：郑玄注云："告者，出请入告。"摈者先出门请问宾为何事而来，然后入告主人。原文有省略。

④门左：郑玄注云："左，东也，出以东为左，入以东为右。"

⑤揖：《说文解字》："揖，攘也。""一曰手箸胸曰揖。"郑玄云："凡拱其手使前曰揖。"揖是古代常用的拱手礼，依手的动作，又可细分为二揖和厌两种，段玉裁云："推手曰揖，引手曰厌。推者，推之远胸；引者，引之箸胸。"

⑥先入：主人先入门，以便为来宾引路。凌廷堪《礼经释例》云："凡入门，宾入自左，主人入自右，皆主人先入。"

⑦曲：曲折，转弯。庙门在大门内的东侧，故入大门后先要折而向东走，是为第一"曲"，望见庙门后再折而北行，是为第二"曲"。每逢一曲，宾主都要拱手行礼，此即每曲揖。这是庙门外之揖。

⑧三揖：入庙门后走至庭前，主、宾相揖，然后分别向东、西行；行至正对着东西阶之处，主、宾再次相揖，然后北行；行至当碑处，主、宾第三次相揖。三揖是庙门内之揖。

⑨于洗西：此三字为衍文，应删去。

⑩升：登。

⑪南上：此时宾的赞者的方位，在主人的赞者之南。赞者之位以南为尊，这样安排是表示主人对宾客的尊敬。

【译文】

宾身穿与主人一样的服装，赞者则穿玄端服，跟随于宾之后，来到主人家的大门外。摈者出门请事于宾,然后入门禀告主人,主人遂亲往迎接,出大门后,站在左侧,面朝西,向宾行再拜之礼。宾答拜还礼。主人向赞者拱手行礼,又拱手请宾入门,然后自己先入门,为宾和赞者引路,每逢转弯处,宾主都拱手行礼。到庙门前,主人拱手行礼后先入门,宾和赞者随后。进门后,主人又如前那样,三次与宾拱手行礼,直到各自的阶前,主人三次礼请宾先登阶,宾则三次谦让。于是主人先登阶,并导引宾登堂,主人站在东序的南端,面朝西;宾则站在西序的南端,面朝东,宾主相向而立。赞者到洗的西侧盥手后,从西阶上堂,立于房内,面朝西,赞者之位,以南为尊。

(以上为主人迎接宾和赞者入庙。)

主人之赞者筵于东序①,少北②,西面。将冠者出房,南面。赞者奠缅、笄、栉于筵南端③,宾揖将冠者。将冠者即筵坐,赞者坐,栉,设缅。宾降,主人降④,宾辞⑤,主人对。宾盥,卒,壹揖、壹让、升⑥。主人升,复初位⑦。宾筵前坐,正缅,兴,降西阶一等。执冠者升一等,东面授宾。宾右手执项⑧,左手执前⑨,进容⑩,乃祝,坐如初。乃冠,兴,复位⑪,赞者卒⑫。冠者兴,宾揖之,适房⑬,服玄端爵韠,出房,南面⑭。

【注释】

①筵:席,此处作动词用,铺席。

②少北:稍北。东序为主人之位,稍北是表示为人子者不敢正居主位。

③奠:安置,停放。

④主人降:宾走下西阶准备盥手,主人走下东阶则是表示不敢安位。

⑤宾辞:宾以主人降阶无事为说辞,不让主人下去。辞,说辞。

⑥壹揖、壹让、升:初升堂时,三揖三让升,此处礼数降杀于初,故壹揖、壹让、升。《仪礼》通例,凡降洗、降盥,皆壹揖、壹让、升。

⑦复:回。初位:初登堂时所站的位置,即东序南端。

⑧项:冠的后端,不是指缺项之项。

⑨前:冠的前端。

⑩进容:宾进至筵前,特端正容仪,以为冠者示范。

⑪复位:回到原位,即西序南端之位。

⑫卒:完成。宾者在加冠后即离去,其后的结缨带等事,由赞者完成。

⑬适:往。

⑭南面:冠者面南而立,表示一加之礼已成,特向众人展示容体。

【译文】

主人的赞者把将冠者的席铺在东序,其位置稍偏于北,席面朝西。将冠者出房,站在房外之西,面朝南,等待加冠。宾的赞者将包发用的帛、簪和梳子放在席的南端,站在西序的宾,向将冠者拱手行礼,请他入席。将冠者即席就座,接着赞者也坐下,为他梳头,然后用帛包发。宾走下西阶准备盥手,主人也走下东阶,宾请主人留步,主人婉言谦辞。宾盥手完毕,宾、主拱手行礼一次、谦让一次后登阶。上堂后,主人回到原位。宾则到将冠者的席前坐下,亲自扶正将冠者头上的包发之帛,然后起身,从西阶上走下一级台阶。西阶下执缁布冠的有司则走上一级台阶,面朝东,将缁布冠授给宾。宾右手执冠的后部,左手执冠的前部,走到将冠者席前,端正其容仪,然后致祝词,接着像刚才那样坐在席前。宾亲自为将冠者戴上缁布冠然后起身,回到西序东面的位置,宾的赞者为冠者系好冠缨。冠者起身,宾拱手行礼,冠者进房,脱去采衣,换上玄端服和雀色蔽膝,出房,面朝南而立。

(以上为始加之礼。)

宾揖之^①，即筵坐。栉^②，设笄^③。宾盥，正缅如初^④。降二等，受皮弁，右执项，左执前，进祝，加之，如初^⑤，复位。赞者卒纮^⑥，兴，宾揖之，适房，服素积素韠，容，出房，南面。

【注释】

①宾揖之：本节所记为第二次加冠，仪节与第一次大体相同，故主要记其不同之处，其余则约略记之。

②栉：给冠者加皮弁，要先脱去缁布冠。恐其头发散乱不庄，所以再次梳发、设笄。

③笄(jī)：据贾公彦疏，笄有两种，一为髻内安发之笄，一为皮弁、爵弁及六冕固冠之笄。此笄指前者。

④正缅如初：加冠三次，缅仅一块，所以后两次加冠并不更换它，只是检查其是否端正。

⑤如初：如始加之礼的礼节，为求行文简捷，故以“如初”概括言之。

⑥卒纮：皮弁加毕后，将纮系于笄之左端，从颐下绕过，再系于笄的右端，余下的纮则垂而为饰。

【译文】

宾向冠者拱手行礼，请他即席坐下。赞者再次为冠者梳发、插笄。宾盥手后，为冠者扶正包发之帛，仪节与始加礼时一样。宾从西阶走下两级，从执冠者手中接过皮弁，右手执其后部，左手放到冠者前再致祝词，然后将皮弁加于其首，毕回到西序之南。宾的赞者将冠者颐下的带子系好，冠者起身，宾拱手示意，请冠者更衣，冠者进东房，穿上用白缯制作的、腰间有褶的裳和白色的蔽膝，赞者为其端正容体，冠者出房，面朝南而立。二加之礼至此完成。

（以上为二加之礼。）

宾降三等①，受爵弁，加之。服纁裳韎韐。其他如加皮弁之仪②。彻皮弁、冠、栉、筵入于房③。

【注释】

①宾降三等：受缁布冠降一等，受皮弁降二等，受爵弁降三等，是表示冠愈尊则礼愈隆。

②他：指加冠之后的卒（纮）、容出等仪节。三加之礼的仪节，与前两次大体相同，故亦仅记其不同之处，其余则略之。

③彻皮弁、冠、栉、筵入于房：彻皮弁、冠、栉、筵者为谁人，此处未提及，因上文有主人之赞者设筵、宾赞冠者奠纚之语，故知此必为宾的赞冠者与主人之赞者。

【译文】

宾从西阶走下三级台阶，从执冠者手中接过爵弁，为冠者戴上。冠者进房，穿上浅红色的裳和赤黄色的蔽膝。其余的仪节，与加皮弁时一样。赞冠者和主人赞者将已冠者换下的皮弁、缁布冠以及梳篦、席等撤至房内。

（以上为三加之礼。）

筵于户西①，南面。赞者洗于房中②，侧酌醴③。加柶，覆之④，面叶⑤。宾揖，冠者就筵，筵西，南面。宾受醴于户东⑥，加柶，面枋⑦，筵前北面。冠者筵西拜受觯⑧，宾东面答拜⑨。荐脯醢⑩。冠者即筵坐，左执觯，右祭脯醢⑪，以柶祭醴三⑫，兴；筵末坐，啐醴⑬，建柶⑭，兴；降筵⑮，坐奠觯，拜；执觯兴。宾答拜。

【注释】

①筵:当动词用,布席。此布席者为主人赞者。户西:室户之西,即户、牖之间的地方。古制,房屋的前后有隔断,前为堂,后为室。室两侧为东房、西房;室西面有牖,东面则有单扇的门,称为户。户西之地在室正中,为庙中最尊之位。

②洗:盥手、洗爵。洗爵前必先盥手。房中:即房中之择。洗有二,一在庭中;一在北堂,即房的北半部,故又称北洗或房中之洗。由于妇人无堂下之位,不能使用庭洗,所以设北洗,供其使用。但是,当房中没有妇人时,男子也可以使用北洗,此处即属这种情况。

③侧:即上文"侧尊"之侧。因无玄酒只有醴,所以只能侧酌醴。

④覆:反扣。

⑤面叶:柶细的一端为柄,即下文称之为"枋"者,大而宽的一端称"叶",是用以盛物的部分。面叶是将叶的一端朝前。

⑥宾受醴于户东:赞者酌醴后出房,故宾在户东受之。

⑦枋(bǐng):通"柄"。

⑧筵西拜:郑玄注云:"南面拜也。"吴廷华云:"凡筵西拜皆南面。"

⑨宾东面答拜:郑玄注云:"宾还答拜于西序之位。东面者,明成人,与为礼。"宾授觯后,回到西序之位,面东而立。东面答拜为成人之礼,冠者已成人,故始行此礼。

⑩荐:进,上。

⑪祭脯醢(hǎi):取脯醢祭祀先世造此食者,以示不忘本。祭法是:取少许脯,蘸上醢,放在笾豆之间祭之。

⑫以柶祭醴三:用醴祭祀先世造此食者,以示不忘本。祭法是:用柶舀觯中之醴,浇地而祭,是为一祭,如此者三。

⑬啐(cuì):用口浅尝而不喝完。凌廷堪《礼经释例》云:"凡醴皆用觯,但啐之而已,不卒爵也。"

⑭建：立，插。

⑮降筵：离席。祭时坐于筵中，啐时坐于筵末，此时欲拜，而席上不
　　得行拜礼，所以离席。

【译文】

　　主人赞者在户西铺席，席面朝南，准备举行醴冠者的仪式。赞者在
房中盥手后洗觯，因不备玄酒，故只斟酌醴酒于觯。把角柶放在觯上，
向下覆扣，大而宽的一端朝前。宾拱手行礼，请冠者就席，冠者站到席
西，面朝南。赞者捧着觯从东房出来，宾在室户东边接过觯，觯上柶的
方向变成柄朝前，然后走到冠者席前，面朝北。冠者在席西端，拜宾后
接觯，宾回到西序之位，面朝东答拜还礼。赞冠者向冠者进上干肉和肉
酱。冠者即席而坐，左手执觯，右手取干肉蘸肉酱，祭先世造此食者，又
用柶把取觯中醴酒，祭先世造此食者三次，然后起身，到席的西端坐下，
尝一口醴酒，再把柶插入醴酒中，表示饮毕。冠者起身离席，坐在地上，
觯放在席上，为冠礼成而拜谢宾，再回席执觯，起身。宾答拜还礼。

　　（以上为宾醴冠者。）

　　冠者奠觯于荐东①，降筵，北面坐取脯，降自西阶，适东
壁②，北面见于母。母拜受，子拜送，母又拜③。

【注释】

①荐：此指盛脯醢的笾豆。敖继公云："笾豆而云荐者，上经云荐脯
　　醢，故因其事名之，省文，后皆放此。"荐东，荐左。郑玄注云："凡
　　奠爵，将举者于右，不举者于左。"

②适东壁：郑玄注云："适东壁者，出闱门也。时母在闱门之外。"东
　　壁指堂下东墙，上有小门，称闱门，是妇人出入庙之处。据江筠
　　云，妇人之位在房中，此时因赞者在房，故母不得在此，而等待于
　　闱门之外。

③又拜：即侠拜。凌廷堪《礼经释例》云："凡妇人于丈夫皆侠拜。" "侠拜者，丈夫拜一次，妇人则拜两次也。"此处侠拜，表示母亲以成人之礼待子。

【译文】

冠者将醴放在笾豆的左边，离席，到席的前面朝北坐下，取笾中的肉干，然后从西阶下堂，折而东行，出东墙，面朝北礼见母亲，并献上肉干，表示敬意。母亲拜而受之，冠者拜送母亲，母亲又拜。

（以上为冠者见母亲。）

宾降，直西序，东面。主人降，复初位①。冠者立于西阶东，南面。宾字之②，冠者对③。

【注释】

①复初位：程瑶田云："案主人初立于阼阶下，直东序，西面，此云复初位，即其位也。"

②字：表字。冠礼后，由宾为冠者取表字。从此，除君、父之外，不得直呼其名，而只能称呼其表字。参见本篇之《记》。

③对：对答。宾字冠者时祝辞（见本篇之《记》），故冠者要对答。

【译文】

宾从西阶下堂，站在正对西序之处，面朝东。主人从东阶下堂，回到正对东序之处，面朝东而立。冠者站在西阶下的东侧，朝南。宾为冠者取表字，冠者应对。

（以上为宾为冠者取表字，主人请醴宾。）

宾出。主人送于庙门外，请醴宾①，宾礼辞，许。宾就次②。

【注释】

①醴：此指醴礼，是礼毕主人用醴酒款待宾的仪式，以感谢宾的辛劳。

②次：庙门外用帷幕、簟席围成的更衣和小憩处。

【译文】

宾出庙。主人送至庙门外，请以薄礼敬宾，宾谦辞后允诺。并进入门外更衣处等候。

（以上为主人请醴宾。）

冠者见于兄弟①，兄弟再拜，冠者答拜。见赞者②，西面拜，亦如之。入见姑、姊③，如见母。

【注释】

①兄弟：冠者的亲戚，此时都立于洗东。

②见赞者：赞者比宾后出门，故得与冠者为礼。此时赞者在西阶之西、当西序处。

③入：入寝门，寝在庙西。姑：父之姐妹。姊：冠者之姐。冠者不见妹，是因其年幼位卑。

【译文】

冠者到洗东见亲戚，亲戚向冠者行再拜之礼，冠者答拜还礼。冠者又见赞者，面朝西而拜。其后的仪节，与见亲戚时一样。冠者出庙门、入寝门，礼见姑姑和姐姐，仪节和礼见母亲时一样。

（以上为冠者见兄弟、赞者、姑姊。）

乃易服①，服玄冠、玄端、爵韠，奠挚见于君②。遂以挚见于乡大夫、乡先生③。

【注释】

①易：换。

②奠：放，置。挚(zhì)：或作"贽"，郑玄注云："挚，雉也。"古代初次求见人时的礼物。士的见面礼为雉。奠雉于地，是表示自己卑微，不敢亲授于尊者。凌廷堪《礼经释例》云："凡卑者于尊者，皆奠而不授，若尊者辞乃授。"

③乡大夫：当作"卿大夫"。乡先生：已致仕回乡的卿大夫。

【译文】

于是冠者脱去爵弁服，换上玄冠、玄端和雀色的蔽膝，拿着雉拜见国君，雉要放在地上，不能亲授。接着，又拿着雉分别拜见卿大夫和乡先生。

（以上为冠者见君及卿大夫、乡先生。）

乃醴宾，以壹献之礼①，主人酬宾②，束帛、俪皮③。赞者皆与④。赞冠者为介⑤。

【注释】

①壹献之礼：主人仅献宾，而无亚献的礼仪。壹献之礼包括献、酢、酬。主人献醴于宾为献；宾以醴回敬主人为酢；主人为劝宾饮醴，先自饮，然后再酌醴请宾饮为酬，宾则置爵不举。宾、主各两爵而礼成。

②酬宾：郑玄注云："饮宾客而从之以财货曰酬，所以申畅厚意也。"

③帛：郑玄注云："束帛，十端也。"凡物，十为束，如束帛、束锦、束脩等皆是。束帛即五匹帛，因每匹帛有两端，故又称为十端。俪皮：两张鹿皮。

④赞者：泛指主人一方所有参与冠礼者。

⑤介：副。郑玄注云："饮酒之礼，贤者为宾，其次为介。"主人醴宾

时，赞者做宾的介，辅助宾行礼。

【译文】

于是以醴酬谢宾，用壹献之礼。主人以物酬宾，赠以五匹帛和两张鹿皮，表达谢意。主人一方的众赞者都参加饮酒。宾以赞冠者作为副手。

（以上为醴宾。）

宾出，主人送于外门外①，再拜，归宾俎②。

【注释】

①主人送于外门外：据凌廷堪《礼经释例》，凡送宾客，若主、宾身份相当，则主人送于大门外；若宾客身份低于主人，则主人在大门内相送。

②俎（zǔ）：陈放牲体的礼器，又称大房或房俎。壹献之礼时，主人在宾的席前进有笾豆和俎，经文有省略。归俎，飨宾之后，将俎上之牲送往宾家。

【译文】

宾出大门，主人送至门外，以再拜之礼相别，并派人将礼俎送到宾的家中。

（以上为送宾归俎。）

若不醴①，则醮用酒②。尊于房户之间③，两甒④，有禁⑤，玄酒在西⑥，加勺，南枋。洗，有篚在西，南顺⑦。始加，醮用脯醢⑧。宾降，取爵于篚，辞降如初⑨。卒洗，升酌。冠者拜受，宾答拜如初⑩。冠者升筵坐，左执爵，右祭脯醢，祭酒，兴，筵末坐，啐酒，降筵拜，宾答拜。冠者奠爵于荐东，立于筵西。彻荐、爵，筵、尊不彻。加皮弁，如初仪^⑪。再醮，摄酒^⑫，其他皆如初。加爵弁，如初仪。三醮，有干肉折俎^⑬，哜之^⑭，其他如初。北面取脯，见于母^⑮。若杀^⑯，则特豚^⑰，载合升^⑱，离肺实于鼎^⑲，设扃鼏^⑳，始醮，如初。再醮，两豆^㉑，葵菹、蠃醢^㉒。两笾^㉓，栗、脯。三醮，摄酒如再醮，加俎^㉔，哜之^㉕，皆如初，哜肺。卒醮，取笾脯以降，如初。

【注释】

①若不醴：冠婚之礼的正礼用醴，但国中也有不用醴而用酒的旧俗，仪节较为简约，有不忘其本之意，也可沿用，不必都用醴礼，故附录于此。张尔岐将醴礼与醮礼的相异之处，归纳为以下几点：醴侧尊在房，醮两尊于房户之间；醴用觯，醮用爵；醴筵从尊在房，醮筵从洗在庭；醴待三加毕乃一举，醮每一加即一醮；醴荐用脯醢，醮每醮皆用脯醢，至三醮，又有干肉折俎；醴赞冠者酌授宾，宾不亲酌，醮则宾自降取爵，升酌酒；醴者每加入房，易服，出庚立，待宾命，醮则每醮讫，立筵西，待宾命；醴者每加冠必祝，醴时又有醴辞，醮者加冠时不祝，至醮时有醮辞。其余大体相同，故多略而不记，只用"如初"、或"如初仪"表示。醴是浊酒，太古时所创，酒指清酒，为后世所创。古人认为，醴质而酒文，行礼以质为重，故以醴为正。此节以下所记为变礼。

②醮（jiào）：郑玄注云："酌而先酬、酢曰醮。"

③尊：当动词用，放置酒尊。房户之间：房户之东、室户之西的地方。

④两瓶：酒与玄酒各一瓶。

⑤禁：器具名，承放酒尊用，形似方案。郑玄注云："名之为禁者，因为酒戒也。"

⑥玄酒：上古未有醴酒，以水当酒，其色玄，故称之为玄酒。

⑦南顺：器物纵向放置，首北尾南。

⑧始加，醮用脯醢：郑玄注云："始加者，言一加一醮也。""始醮亦荐脯醢。"从始加起，即用醮，每醮皆有脯醢，三加均如此。

⑨辞降如初：如前将冠时，宾降盥、主人降，宾辞、主人对的仪节。

⑩答拜如初：宾授爵，东面答拜，如同醴礼一样。

⑪如初仪：如醴礼"再加"的仪节。

⑫摄酒：将先前的正祭之酒搅和、添加，表示是新上的酒，不敢移旧酒敬人。摄，整新。

⑬干肉折俎：载有按骨节分解的牲体干肉的俎。

⑭呀(jì)：尝。

⑮见于母：其仪节与醴礼相同。

⑯杀：杀牲。上记醮礼不杀牲，此以下记醮礼之盛者，故杀牲。

⑰特：一，一只。豚：小猪。冠用特豚，取义于小猪未成牲而将成。

⑱载合升：将牲体的左右两边一起升鼎、载俎。胡培翚云："凡牲煮于爨上之镬谓之亨，由镬而实于鼎谓之升，由鼎而盛于俎谓之载。"古时吉礼用牲，取牲体的右半边，凶礼用牲，取牲体的左半边。冠礼为人道之始，婚礼为男女之始，大殓为人道之终，非寻常小礼，故可合左、右两边而升于鼎，载于俎。

⑲离肺：古礼所用之肺，要先加切割，方可祭祀或食用。细分之，又有两种情况，一种是为祭祀而设的肺，切成块，故称切肺或刌肺；另一种是为食用而设的肺，划割而不断开，底部少许相连，称为离肺或举肺。

⑳扃(jiōng)：又名铉，横贯鼎耳，用以抬鼎的杠子。鼏(mì)：遮鼎的盖子，用茅草制作。

㉑豆：盛食器名，木制，形如高足盘。

㉒葵菹(zū)：葵，秋葵，菜名；菹，用醋腌制的菜名。蠃(luǒ)：即蜗蠃

（yíyú），蜗牛；一说蠃即"螺"字。

㉓笾（biān）：盛食器名，竹制，形如木豆。

㉔加俎：指豚俎。三醮与再醮一样，也有两笾、两豆，但另加有豚俎。

㉕哜之：郑玄注云："哜当为祭，字之误也。"

【译文】

国中若有不用醴礼者，则可因其旧俗行醮礼用酒。在东房与室户之间设两瓶，一为酒，一为玄酒，瓶下都有器座，二瓶以玄酒为尊，故置于西端，瓶上都放有勺，勺柄朝南。洗设在东边屋檐前，篚在洗西纵向放置，首北尾南。始加缁布冠之后，即向冠者行醮礼，赞冠者进上脯、醢。宾下堂走到洗的西面，从篚中取爵准备洗涤，主人下堂时，宾劝阻的仪节与醴礼相同。宾洗爵后，上堂，自行酌酒。宾将爵授给在户西席上就座的冠者，冠者面朝南拜受，宾答拜的仪节，与醴礼相同。冠者回到席正中坐下，左手执爵，右手取脯醢而祭，又取酒祭，然后起身，到席的末端坐下，尝一口酒，再离席拜谢宾，宾答拜还礼。冠者将爵放在笾豆东侧，再站到席的西端，等待宾的命令。赞冠者撤去笾豆和爵，席和瓶不撤。为冠者加皮弁的仪节与醴礼一样。向冠者第二次行醮礼，酒要整新，其他仪节都和醴礼一样。为冠者加爵弁的仪节与醴礼一样。向冠者第三次行醮礼，要进上载有节折干肉的俎，冠者只尝一口，其他仪节与醴礼一样。冠者面朝北取脯后，往见母亲。如果礼盛杀牲，则用一只小猪，升鼎及载俎，都合左右体，切开的肺与牲一起放入鼎中，然后加上鼎盖和杠，始加缁布冠后行醮礼，进脯醢和撤荐爵等的仪节与醴礼一样。第二次行醮礼，则要加两豆：腌制的秋葵菜、蜗牛酱。两笾：栗、脯。第三次行醮礼，要整新爵中之酒，如第二次行醮礼时那样，此外要增加豚俎，冠者先用肺致祭，如同祭脯醢那样，然后尝一口肺。三醮之礼完毕，冠者取笾中之脯下堂，出闱门见母亲，仪节和醴礼一样。

（以上为醮礼。）

若孤子^①，则父兄戒、宿^②。冠之日，主人紒而迎宾，拜，揖，让，立于序端^③，皆如冠主。礼于阼^④。凡拜^⑤，北面于阼阶上^⑥，宾亦北面于西阶上答拜。若杀，则举鼎陈于门外^⑦，直东塾，北面。

【注释】

①孤子：嫡子而丧父者。以下记孤子冠法，其仪节凡与醴礼相同者，则略而不记。

②父：伯父、叔父。兄：从兄。孤子虽是嫡嗣，若未行冠礼，也不得在外与成人行礼，故宿宾、戒宾必须由伯叔父或从兄出面。此处只提及戒、宿，可推知筮日、筮宾、为期等仪节由将冠者自主。

③"主人"几句：主人，孤子冠者。前文说"将冠者，采衣紒。"此处只提及紒，表明孤子将冠时不穿采衣，也不用朱锦束发。正如《礼记·曲礼》说：孤子将冠，"衣不纯采"。迎宾、拜、揖、让，立于序端者，本应为冠者之父，这里均为孤子冠者，是因为孤子无父，故得伸其尊。叔伯父及从兄不主其事，是表示家无二主。

④礼于阼：孤子之冠、醴都在阼阶。冠礼之正，应冠于东序、醴于户西，与此不同。礼于阼是表示父亲虽已不在，仍不敢以宾客之礼自居。

⑤凡拜：指醴礼或醮礼时的拜受、啐拜及答拜等。

⑥北面于阼阶上：孤子冠凡拜都在阼阶上北面，与父在时拜于筵西南面、宾拜于序端东面有别。

⑦若杀，则举鼎陈于门外：冠子之父不在，故冠子自己主持冠礼，杀牲则举鼎陈于庙门外、东塾之南，表示特为敬宾而杀牲。若父在，则为冠子杀牲，鼎不陈于门外。

【译文】

如果是孤子加冠，则由叔伯父或从兄出面通报僚友，并特邀冠礼的正宾。加冠之日,孤子冠者自为主人,梳着发髻,在大门外迎宾,面朝西向宾行拜礼,又三次拱手行礼,导引宾到阶前,三让之后升堂立于序端,其间仪节与父为冠主时一样。向孤子行醴礼要在阼阶上进行。凡是仪式中的拜礼,孤子冠者都面朝北在阼阶上进行,宾也面朝北站在西阶上答拜还礼。若是杀牲,则要把鼎陈放在庙门之外,正对着东塾的地方,鼎朝北。

(以上为孤子冠法。)

若庶子①,则冠于房外②,南面,遂醮焉。

【注释】

①庶子:众子,指嫡子的同母弟、妾之子。此节记庶子而父在者的冠法。

②房外:房户之外。嫡子是法定继承人,故冠于阼阶。庶子冠不是法定继承人,故冠不得在阼阶,只能在房户外。冠之后接着在原地醮,有成而不尊之意。

【译文】

如果是庶子,则在房户之外加冠,面朝南,冠毕接着在原地行醮礼。

(以上为庶子冠法。)

冠者母不在,则使人受脯于西阶下。

【注释】

①母不在:母不在闱门之外。指母有病,或有外戚丧服在身,无法与子为礼,不是指亡故。

【译文】

冠者之母亲因故不在，则派人到西阶上代受冠者所送之脯。

（以上为冠者见母亲的变通之法。）

　　戒宾①，曰："某有子某②，将加布于其首③，愿吾子之教之也④。"宾对曰："某不敏⑤，恐不能共事⑥，以病吾子⑦，敢辞⑧。"主人曰："某犹愿吾子之终教之也。"宾对曰："吾子重有命⑨，某敢不从⑩？"宿，曰："某将加布于某之首，吾子将莅之⑪，敢宿。"宾对曰："某敢不夙兴？"

【注释】

①戒宾：这一节记冠礼时的戒宾、宿宾之辞，以下还有祝辞、醴辞、醮辞、字辞等，是礼仪场合中便于士大夫使用的辞令格式。《士冠礼》诸辞均单列于篇末，而《士昏礼》等篇则随文出现，与此不同。

②某：前一"某"字代指主人之名，后一"某"字代指主人之子之名。

③加布：加缁布冠。冠礼三加，缁布冠在三冠中最卑，主人取始加而质者言之，含有自谦之意。

④吾子：是古人相亲之称。吾，我。子，男子的美称。教之：教以加冠之礼。

⑤不敏：不聪慧，犹言愚钝，谦词。

⑥共事：供给冠事。共，通"供"。

⑦病：辱没，有辱，谦词。

⑧敢：自言冒昧之词。

⑨重：再。

⑩敢：反语，犹言岂敢、不敢不。

⑪莅：临。

【译文】

主人向僚友通报将行冠礼的消息时说："某人有子某，将要加缁布冠于其首，希望您前去教导他。"僚友回答说："某人不才，只怕难以胜任而有辱于您家，请允许我斗胆推辞。"主人说："某人还是希望您最终能去教导他。"僚友回答说："您再次发命，某人岂敢不从？"主人邀请加冠的嘉宾时说："某人将要加缁布冠于子某之首，您要光临，冒昧邀请您为加冠的嘉宾。"宾回答说："某人岂敢不早早起身前往？"

（以上为戒宾、宿宾之辞。）

始加，祝曰："令月吉日①，始加元服②。弃尔幼志③，顺尔成德④。寿考惟祺⑤，介尔景福⑥。"再加，曰："吉月令辰，乃申尔服⑦。敬尔威仪，淑慎尔德⑧。眉寿万年⑨，永受胡福⑩。"三加，曰："以岁之正⑪，以月之令，咸加尔服⑫。兄弟具在，以成厥德。黄耇无疆⑬，受天之庆⑭。"

【注释】

①令月吉日：郑玄注云："令、吉皆善也。"

②元服：首之服，即冠。元，首，头。

③尔：汝。幼志：幼年时的戏玩之心，犹言童心。

④顺：通"慎"。成德：成人之德。胡培翚云："既冠，责以为人子、为人弟、为人臣、为人少者之礼，皆成人之德也。"

⑤寿考：长寿。祺：祥，福。

⑥介：大。景：大。

⑦申：重。服：皮弁服。

⑧淑：善。

⑨眉寿:金文作"𥅆寿"。古代新器铸成,要用牲血涂其缝隙,使之经久耐用,𥅆寿即长寿之意。眉,文献多作"麋"。旧说眉即豪眉,为长寿之兆,不确。

⑩胡:遐,远,无穷。

⑪正:善,美。

⑫咸:都,全。

⑬黄:黄发,指老人由白发变成的黄发。耇(gǒu):寿者的面部如冻梨,色如浮垢。黄、耇都是长寿之征。

⑭庆:赐。

【译文】

第一次加冠时,宾的祝辞说:"月份和时日都很吉祥,开始为你加冠。丢掉你的童稚之心,慎养你的成人之德。愿你长寿吉祥,广增洪福。"再次加冠时,宾的祝辞说:"月份和时辰都很吉祥,再次为你加冠。不要懈怠你外表的威仪,好好慎养你内在的德行。愿你长寿万年,永受洪福。"第三次加冠时,宾的祝辞说:"在这吉岁美月,把成人的三种冠都加给了你。亲戚们都到场,以成就你成人的美德。愿你长寿无疆,受天之赐。"

(以上为三加祝辞。)

醴辞曰:"甘醴惟厚,嘉荐令芳①。拜受祭之②,以定尔祥。承天之休③,寿考不忘。"

【注释】

①嘉:美。荐:指笾豆中的脯醢。

②拜受祭之:胡培翚云:"谓拜受觯、祭脯醢、祭醴也。此教其行礼。"

③休:美。

【译文】

宾向冠者敬醴酒时的祝辞说:"甘美的醴酒醇厚,上好的脯醢芳香。请拜而受觯,祭上脯醢和醴酒,以奠定你的福祥。承受着上天的美福,长寿之年犹不忘怀。"

(以上为醴辞。)

醮辞曰①:"旨酒既清,嘉荐亶时②。始加元服,兄弟具来。孝友时格③,永乃保之。"再醮,曰:"旨酒既湑④,嘉荐伊脯⑤。乃申尔服,礼仪有序。祭此嘉爵,承天之祜⑥。"三醮,曰:"旨酒令芳,笾豆有楚⑦。咸加尔服,肴升折俎⑧。承天之庆,受福无疆。"

【注释】

①醮辞:醮礼之辞。醮辞与醴礼之辞不同。醮礼,每次加冠完毕,都要敬一次酒,并致辞,所以有三次醮辞,而醴辞只有一次;醴礼有祝告之辞,醮礼则没有。

②亶(dǎn):诚。时:善。

③孝友:郑玄注云:"善父母为孝,善友弟为友。"时:通"是"。格:至,来。

④湑(xǔ):滤过的酒,引申为清。

⑤伊:惟,语助词。

⑥祜(hù):福。

⑦楚:陈列齐整之貌。

⑧肴升折俎:醮礼中或杀牲或不杀牲,不杀牲用干肉折俎,杀牲则用加俎,"肴升折俎",兼指两者,醮辞不变。肴,干肉或豚。

【译文】

宾第一次向冠者行醮礼的辞令说:"美酒清澄,祭献真诚。首次加冠,亲戚皆到。谨守孝友,永远保持。"第二次行醮礼,说:"美酒清澄,脯醢敬献。再次加冠,礼仪井然。祭献佳酒,受天赐福。"第三次行醮礼,说:"美酒芳香,笾豆整齐。三冠均加,敬献祭品。承天之赐,福佑无边。"

(以上为醮辞。)

字辞曰:"礼仪既备^①,令月吉日,昭告尔字^②。爰字孔嘉^③,髦士攸宜^④。宜之于假^⑤,永受保之。曰伯某甫^⑥。"仲、叔、季,唯其所当。

【注释】

①礼仪既备:胡培翚云:"谓三加已毕也。"

②昭:明。

③爰:于。孔:很,尤。

④髦:俊。攸:所。

⑤于:为。假:通"嘏",福。

⑥伯某甫:伯与仲、叔、季,是兄弟长幼之序的区别字,伯最长。某,指代冠者的字。甫,又作父,对男子的美称。

【译文】

为冠者取表字的辞令说:"礼仪已经齐备,在此良月吉日,宣布你的表字。你的表字无比美好,适宜英俊的男士拥有。适宜就有福佑,愿你永远保有。你的表字就叫'伯某甫'。"排行为仲、叔、季的,字辞也是如此,只是要将"伯"字换成相应的区别字。

(以上为字辞。)

屦①，夏用葛②。玄端黑屦③，青绚繶纯④，纯博寸⑤。素积白屦⑥，以魁柎之⑦，缁绚繶纯，纯博寸。爵弁纁屦，黑绚繶纯，纯博寸。冬，皮屦可也⑧。不屦繐屦⑨。

【注释】

①屦(jù)：用葛或麻做的单底鞋。以下记与三服相配的鞋的形制与色别。

②夏用葛：下文言冬用皮，张尔岐云："春秋热则从夏，寒则从冬。"

③玄端黑屦：古代礼服，衣、冠之色一致，鞋、裳之色一致。玄端有玄裳、黄裳、杂裳之别，而以玄裳为正，故以黑屦与之相配。

④绚(qú)：鞋头的装饰，状如汉代的刀衣鼻，有孔，可系鞋带。繶(yì)：饰于鞋缝的圆条丝带。纯(zhǔn)：缘，此指鞋之镶边。

⑤博：阔，宽。

⑥素积：即加皮弁时穿带褶的白缯裳，故以白屦相配。

⑦魁：即魁蛤，蜃。柎(fǔ)：通"坿"，涂附。

⑧皮屦可也：皮屦之色必须与裳色一致，此处互文见义，故省略之。

⑨不屦：不穿，屦当动词用。繐(suì)：细而疏的麻布，古时多用作丧服。

【译文】

冠礼之鞋，夏天穿用葛做的。穿玄端服，用黑色的鞋相配，鞋头的装饰，鞋缝的丝带和鞋的镶边都是青色的，镶边宽一寸。穿腰间带褶的白缯裳，用白色的鞋相配，将蜃的粉涂附鞋帮，使之变成白色，鞋头的装饰、鞋缝的丝带和鞋的镶边都是白色的，镶边宽一寸。穿爵弁服，用浅绛色的鞋相配，鞋头的装饰、鞋缝的丝带和鞋的镶边都是黑色的，镶边宽一寸。冬天，可以穿皮革做的鞋。一般不宜穿繐做的鞋，因为繐是做丧服用的。

（以上记鞋。）

记①

冠义。始冠，缁布之冠也。太古冠布，齐则缁之②。其
緌也③，孔子曰："吾未之闻也，冠而敝之可也④。"

【注释】

①记：《仪礼》十七篇，除《士相见》、《大射》、《少牢馈食》、《有司彻》
等四篇外，其余十三篇篇末都有"记"。记的内容，或说解礼义，
或补充经文所无的仪节，或载礼的变异，或为传闻的记录，往往
有与经义不同之处。一般认为，十三篇之记，出自孔门后学之
手。《士冠礼》的记，又见于《礼记·郊特牲》。

②齐：通"斋"，斋戒。缁：当动词用，染成缁色。太古时，日常之冠
用白布制成，斋戒时染为缁色，因为鬼神喜欢幽暗。

③緌(ruí)：冠的缨带在颔下打结后下垂的部分。

④敝：敝弃。缁布冠仅用于冠礼，礼毕不再用，故可敝弃之。

【译文】

记

冠礼的意义。始加之冠，是缁布做的冠。唐虞以上的太古时代，人
们以白布为冠，斋戒时则把它染成黑色。至于冠上是否有緌，孔子说：
"我没听说过有緌，加冠礼毕，缁布冠不再用，可以敝弃它。"

（以上记用缁布冠之义。）

适子冠于阼①，以著代也②。醮于客位③，加有成也④。

【注释】

①阼：阼是主位，故嫡子冠于此。但嫡子之位与主人之位略有距
离，主人之位在东序之南，嫡子之位在东序稍北。

②著：显明。代：代其父为一家之主。

③客位：在户牖之间，堂的正中之位。

④加有成：张尔岐云："加礼于有成德者也。"

【译文】

嫡子在阼阶上加冠，是要显示他将来是替代父亲的人。在客位上向他行醮礼，是加礼于有成德者。

（以上记冠礼重嫡子之义。）

三加弥尊①，谕其志也②。冠而字之③，敬其名也④。

【注释】

①三加弥尊：郑玄注云："弥，犹益也。"三次所加之冠，依次为缁布冠、皮弁、爵弁，由卑而尊，故云"三加弥尊"。

②谕其志：张尔岐云："教谕之，使其志存修德，每进而上也。"

③冠而字之：子生三月，父母为之取名，冠礼已成，宾为之取表字，是成人之道。

④敬其名：取字之后，字即代名，非君、父不得呼其名，意在敬其所受于父母之名。

【译文】

三次所加之冠，一次比一次尊贵，这是希望他的德行与日俱进。加冠之后，宾为他取一个便于称呼的表字，是因为敬重他父母所取的名。

（以上记三加及冠字之义。）

委貌①，周道也。章甫，殷道也。毋追，夏后氏之道也。周弁、殷冔、夏收②。三王共皮弁素积。

【注释】

①委貌：和下文的章甫、毋追，分别为周、殷、夏三代的常用之冠。

　郑玄注云："三冠皆所服以行道也。"

②弁：和下文的冔（xǔ）、收，分别为三代的祭祀之冠。

【译文】

平常戴的冠，三代异制：委貌，是周人服以行道的冠。章甫，是殷人服以行道的冠。毋追，是夏后氏服以行道的冠。祭祀用的冠，周人叫"弁"，殷人叫"冔"，夏人叫"收"。三代之王又都用皮弁和腰间带褶的白缯裳。

（以上记三代之冠。）

无大夫冠礼①，而有其昏礼。古者五十而后爵②，何大夫冠礼之有？公侯之有冠礼也，夏之末造也③。天子之元子④，犹士也，天下无生而贵者也。继世以立诸侯⑤，象贤也⑥。以官爵人，德之杀也⑦。

【注释】

①无大夫冠礼：古时二十而冠，五十而后爵，得为大夫，故无大夫冠礼。

②古者五十而后爵：古时五十岁方能受爵为大夫。年龄不满五十岁，虽为贤德之才，也只能以大夫之事试之，并仍服士服，行士礼，以表示对选择官员的慎重。

③造：作，开始。

④元子：世子。

⑤继世：承继先世。

⑥象贤：郑玄注云："象，法也，为子孙能法先祖之贤，故使之继世也

⑦杀:差,等差。郑玄注云:"杀犹衰也。德大者爵以大官,德小者
　　爵以小官。"

【译文】

　　没有大夫的冠礼,而只有大夫的婚礼。古时年满五十岁才可能有
大夫的爵位,冠礼是在二十岁时举行的,哪会有大夫行冠礼的道理?公
侯有冠礼,是夏末开始的。天子的世子也行士冠礼,天下没有生下来就
尊贵的人。诸侯的后人继其先世立为诸侯,是因为他们能效法先贤。
用官位爵人,要以德行高低分等级。

　　(以上记大夫以上冠皆用士礼的意义。)

　　死而谥①,今也②;古者生无爵③,死无谥。

【注释】

①谥:古人死后,依其生前事迹而给的称号。

②今:指周衰作"记"之时。

③古:郑玄注云:"故谓殷。殷士生不为爵,死不为谥。"

【译文】

　　人死以后有谥号,这是今天的做法;古代的士活着没有爵称,死后
没有谥号。

　　(以上记士的谥爵的今古之异。)

士昏礼第二

男子行冠礼后，始可娶妻。士娶妻要经过纳采、问名、纳吉、纳征、请期、亲迎等六个主要仪节，故又称为六礼。前五个仪节，由男方派使者到女家进行，最后迎亲时，男子才亲自前往。古人认为，士迎亲有阳往阴来之意，黄昏为阴阳交接之时，所以婚礼都在此时举行，娶妻称昏，正是缘此。

昏礼①。下达②，纳采用雁③。主人筵于户西④，西上⑤，右几⑥。使者玄端至⑦。摈者出请事⑧，入告。主人如宾服，迎于门外，再拜，宾不答拜⑨。揖入。至于庙门，揖入。三揖，至于阶，三让。主人以宾升⑩，西面。宾升西阶，当阿⑪，东面致命⑫。主人阼阶上北面再拜⑬。授于楹间⑭，南面。宾降，出。主人降，授老雁⑮。

【注释】

①昏：同"婚"。

②达：郑玄注云："达，通达也，将欲与彼合昏姻，必先使媒氏下通

其言。"

③纳采:纳其采择之礼。采,择。男方请媒氏下达,女方同意后,男方行纳采之礼,表示已选择其女为婚配对象。雁:纳采时用的见面礼。郑玄注云:"纳采而用雁为挚者,取其顺阴阳往来。"

④主人筵于户西:郑玄注云:"主人,女父也。筵,为神布席也。"

⑤西上:席有首尾,首端在西,因神道以西为上。

⑥几:友人坐时凭依身体的小桌,此几为神而设。

⑦使者:即男方派来提亲的媒氏,下文称为"宾"。玄端:玄端服,礼服。

⑧摈者:佐礼的有司。请事:郑玄注云:"请犹问也。礼不必事,虽知犹问之,重慎也。"

⑨宾不答拜:宾奉男方主人之命而来,自己并非事主,不敢当宾礼,故主人行再拜礼后,宾不答拜。

⑩以:与。

⑪阿:郑玄注云:"栋也。"指屋的中脊。

⑫致命:致纳采之辞。

⑬阼阶上:焦循云:"自阶至房户之前,通可谓之阶上。"

⑭授:为"受"字之误。楹间:掌上东楹柱与西楹柱之间。

⑮老:指家臣之长。

【译文】

婚礼。男家请媒氏到女家下达提亲之意,女家答应议婚后,男家派使者献上采择之礼,用雁作为礼品。举行纳采的仪式,主人要在室户西边为神设席,席头朝西,席的右边放着供神凭依的几。男家的使者身穿玄端服,来到女家大门外。女家的摈者出大门请问使者为何事而来,然后入门禀告主人。主人穿着和宾一样的服装,到门外迎接,向宾行再拜之礼,宾不答拜。主、宾拱手行礼后入大门。走到庙门前,主、宾再次拱手行礼后入门。其后,主、宾三次拱手行礼,走到阶前,主、宾三次互相谦让。于是,主人先从东阶上堂,以为宾的先导,上堂后面朝西而立。宾从西阶上堂,在屋正脊之下处站立,面朝东,致纳采辞。主人在阼阶之上,面朝北行再拜之礼,再在两楹之间接受宾的礼物,宾主都面朝南。礼毕宾下堂,出庙门。主人走下阼阶,将雁交给家臣中的长老。

（以上为纳采。）

摈者出请①,宾执雁,请问名②。主人许。宾入,授,如初礼③。

【注释】

①摈者出请:宾纳采后出门而未离去,等待问名,故摈者又出请。

②问名:郑玄注云:"问名者,将归卜其吉凶。"

③如初礼:指三揖以后的仪节。

【译文】

摈者出庙门,请问宾是否还有事,宾手执另一只雁,说还需要问明女子的姓氏。摈者入告主人,主人同意告知。宾再次入门,主人告知女子的姓氏,其间仪节,与纳采入门后的相同。

（以上为问名。）

摈者出请①,宾告事毕②。入告,出请醴宾。宾礼辞,许。主人彻几③,改筵④,东上。侧尊甒醴于房中。主人迎宾于庙门外,揖、让如初,升。主人北面再拜。宾西阶上北面答拜。主人拂几授校⑤,拜送。宾以几辟⑥,北面设于坐,左之⑦,西阶上答拜。赞者酌醴,加角柶,面叶,出于房。主人受醴,面枋,筵前西北面⑧。宾拜受醴,复位。主人阼阶上拜送。赞者荐脯醢。宾即筵坐,左执觯,祭脯醢,以柶祭醴三,西阶上

北面坐⑨。啐醴,建柶,兴,坐奠觯,遂拜。主人答拜。宾即
筵,奠于荐左,降筵,北面坐取脯⑩。主人辞⑪。宾降,授人
脯⑫,出。主人送于门外,再拜。

【注释】

①傧者出请:宾问名后出门而未离去,故傧者再次出门请事。

②宾告事毕:宾告事毕后即可离去,因主人将要醴宾,故傧者必挽
留宾,经文有省略。

③彻几:撤去纳采时供神用的几,另换一几供宾用。

④改筵:撤去纳采时供神用的席,另换一席供宾用。鬼神之席以西
为上,宾之席则改为以东为上。

⑤拂几:拂几之法,若双方身份相当,则左手执几,右衣袖向外拂几
面三次,再两手横执几,进授于前。若是卑者对尊者,则变为向
内拂几面三次。授校:校,几足。授几之法,卑者用双手执几的
两端,尊者则双手执于几间。

⑥辟:郑玄注云:“逡遁,欲行又止。”

⑦左之:几在授受时都是横向。设几时,则要将它旋转成纵向,再
设于坐南,北面陈之。如果为鬼神设几,则置于右侧;为人设几,
则置于左侧。此处为宾设几,故“左之”。

⑧筵前西北面:此时宾在西阶上,故主人在宾席前面朝西北而立,
等候宾即席。

⑨西阶上北面坐:宾在西阶饮酒,是表示不敢以宾礼自居。

⑩北面坐取脯:郑玄注云:“自取脯者,尊主人之赐,将归执以
反命。”

⑪主人辞:主人见宾珍视自己的礼物,故谦言“菲薄不腆”之类
的话。

⑫人:郑玄注云:“谓使者从者。”

【译文】

　　摈者出庙门,请问宾是否还有未尽之事,宾告知说,问名之事已完毕。摈者入门禀告主人,然后出门传达主人之意:将用醴礼酬宾。宾谦辞一次后答应。主人命撤换堂上的几,席也另换,席头朝东,又在房中设醴酒一瓶。主人亲自到庙门外迎宾,双方揖让的仪节和纳采时一样,然后登阶上堂。主人在东阶上面朝北行再拜之礼,宾在西阶上面朝北答拜还礼。主人拂拭供宾用的几,再执住几的中部授给宾,然后行拜送礼。宾接住几足,微微转身,表示不敢当主人之礼,接着面朝北将几转成纵向,放在坐席之左,再到西阶上答拜。赞者往觯内酌醴,再在觯上放一把角制的柶,大而宽的一头朝前,端出房。主人接过觯,使柶柄朝前,走到宾的席前面朝西北站定。宾在西阶上行拜礼,再走到席前受醴,受毕,退回到西阶上原先站立的位置。主人到阼阶上行拜送礼。赞者将笾豆进于宾的席前。宾即席而坐,左手执觯,右手取少许脯、醢,祭先世造此物者,又用柶取醴而祭,凡三次,然后回到西阶上面朝北而坐。尝一口醴,再把角柶插入觯中,表示饮毕,接着起身,再坐下将觯放在笾豆右侧,向主人行拜礼致谢。主人答拜还礼。宾回到席上,把觯放在笾豆的左侧,离席,走到席前面朝北坐下,从笾中取脯,脯是主人的赏赐,宾要带回去向自家的主人复命。主人谦辞说,不是什么珍异之物,不值得您这样敬重。宾走下西阶,将脯交给自己的随从,然后出门。主人送至大门外,行再拜之礼。

　　(以上为醴使者。)

　　　纳吉^①,用雁,如纳采礼^②。

【注释】

①纳吉:男家问得女子姓氏后,归卜于庙,若得到吉兆,则派使者告知女家,此即纳吉,婚姻之事由此而定。

②如纳采礼：张尔岐云：“其揖让、升阶、致命、受雁及主人醴宾、取
脯入门之节，并皆如之。”

【译文】

　　男家到女家纳吉，用雁作见面的礼物，到女家后的仪节与纳采时
一样。

　　（以上为纳吉。）

　　纳征①，玄纁束帛②，俪皮③，如纳吉礼。

【注释】

①纳征：又称纳币，纳吉之后，男家派使者到女家致送聘礼，女家纳
　　聘后，婚姻之事乃成。征，成。

②玄纁：婚礼用玄纁，象征阴阳大备。古人认为，天之正色苍而玄，
　　地之正色黄而纁，婚姻有阴阳相成之义，故以服色效法天地。束
　　帛：五匹帛，玄色三匹，纁色二匹。

③俪皮：郑玄注云：“俪，两也。”“皮，鹿皮。”

【译文】

　　男家到女家纳征，致送的聘礼是玄色和纁色的帛共五匹，鹿皮两
张，到女家后的仪节与纳吉时一样。

　　（以上为纳征。）

　　请期①，用雁。主人辞。宾许②，告期，如纳征礼。

【注释】

①请期：男家卜得婚礼吉日，不直接告知女家，而是派使者到女家，
　　请女家指定婚期，意在听命于女家，尊重女家。

②主人辞:郑玄注云:"阳倡阴和,期日应由夫家来也。"

【译文】

男家使者到女家请示婚期,带去的礼物是雁。女家的主人推辞说,婚期还是由夫家决定吧。宾这才将已卜定的吉日告诉主人,其间仪节与纳征时一样。

(以上为请期。)

期①,初昏,陈三鼎于寝门外东方②,北面,北上③。其实:特豚,合升④,去蹄⑤;举肺脊二、祭肺二、鱼十有四、腊一肫⑥。髀不升⑦。皆饪⑧。设扃鼏⑨。设洗于阼阶东南。馔于房中:醯酱二豆⑩,菹醢四豆⑪,兼巾之⑫,黍稷四敦⑬,皆盖。大羹涪在爨⑭,尊于室中北墉下⑮,有禁,玄酒在西,绤幂⑯,加勺,皆南枋。尊于房户之东,无玄酒,篚在南,实四爵合卺⑰。

【注释】

①期:婚期,娶妻之日。

②三鼎:即下文的豚鼎、鱼鼎、腊鼎。寝:夫的居室。

③北上:三鼎自北而南纵向陈列,以北边的鼎为尊。

④合升:合豚的左右体一起升入鼎内。

⑤去蹄:除去豚的四蹄之甲。蹄甲污秽,故不用。

⑥举肺:又名刌肺、嚌肺,切割成块的肺,便于食用。祭肺:又名刌肺、切肺,切割之而仍相连在一起的肺,主要用于祭祀。腊(xī):完整的禽或小兽的干肉,此指兔腊。肫:当作"纯",双。用腊则左右体相配,合为一体,故纯又训全。

⑦髀:尾骨。因其近于肛门,故不升于鼎。

⑧饪：熟。

⑨扃：鼎杠。鼏：鼎盖。

⑩醯（xī）酱：用醋调和的酱。醯，醋。

⑪菹：葵菹。醢：蜗醢。

⑫兼巾之：六豆合用一巾覆盖。

⑬敦（duì）：食器名，铜制，器身和盖为相同的半球形，相合后呈球形，俗称"西瓜鼎"。

⑭渚（qì）：羹汁。爨（cuàn）：灶。

⑮墉（yōng）：墙。

⑯绤（xì）：粗葛布。

⑰卺（jǐn）：将一瓠剖分为二，用作酒器。

【译文】

娶妻之日，黄昏初临之时，男家在寝门外的东方陈设三个鼎，鼎面朝北，以北边的鼎为尊。所盛的食物：最北边的鼎中是小猪一只，左右牲体合在一起，蹄甲都已去掉；举肺两块，脊骨两块，祭肺两块，中间的鼎中是鱼十四条，南边的鼎中是一只风干全兔。但尾骨不得放入鼎中。以上食品都已煮熟。每鼎都配加鼎杠和鼎盖。洗设在阼阶的东南。房中陈设的食品有：加醋的酱二豆，腌制的冬葵菜和螺酱四豆，这六豆用同一块巾罩着，以防灰尘。黍、稷一共四敦，都加上盖，以保温。浓汤汁在灶上。室中北墙下放着两瓶酒，下面有承座，玄酒放在酒的西面，都用粗葛布覆盖，上面放有勺，柄都朝南。在房户的东面也放一瓶酒，但不设玄酒。南面放一篚，内有四只爵和一对卺。

（以上为男家准备迎亲的陈设。）

主人爵弁①，纁裳缁袘②，从者毕玄端。乘墨车③，从车二乘④，执烛前马⑤。妇车亦如之⑥，有裧⑦。至于门外。主人筵于户西，西上，右几。女次⑧，纯衣纁袡⑨，立于房中，南面。姆纚笄宵衣⑩，在其右。女从者毕袗玄，纚笄，被颖黼⑪，在其后。主人玄端，迎于门外，西面再拜，宾东面答拜。主人揖入，宾执雁从。至于庙门，揖入⑫。三揖，至于阶，三让。主人升，西面。宾升，北面，奠雁，再拜稽首⑬，降出。妇从，降自西阶。主人不降送。婿御妇车⑭，授绥⑮，姆辞不受。妇乘以几⑯，姆加景⑰，乃驱⑱。御者代。婿乘其车先，俟于门外。

【注释】

①主人：指夫，本篇称婿。夫为妇之主，故称主人。

②袡(yì)：衣裙的下缘。

③墨车：漆车。墨车本是大夫之车，士因婚礼而摄盛用之。

④从车：从行的有司乘用的车。

⑤执烛前马：郑玄注云："使从役持炬火居前照道。"

⑥妇车：夫家迎娶的车子。

⑦袸(chān)：同"襜"，车子上的帷幕。

⑧次：发饰，一种按头发长短编制的假发，即鬒(bì)。

⑨裧(rán)：衣服的边缘。

⑩姆(mǔ)：德行能为女子师表的老妇，一般由女子的乳母，或老而无夫、老而无子者担任。宵衣：黑色衣，士妻的正服。

⑪颖(jiǒng)：通"褧"，麻制的单层披肩。黼(fǔ)：礼服上黑白相间的斧形花纹。

⑫揖入：此后当有"每曲揖"等仪节，经文省略。

⑬稽(qǐ)首：孔颖达云："《尚书》每称拜手稽首者，初为拜头至手，乃复叩头以至地。至手是为拜手，至地乃为稽首。然则凡为稽首者，皆先为拜手，乃成稽首，故《尚书》拜手稽首连言之。""拜手稽

首共成一拜之礼，此其敬之极，故臣于君乃然。"

⑭婿御妇车：婿，丈夫。丈夫为妇驾车，表示亲而下之，执仆人之礼。

⑮绥：上车时拉手用的绳子。

⑯几：登车时踩脚用的矮桌，由夫家的两位侍从跪着端持。

⑰景：途中避风尘用的罩衣。

⑱乃驱：婿驱车是象征性的，车轮转动三圈后，由御者代婿驱车。

【译文】

新郎身穿爵弁服，纁裳有黑色的镶边，随从们都穿玄端服。新郎乘坐漆车，随行者分乘两辆副车，从役们手持烛炬，在马前开道照明。迎接新娘的车，与新郎的一样，只是车上有帷幕。新郎来到女家大门外。女家在祢庙的室户之西为神设席，席头朝西，右面放着几。新娘戴着发饰，身穿有黑色镶边的纯玄色衣裳，站立在房中，面朝南。姆用帛束发，再加簪缟髻，身穿黑色的衣，站在新娘右边。陪嫁者都穿纯玄色的衣裳，用帛束发，再加簪缟髻，身披绘有黑白相间的斧形花纹的单层披肩，站在新娘后面。新娘的父亲身穿玄端服，到大门外迎接女婿，面朝西，对女婿行再拜之礼，女婿面朝东答拜还礼。新娘的父亲拱手行礼，请女婿进门，女婿拿着雁跟随其后入门。走到庙门前，双方再次拱手行礼后入内。入庙后双方三次拱手行礼后来到阶前，又三次互相谦让，请对方先登阶。于是，新娘的父亲先登阶上堂，在阼阶上面朝西而立。宾登上西阶后，到东房前面朝北将雁放在地上，行再拜叩首之礼，然后走下西阶，出门。新娘跟从新郎，从西阶下堂。新娘的父亲不下堂送别。新郎为新娘驾车，把登车的引绳交给新娘，姆代新娘辞谢。新娘踩上专设的矮几登车，姆为她披上避风尘用的罩衣。新郎驱车前进，车轮滚动三圈后，由车夫代替新郎驾车。新郎乘自己的漆车先走，并在自己的家门外等候新娘的车。

（以上为亲迎。）

妇至，主人揖妇以入。及寝门，揖入，升自西阶①。媵布席于奥②。夫入于室，即席。妇尊西，南面，媵、御沃盥交③。赞者彻尊幂④。举者盥⑤，出，除幂，举鼎入，陈于阼阶南，西面，北上。匕俎从设⑥。北面载⑦，执而俟⑧。匕者逆退⑨，复位于门东，北面，西上。赞者设酱于席前，菹醢在其北。俎入，设于豆东⑩，鱼次⑪，腊特于俎北⑫。赞设黍于酱东，稷在其东，设湆于酱南⑬，设对酱于东⑭，菹醢在其南，北上⑮。设黍于腊北，其西稷⑯。设湆于酱北，御布对席⑰，赞启会⑱，却于敦南⑲，对敦于北。赞告具。揖妇，即对筵，皆坐，皆祭，祭荐、黍、稷、肺⑳。赞尔黍㉑，授肺脊㉒，皆食，以湆酱㉓，皆祭举、食举也㉔。三饭，卒食㉕。赞洗爵，酳酢主人㉖，主人拜受。赞户内北面答拜。酳妇亦如之。皆祭㉗。赞以肝从㉘，皆振祭㉙，哜肝㉚，皆实于菹豆。卒爵，皆拜。赞答拜，受爵。再酳如初，无从㉛。三酳用卺，亦如之㉜。赞洗爵，酌于户外尊。入户，西北面奠爵拜，皆答拜。坐祭，卒爵拜，皆答拜，兴。主人出，妇复位㉝。乃彻于房中㉞，如设于室，尊否㉟。主人说服于房㊱，媵受。妇说服于室㊲，御受。姆授巾㊳。御衽于奥㊴，媵衽良席在东㊵，皆有枕，北止㊶。主人入，亲说妇之缨㊷。烛出。媵馂主人之余㊸，御馂妇余，赞酌外尊酳之㊹。媵侍于户外㊺，呼则闻。

【注释】

①升自西阶：夫升自西阶，有导引妇行进之意。这里是夫妇一起从西阶升，方法是：夫升上第三级台阶，妇在其稍右处相从，升阶后并立于西阶上，等媵布席后再前行。夫不从阼阶升是因为家父

犹在,不敢以主人自居。

②媵(yìng):古时婚配,女方以姪(兄弟之女)娣(妹妹)随嫁,媵即指随嫁者。奥:室内西南角。

③御:夫之女侍。沃盥:用水浇手而洗。沃盥交是妇在北面的洗洗手,御为之执匜浇水,夫在南面的洗洗手,媵为之执匜浇水。

④尊幂:即覆盖在瓾上的绤幂(粗葛布)。

⑤举者盥:举鼎者所盥之洗在阼阶东南,即南洗。

⑥匕(bǐ):取食器名,状略如今之汤匙而硕大,从鼎中取肉盛于俎时所用。此"匕"指执匕者。俎:执俎者。从设:跟从鼎而入,在鼎西设俎,鼎上加匕。

⑦北面载:每鼎两人抬之,左右各一,即所谓左人、右人。左人在俎南,面朝北,准备载牲俎,右人在鼎东,面朝西,用匕取牲加于俎上。

⑧执而俟:左人执俎等候,让豆先设。

⑨匕者:右人。逆退:为方便见,后入者先退,先入者后退。其顺序正好与进入时相反,故称"逆"。

⑩豆:此指菹醢之豆。

⑪次:下、后。

⑫特:独。

⑬湇:即大羹湇。

⑭对酱:为妇而设的酱,在夫馔之东稍北。夫在西,妇在东,故言"对"。

⑮北上:食物依尊卑之序由北向南陈设,以北为首。此指妇席,夫席则以南为尊。

⑯其西稷:"其"指上文的黍。

⑰对席:指妇席,因与夫席南北相对,故名。

⑱启:开。会:器盖。

⑲却：仰。仰置于地。

⑳荐：即菹醢。肺：指祭肺。

㉑赞尔黍：赞者将黍移至席上，为便其取用。尔，移也。

㉒肺：指举肺。

㉓以湆酱：郑玄注云："谓用口啜湆，用指唰酱。"

㉔举：指肺、脊，因其先食举之，故名。

㉕三饭：吃三口黍。卒食：食礼已成。此非正式用餐，而只是表示夫妇相亲，故三饭而礼成。

㉖酳(yìn)：漱也。借以洁口，且安其所食。

㉗皆祭：祭，指祭酒。

㉘以肝从：以肝随酒进之。肝，肝炙，即在火上烤熟的肝；从，随。

㉙振祭：古时食前祭法之一，将肝擩于盐中，再振落多余的盐，祭之。

㉚哜(jì)：尝。

㉛无从：无肝从。

㉜亦如之：亦无肝从。

㉝复位：回复到尊西南面之位，即妇入室时所立之位。

㉞彻于房：将室中的食物撤至房中。

㉟尊否：郑玄注云："彻尊不设，有外尊也。"

㊱说：通"脱"。

㊲妇说：妇所脱为纯衣纁袇。

㊳巾：指帨巾。

㊴衽(rèn)：卧席，此作动词用。

㊵良：郑玄注云："妇人称夫曰良。"

㊶止：同"趾"，足。

㊷说缨：古时妇女十五岁许嫁，行笄礼后著以缨饰，表示已有所系属。此时新郎亲手解脱其缨饰，表示此缨是为自己而系的，同时

也表示夫妇的亲密。

㊽馂(jùn)：本义为余食，此作使动用，吃余食。

㊹外尊：房外户东的甒。

㊺侍：或作"待"，可通。

【译文】

新娘到达夫家大门外，新郎拱手行礼，请新娘进门。走到寝门前，新郎又拱手行礼，请新娘入内，新郎又导引新娘一起从西阶登堂。陪嫁者在室内西南角为新郎布席。新郎入室站在席前。新娘站在甒之西，面朝南，陪嫁者和新郎的女侍交替为新郎、新娘浇水洗手。赞礼者撤去覆盖在甒上的布。抬鼎的人先洗手，再出门取下鼎盖，把鼎抬入寝门，放在阼阶南面，鼎面朝西，以北边的鼎为尊。执匕和俎的有司跟随抬鼎者入内，将俎放在鼎西，匕放入鼎内，每鼎都是如此。然后面朝北，用匕从鼎中取出食物，陈放在俎上，等待进献。事毕，执匕者按与进门时相反的顺序退出，回到寝门东的原位，面朝北而立，以站在西者为尊。赞者把酱放在新郎席前，腌制的冬葵菜和螺酱放在酱的北边。豚俎抬进来后，放在盛有冬葵菜和螺酱的豆的东边，再往东放鱼俎，风干的兔子肉单独放在豚俎和鱼俎的北边。赞者把黍放在酱的东边，稷则又在其东，大羹汁放在酱的南边，为新娘专设的酱放在新郎馔席的东侧，腌制的冬葵菜和螺酱放在它的南边，以北边为上位。黍放在兔肉的北边，黍西放稷。大羹汁放在酱的北边。女侍为新娘布席。赞者打开敦盖，仰置于敦的南侧，如果是对敦的盖，则置于北侧。赞者禀告主人，陈设已毕。新郎拱手行礼，请新娘就席，然后双方在席两边相对坐下，一起祭祀，祭祀的顺序，由近及远依次为：与螺酱调和过的冬葵菜、黍、稷、祭肺。赞者将黍移置于新郎、新娘席前，又授以肺、脊。夫妇先吃黍，再用口啜羹汁，用手指咂酱吃，这是一饭。一饭之前都要祭肺、脊，并食之。三饭之后，食礼完毕。赞者洗爵酌酒，请新郎漱口。新郎拜而受爵。赞者在室户内答拜还礼。请新娘漱口的仪节也是如此。赞者进酒时，随进肝炙。新郎、新娘以肝振祭，然后尝之，再把它放入盛腌菜的豆中。初醑之礼完毕，新郎、新娘拜谢赞者，赞者答拜还礼，然后接过他们手中的爵。再醑之礼，从洗爵开始，仪节与初醑时一样，但是不进肝炙。二醑时用卺盛酒，仪节与再醑一样。于是赞者行自酢之礼：先洗爵，好像有人为自己洗一样，再到房户外东的瓵内酌酒，然后进入户内，面朝西北放下爵，对新郎、新娘行拜礼，好像在接受他们敬酒一样。新郎、新娘答拜还礼，如同用酒回敬一样。赞者坐下祭酒，祭毕将爵中的酒饮完，又行拜礼，新郎、新娘答拜还礼。赞者和新郎、新娘都起身。新郎走出房。新娘回到瓵之西，面朝南而立。于是赞者将室中的食物撤到房中，如同在室中那样陈设。但北墙下的瓵不撤到房中，因为房户之东已有酒尊。新郎在房中脱下礼服，由陪婚者接着。新娘在室中脱下礼服，由女侍接着。姆将佩巾授给新娘。女侍在室内西南角为新娘铺卧席，陪嫁者把新郎的卧席铺在东侧，两张卧席上都放有枕头，按脚朝北的睡向摆放。新郎从外房进入室中，亲手解下新娘许嫁时系的缨带。至此，婚礼完毕，室内的执烛者出门离去。陪嫁者将新郎未吃尽的食物吃完，女侍则将新娘未吃尽的食物吃完。赞者从户外的瓵中酌酒，让他们食毕漱口。陪嫁者则要在新房门口等候，以便在新郎、新娘有事呼唤时能及时听见。

（以上为新娘到夫家成婚。）

　　夙兴，妇沐浴，纚笄宵衣以俟见①。质明，赞见妇于舅姑②。席于阼③，舅即席；席于房外④，南面，姑即席。妇执笲枣栗⑤，自门入，升自西阶；进拜，奠于席⑥。舅坐抚之，兴，答拜。妇还，又拜。降阶，受笲腶脩⑦。升；进，北面拜；奠于席。姑坐举以兴，拜，授人。

【注释】

①缂笄宵衣:缂、笄、宵衣是士妻的正服。始嫁时穿纯衣,并加盛
　饰,婚礼毕,即改穿正服。

②见:将妇要拜见舅姑的愿望相通报,使之相见。舅姑:妇对夫的
　父母的称呼。

③席于阼:舅席设在阼阶,表明他是一家之主。阼阶是主阶。

④房外:房户外之西。

⑤笲(fán):盛物的圆形竹器,外面有青缯做的套子。

⑥奠于席:将礼物放在席上,表示舅尊己卑,不敢手授。

⑦腶(duàn)脩:捶捣加姜桂的干肉。

【译文】

次日清晨,新娘早早起身,洗头沐身,用帛束发,加簪绾髻,身穿黑
色的缯衣,等待公婆的接见。天亮时,赞者告诉公婆,新娘要来拜见。
于是在阼阶上铺席,公公以主人的身份即席;又在房户外之西铺席,席
面朝南,婆婆以内主的身份即席。新娘捧着装有枣、栗的笲,从寝门进
入,登上西阶;进至公公的席前行拜见礼,礼毕,将笲放在席上。公公坐
在席上,抚摸笲,表示接受礼物,然后起身,向媳妇答拜还礼。媳妇转身
回避,表示不敢当公公之拜,并向公公行侠拜礼。礼毕,新娘走下西阶,
从女侍手中接过装着加姜桂捶制而成的干肉的笲,走上西阶,进至婆婆
席前,面朝北而拜,然后将笲放在席上。婆婆坐在席上举起笲,表示接
受,接着起身,向媳妇答拜还礼,把笲交给身边的侍从。

(以上为新娘拜见公公、婆婆。)

赞醴妇①。席于户牖间,侧尊甒醴于房中。妇疑立于席
西②。赞者酌醴,加柶,面枋,出房,席前北面。妇东面拜受。
赞西阶上北面拜送。妇又拜。荐脯醢。妇升席,左执觯,右
祭脯醢,以柶祭醴三;降席,东面坐,啐醴,建柶,兴,拜。赞

答拜。妇又拜，奠于荐东；北面坐取脯；降，出，授人于门外③。

【注释】

①赞醴妇：是赞礼者代表舅姑向新妇敬酒，有妇道新成，亲厚相待之意。

②疑立：即凝立，在礼仪场合中，站稳后脚不再移动，面部则随仪节所及的尊者移转，以示敬意。

③人：妇家之人，取脯后回家献给新娘的父母。

【译文】

赞者代表舅姑向新娘行醴礼。在室户之西和窗户之间的地方铺席，在房中放一尊醴酒。新娘在席的西头正身而立。赞者往觯中酌醴，再在觯上放一把枛，柄朝前，捧着出房，走到席前面朝北而立。新娘面朝东拜而接觯。赞者到西阶之上面朝北行拜送礼。新娘行侠拜礼。有司进上干肉和肉酱。新娘入席，左手执觯，右手取少许干肉和肉酱，祭祀先世造此物者，又用枛酌醴祭祀，凡三次；然后离席，面朝东而坐，先尝一口醴酒，再将枛放入觯中，表示饮毕，接着起身，拜谢赞者。赞者答拜还礼。新娘行侠拜礼，礼毕，将觯放在笾豆的东侧；面朝北而坐，从笾中取干肉后，走下西阶，出门，把它交给站在门外的娘家人。

（以上为赞礼者向新娘敬酒。）

舅姑入于室，妇盥馈①。特豚，合升，侧载②，无鱼腊，无稷。并南上。其他如取女醴③。妇赞成祭④，卒食，一酳，无从。席于北墉下。妇彻，设席前如初，西上。妇馂，舅辞，易酱⑤。妇馂姑之馔，御赞祭豆、黍、肺、举肺、脊，乃食，卒。姑酳之，妇拜受，姑拜送。坐祭，卒爵；姑受，奠之。妇彻于房中,媵御馂;姑酳之,虽无娣⑥,媵先。于是与姑饭之错⑦。

【注释】

①馂(jùn):进食于他人。这一节记赞礼者代舅姑醴妇之后,妇馈舅
　　姑表示答谢,同时开始行妇道。

②侧载:将豚体的右半边载于舅的俎上,左半边载于姑的俎上。
　　侧,独,单。

③取:同"娶"。

④赞:协助。祭:祭笾豆中的食物及黍。

⑤易酱:换酱,妇要食舅的剩余食物,舅嫌不洁,故命换之,妇遵命。

⑥娣:女弟,古代女子同生,后生者为娣,于男则称妹。

⑦错:交错。先前只是妇吃姑的余食,没有交错之义。现在则媵吃
　　舅的余食,御吃姑的余食,有交错之义。

【译文】

　　公公与婆婆进入室内,新娘洗手后向他们进食。所进的是一只小
猪,左右两边牲体先一起放入鼎中,食前再从鼎中取出,分开放在公公
和婆婆的俎上,没有鱼和干兔肉,也没有稷。他们席上的馔肴都是以放
在南边的为尊。其他如酱、羹汁、腌菜等的陈放规定,与娶女之礼夫妇
共食时一样。新娘协助祭祀笾中的食物和黍。公婆三饭完毕,新娘递
酒,请他们漱口,不进肝炙。接着,在室中北墙下铺席,新娘将公婆吃剩
的食品撤到席上,像原先一样摆放,但以放在西边的为尊。新娘要吃公
公的余食,公公嫌不干净而加以制止,让她更换,新娘从命。新娘又吃
婆婆的余食。女侍在旁协助祭祀菹醢、黍、祭肺、举肺、脊,祭毕,新娘吃
完。婆婆递酒,请她漱口。新娘拜而接受,婆婆行拜送礼。新娘入席后
坐下祭祀,再将酒饮尽。婆婆接过觯,放在篚中。新娘将余食撤至房
中,让陪嫁者和女侍吃完;婆婆递酒请她们漱口。如果陪嫁者中没有新
娘的妹妹,那么其他陪嫁者先漱口,然后才是女侍。与公公婆婆饭后由

新娘吃余食不同,此时由陪嫁者吃公公的余食,女侍吃婆婆的余食。

（以上为新娘给公公婆婆进食。）

舅姑共飨妇以一献之礼①。舅洗于南洗②,姑洗于北洗③,奠酬④。舅姑先降自西阶,妇降自阼阶。归妇俎于妇氏人⑤。

【注释】

①飨(xiǎng):用酒食款待。一献之礼:主人酌酒敬宾(献),宾回敬(酢),主人再次酌酒而饮,饮毕,换爵酌酒再敬宾(酬)。此处是飨妇,舅献而姑酬,所以说是"共飨妇以一献之礼"。

②洗:洗爵。南洗:设在庭中的洗。

③北洗:设在北堂的洗。古礼,妇人不下堂,故在堂上设洗。

④酬:指酬酒,主人敬答宾客的酒。

⑤俎:指飨妇时放特豚的俎。妇氏人:送妇到男家成婚的人中的男子。

【译文】

公公向媳妇敬酒,婆婆酌酒后再酬,共同完成一献之礼。公公盥手洗爵是在堂下的南洗,婆婆盥手洗觯则在堂上的北洗,新娘从婆婆手中接过盛有酬酒的觯,把它放置在笾豆的东侧。然后,公公婆婆先走下西阶,而新娘则从主阶下堂,表示公婆已将家内的事托交给了媳妇。公婆命有司将豚俎交给送婚者中的男人,让他们回去向新娘的父母复命。

（以上为公公婆婆款待新娘。）

舅飨送者以一献之礼①,酬以束锦。姑飨妇人送者②,酬以束锦。若异邦,则赠丈夫送者以束锦③。

【注释】

①送者:女家来的执事。

②妇人送者:女家仆役的妻妾。

③丈夫送者:送婚者中的男人。

【译文】

公公用一献之礼款待女家的有司,并赠给五匹锦。婆婆用一献之礼款待前来送婚的女家仆隶的妻妾,也赠给五匹锦,以示酬谢。如果新娘来自他邦,则到送婚的男子下榻的宾馆另外赠送五匹锦。

(以上为款待送婚者。)

若舅姑既没,则妇入三月,乃奠菜①。席于庙奥,东面,右几。席于北方,南面。祝盥②,妇盥于门外。妇执笲菜,祝帅妇以入。祝告称妇之姓,曰:"某氏来妇③,敢奠嘉菜于皇舅某子。"妇拜,扱地④,坐奠菜于几东席上;还,又拜如初。妇降堂,取笲菜,入;祝曰,"某氏来妇,敢告于皇姑某氏。"奠菜于席,如初礼。妇出,祝阖牖户⑤。老醴妇于房中⑥,南面,如舅姑醴妇之礼。婿飨妇送者丈夫、妇人,如舅姑飨礼。

【注释】

①奠菜:设菜以祭。这一节主要记妇庙见舅姑之礼。妇治家室之权,通常由舅姑在降阼阶时授予。如果舅姑已亡故,则新妇要先行庙见之礼,在祢庙设菜祭祀舅姑,表示治家权仍是受之于舅姑。祭祀的时间与四时之祭一致,四时之祭每三月一次,无论婚礼在何时举行,离时祭之日都不会超过三个月,所以说奠菜的时间为"妇入三月"。若妇已婚,未及庙见而死,则不能视为夫家之人。

②祝:接神之官。

③某:指代新娘的姓;如果是齐女就叫姜氏,如果是鲁女就叫姬氏。

　　来妇:来此作妇,新妇行庙见礼时的自称。

④扱(chā)地:手至地。妇人之拜,通常用"肃拜",即拜而低头,扱
　　地犹如男子的稽首礼,双手要拜至地,是妇人的重拜。

⑤阖(hé):关闭。

⑥老:家臣中的有德而年长者。

【译文】

　　如果公婆已经亡故,那么新娘在过门后的三个月内,要设菜祭祀,在庙中拜见公婆的亡灵。在考妣之庙的西南角为公公设席,按面朝东的方位摆放,席的右面设一小几。又在北墙下为婆婆设席,按面朝南的方位摆放。祝者在庭中洗手,新娘在庙门外洗手。新娘手持盛有祭菜的笲,在祝者的带领下进入庙门。祝要用新娘的姓氏告神,说:"某氏来此做媳妇,冒昧用这美味的菜祭祀尊敬的公公某某。"新娘跪拜,双手至地,如同向公公进献食物;接着,将祭菜放在小几东面的席上,如同向公公授受食物;然后回身,行扱地拜礼,如同在答拜公公,拜法与前面一样。新娘下堂,从有司手中接过装有祭菜的笲,进至婆婆的席前,祝告说:"某氏来此做媳妇,敢禀告于尊敬的婆婆某氏。"然后将祭菜放在席上,行礼的仪节与前面一样。礼毕,新娘出庙,祝者关上窗和门。家臣中年长有德者代表公婆在房中向新娘行醴礼,面朝南,仪节与公婆向媳妇行醴礼一样。新郎用酒食款待送婚者中的男人、女人,为之饯行,仪节与公婆款待女家随从一样。

　　(以上为公婆亡故者新娘的庙见之礼。)

记

　　士昏礼,凡行事必用昏昕①,受诸祢庙②。辞无"不腆"、无"辱"③。挚不用死,皮帛必可制。腊必用鲜,鱼用鲋④,必

殽全⑤。

【注释】

①昕(xīn)：黎明。士婚礼除迎亲用昏时，其余均用昕时。

②祢：父庙。古时生称父，死称考，入庙称祢。

③腆(tiǎn)：丰厚。古时赠物于人，谦称"不腆"，意为物薄不足道。

　　辱：污损，古时客人来临，主人说"有辱于客"，也是谦词。

④鲋(fù)：鲫鱼。

⑤全：牲的骨体完整。这是与折俎相对而言的，折俎要将牲的骨体
　　节折、分解。

【译文】

记

　　士的婚礼，凡举事必在黎明或黄昏，并且先听命于父庙。双方的辞令不用"不腆"、"辱"之类的客气话。作为见面礼用的雁不能用死的，皮帛必须能制衣用。腊肉一定要用新鲜的，鱼要用鲫鱼，俎上牲的骨体要完整。

　　（以上记婚礼的时间、地点、辞令、用物等。）

　　女子许嫁①，笄而醴之，称字。祖庙未毁②，教于公宫，三月。若祖庙已毁，则教于宗室③。

【注释】

①许嫁：女家已受纳征礼即为许嫁。许嫁的年龄一般在 15—
　　19 岁。

②祖庙：女子的高祖之庙，即下文的"公宫。"

③宗室：支子的祠堂。

【译文】

女子许嫁,要举行笄礼,束发加簪,为她行醴礼,如同男子行冠礼一样,并且开始称呼她的表字。如果高祖之庙未迁,就在宗子的祠堂里教给她妇德、妇言、妇容、妇功之类的知识,时间是在出嫁以前的三个月。如果高祖之庙已迁,就在支子的祠堂教之。

（以上记女子笄礼和教女之事。）

问名,主人受雁,还,西面对。宾受命,乃降。

【译文】

男家的使者到女家询问女子的姓氏,主人站在阼阶上,使者站在西阶上面朝东请问主人,主人面朝北再拜,再走到两楹之间,收下男家作为礼物的雁,然后回到阼阶上,面朝西回答客人的问题。使者受命后,主宾一起下堂。

（以上记问名的仪节。）

祭醴①,始扱壹祭②。又扱再祭。宾右取脯,左奉之,乃归,执以反命。

【注释】

①祭醴:这一节祭醴的主动者是指宾,由上下文义可以推知。

②扱(chā):舀取、挹取。祭醴时,先扱后祭,重复三次,为求行文简洁,此节仅记两次。

【译文】

宾祭醴酒,先用柶舀一次醴。祭毕,又舀第二次醴,一共三次。宾右手从笾中取干肉,左手捧着,然后离开女家回去,向自己的主人复命。

（以上记祭醴之法。）

纳征，执皮，摄之①，内文②；兼执足③，左首④；随入⑤，西上；参分庭一在南⑥。宾致命，释外足见文⑦。主人受币，士受皮者自东出于后，自左受，遂坐摄皮。逆退，适东壁。

【注释】

①摄：对折后迭合在一起。

②文：纹理，此指鹿皮上的花纹。

③兼：并、同时。兼执足，左手执鹿的两只前足，右手执两只后足。

④左首：鹿皮之首在左。

⑤随入：庙门狭窄，门外的两位送礼者无法并进，故相随而入，并成一行。

⑥参分庭一在南：把庭的深度分为三等分，所立之处在靠南面的三分之一处。参，同"三"。

⑦释外足见文：鹿的四足本来并握在双手中，现在打开靠外侧的两足，使鹿皮的花纹显现，此即所谓"张皮"。

【译文】

宾到女家纳征，随从拿着的鹿皮，要从鹿的背脊处对折后迭合，让有花纹的一面朝内；左手同时执住两只前足，右手同时执住两只后足，鹿皮的头在左边；进门时，送礼者相随而入，进门后又分成两行，以西边那行为尊，宾立其首。执鹿皮者在庭内靠南侧三分之一的地方并立。宾到堂上向女家主人致辞。执鹿皮者放开外侧的鹿足，把鹿皮打开，露出花纹。主人接受客人送来的皮帛，站在门东的主人的私臣，从执鹿皮者的身后绕至其左侧，面朝北，代表主人接过鹿皮，然后坐下将鹿皮按原样迭好。再捧在手中倒退着回到东壁前。

（以上记纳征的细节。）

父醴女而俟迎者。母南面于房外。女出于母左，父西面戒之，必有正焉，若衣，若笄，母戒诸西阶上^①，不降。

【注释】

①母戒诸西阶上：母出房户后立于房西，子出房后，母随行到西阶上，所以说"母戒诸西阶上"。

【译文】

父亲在房中向女儿行醴礼后，女儿于其位等待丈夫来迎亲。丈夫到达门外时，父亲出房，派摈者询问，自己则站在阼阶之上面朝西而立。母亲在房外面朝南而立。女儿出房，从母亲左侧经过，这时，阼阶上的父亲面朝西告诫女儿谨记父母的教育，此时必有托戒之物，如衣服或发簪等，让她日后见物思今，永远不忘。母亲则在西阶上告诫女儿，但不随女儿下堂。

（以上记父母告诫女儿。）

妇乘以几。从者二人坐持几，相对。

【译文】

新娘踩着小几登车。小几由两名侍从跪坐扶持，面部相向。

（以上记新娘登车之法。）

妇入寝门，赞者彻尊幂，酌玄酒，三属于尊^①，弃余水于堂下阶间^②，加勺。

【注释】

①属：灌注。用作玄酒的，是一种叫"沇水"的、经过净化处理的水。

婚礼贵新,所以妇入寝门后才在空酒尊中加入沃水。

②余水:剩余的沃水。

【译文】

新娘进入寝门后,赞礼者撤去罩在酒尊上的巾,用勺酌玄酒,往酒尊中加入三次,剩余的沃水倒在堂下两阶之间的地方,再在酒尊上加放一把勺。

(以上记注玄酒之法。)

箅,缁被纁里①,加于桥②。舅答拜,宰彻箅。

【注释】

①被:表面。

②桥:箅上的横梁,形如桥。一说指箅盖。

【译文】

新娘见公婆时放礼物用的箅,要用面子为黑色、里子为绛色的巾,覆盖在箅的提梁上。公公向媳妇答拜,收下礼物后,由家臣将箅提走。

(以上记箅的巾饰和受箅的细节。)

妇席荐馔于房①。飨妇,姑荐焉。妇洗在北堂,直室东隅;箧在东,北面盥。妇酢舅,更爵②。自荐③;不敢辞洗④,舅降则辟于房⑤;不敢拜洗。凡妇人相飨⑥,无降。

【注释】

①荐:脯醢。

②更爵:换爵,舅所献的爵,已被妇饮用过,所以另换一干净的爵。

③自荐:妇亲自荐。因为方才姑亲自荐妇,所以妇不敢让人代向舅

荐,必亲自为之。

④辞洗:辞洗和下文的拜洗,是宾主身份相当者所行之礼,所以妇
　不敢与舅行此礼。

⑤辟:通"避"。

⑥"凡妇人"句:这一句指姑飨女家的送婚者,以及舅已故去而姑犹
　在的情况下飨妇的仪节。

【译文】

　　向新娘进酒时用的席和脯、醢,预先陈放在房中。款待新娘时,婆婆进以脯、醢。新娘盥手用的洗设在北堂,对着室的东北角;盛爵觯的篚放在它的东面。新娘洗手时面朝北。新娘用酒回敬公公时,要换一未用过的爵,并亲自向婆婆进献脯、醢;公公要去洗爵,准备敬酒时,新娘不敢辞拦,因为那是尊者之间的礼节;公公下阶去洗爵时,新娘不可跟着下去,但若安立于堂上,则有役使尊者之嫌,所以,可到房中暂时回避。爵洗毕,新娘也不敢向公公拜谢,因为这也是尊者之间的礼节。婆婆款待送婚者中的妇人;或者公公已亡故,婆婆款待媳妇,都不下阶去盥手洗爵,而在北堂之洗进行。

　　(以上为向新娘进酒、进食的细节。)

　　妇入三月,然后祭行。

【译文】

　　新娘过门后三个月,才能助夫致祭。

　　(以上记新娘得以助祭的时间。)

　　庶妇则使人醮之①**。妇不馈。**

【注释】

①庶妇：庶子之妻。醮：醮礼。庶妇的身份卑于嫡妇，所以礼数也

　低，舅姑不飨以醴，只派人醮。

【译文】

　如果是庶子所娶的新娘，公婆让家臣向她敬酒，新娘不必回敬。公

婆不用酒食款待新娘，新娘也不必向公婆献食物。

　（以上记庶妇的仪节。）

　　昏辞曰①："吾子有惠②，贶室某也③。某有先人之礼④，

使某也请纳采⑤。"对曰："某之子蠢愚，又弗能教。吾子命

之⑥，某不敢辞。"致命，曰："敢纳采。"

【注释】

①昏辞：纳采时男方使者回答女家摈者的辞令。

②吾子：指女子的父亲。

③贶（kuàng）：赐予。某：指代婿的名。

④先人之礼：先人相传之礼，意谓不敢擅自为礼。

⑤某：指代女子父亲之名。

⑥吾子：指使者。

【译文】

　纳采时，男家使者的辞令是："尊敬的主人加惠，把妻室赐给某某。

某某按照先辈传授的礼节，派我来请求行纳采礼。"摈者回答说："我家

主人某某的女儿天性愚钝，父母又不能教而使之聪敏。但是您有命于

此，某某岂敢推辞。"使者登堂向主人致辞说："敢请主人纳采。"

　（以上为纳采之辞。）

问名曰:"某既受命,将加诸卜,敢请女为谁氏?"对曰:"吾子有命,且以备数而择之^①,某不敢辞。"

【注释】

①备数而择之:谦语,意思是不敢让自己的女儿成为男家的唯一的选择对象。

【译文】

男家使者问名的辞令是:"主人某某已敬受贵家长之命,将要占卜婚姻的吉利与否,请问女子的姓氏?"女家的摈者回答说:"您既然有命于我,而我家女子又只是备供选择的对象之一,某人不敢推辞。"

(以上为问名之辞。)

醴曰:"子为事故,至于某之室。某有先人之礼,请醴从者^①。对曰:"某既得将事矣,敢辞。""先人之礼,敢固以请。""某辞不得命,敢不从也?"

【注释】

①从者:谦语,本指使者的随从,此指使者。

【译文】

女家主人请男家使者接受醴礼的辞令是:"您为两家的婚事之故,来到某人的家。某人的家有先辈传授的礼节,请允许用醴酒酬谢您。"男家来宾回答说:"某人还将继续办事,不得不辞谢。"主人说:"用醴酒酬劳来宾,是先辈传授的礼节,所以胆敢执意相请。"来宾说:"某人的推辞不能得到您的同意,岂敢不服从您?"

(以上为醴宾之辞。)

纳吉曰：“吾子有贶命^①，某加诸卜^②，占曰‘吉’。使某也敢告。”对曰：“某之子不教，唯恐弗堪。子有吉，我与在^③，某不敢辞。”

【注释】

①吾子：指女子的父亲。贶命：赐命，谦词，指女家同意告知女子之名。

②某：指代男子父亲之名。

③与：兼，夫妇为一体，夫家既已卜得吉兆，妇家也当有吉兆在。

【译文】

纳吉时的辞令说：“您有赐命于我家，告知女儿之名，主人某某遂加以占卜，占得的结果是‘吉’。所以派某人前来相告。”主人家的答辞是：“某某的女儿不堪教育，恐怕不能与您家相匹配。但是您家既已占得吉兆，我家也同有这吉利，所以某某不敢推辞。”

（以上为纳吉之辞。）

纳征曰：“吾子有嘉命，贶室某也。某有先人之礼，俪皮束帛，使某也请纳征。”致命曰：“某敢纳征^①。”对曰：“吾子顺先典，贶某重礼，某不敢辞，敢不承命？”

【注释】

①致命曰：“某敢纳征”：这一句，以纳采之辞校之，似有误倒，应置于下句“敢不承命”之后。

【译文】

纳征时的辞令说：“您有美好的命令，把妻室赐给某某。某某依先辈传授的礼节，备下两张鹿皮和五匹帛，派某人前来，请求纳征。”致辞的辞令说："某某斗胆献上礼物。"主人一方的答辞是："您遵循先辈的常法，赐某某以重礼，某某未得到您准予推辞的命令，岂能不服从？"

（以上为纳征之辞。）

请期曰①："吾子有赐命，某既申受命矣②。惟是三族之不虞③，使某也请吉日。"对曰："某既前受命矣，唯命是听。"曰："某命某听命于吾子。"对曰："某固惟命是听。"使者曰："某使某受命，吾子不许，某敢不告期？"曰"某日"。对曰："某敢不敬须④？"

【注释】

①请期曰：这一节记请期时男家使者与女家摈者在门外的对答之辞。

②申：重复，一再。男家在纳采之后，问名、纳吉、纳征等，每次都征求女家意见，所以谦言"申受命"。

③三族：父、己、子的兄弟。不虞：不测，指不可预料的死丧之事。

④须：等待。

【译文】

男家使者请定婚期的辞令是："尊敬的主人已赐命许婚，某人已屡屡在此受命。目前某某的主人家三族康吉，正是行嘉礼的好时候，因此请求择定完婚的吉日。"摈者回答说主人某某此前已受命于尊府，此事唯尊府之命是听。"使者说："主人某某命令我某人，婚期一定要听命于尊府的主人。"摈者说："主人坚持要听从尊府的决定。"使者说："主人某某派某人前来听命，尊府主人不肯发话。某人回去复命时，岂敢说不出婚期？"摈者说："那就定在某日吧。"使者回答说："主人某某敢不恭敬以待？"

（以上为请期之辞。）

凡使者归,反命,曰:"某既得将事矣,敢以礼告①。"主人曰:"闻命矣。"

【注释】

①礼告:即告礼,使者将女家所赠之脯交给主人,并复述出使详情。

【译文】

凡是使者回归,向主人复命的辞令是:"某人已经得到举行婚礼的日期,请允许依礼禀告。"主人说:"知道了"。

（以上为使者复命之辞。）

父醮子,命之,曰:"往迎尔相①,承我宗事②。勖帅以敬③,先妣之嗣。若则有常④。"子曰:"诺。唯恐弗堪,不敢忘命。"

【注释】

①相:助,指新娘。

②宗事:宗庙之事。

③勖(xù):勉励。帅:导引。

④若:汝,你。

【译文】

父亲为儿子行醮礼,训命之辞是:"去迎接你的内助,以继承我们的宗室之事。勉励和引导她恭敬从事,以嗣续我们先妣的美德。你的言行要有常法。"儿子说:"是。只怕不能胜任,但决不敢忘记父亲的训诫。"

（以上为父亲向儿子敬酒的辞令。）

　　宾至^①，摈者请，对曰："吾子命某^②，以兹初昏，使某将，请承命^③。"对曰："某固敬具以须。"

【注释】
①宾：新郎。
②某：指代新娘父亲之名。
③命：谦词，指请期时男家使者说的"某敢不敬须"而言。

【译文】
　　新郎到达新娘的家门口，摈者请问为何事而来，新郎回答说："岳父大人命家父某某，在此黄昏初临的时刻，令某人行婚礼，前来迎妻，我已遵命恭恭敬敬地等待至今，请允许承接先前的诺言。"摈者对答说："主人某某也一直恭恭敬敬地准备着，等待您的到来。"

（以上为迎亲时新郎与摈者的对答之辞。）

　　父送女，命之曰："戒之敬之，夙夜毋违命^①！母施衿结帨^②，曰："勉之敬之，夙夜无违宫事！"庶母及门内^③，施鞶^④，申之以父母之命，命之曰："敬恭听宗尔父母之言。夙夜无愆^⑤，视诸衿鞶！"

【注释】
①夙夜：早起夜卧。夙，早。
②衿（jīn）：衣服上的小带。帨（shuì）：佩巾。
③庶母：父亲的妾。
④鞶（pán）：盛巾的小囊，其质地男女不一，男用革，女用丝。

⑤愆(qiān):过错。

【译文】

　　父亲送别女儿,训诫之辞是:"切记要恭敬从事,从早到夜,都不可违背你公婆的意志!"母亲给女儿系好小带结好佩巾,告诫说:"要努力,要谨慎,白天黑夜,都不可违反夫家宫室的规定!"庶母送到门内,给她系上盛佩巾用的丝囊,并且重申父母之命,告诫她说:"恭恭敬敬地听从和尊崇你父母的话。白天黑夜都不要有过错,经常看看这个丝囊,就不会忘记父母的告诫了!"

　　(以上为父母送女时的告诫之辞。)

　　婿授绥,姆辞曰:"未教,不足与为礼也。"

【译文】

　　新娘将要登车时,新郎将拉手用的引绳递给她,姆代新娘辞谢道:"新娘尚未得到尊府的教诲,还不能接受你这一礼节。"

　　(以上是姆辞谢新郎授引绳的辞令。)

　　宗子无父①,母命之②。亲皆没,己躬命之③。支子则称其宗。弟则称其兄。

【注释】

　　①宗子:嫡长子。
　　②命之:命使者。
　　③躬:亲身,亲自。

【译文】

如果嫡长子的父亲已去世，则命令使者的事由母亲请儿子的叔伯或兄长来代理。如果双亲都已去世，族人之中没有主婚者，嫡长子可以自己命令使者。如果庶兄弟的双亲已经去世，求婚的辞令中凡需要提及父亲名字的地方，都可以改称嫡长子的名字。如果宗子的母弟双亲皆亡，则婚辞中都要改称小宗之子的名字。

（以上为命令使者的规定。）

若不亲迎①，则妇入三月，然后婿见，曰："某以得为外昏姻②，请觐③。"主人对曰："某以得为外昏姻之数④，某之子未得濯溉于祭祀⑤，是以未敢见。今吾子辱，请吾子之就宫，某将走见⑥。"对曰："某以非他故⑦，不足以辱命，请终赐见。"对曰："某得以为昏姻之故，不敢固辞，敢不从！"主人出门左⑧，西面。婿入门⑨，东面，奠挚，再拜，出。摈者以挚出，请受。婿礼辞，许；受挚，入。主人再拜受，婿再拜送，出。见主妇⑩，主妇阖扉⑪，立于其内。婿立于门外，东面。主妇一拜，婿答再拜；主妇又拜，婿出。主人请醴，及揖让入，醴以一献之礼。主妇荐，奠酬⑫，无币⑬。婿出，主人送，再拜。

【注释】

①不亲迎：亲迎是婚礼中最重要、也是最后的仪节，婿奉父母之命，亲自到女家迎妻。但是，如果婿的父母已经亡故，无人能命他亲迎，则由其母弟或另派使者代表他去迎妻，三个月后，再亲往拜见岳父母。

②外昏姻：如果婿不能亲迎，则不需要在庙内告祖，所以称之为"外昏姻"。男子在黄昏时往娶，故称"昏"，女子因男子亲迎而往，故

称"姻"。

③觌(dí)：见。

④数(sù)：通"速"。

⑤濯(zhuó)：洗。溉：洗涤。

⑥走见：往见。走字的本义是快步趋往，这里取急往见之意。

⑦非他：犹《诗经·小雅·频弁》的"兄弟匪他"，意为不是其他的关系，而是至亲。

⑧出门：出内门。

⑨入门：入大门。

⑩主妇：主人之妻。

⑪扉：门扇，扉左右各一扇，此指左扉，即西扉，主妇之位在此。

⑫酬：赠送给婿的礼物。

⑬无币：据《士昏礼》、《燕礼》、《大射礼》等篇所记，醴宾、飨宾时都要向宾赠送币帛，这里因婿是外婚姻，不同于常规，故用变礼，不赠以币。

【译文】

　　如果新郎由于父母已故去，不能行亲迎之礼，那么应在新娘过门后三个月，再去女家拜见岳父、岳母，说："某人因父母之故，不得已而行外婚姻之礼，请求进见岳父、岳母。"岳父回答说："前此，某人得以与尊府骤然通婚，其时尚短，某人的女儿还没有在尊府祭祀时做洗涤器具之事，所以一直没敢去见您。今天有辱您亲临敝府，请先进宫室稍息，某人即刻前去见您。"新郎说："某人与尊府是至亲，不敢有辱于您的走见之命，请最终能赐某人一见。"岳父说："某人因已与您结为婚姻的缘故，不敢固执地推辞，敢不从命？"于是，岳父出内门，立在右边，面朝西。新郎进大门，立在左边，面朝东，将见面礼放在地上，行再拜之礼，然后出门。摈者拿着新郎送来的见面礼，出门，请新郎收回。新郎以礼相辞，然后答应，接过礼物，又走进大门。岳父行再拜之礼后收下礼物，新郎行再拜之礼相送，出门。新郎又去拜见岳母。岳母关上西侧的门扉，站在里面。新郎站在门外，面朝东。岳母向新郎一拜，新郎答以再拜之礼，岳母又一次拜之，新郎退出。岳父送新郎到寝门外，请用醴酒敬新郎，于是彼此揖让而入，向新郎敬酒用一献之礼。岳母进以佐酒的干肉和肉酱，并放下赠给新郎的礼物。由于外婚姻是变礼，所以礼物中没有币帛，以示区别。新郎出门，岳父送至门外，行再拜之礼。

（以上记不亲迎者见岳父母的仪节。）

士相见礼第三

【题解】

　　初始入仕的士往见因职位而相亲的人，未入仕的士往见因道艺而相亲的人，都要行执挚相见之礼。之所以不称见而称相见，是因为宾执挚见主人后，主人又还挚见宾，双方互为宾主。本篇着重记士相见之礼，其后所记士见大夫、大夫相见、士大夫见于君等仪节，都是由士相见礼所推及。

　　士相见之礼^①。挚，冬用雉^②，夏用腒^③。左头奉之^④，曰："某也愿见，无由达。某子以命命某见^⑤。"主人对曰："某子命某见，吾子有辱。请吾子之就家也，某将走见^⑥。"宾对曰："某不足以辱命，请终赐见^⑦。"主人对曰："某不敢为仪^⑧，固请吾子之就家也，某将走见。"宾对曰："某不敢为仪，固以请。"主人对曰："某也固辞，不得命，将走见。闻吾子称挚^⑨，敢辞挚。"宾对曰："某不以挚，不敢见。"主人对曰："某不足以习礼^⑩，敢固辞。"宾对曰："某也不依于挚^⑪，不敢见，固以请。"主人对曰："某也固辞，不得命，敢不敬从。"出迎于门外，再拜。宾答再拜。主人揖，入门右^⑫。宾奉挚，入门左。

主人再拜受,宾再拜送挚,出。主人请见,宾反见,退。主人送于门外,再拜。主人复见之,以其挚,曰:"向者吾子辱,使某见。请还挚于将命者⑬。"主人对曰:"某也既得见矣,敢辞。"宾对曰:"某也非敢求见,请还挚于将命者。"主人对曰:"某也既得见矣,敢固辞。"宾对曰:"某不敢以闻⑭,固以请于将命者。"主人对曰:"某也固辞,不得命,敢不从?"宾奉挚入,主人再拜受。宾再拜送挚,出。主人送于门外,再拜。

【注释】

① 士相见:胡培翚云:"始仕为士者,因职位相亲,而始行执挚相见之礼。"

② 雉(zhì):野鸡。士相见用死雉作礼物。《白虎通》云:"士以雉为挚者,取其不可诱之以食,慑之以威,必死不可生畜,士行威介守节死义,不当转移也。"

③ 腒(jū):风干的雉。腒不易腐臭,所以夏天用之。

④ 左头:雉横捧于双手,雉头朝左。郑玄注云:"左首尊"。孔颖达疏云:"左,阳也,首亦阳也。"

⑤ 某子:指介绍双方见面的人。以命:敖继公云:"以命,以主人之命。"

⑥ 走见:走,往。

⑦ 命:指上文的"就家"之命。

⑧ 不敢为仪:郑玄云:"言不敢外貌为威仪,忠诚欲往也。"意即出自真心,而非虚貌相待。

⑨ 称:举。

⑩ 某不足以习礼:主人认为,宾客带着礼物登门来见是大礼,自己不敢当,所以谦言不足以习此礼。

⑪依于挚：谦语，意为用礼物来表达对主人的敬意。

⑫门：大门。以下几句记宾主进门后在庭中授受礼物。

⑬将命者：传命者，指傧相者。将，传。

⑭不敢以闻：谦语，意为不敢以还挚之事使主人听闻。

【译文】

士相见之礼。士与士初次相见的见面礼，冬天用雉，夏天则要用风干的雉。宾到主人家大门外求见时，要将雉的头朝左捧着，说："某某一直想来拜见，但无缘自达。今天某人以您的命令让我来见您。"主人回答说："某某曾命某人去见您。可是您今天屈尊先来。还是请您先回家，某人随即到尊府拜见。"宾回答说："您的命令某人实在不敢当，还是您就此赐见。"主人回答说："某人决不敢虚言假意对您说话，所以还请您先回尊府，某人随即前往拜见。"宾回答说："某人也不敢虚言假意对您说话，所以再次请求您。"主人回答说："某人一再地推辞，但没能得到您的允许，某人随即出门去见您。但是听说您带了礼物而来，实在不敢当，谨辞谢您的礼物。"宾回答说："某人若不带着礼物来，就不敢见所尊敬的人。"主人回答说："某人实在不敢当此大礼，再次辞谢。"宾回答说："某人不凭借礼物来表达敬意，就不敢见您，所以再次请求收下。"主人回答说："某人一再地推辞，但没能得到您的允许，岂敢不恭恭敬敬地从命！"于是出大门迎接宾客，行再拜之礼。宾以再拜之礼作答。主人揖请宾入内，自己先从门的右侧进入。宾捧着雉，从门左侧进入。主人在庭中再拜之后接受礼物，宾则在再拜之后送上礼物，礼毕出门。主人让傧者请宾相见叙谈，宾返回与主人相见，叙毕退出。主人送宾到大门外，行再拜之礼。主人改日到宾家求见，礼物就用此前客人送来的雉，通过对方傧者与其主人对话。说："不久前您屈尊光临敝舍，使某人得以见到您。请允许某人将雉奉还给您的傧相。"此时，宾已变成主人，说："彼此已经相见，不敢劳您来见，谨辞谢。"原先的主人此时已变成宾，回答说："某人不是要求见尊敬的主人，不过是要将雉还给您的傧相。"主人回答说："某人已经拜见过您，不敢劳您来见，故再次辞谢。"宾回答说："某人不敢以还雉的事扰您听闻，所以再次请求见您的傧相。"主人回答说："某人一再地推辞，但不能得到您的允许，敢不听从您的命令？"宾捧着雉入门，主人在庭中向宾再拜后收下雉。宾出门。主人送宾到门外，行再拜之礼。

（以上为士与士相见之礼。）

士见于大夫，终辞其挚①。于其入也，一拜其辱也②。宾退，送，再拜。

【注释】

①终辞其挚：士向大夫献挚，大夫一次、再次辞谢之后，最终不接受挚。在《仪礼》中，地位平等的双方（如士与士）相见，主人一方可以接受客人一方的挚，但事后必须再到对方家中答见，并送还挚。如果双方是国君与臣的关系，则国君可以接受臣下的挚而不必答见和还挚。士与大夫则不同，如果收下挚不答还，则有僭君之嫌，收下后答还则有降同于士之嫌，所以只能"终辞其挚"。

②辱：辱临。谦语，意为来此有辱于对方。

【译文】

士初次拜见大夫致送礼物时，大夫在两次推辞之后，最终不接受礼物。士到来时，大夫不到门外迎接，只是在他进门后以一拜之礼感谢屈尊光临。宾退出时，以再拜之礼送别，但不送至大门口。

（以上为士见大夫之礼。）

若尝为臣者，则礼辞其挚①，曰：某也辞，不得命，不敢固辞。"宾入，奠挚，再拜。生人答壹拜。宾出。使摈者还其挚于门外，曰："某也使某还挚。"宾对曰："某也既得见矣，敢辞。"摈者对曰："某也命某：'某非敢为仪也。'敢以请。"宾对曰："某也，夫子之贱私②，不足以践礼③，敢固辞！"摈者对曰："某也使某，不敢为仪也，固以请！"宾对曰："某固辞，不得命，敢不从？"再拜受。

【注释】

①礼辞：推辞一次后接受。

②私：私臣，指大夫的家臣。

③践：行。践礼，指践行主人答见宾客的礼节。

【译文】

如果是曾经在大夫家当过家臣的人来见大夫，对他的礼物，大夫只辞谢一次就同意收下，说："某人辞谢你的礼物，但不能得到你的允许，因此不敢再辞谢。"宾入门之后，先把礼物放在地上，再向主人行再拜之礼。主人以一拜之礼作答。宾出门后，主人派摈者到门口将礼物还给宾，说："主人某某让某人将礼物奉还于您。"宾客回答说："某人已致送礼物而拜见主人，因此不能接受您的要求。"摈者回答说："主人某某告诉我：'送还礼物这件事决不敢虚情假意。'所以还是请您收下。"宾回答说："某人不过是主人的卑贱的私臣，哪敢让主人行宾客还挚之礼，所以再次辞谢！"摈者回答说："主人派某人来办此事，不敢对您虚情假意，再次请您收下！"宾回答说："某人屡次辞谢，但不能得到您的同意，敢不听从您的命令？"于是再拜之后收下礼物。

（以上为大夫旧臣见大夫之礼。）

下大夫相见以雁①，饰之以布，维之以索②，如执雉。上大夫相见以羔③，饰之以布，四维之，结于面，左头，如麛执之④，如士相见之礼⑤。

【注释】

①下大夫：诸侯的大夫有上大夫与下大夫之别，上大夫指卿，下大夫即大夫，统称大夫，但也有混称的。雁：旧说即大雁，以雁为挚，取其飞能成行，止而成列，象征大夫奉职于四方而能自律以事君之意。王引之《经义述闻》说，雁即舒雁，指鹅，此从王说。

②维：系。索：绳索。

③相见以羔：羔羊群而不党，而且行动都服从头羊，上大夫事君当如此，所以相见时以羔为挚。

④麛（mí）：幼鹿。

⑤如士相见之礼：下大夫、上大夫相见，所执的挚虽然与士不同，但相见的仪节则与士相见一样。

【译文】

下大夫之间初次相见，用鹅作为礼物。鹅的身上裹着绘有纹饰的布，双足用绳子系着，捧鹅的方式和士相见时捧雉一样，让鹅头朝左方。上大夫之间初次相见，用羔羊作为礼物。羊身上用绘有纹饰的布裹着，四足两两相系，绳子要在羊背上交叉后回到胸前打结。捧羊时，使羊头朝左方，执持的方式与秋天献麛之礼执麛的方式相同。相见的仪节与士相见时一样。

（以上为大夫相见之礼。）

始见于君，执挚①，至下②，容弥蹙③，庶人见于君④，不为容⑤，进退走。士大夫，则奠挚再拜稽首，君答壹拜⑥。

【注释】

①执挚:君在朝或燕息时,臣求见都不必执挚,只有新臣第一次见君才要执挚,即此节所述。

②下:君的堂下。

③容弥蹙(cù):容,容仪;弥,愈加;蹙,恭敬、局促不安。

④庶人见于君:古代国君巡行、田猎等场合,有庶人见君之礼,所持礼物为鹜。

⑤容:奔走翔行之容。

⑥壹拜:君一般不对臣行答拜礼,只有初次见面才答以壹拜之礼。

【译文】

新臣首次见君,要执持礼物,走到君的堂下时,容貌要愈益恭敬。庶人进见君时,不必作奔走翔行的姿势,只是进退时要疾走。士大夫首次见君,把礼物放在地上后,再拜叩首,君答以一拜之礼。

(以上为大夫、士、庶人见于君之礼。)

若他邦之人,则使摈者还其挚①,曰:"寡君使某还挚。"宾对曰:"君不有其外臣②,臣不敢辞。"再拜稽首,受。

【注释】

①"若他邦"二句:他邦之人不是自己的臣,所以礼节有所不同,不说受挚的话,只说还挚,宾则不推辞而受挚。

②不有其外臣:不愿以他邦之臣为臣。

【译文】

如果是外邦之臣来见君,礼毕,就让摈者把礼物还给客人,说:"寡君派某人将礼物奉还于您。"宾回答说:"君不愿以外臣为臣,岂敢再推辞。"于是再拜叩首后收下礼物。

(以上为外臣见君之礼。)

凡燕见于君①,必辩君之南面②。若不得,则正方③,不疑君④。君在堂,升见无方阶⑤,辩君所在⑥。

【注释】

①燕见:私见。君臣站立的方位没有公朝行礼时严格。

②辩:正。君臣相见,以君南面臣北面为正。

③方:方向。正方指的位置为正东面或正西面。

④疑:猜度。

⑤方:常。按臣见君的正礼,升堂必须走规定的台阶,燕见则较随便,君的位置近于东,臣就走东阶上;近西,则走西阶。没有一定之规,以近便为原则。

⑥辩:通"辨"。

【译文】

凡是私见于君,必须以君南之位为正。如果不能得君南面之位,则要取君正东面或正西面之位,不能随便猜度君的方位而斜向行礼。君在堂上时,臣走的台阶没有一定之规,君临近哪个方向,就从哪个方向的台阶上去。

(以上为燕见于君的礼节。)

凡言①,非对也②,妥而后传言③。与君言,言使臣;与大人言④,言事君;与老者言,言使弟子;与幼者言,言孝弟于父兄;与众言,言忠信慈祥;与居官者言⑤,言忠信。凡与大人言,始视面,中视抱⑥,卒视面,毋改。众皆若是。若父,则游目⑦,毋上于面,毋下于带。若不言,立则视足,坐则视膝。

【注释】

①凡言：本节论述燕见时言谈的礼节。

②非对：别人未问及自己，而主动说话、进言。

③妥：安坐。传言：说话。

④大人：卿大夫。

⑤居官者：士以下的官吏，如庶司百执事等。

⑥抱：袷与带之间，即衣服的交领以下，腰带以上的部位。

⑦游目：目光游移。子对父的态度以孝为主，而不以敬为主，所以说话时目光不必专注于一处，可在一定范围内游移。

【译文】

　　凡是向君进言，而不是回答君的发问，一定要等君安坐后再开口。燕处时讲论的话题，与君，应该谈如何使用臣下；与卿大夫，应该谈如何奉事君上；与年老的长辈，应该谈如何教育弟子；与年轻人，应该谈如何孝悌于父兄；与一般人，应该谈如何以忠信慈祥处世；与士以下的官吏，应该谈如何忠信奉公。凡是与卿大夫说话，要注意自己视线的位置：开始时视线要落在对方脸部，观察其气色，看能否开口说话；话说完后，视线要移到对方的胸部，以示尊敬，并给对方以思考的时间；最后再将视线移到对方脸部，观察他是否已采纳自己的意见；整个过程，体态容颜不要随便变动。对在座的其他卿大夫，也都应如此。如果是与父亲说话，则目光可以游移，但上不得高于其面部，那样显得傲慢；下不得低于其腰带，那样显得忧愁。如果对方不再说话，那么视线要落在他行走时最先动作的部位：站立则视其足部，坐则视其膝部。

　　（以上为进言之法。）

　　凡侍坐于君子①，君子欠伸②，问日之早晏③，以食具告④，改居⑤，则请退可也。夜侍坐，问夜，膳荤，请退可也。

【注释】

①君子：卿大夫以及国中的贤者。

②欠：打哈欠。伸：伸懒腰。

③晏：晚。

④以食具告：告诉从者，去看看饭菜是否已具办好。

⑤改居：自己变动坐姿。表示有倦意，已不能安坐。

【译文】

凡是在君子的左右陪坐，如果君子打哈欠、伸懒腰，问时间的早晚，就要问从人饭菜是否已准备好。如果君子在座位上不断变动姿势，这表明君子已有倦意，这时可以请求告退。如果是在夜间陪坐，而君子问钟鼓漏刻的时数，或者用葱韭等辛菜作夜宵解瞌睡，表明君子有倦意了，这时可以请求告退。

（以上为陪坐于君子的礼节。）

若君赐之食，则君祭①，先饭、遍尝膳、饮而俟。君命之食然后食。若有将食者②，则俟君之食然后食。若君赐之爵，则下席，再拜稽首，受爵，升席祭，卒爵而俟，君卒爵，然后授虚爵③。退，坐取屦④，隐辟而后屦⑤。君为之兴⑥，则曰："君无为兴，臣不敢辞⑦。"君若降送之，则不敢顾辞，遂出。大夫则辞退下，比及门，三辞。

【注释】

①"若君赐"二句：与国君共同进食的礼节有几种情况，一般是主人先祭，客人后祭；如果君以食赐臣，臣可不祭，如果君以客礼待臣，臣要奉君命而祭。这里指第二种情况。

②将食者：膳宰。其职责之一是代君尝饮食。

③虚爵：酒已喝干的空爵。

④坐：跪。古人坐姿，略如今日之跪，但臀部落在两脚后跟上。

⑤隐辟而后屦：到隐辟之处再穿鞋。表示尊敬君，不敢当其面
　　纳鞋。

⑥兴：起身。

⑦不敢辞：不敢辞尊者。

【译文】

　　在君身旁侍坐，君若以食赐臣，则君要先祭。如果没有膳宰在，则
臣要代君尝一口黍稷，再遍尝各种菜肴，然后喝酒，等候君吃。君命令
开始吃，再正式吃。如果有膳宰代尝饮食，则等君开始吃之后再吃。君
若以爵赐臣，臣要离席，对君再拜叩首，接过爵，然后登席献祭，将爵中
的酒饮完，等君也将爵中的酒饮完，再把空爵交给赞礼者。退席之后，
到堂下跪着取鞋，然后到隐蔽之处把鞋穿上。君要起身相送，则说："请
别为我起身，否则，臣不敢告辞了。"君亲下堂相送，则不敢回头告辞，径
直出门。如果客人是大夫，则可以向君告辞：大夫起身退席时君起身，
下阶时君也下阶，到门口时君送行，这三处大夫都可以辞谢君。

　　（以上为臣侍坐赐饮食及退去的礼节。）

　　若先生、异爵者请见之^①，则辞。辞不得命，则曰："某无
以见，辞不得命，将走见。"先见之^②。

【注释】

①先生：退休的卿大夫。异爵者：在职的卿大夫。

②先见：先拜。士出迎于门外，行再拜礼，先生、异爵者答拜，此为
　　先拜。先拜表示不敢劳尊者来见，故自先拜而见之。

【译文】

如果有退休的官员、在职的卿大夫慕某士之德而往见，因地位及年

齿相差悬殊，士要推辞，表示不敢当。如果不能得到他们的同意，就说："某人没有德行可以使您辱临敝舍，虽已辞谢佀又得不到你们的允许，某人只随即前往拜见。"于是出门率先拜而见之。

（以上为先生、异爵者见士的礼节。）

　　非以君命使，则不称寡。大夫士，则曰"寡君之老"①。凡执币者②，不趋，容弥蹙以为仪。执玉者，则唯舒武③，举前曳踵④。凡自称于君，士大夫则曰"下臣"。宅者在邦⑤，则曰"市井之臣"；在野，则曰"草茅之臣"。庶人，则曰"刺草之臣"⑥。他国之人则曰"外臣"⑦。

【注释】

①"则曰"句：这一句义颇难通，疑有讹夺。

②币：指束帛、束锦、皮马、禽挚之类，有时也包括玉器。

③舒武：迈步慢而轻。舒，徐、慢。武，足迹。

④曳踵：拖着脚跟行走。踵，脚跟。

⑤宅者：指退休的官员，其居宅或在邦，或在野。

⑥刺草：铲草。

⑦他国之人：指其他国家的士、大夫。外臣：与国中的"内臣"相对而言。

【译文】

　　如果大夫不是奉君命出使，而是因私事出访，则摈者不得称他为寡君的某人，只能直称其名。如果是大夫卿士奉君命出使，则摈者称其为"寡君之老"。凡是手执币帛去见君，要谨慎，不要飞快地行走，越是走近君，容貌要越恭敬，以此为容仪。执玉器去见君的，步伐要缓而小，前脚拖着后脚走，脚跟不离地。凡是对君自称，士大夫都统称为"下臣"。

退休的官员,如果居宅在国中,就自称"市井之臣";居宅在野外的,就自称"草茅之臣";庶人则自称"刺草之臣"。如果是其他国家的士大夫,则自称"外臣"。

（以上为相见时的称谓以及执币玉的仪节。）

乡饮酒礼第四

【题解】

古代诸侯之乡有乡学，学制三年，学成者推荐给诸侯。为此，每隔三年的正月，乡大夫都要作为主人举行乡饮酒礼，招待乡中的贤能之士和年高德劭者。乡大夫和乡先生从学成者中选择最贤能者一人作为宾，其次者一人为介，又次者三人为众宾，与他们共饮，然后举荐给诸侯。乡饮酒礼的主要仪节有：谋宾、迎宾、献宾、乐宾、旅酬、无算爵乐以及宾返拜等。乡饮酒礼在各州每年春秋习射时，以及各党每年十二月蜡祭序齿位时也使用，但仪节不尽相同。

乡饮酒之礼。主人就先生而谋宾、介①。主人戒宾②，宾拜辱③，主人答拜，乃请宾④。宾礼辞，许。主人再拜，宾答拜。主人退，宾拜辱。介亦如之。

【注释】

①主人：乡大夫。先生：乡学的教师，一般由退休还乡的官员担任，若是大夫，则称为父师，若是士则称为少师，因熟知乡中学子情况，所以乡大夫与他们商定宾、介的人选。介：副，此指辅佐宾的陪客。

②戒：告知。

③宾拜辱：主人是乡大夫，宾是处士，主人以尊临卑，故宾拜谢主人
　　自为屈辱。

④请：告知来此的目的。

【译文】

　　乡饮酒之礼。乡大夫作为仪式的主人，到乡学的先生处商定宾和介的人选。一经选定，主人亲往宾的家中通告，宾拜谢主人屈尊光临，主人答拜后，说明来此请宾的目的。宾谦辞一次后表示接受。主人行再拜之礼，以示为国求贤的郑重，宾答拜。主人告退，宾行拜礼，并再次感谢他屈尊而来。通知介的仪节与此相同。

　　（以上为谋宾、戒宾。）：

　　乃席宾、主人、介①。众宾之席皆不属焉②。尊两壶于房户间③，斯禁④；有玄酒，在西。设篚于禁南，东肆⑤，加二勺于两壶。设洗于阼阶东南，南北以堂深，东西当东荣；水在洗东，篚在洗西，南肆。

【注释】

①席：指铺席。宾的席位在室的窗前，面朝南；主人的席位在阼阶
　　之上，面朝西；介的席位在西阶之上，面朝东。

②众宾：指三位众宾之长，其席位在宾席之西，面朝南。不属：不相
　　连接，意即各自独坐。

③两壶：酒与玄酒各一壶。

④斯禁：一名极，一种无足的器具，承放酒尊用。

⑤肆：陈放。东肆，器首在西，往西陈放。

【译文】

于是铺设宾、主人、介的席位。众宾的席位不相连接。在东房之西与室户之东的地方,陈放酒和玄酒各一壶,壶卜有器座;玄酒放在酒的西侧。篚放在器座之南,其首在西,尾朝东,两把壶上各放一把勺。洗放在阼阶的东南,洗与堂的南北间距约等于堂的纵深,东西方向的位置则大致与东端的屋翼对齐;水放在洗的东侧,洗的西侧也放有一篚,篚首在北,尾朝南。

(以上为陈设席位。)

　　羹定①,主人速宾②,宾拜辱;主人答拜,还;宾拜辱。介亦如之。宾及众宾皆从之③。主人一相迎于门外④。再拜宾,宾答拜;拜介,介答拜;揖众宾⑤。主人揖,先入。宾厌介⑥,入门左;介厌众宾,入;众宾皆入门左;北上。主人与宾三揖⑦,至于阶。三让,主人升,宾升。主人阼阶上当楣北面再拜⑧,宾西阶上当楣北面答拜。

【注释】

①羹:煮成浓汤的食品,此指肉羹。定:成,煮熟。

②速:即"宿",邀请并催促。

③从:跟随。众宾散居四方,主人不能一一催请,只能在行礼之日聚于某处,主人速宾后便一齐随往,介亦在其中,此处有省略。

④一相:一位相礼者,由主人之吏充任。

⑤"再拜"五句:相礼者拜介,揖众宾时,都是面朝西南。

⑥厌(yì):长揖。古代拱手礼有两种:拱手向外伸,称为揖;拱手向内引及于胸,称为厌。

⑦三揖:主宾进门后,主人面朝西、宾面朝东,相向而立。介和众宾

都进门后,主宾相揖,然后各自转身,分别向堂前走去。主东行
至阼阶前的砖路,宾西行至西阶前的砖路,各自转身相揖,又望
阶而行走到庭中三分之二处,再相向而揖。总共三次相揖。

⑧楣:堂的前梁。

【译文】

肉羹煮熟后,主人亲往宾的家中召请,希望他尽快前往,宾拜谢主
人屈尊光临,主人答拜还礼,然后离开。主人到介的家中催请,仪节与
此相同。主人邀请宾、介完毕后,宾、介和众宾都跟随主人前往乡学庠。
主人的一位相礼者在庠门前迎候。主人向宾行再拜之礼,宾答拜还礼;
又向介行一拜之礼,介答拜还礼;又向众宾拱手行礼。主人揖请宾入
门,然后自己先入门,为宾引路,入门后,在门右面西而立。宾向介长揖
后入门,站在门左,面朝东;介向众宾长揖后入门,众宾也都跟随而入,
都站在门的左侧,而以站在北首者为尊。主人与宾三次相互拱手行礼
后来到阶前。双方又三次相互谦让后,主人先登上阼阶,接着宾登上西
阶。主人在阼阶上、堂的前梁下,面朝北行再拜之礼,宾在西阶上、堂的
前梁下,面朝北答拜还礼。

（以上为邀请和迎接宾。）

主人坐取爵于篚①,降洗。宾降②。主人坐奠爵于阶前,
辞③。宾对。主人坐取爵,兴,适洗;南面坐,奠爵于篚下④;
盥洗⑤。宾进,东北面,辞洗。主人坐奠爵于篚,兴对。宾复
位,当西序⑥,东面。主人坐取爵,沃洗者西北面⑦。卒洗,主
人壹揖、壹让,升。宾拜洗。主人坐奠爵,遂拜,降盥⑧。宾
降,主人辞;宾对,复位,当西序。卒盥,揖让升。宾西阶上
疑立⑨,主人坐取爵,实之宾之席前⑩,西北面献宾。宾西阶
上拜,主人少退⑪。宾进受爵,以复位。主人阼阶上拜送爵,

宾少退。荐脯醢。宾升席,自西方。乃设折俎。主人阼阶东疑立。宾坐,左执爵,祭脯醢;奠爵于荐西,兴;右手取肺,却左手执本⑫,坐,弗缭⑬,右绝末以祭⑭;尚左手⑮,哜之,兴,加于俎。坐挩手⑯,遂祭酒;兴,席末坐⑰,啐酒;降席,坐奠爵;拜,告旨⑱,执爵兴。主人阼阶上答拜。宾西阶上北面坐,卒爵,兴;坐奠爵,遂拜,执爵兴。主人阼阶上答拜。

【注释】

①坐:古人席地陈设器物,故取爵,奠爵时必跪坐。

②降:走下西阶。主人下阼阶为宾洗爵,宾下西阶是表示自己不敢在堂上安座。

③辞:辞谢宾降西阶。表示不敢劳宾下堂。

④篚下:篚的前面。

⑤盥洗:盥手、洗爵。洗爵前先洗手是表示洁净。

⑥序:正堂东西隔室的墙。当西序,对着西序的地方。

⑦沃洗:浇水洗濯。沃洗者一般由执事的小吏担任。

⑧降盥:因方才拜时手掌着地沾灰,因将为宾酌酒,故再次洗手,以示洁净。

⑨疑立:立定。表示庄敬。

⑩实:往爵中酌酒。

⑪少退:稍稍向后退避。主人手中拿着爵,无法回礼,所以只能稍稍后退以示意。

⑫却:退、缩。右手取肺,所以伸着;左手不伸而执本,所以称"却"。本:肺上部厚而大的一端。

⑬弗:举。缭:拗折。

⑭绝末:扯断肺的下端。这里用的祭肺,是所谓"离肺",肺用刀划

成块，但底部仍连着。祭时左手抓住它的上端，使之下垂，再拗折之，用右手扯断肺的下端，用以祭祀。

⑮尚：上。

⑯挽（shuì）：擦、拭。

⑰席末：席的西端。

⑱告旨：旨，甘美；告谢主人以美酒款待。

【译文】

主人坐于席，起身从篚中取出酒爵，走下阼阶准备洗濯。宾随之走下西阶。主人在临阼阶处坐下，放下酒爵，起身辞谢宾下堂。宾以辞答对说，自己理应下堂。主人又坐下拿起酒爵，起身，走到洗的北侧面朝南坐下，把酒爵放在篚之南，起身盥手，准备洗爵。宾从堂下正对西序处走到洗前，面朝东北，劝阻主人洗爵，表示不敢当。主人坐下，将酒爵放进篚内，起身回答宾。宾回到原来的位置，在堂下对着西序的地方，面朝东而立。主人又坐下取出酒爵，冲洗酒爵的执事面朝西北而立。洗濯完毕，主人拱手行礼，请宾先登上堂，双方谦让一次后，先后登阶。宾拜谢主人亲自下堂为自己洗濯酒爵。主人在堂上坐下。放好酒爵，向宾回拜，又走下阼阶准备洗手，以便为宾酌酒。宾随之走下西阶，表示不敢独自在堂上安坐。主人向宾辞谢，宾作答并回到原来的位置。主人洗完手，双方拱手谦让后登阶。宾在西阼之上正立。主人坐下取出洗净的酒爵，酌满酒，在宾的席位前面朝西北献给宾。宾在西阶上拜谢，主人持爵稍稍后退，以示谦避。宾进至席前接过酒爵，回到西阶上。主人在阼阶上拜送受爵者，宾持爵稍稍后退，表示谦避。有司将干肉和肉酱进于宾的席前。宾从西方即席。于是摆上盛着节折的牲体的小案。主人在阼阶之东正立。宾坐在席上，左手执爵，右手取干肉和肉酱而祭；然后将酒爵放在席的西侧，起身，伸右手取祭肺，左手缩着抓住肺的厚而大的一端，使之下垂，然后坐下，拗折祭肺，右手将其下端扯断，用以祭祀；左手在上，尝一口祭肺，然后起身，将祭肺放在小案上。宾又坐下,擦干净手,再行祭酒。宾起身,到席的西端坐下,尝一口酒,接着离席,再坐下放好酒爵,然后拜谢主人,称赞酒的甘美,并执爵起身。主人在阼阶上答拜。宾到西阶之上面朝北而坐,将爵中的酒饮尽,起身,再坐下,放好爵,遂拜谢主人,然后执爵起身。主人在阼阶上答拜还礼。

（以上为主人献宾。）

　　宾降洗①,主人降②。宾坐奠爵,兴辞,主人对。宾坐取爵,适洗南,北面。主人阼阶东,南面辞洗。宾坐奠爵于篚,兴对。主人复阼阶东,西面。宾东北面盥③,坐取爵,卒洗,揖让如初,升。主人拜洗。宾答拜,兴,降盥,如主人礼。宾实爵主人之席前,东南面酢主人。主人阼阶上拜,宾少退。主人进受爵,复位,宾西阶上拜送爵。荐脯醢。主人升席自北方。设折俎。祭如宾礼,不告旨。自席前适阼阶上,北面坐卒爵,兴;坐奠爵,遂拜,执爵兴。宾西阶上答拜。主人坐奠爵于序端,阼阶上北面再拜崇酒④,宾西阶上答拜。

【注释】

①宾降洗:上节记"献",即主人向宾敬酒。本节记"酢",即宾取酒爵到主人席还敬。

②降:降立于阼阶之东,面朝西而立。

③宾东北面盥:宾的位置在洗之南,沃洗的小吏在其右侧,为了盥洗时的方便,所以宾面朝东北而斜对着他。

④崇:重、看重。再拜崇酒是谦语。意为拜谢宾看重自己的酒,不嫌其薄而饮之。

【译文】

宾持酒爵，走下西阶，准备为主人洗爵，主人随之走下阼阶，表示不敢独自在堂上安坐。宾坐下放好酒爵，起身辞谢主人下堂，主人以辞答对。宾坐下取爵，然后走到洗之南，面朝北而立。主人在阼阶之东，面朝南劝阻宾洗爵。宾坐下，将爵放入篚内，起身作答。主人恢复到阼阶东、面朝西的位置。宾面朝东北洗手，接着坐下，从篚内取出爵，洗濯完毕，宾主像先前那样拱手谦让后，先后登堂。主人拜谢宾亲自下堂为自己洗濯酒爵。宾答拜还礼，然后起身，走下西阶洗手，准备为主人酌酒，其间的仪节和刚才主人为宾做的一样。宾取爵酌满酒，在主人的席前面朝东南还敬主人。主人在阼阶上拜谢，宾持酒爵稍稍后退，以示谦避。主人上前接爵，回到原先的位置，宾在西阶上拜送受爵者。有司将干肉和肉酱进于主人席前。主人从北方入席。于是摆上盛有节折的牲体的小案。祭荐俎和祭酒的仪节，与刚才宾做的一样，只是最后不必告谢酒的旨美。主人从席前走到阼阶上，面朝北坐下，将爵中的酒饮毕，起身，再坐下放好爵，于是拜谢宾，执爵起身。宾在西阶上答拜还礼。主人坐下，将酒爵放在东序的南端，在阼阶上面朝北再拜，感谢宾不嫌弃自己的薄酒而饮之，宾在西阶上答拜还礼。

（以上为宾还敬主人。）

主人坐取觯于篚^①，降洗。宾降，主人辞降。宾不辞洗^②，立当西序，东面。卒洗，揖让升。宾西阶上疑立。主人实觯酬宾^③，阼阶上北面坐奠觯，遂拜，执觯兴。宾西阶上答拜。坐祭，遂饮，卒觯，兴；坐奠觯，遂拜，执觯兴。宾西阶上答拜。主人降洗，宾降辞，如献礼^④，升，不拜洗^⑤。宾西阶上立；主人实觯宾之席前，北面；宾西阶上拜；主人少退，卒拜进，坐奠觯于荐西；宾辞，坐取觯，复位；主人阼阶上拜送；宾北面坐奠觯于荐东，复位。

【注释】

①主人坐取觯：这一节记"酬"。"献"、"酢"、"酬"，总称为"一献"之礼。酬的酒器用觯不用爵，含有更新示敬之意。

②宾不辞洗：主人洗觯是准备自饮，所以宾不必像前面那样辞谢。

③酬：劝酒，即主人执酒觯，先自饮，再劝宾饮。

④如献礼：如主人向宾献酒时，主人降阶洗爵至升堂之间的仪节。

⑤不拜洗：酬酒的礼数比献酒低，献酒的仪节中共有四次拜，酬酒则只拜三次，故此处不拜。

【译文】

主人坐于席，起身从篚内取出觯，走下阼阶，准备洗濯。宾随之走下西阶，表示不敢独自在堂上安坐，主人辞谢宾下堂。宾不必像献酒仪节中那样劝阻主人洗濯，只要在正对堂的西序处，面朝东而立。洗濯完毕，宾主拱手谦让后登堂。宾在西阶上正立。主人在觯中注酒，准备酬宾，接着在阼阶上面朝北而坐，放好觯，拜宾，请他饮酒，接着执觯起身。宾在西阶上拜谢主人。于是，主人坐下祭干肉、肉酱等，祭毕饮酒，将觯中的酒喝完，起身；宾再坐下放好觯，拜谢主人，然后执觯起身。宾在西阶上答拜还礼。主人再次走下阼阶洗濯，宾辞谢主人下堂，其间的仪节和献酒时一样。洗濯完毕，主宾先后登堂，此时不必拜谢主人亲自洗濯。宾站在西阶之上，主人持觯注酒，然后在宾的席前面朝北捧觯；宾在西阶之上拜谢主人，主人执觯稍稍后退，以示谦避，拜毕行至席上坐下，将觯放在荐席之西；宾辞谢之后，坐下取觯，再回到原来的位置。主人在阼阶上拜送宾。宾面朝北而坐，将觯放在荐席之东，然后回到原来的位置。

（以上是主人酬宾。）

主人揖,降①;宾降②,立于阶西,当序,东面。主人以介揖让升拜如宾礼③。主人坐取爵于东序端,降洗;介降,主人辞降;介辞洗,如宾礼,升,不拜洗④。介西阶上立。主人实爵介之席前,西南面献介。介西阶上北面拜,主人少退。介进,北面受爵,复位。主人介右北面拜送爵,介少退。主人立于西阶东。荐脯醢。介升席自北方,设折俎。祭如宾礼,不哜肺,不啐酒,不告旨⑤;自南方降席,北面坐卒爵,兴;坐奠爵,遂拜,执爵兴。主人介右答拜⑥。

【注释】

①降:准备向介献酒。

②宾降:表示不敢独居堂上。

③如宾礼:主人与宾入大门后,经三揖、三让后登堂,而介和众宾还在门左站立。主人到门左请介登堂,其间仪节与请宾时一样。

④不拜洗:向介献酒的礼数比宾低,所以较命略。此处可以不拜洗。

⑤不哜肺、不啐酒、不告旨:都是表示其礼数低于宾。

⑥介右:介的右侧。介之位在西阶西北面,主人在西阶东,凡面北者以东为右,所以说主人在介右。

【译文】

主人向宾拱手行礼,示意将下堂与介为礼,然后走下阼阶;宾随之下堂,立于西阶下正对着堂西序的地方,面朝东。主人与介揖让、登堂、相拜的仪节,与迎宾时一样。主人坐下,从东序的端头取爵,下堂洗濯;介随之下堂,主人辞谢,介则劝阻主人洗爵,其间的仪节与献宾时一样,但双方升堂后,介不必拜谢主人亲劳洗爵。介在西阶上站立。主人持爵注酒,在介的席位前面朝西南献给介。介在西阶上面朝北拜谢主人,主人持爵稍稍后退,以示谦避。介进至主人前,面朝北接爵,回到原位。主人在介的右侧,面朝北拜送持爵者,介持爵稍稍后退,以示谦避。主人站在西阶之东。有司将丁内和肉酱进于介的席前。介从北方入席,有司摆上盛有节折的牲体的小案。介祭祀的内容和方式与宾一样,只是不尝肺,不尝酒,也不必向主人告谢酒的旨美,祭毕,从南方离席,接着面朝北坐下,将爵中的酒饮完,起身;又坐下放好爵,拜谢主人,再执爵起身。主人在介的右侧答拜还礼。

(以上为主人向介献酒。)

　　介降洗①,主人复阼阶②,降辞如初③。卒洗,主人盥④,介揖让升,授主人爵于两楹之间⑤。介西阶上立。主人实爵,酢于西阶上,介右坐奠爵,遂拜,执爵兴。介答拜。主人坐祭,遂饮,卒爵,兴;坐奠爵,遂拜,执爵兴。介答拜。主人坐奠爵于西楹南,介右再拜崇酒;介答拜。

【注释】

①介降洗:这一节记主人自酢。按礼,凡自酢者都要自行洗爵和酌酒,但乡饮酒礼中主人与介的献、酢为特例,介的身份较低,没有资格酢主人,但又不敢劳主人亲自洗爵,所以降阶洗爵后授主人。

②复:返回。

③如初:如宾酢时主人降阶至卒洗的礼节。

④主人盥:为给介酌酒而洗手。

⑤授主人爵于两楹之间:介的身份比宾低,所以不能自酌。

【译文】

介走下西阶为主人洗爵,主人回到阼阶上原来的位置,介下堂向主人辞谢等仪节，与刚才宾酢主人时一样。洗爵完毕，主人下堂洗手，准备酌酒。介与主人揖让后登堂，在堂上的东、西楹柱之间，介将爵授给主人。介立在西阶上。主人往爵中酌酒，在西阶上自酢。接着，主人在介的右侧坐下，放好爵，拜介，然后执爵起身。介答拜。主人坐下祭酒，并饮酒，将爵中的酒喝完，起身；接着坐下放爵，再拜介，然后执爵起身。介答拜。主人在西楹柱之南坐下放好爵，在介的右侧再拜，感谢介不嫌酒薄而饮之，介答拜还礼。

（以上为主人自酢。）

　　主人复阼阶，揖降，介降立于宾南[1]。主人西南面三拜众宾[2]，众宾皆答壹拜。主人揖升，坐取爵于西楹下；降洗，升实爵，于西阶上献众宾。众宾之长升拜受者三人[3]，主人拜送。坐祭，立饮，不拜既爵[4]；授主人爵，降复位。众宾献，则不拜受爵[5]，坐祭，立饮。每一人献，则荐诸其席。众宾辩有脯醢[6]。主人以爵降，奠于篚。

【注释】

①介降立于宾南：宾在酢主人后，下堂站在西阶下正对着西序的地方，此时介下堂立在其南侧。

②三拜众宾：此时众宾仍在门内西侧，面朝东而立，所以主人到后向西南面拜之。又因众宾人数太多，不能一一拜之，故主人以三拜之礼表示遍拜。

③众宾之长：众宾中的年长德高者。

④既爵：即卒爵。献而不拜卒爵，是礼数低的表现。

⑤不拜受爵：不拜受爵和下文的立饮，都是因众宾礼数较低，故行礼简略。

⑥辩：通"遍"。

【译文】

　　主人回到阼阶上的原位,向介拱手行礼,示意自己将要与众宾行礼,然后走下阼阶,介随之走下西阶,站在宾的南侧。主人来到大门内侧,面朝西南,向等候在此的众宾行三拜之礼,众宾都答以一拜之礼。到庭中,主人向众宾拱手行礼后登堂,接着在西楹柱下坐下取爵,下堂洗濯后,再上堂酌酒,然后在西阶上献给众宾。三位众宾之长登堂拜而受爵,主人拜而送之。他们坐下祭祀,站着饮酒,爵中的酒喝完后不必拜谢主人,只要将空爵交还主人,然后回到堂下原位。众宾接受主人的献酒,不必拜就可以捧爵,然后坐下祭祀,站着饮酒。众宾之长的每一位接受献酒时,有司要将食品进于他的席位前。众宾接受献酒时都有干肉和肉酱进于其位。主人拿着空爵,下阼阶,放入庭中的篚内,不再使用。

　　（以上为主人献众宾。）

　　揖让升①。宾厌介升,介厌众宾升,众宾序升②,即席。一人洗③,升,举觯于宾④;实觯,西阶上坐奠觯,遂拜,执觯兴;宾席末答拜。坐祭,遂饮,卒觯兴;坐奠觯,遂拜,执觯兴;宾答拜。降洗,升实觯,立于西阶上;宾拜。进坐奠觯于荐西。宾辞,坐受以兴⑤。举觯者西阶上拜送,宾坐奠觯于其所⑥。举觯者降。

【注释】

　　①揖让升：指主人与宾揖让后,主人先升堂。
　　②序：次序。
　　③一人：指主人的赞礼者。

④举觯：表示旅酬开始。

⑤"宾辞"二句：依古礼，地位相当的双方才能授受爵觯，地位卑者
　　对于尊者，只能"奠觯（爵）"，不敢亲授。此时如果尊者辞谢，则
　　卑者可以亲授。这里因赞礼者身份太低，所以始终不敢亲授，宾
　　也只能坐而受之。

⑥所：指荐西。

【译文】

主人与宾拱手礼让后登堂。宾向介长揖后接着登堂，介向众宾长
揖后也随之登堂，最后，众宾依次登堂，并一一即席。赞礼者在庭中洗
觯，然后上堂，代表主人向宾举觯；接着往觯中酌酒，再在西阶上坐下放
好爵，拜宾，然后执觯起身；宾在席末答拜还礼。赞礼者坐下祭祀，然
后，将觯中的酒饮完，起身；又坐下放好爵，拜宾，接着执觯起身；宾答拜
还礼。赞礼者下堂洗濯自己刚用过的觯，再上堂往觯中酌上酒，站立在
西阶之上；宾拜谢准备受觯。赞礼者在宾席西坐下，把觯放在脯醢西
边，表示不敢亲授于尊者。宾谦辞后，坐着接觯并起身。举觯的赞礼者
在西阶上拜送宾，宾又坐下，将觯放在席的西端。赞礼者下堂。

（以上为赞礼者举觯。）

设席于堂廉①，东上。工四人，二瑟，瑟先②。相者二
人③，皆左何瑟④，后首⑤，挎越⑥，内弦⑦，右手相⑧。乐正先
升⑨，立于西阶东。工入，升自西阶。北面坐。相者东面坐，
遂授瑟，乃降。工歌《鹿鸣》、《四牡》、《皇皇者华》⑩。卒歌，
主人献工。工左瑟，一人拜⑪，不兴、受爵。主人阼阶上拜送
爵。荐脯醢。使人相祭。工饮，不拜既爵，授主人爵。众工
则不拜、受爵，祭饮；辩有脯醢，不祭。大师⑫，则为之洗。
宾、介降，主人辞降。工不辞洗。

【注释】

①设席:为乐工铺席,位置在西阶东。堂廉:堂的侧边。

②瑟先:入场时鼓瑟者在先。

③相者:扶乐工行走的人。古代乐工一般由盲人担任,故需有人
　扶持。

④何:通"荷"。

⑤后首:瑟之首在后。

⑥拊越:左手持瑟的方法,拇指托住瑟的下部,另外三指钩入瑟底
　的孔中。越,瑟底的孔。

⑦内弦:瑟弦朝内,靠着身。

⑧相:扶助。

⑨乐正:乐官之长。

⑩《鹿鸣》、《四牡》、《皇皇者华》:《诗经·小雅》中的篇章。这三首
　诗宣扬君臣之和平忠信,被称作"官其始"者,是入大学者首先要
　学习的,所以乡饮酒礼首奏之。

⑪一人:乐正。

⑫大师:君赐以爵位的乐正。

【译文】

　　在西阶东、靠近堂南侧的地方为乐工铺席,以东面的位置为尊。乐
工共四人,二人鼓瑟,二人歌唱,入场时鼓瑟者在前。两位搀扶鼓瑟者
的人,都是荷瑟于左肩,左手持瑟,瑟首朝后,手指钩入瑟底的孔中,瑟
弦朝内,右手扶着鼓瑟者。乐工之长最先登堂,站在西阶之东。乐工入
场时,从西阶上堂,面朝北而坐。搀扶者在其旁面朝东坐下,把瑟递给
他,然后下堂。乐工歌唱《鹿鸣》、《四牡》和《皇皇者华》三章。歌毕,主
人向乐工献酒。乐工左瑟而避,乐工之长拜谢主人,不起身而受爵。主
人在阼阶上拜送受爵者。有司为乐工进上干肉和肉酱。主人命人赞助
乐工祭祀。乐工饮酒,饮毕不必拜谢,只要将酒爵授给主人。众工则不

必拜谢主人就可受爵,祭酒之后方可饮。每人都备有干肉和肉酱,但不必祭祀。如果是向大师献酒,则主人先要为他洗爵。宾和介下堂时,主人要辞谢。工则不必下堂辞谢。

（以上为升歌及向乐工献酒。）

　　笙入①,堂下磬南②,北面立,乐《南陔》、《白华》、《华黍》③。主人献之于西阶上。一人拜④,尽阶⑤,不升堂,受爵;主人拜送爵。阶前坐祭,立饮,不拜既爵,升授主人爵。众笙则不拜、受爵⑥,坐祭,立饮;辩有脯醢⑦,不祭。

【注释】

①笙:吹笙者。用笙吹奏诗篇的乐章。堂下之乐以笙为主,此外有磬。

②磬南:阼阶西南。

③《南陔》、《白华》、《华黍》:相传为《诗经·小雅》的篇章,今已亡佚。

④一人:吹笙者共四人,一人指其中的长者。

⑤尽阶:受爵后在阶上稍立,主人拜后即降阶。

⑥众笙:除"一人"外的其余三位吹笙者。

⑦辩:通"遍"。

【译文】

　　吹笙者入场,在堂下设磬之处的南面就位,面朝北而立,吹奏的乐曲是《南陔》、《白华》和《华黍》。主人在西阶上向奏乐者献酒。吹笙者中的一位年长者拜谢主人,走上最高一级台阶但不登堂,从主人手中接过爵;主人拜送受爵者。长者下阶,在阶前坐下祭酒,站着饮酒,饮毕不必拜谢主人,但要登阶将酒爵奉还主人。其余的吹笙者则不必拜谢主人就可以受爵，在阶前坐下祭酒，站着饮酒，每人都备有干肉和肉酱，但不必祭它。

（以上为笙奏和向吹笙者献酒。）

乃间歌《鱼丽》①，笙《由庚》；歌《南有嘉鱼》，笙《崇丘》；歌《南山有台》，笙《由仪》。

【注释】

①间歌：堂上鼓瑟唱一歌，堂下吹笙一曲，两者交替进行。《鱼丽》及以下的《由庚》、《南有嘉鱼》、《崇丘》、《南山有台》、《由仪》，均为《诗经·小雅》篇名，其中《由庚》、《崇丘》、《由仪》三篇已亡佚。

【译文】

堂上、堂下交替演奏乐歌：堂上鼓瑟唱《鱼丽》之歌，堂下则笙奏《由庚》之曲；堂上鼓瑟唱《南有嘉鱼》之歌，堂下则笙奏《崇丘》之曲；堂上鼓瑟唱《南山有台》之歌，堂下则笙奏《由仪》之曲。

（以上为曲。）

乃合乐①：《周南·关雎》、《葛覃》、《卷耳》，《召南·鹊巢》、《采蘩》、《采蘋》②。工告于乐正曰："正歌备③。"乐正告于宾，乃降。

【注释】

①合乐：歌乐与器乐合起。

②《周南·关雎》：《周南》及《召南》是《诗经》国风之名。《关雎》及《葛覃》、《卷耳》是《周南》的篇名；《鹊巢》、《采蘩》、《采蘋》是《召南》的篇名。

③正歌：献酬时用的指定乐歌。备：歌而合乐为备。

【译文】

接着，歌乐与器乐合起，奏《周南》中的《关雎》、《葛覃》、《卷耳》，《召南》中的《鹊巢》、《采蘩》、《采蘋》。奏毕，乐工报告乐正："规定的乐曲都已演奏完毕。"乐正又向宾报告，然后下堂。

（以上为合乐。）

主人降席自南方，侧降①；作相为司正②。司正礼辞，许诺。主人拜，司正答拜。主人升，复席。司正洗觯，升自西阶；阼阶上北面受命于主人。主人曰："请安于宾③。"司正告于宾，宾礼辞，许。司正告于主人。主人阼阶上再拜，宾西阶上答拜。司正立于楹间以相拜，皆揖，复席。

【注释】

①侧降：主人降阶而宾介不随之降阶。

②作：使。相：即此前在门口迎宾的相。司正：正宾主之礼的官，饮酒时临时设立。

③安：止。乐宾已毕，宾准备离去，主人挽留之，请安坐。

【译文】

主人从南方离席，独自下堂，命令原先在门口迎宾的相担任监礼的司正。司正推辞一次后，表示同意。主人拜而谢之，司正以礼答拜。主人登堂，回到原来的席位上。为挽留宾，司正预先洗觯作准备，然后从西阶上堂；在阼阶上面朝北听命于主人。主人对司正说："请宾继续安坐。"司正向宾转达主人的意思，宾推辞一次后同意。司正又转告主人。主人在阼阶上行再拜之礼，感谢宾的留坐，宾在西阶上答拜还礼。司正在堂上东、西楹柱之间赞助宾主行拜礼，礼毕，宾主互相拱手行礼，分别回席。

（以上为司正安宾。）

司正实觯，降自西阶，阶间北面坐奠觯^①，退共^②，少立^③；坐取觯，不祭，遂饮，卒觯兴，坐奠觯，遂拜；执觯兴，盥洗；北面坐奠觯于其所，退立于觯南。

【注释】

①阶间：堂下阼阶与西阶之间，实指中庭。

②共：通"拱"，拱手。

③少立：司正先自正慎其位，以提醒宾主勿生懈怠之意。

【译文】

司正在觯中酌酒后，从西阶下堂，在东西两阶之间往南的地方坐下，放好觯，退而拱手，并自正其位；接着坐下取觯，不祭酒即饮，饮毕起身，再坐下放好觯，拜谢主人；然后执觯起身，盥手洗觯；再回到原位面朝北而坐，将洗净的觯放在奠觯之所，退而立在它的南侧。

（以上为司正表位。）

宾北面坐取俎西之觯^①，阼阶上北面酬主人。主人降席，立于宾东。宾坐奠觯，遂拜；执觯兴，主人答拜。不祭，立饮；不拜，卒觯，不洗；实觯，东南面授主人。主人阼阶上拜，宾少退。主人受觯，宾拜送于主人之西。宾揖，复席。

【注释】

①宾北面坐：本节起"旅酬"。其顺序是，宾酬主人，主人酬介，介酬众宾，再由众宾按年齿依次相酬。仪节较为简约，皆拜而不祭，立饮。

【译文】

宾面朝北而坐，取过方才司正所放的觯，到阼阶之上，面朝北酬主人。主人离席，站在宾的东侧。宾坐下放好觯，向主人行拜礼，接着执觯起身，主人答拜还礼。宾不必祭酒，站着饮酒，也不必拜主人，饮毕不必洗觯；然后再往觯中酌酒，返回原位，面朝东南授给主人。主人在阼阶之上拜谢，宾转稍稍后退，以示谦避。主人从宾手中接过觯，宾在主人的西侧拜而送之。宾向主人拱手行礼后回到自己的席位。

（以上为宾酬主人。）

主人西阶上酬介[①]，介降席自南方，立于主人之西，如宾酬主人之礼。主人揖，复席。

【注释】

①酬介：主人酬介的觯，即此前宾授给主人的觯。

【译文】

主人在西阶之上酬介。介从南方离席，站在主人的西侧。主人酬介的仪节与宾酬主人相同。酬毕，主人拱手行礼，回到自己的席位。

（以上为主人酬介。）

司正升相旅[①]，曰："某子受酬。"受酬者降席。司正退立于序端，东面。受酬者自介右，众受酬者受自左，拜、兴、饮，皆如宾酬主人之礼。辩，卒受者以觯降，坐奠于篚。司正降，复位[②]。

【注释】

①旅：顺序。

②位:指觯南之位。

【译文】

司正上堂,监督旅酬之礼进行。司正按年齿的长幼顺序招呼:"某子前来接受酬酒。"被点名者立即离席上堂。司正退立于西的端头,面朝东方而立,以便为上下的众宾让道。受到介酬酒的众宾从介的右侧走过,其余的接受酬酒者从介的左侧走过,他们的拜、起身:饮酒等仪节,都和宾酬主人时一样。酬酒遍及于堂下的每位众宾。最后一位接受酬酒的人,要拿着觯下堂,坐下将觯放入庭中的篚内。然后司正下堂,回到自己原来的位置。

(以上为介酬众宾。)

使二人举觯于宾、介①,洗,升实觯于西阶上,皆坐奠觯,遂拜,执觯兴,宾、介席末答拜。皆坐祭,遂饮,卒觯兴;坐奠觯,遂拜,执觯兴;宾、介席末答拜。逆降②,洗;升实觯,皆立于西阶上;宾、介皆拜。皆进,荐西奠之,宾辞,坐取觯以兴。介则荐南奠之;介坐受以兴。退,皆拜送,降。宾、介奠于其所。

【注释】

①使:司正根据主人之意而发命。二人:主人的小吏。二人举觯,表示"无算爵"开始。这一节和下一节记"无算爵、乐"。宾主频频举爵饮酒,不计其数量,至醉方休,即"无算爵";乐工则频频奏乐和歌唱,也不计其数,务求尽兴,即"无算乐"。

②逆降:二位小吏降阶时的顺序与升阶时相反,即先升者后降,后升者先降。

【译文】

司正命二位小吏举觯向宾、介进酬酒,先下堂洗手、洗觯,然后升堂,往觯中酌酒,两人都在西阶之上坐下,将觯放在地上,向宾、介行拜礼,接着执觯起身,宾、介在席的末端答拜还礼。二位小吏都坐下祭酒,接着将觯中的酒饮完,起身;再坐下放好觯,向宾、介行拜礼,然后执觯起身,宾、介在席的末端再次答拜还礼。二位小吏下堂洗觯,下堂的顺序与上堂时正相反,升堂后往觯中酌酒,都是站在西阶上进行;宾、介拜而谢之。二位小吏走上前,将宾的觯放在席前、醢醯之西,宾辞谢后,坐下取觯,起身。介的觯则放在席前、醢醯之南,介也是坐下接觯,再起身。二位小吏退回西阶时,要拜送,然后下堂。宾、介要将觯放在原处。

(以上是二位小吏向宾、介举觯。)

司正升自西阶,受命于主人。主人曰:“请坐于宾①。”宾辞以俎②。主人请彻俎③,宾许。司正降阶前④,命弟子俟彻俎⑤。司正升,立于序端。宾降席,北面。主人降席,阼阶上北面。介降席,西阶上北面。遵者降席⑥,席东南面。宾取俎,还授司正;司正以降,宾从之。主人取俎,还授弟子;弟子以降自西阶,主人降自阼阶。介取俎,还授弟子;弟子以降,介从之。若有诸公、大夫,则使人受俎,如宾礼。众宾皆降。

【注释】

①请坐于宾:在此之前,宾都是站着行礼,而且历时颇久,此时当已疲乏,故请燕坐。

②宾辞以俎:宾以堂上有俎为理由而辞谢。俎只有在隆重的正式场合才使用,而燕坐较随便。当俎而燕坐有不敬之嫌,宾不敢自

尊，故辞之。

③主人请彻俎：主人不敢因为是燕坐而将俎撤走，为表示对宾的尊
敬，所以请问宾是否撤俎，以便按宾的意见行事。

④阶前：西阶前。

⑤弟子：来宾中较年轻的人。俎本来是主人之吏陈设的，让弟子撤
走，是表示这是宾的意见。

⑥遵者：本乡中出仕为大夫的人，主人邀请其与会乐宾，是因为其
仪表足以令人遵循、效法，故称。

【译文】

司正从西阶登堂，请主人发命。主人说："请宾坐下。"司正转告宾，宾推辞说，有俎在堂，不敢坐下。司正转告主人。主人询问宾，是否将俎撤走，宾表示同意。于是司正到西阶前，命来宾中较年轻的几位准备撤俎。司正又上堂，站在西序的端头。宾离席，面朝北而立。主人离席，在阼阶上面朝北而立。介离席，在西阶上面朝北而立。应邀观礼的大夫离席，在席的旁边面朝东南而立。宾捧起俎，交还司正，司正捧着俎下堂，宾跟着下去。主人取过俎，授给年轻的弟子，弟子捧着俎从西阶下堂，主人从阼阶下堂。介取过俎，授给弟子，弟子捧着俎下堂，介跟着下去。如果有诸公和大夫在场，则派人接过他们撤下的俎，其余的礼节与撤宾的俎一样。众宾都下堂。

（以上为撤俎。）

说屦①，揖让如初②，升，坐。乃羞③。无算爵④。无算乐⑤。

【注释】

①说：通"脱"。因宾在主人之左，主人在宾之右，所以，脱鞋时，主人先左脚，宾先右脚。

②揖让如初:揖让入席的顺序与先前升堂时一样,主人与宾揖让后
　　先入席,接着宾向介长揖后入席,然后是介向众宾长揖后入席。

③羞:进食品。此时所进为狗肉及肉酱。

④无算爵:算,计数。举爵饮酒不计次数,随意劝饮,醉而后止。

⑤无算乐:奏乐不再按献酬之节,或用间歌,或用合乐,不限次数,
　　兴尽而止。

【译文】

　　于是,在堂下脱鞋,主人、宾、介、众宾按先前登堂的顺序,揖让、登堂,就席。有司进上菜肴。由宾、介起,用两觯交错进酬酒,不限次数,一醉方休。堂上堂下的音乐或间或合,歌奏不已,尽欢而止。

　　(以上为燕饮、无算爵、乐。)

　　宾出,奏《陔》^①。主人送于门外^②,再拜。

【注释】

①《陔》:古乐章名。《周礼·春官·钟师》有“九夏”,《陔》即《陔
　　夏》,为“九夏”之一。

②主人送于门外:此时主人在门东面朝西之位。

【译文】

宾出门时,奏《陔》的乐曲。主人要送到门外,行再拜之礼。

(以上为宾出。)

　　宾若有遵者,诸公、大夫则既一人举觯^①,乃入。席于宾东,公三重,大夫再重。公如大夫入^②,主人降,宾、介降,众宾皆降,复初位^③。主人迎,揖让升。公升如宾礼,辞一席^④,使一人去之。大夫则如介礼^⑤,有诸公,则辞加席,委于席

端⑥,主人不彻⑦;无诸公,则大夫辞加席,主人对⑧,不去
加席。

【注释】

①诸公、大夫:指公卿、国君或食邑大夫等。遵者入门的礼节较简
　约,在一人举觯之后即可一起进入。

②如:若、或。

③初位:即门内之左,面朝东之位。

④辞一席:请求减去一重席。意思是自己只能用大夫重席的规格,
　不敢当三重席之礼。

⑤如介礼:入门、登堂、献酢等仪节都和介一样,礼数低于宾。

⑥委:卷曲。席端:席的北端。

⑦不彻:不把卷起来的席撤走。

⑧对:对答的主旨是不同意大夫的辞谢。

【译文】

　　来宾中如果有遵者,即诸公、大夫,则到门口后不必依缛礼行事,在
一举觯时就可一起进入。遵者的席位安排在宾的东侧,公的席有三重,
大夫的席为二重。公或大夫进门时,主人先下堂,宾、介跟着下堂,众宾
也都要下堂,大家都回到迎宾入门时在门口站的位置。主人迎遵者入
门,彼此揖让后登堂。公上堂时的礼节和宾一样,公入席前请主人将三
重席撤去一重,于是主人命人撤去一重。大夫登堂的礼节与介一样,如
果有诸公在场,则要请主人将二重席撤去一重,将这一重席卷起来放在
席的北端,但主人不许将席撤走;如果没有诸公在场,则大夫请求撤去
一重席时,主人要表示不同意,也不让人卷去上面的一重席。

　　(以上为遵者入室、登堂之礼。)

　　明日,宾服乡服以拜赐①,主人如宾服以拜辱。主人释

服②,乃息司正③。无介④,不杀⑤,荐脯醢,羞唯所有⑥。征唯所欲⑦,以告于先生、君子可也⑧。宾、介不与。乡乐唯欲⑨。

【注释】

①乡服:昨日与乡大夫饮酒时穿的朝服。

②释服:脱去朝服,换上私见时穿的玄端之服。

③息:劳而止息,慰劳。

④无介:没有陪客。慰劳司正的礼仪较简略,仅以司正为宾。

⑤不杀:不专门为之杀牲,即不设俎。

⑥羞唯所有:荐脯醢所用的食品,视家中现有的进之。

⑦征:召。征唯所欲,昨天乡饮酒礼,亲友不得参加。今日则依主人所欲,召请亲友。

⑧先生:已致仕的卿大夫。君子:未致仕的卿大夫。乡饮酒礼之日,诸公大夫未必都到,其未到者可加"息司正"的仪式,故通报之。

⑨乡乐唯欲:喜欢的乡乐,可以随便点奏,不再按昨日的顺序。乡乐,《诗经》中的《国风》诸篇,主要是《周南》、《召南》中的六篇。

【译文】

次日,宾身着乡饮酒礼时穿的朝服,前来拜谢主人昨天赐予的款待。主人穿着和宾一样的服装迎见,拜谢宾屈尊光临。会见结束后,主人脱去朝服,换上便服,接着慰劳司正等。慰劳的仪节比较随便,以司正为宾,不设陪客,也不设俎,所荐干肉和肉酱没有严格的规定,以家中现有的进奉就行。对于昨天无法邀请的亲友,今天可以随意邀请,对于乡中已退休或在职的卿、大夫,只要向他们通报一下,来不来都可以。宾和介都不参加今天的活动。宴饮时,《周南》、《召南》中的六首乐章可以随意点奏。

(以上为宾拜谢主人以及主人慰劳司正。)

记

乡朝服而谋宾、介①，皆使能②，不宿戒③。

【注释】

①乡：乡大夫。

②使能：兴举贤能之士。

③不宿戒：不在行礼的前一天再请。据《士冠礼》，行礼前三天戒宾，提醒宾；前一天宿宾，催请宾；乡饮酒礼则没有这两个过程。

【译文】

记

乡大夫身穿朝服与乡先生选定宾、介，都是要拜举贤能。人选确定后，行礼的前一天不必再往邀请。

（以上记乡服、释不宿戒。）

蒲筵①，缁布纯②。尊，绤幂③，宾至，彻之。其牲，狗也，亨于堂东北④。献用爵，其他用觯。荐脯，五挺⑤，横祭于其上，出自左房⑥。俎由东壁，自西阶升。宾俎⑦，脊、胁、肩、肺⑧。主人俎，脊、胁、臂、肺。介俎，脊、胁、肫、胳、肺⑨。肺皆离。皆右体，进腠⑩。

【注释】

①筵：席。

②纯：边缘。

③绤（xì）：粗葛布。幂：覆盖酒尊的巾。

④亨：通烹。堂东北：堂东夹室的东北，灶设于此，故就近烹狗。

⑤挺：或作“脡”，量词。挺本是直的意思，脯干则挺直。

⑥左房:东房。

⑦宾俎:以下记俎的等差。俎上之物以骨为主,骨又以正骨为贵。
　脊是正骨,胁是肩的前骨,臂是肩的下骨,胳是后胫骨。

⑧胁:自腋下至肋骨尽头的部分。

⑨肫(chún):牲后体股骨的一部分。胳:牲的后胫骨的一部分。

⑩进腠:肉皮向上。

【译文】

　　行礼时使用的蒲席,用黑布缀边。酒尊要用粗葛布覆盖,宾到来时再撤去。所进的牲,要用狗,在堂东夹的东北烹煮。只有献酒时用爵,其余场合用觯。进荐的干肉有五条,另有一条横置于其上,从东房端出。狗肉烹熟后放在俎上,从东壁端进来,再从西阶端上堂。端给宾的俎上有脊骨、胁骨、肩、肺。端给主人的俎上有脊骨、胁骨、臂、肺。端给介的俎上有脊骨、胁骨、后股骨、后胫骨、肺。三俎的肺都用刀划成块,但不割断。肉都用狗牲右侧那一半的,肉皮要朝上。

　　(以上记器具牲羞等。)

　　以爵拜者不徒作①。坐卒爵者拜既爵②,立卒爵者不拜既爵。凡奠者于左;将举,于右。众宾之长一人辞洗③,如宾礼。立者东面北上④;若有北面者则东上⑤。乐正与立者,皆荐以齿⑥。凡举爵,三作而不徒爵⑦。乐作,大夫不入⑧。献工与笙,取爵于上篚;既献,奠于下篚。其笙,则献诸西阶上。磬,阶间缩霤⑨,北面鼓之。主人、介,凡升席自北方,降自南方。司正,既举觯而荐诸其位。凡旅,不洗。不洗者,不祭。既旅,士不入⑩。彻俎:宾、介、遵者之俎,受者以降,遂出授从者⑪;主人之俎,以东⑫。乐正命奏《陔》;宾出,至于阶,《陔》作。若有诸公,则大夫于主人之北,西面。主人之赞者,西面北上,不与^⑬;无算爵,然后与。

【注释】

①以爵拜:拜毕即执爵起身。不徒作:不空起,起必有事。

②坐卒爵者拜既爵:乐工不在此例。乐工的身份较低,本应立卒爵,因其是盲者,故允许其坐卒爵,但不得行拜既爵之礼。

③众宾之长一人辞洗:众宾之长有三人,主人只洗一次爵,三人中只需一人上前与主人行礼,其余二人在原地不动。

④立者:在堂下站立的众宾。东面北上:以靠堂的位置为尊。

⑤若有北面者则东上:宾的人数较多,如果面朝东并排而立仍站不完,可以折而向东延伸,这里的宾都面朝北,其位置当以西头的为尊。此句中的"东"字当是"西"字之误。

⑥荐:肴馔,有肴馔必饮酒,故借指饮酒。

⑦三作:三次执爵或觯起身。不徒爵:不空执爵,一定在爵中注酒。

⑧大夫:指前来助主人乐贤的大夫。乐曲已起而不入,是表示尊贤。

⑨缩霤(liù):靠近屋檐的滴水处。缩,当作"蹙",近。

⑩既旅,士不入:士是来观礼的,既旅表示正礼已毕,燕饮即将开始,所以不必入内。

⑪从者:宾、介、遵者的随行人员。

⑫以东:藏于东方。

⑬不与:不及,即不献酒。

【译文】

凡是饮尽献酒后拜主人,不随便起立,起必酢主人。凡是坐着喝完爵中酒的要对他行拜礼,对站着喝完爵中酒的则不必拜。凡是接受酬酒而不饮,爵觯应放在席前醢醯的左边;凡是要举起的爵觯,都应放在右侧,以就近右手。主人向众宾之长献酒时,只为其中年长的一人洗爵,他可以辞谢主人为他洗爵,其间的仪节与宾一样。站在堂下的众来宾,在西阶之西面朝东排列,以最北端紧靠堂的位置为尊,如果人数多而排不下,则可折而向东排列,但要面朝北而立,以西端的位置为尊。乐正与堂下站立的众宾一起,按年齿长幼的顺序饮酒。主人从篚中取爵之后,有三次执爵起身,每次都要往爵中注酒,而不能空爵。乐曲开始演奏后,前来助兴的大夫就不要入内了,以示对贤者的尊重。向乐工和吹笙者献酒,要从堂上的篚中取爵;献酒毕,要将空爵放入堂下的篚内。对吹笙者,是在西阶上献酒。磬陈放在两阶之间靠近堂南屋檐滴水的地方,击磬者站在磬南面朝北敲击。主人和介,凡是入席要从北方,离席则从南方。司正是主人的助手,所以不向他献酒,但在他举觯时要将肴馔送到他的席位前。凡是向众宾旅酬,礼数都要降低,不再洗爵,因为这酒不用于祭祀。旅酬完毕,燕饮开始,前来观礼的士就不再入内。撤去俎的顺序:宾、介和遵者的俎,由受俎者捧下堂,出门后再交给各自的随从;主人的俎则要在堂的东方敛藏。宾要退席时,乐正命令乐工奏《陔》的乐曲;当宾走到西阶时,《陔》的乐声正好起来。行礼时,堂上如果有诸公在,则大夫之席要在主人的北侧,席面朝西。主人的赞礼者都面朝西而立,以北首为尊,不参与主人献酒及旅酬时的饮酒;燕饮开始,不再计算喝酒的爵数时,才能饮酒。

（以上记礼乐仪节的各种规定。）

乡射礼第五

【题解】

每年春秋，乡下属的各州都要会聚民众习射，目的是教民礼让，敦化成俗。行乡射礼之前，先行乡饮酒礼，故此篇前半部分与《乡饮酒礼》基本相同。乡射礼的核心活动是所谓三番射：第一番射侧重在射的教练。司射挑选六名弟子，分为三组，称为三耦(上耦、次耦、下耦)，每耦有上射、下射各一名，第二番射侧重于比赛，参加者除三耦外，还有主人、宾和众宾，根据射的成绩，分别胜负；第三番射的内容与二番射基本相同，但射的基本动作等有音乐伴奏。

乡射之礼^①。主人戒宾^②。宾出迎，再拜。主人答再拜，乃请。宾礼辞，许。主人再拜，宾答再拜。主人退^③，宾送，再拜。无介。

【注释】

①乡射：乡射礼先要与宾饮酒，其间仪节与《乡饮酒礼》所记基本相同，为了节省篇幅，此处将"戒宾"到"立司正"之间的文字略去。

②主人：州长或乡大夫。

③退：退还射宫，检查射礼的准备工作。

【译文】

乡射之礼。主人到宾的家中告请。宾出门迎接,行再拜之礼。主人以再拜之礼相答,然后邀请宾参加射礼。宾推辞一次后,接受邀请。主人行再拜之礼致谢,宾再拜相答。主人告退回射宫,宾行再拜之礼相送。乡射礼不设辅宾的陪客。

(以上为主人邀请宾。)

乃席宾①,南面,东上。众宾之席②,继而西③。席主人于阼阶上,西面。尊于宾席之东,两壶,斯禁;左玄酒④;皆加勺。篚在其南,东肆⑤。设洗于阼阶东南,南北以堂深,东西当东荣。水在洗东,篚在洗西,南肆。县于洗东北⑥,西面。乃张侯⑦,下纲不及地武⑧,不系左下纲⑨,中掩束之⑩。乏参侯道⑪,居侯党之一⑫,西五步。

【注释】

①乃席宾:乡射礼在州学序举行,序的构造与乡学庠不同,堂上无室和户牖,但宾席的位置仍在相当于户牖之间的地方。

②众宾:指三位众宾之长。

③继而西:依次相继而西。

④左玄酒:以左为尊,所以玄酒在左。

⑤肆:陈设、陈放。

⑥县:同"悬",悬挂,此指悬挂的磬。古礼,钟磬每十六枚悬挂于一架,称之为一"堵"。钟磬各一堵,合称为"肆"。天子的卿大夫用二肆。诸侯的卿大夫用一肆,即东悬钟,西悬磬。诸侯之士则只能悬磬。

⑦侯:射箭用的靶,用布制作,故又称"射布",其侧以虎豹熊麋

之皮。

⑧下纲：系侯下端的绳索。武：足迹，引申为长度单位，长一尺二寸。地武，侯下端离地的距离相当于一足之长。

⑨左下纲：侯左下角的绳索。侯以左为尊，故射礼未开始时不系左下纲。

⑩中掩束之：将侯左下角的绳子向斜上方向掩折，将侯的中部盖住，然后将绳索系于右上角的绳子上。

⑪乏：报靶人躲箭用的器具，皮制，状似后世的盾牌。其位置远离箭靶，箭到此处已力竭，故名为"乏"；又因是报靶者容身避矢之处，故又称"容"。参：三等分。侯道：射者至箭靶的距离，一般为五十步，每步六尺，共三十丈。

⑫党：偏近。居侯党之一，乏的位置，是在侯以北，偏近换道三分之一的地方，即侯北十丈之处。

【译文】

于是为宾铺设席位，位置在堂上相当于户牖之间的地方，席面朝南，席头朝东。三位众宾之长的席位，在宾席右侧依次向西排列。主人的席位在阼阶之上，席面朝西。在宾席的东侧放置酒壶两把，以方便主宾取用，承放酒壶用的底座，是无足的"斯禁"。左方尊，所以玄酒放在左方，酒尊上都放有勺。放爵、觯的篚，在尊的南侧，器首在西，尾朝东。洗陈设在阼阶的东南方，洗到堂的南北间距，相当于堂的纵深，它的东西位置，则是正对着堂东端的飞檐。水器放在洗的东侧，篚则在洗的西侧，器首在北，尾朝南。悬挂着磬的架子设在洗的东北方向，面朝西。接着张设箭靶，它下端的绳索距离地面一尺二寸。射礼开始前，左下角的绳索先不拴上，而将它向左上方翻折，将靶的中部遮盖起来，系在右上方的绳索上。报靶者容身用的"乏"，在箭靶以北十丈远的地方，也就是从射者到箭靶距离的三分之一处，再西移五步，这个位置能清楚地看到中靶的情况，并及时报告堂上。

（以上为靶场的陈设情况。）

　　羹定。主人朝服，乃速宾。宾朝服出迎，再拜，主人答再拜，退，宾送，再拜。宾及众宾遂从之。

【译文】

　　狗肉羹煮熟了。主人身穿朝服，前往邀请宾。宾身穿朝服出门迎接，行再拜之礼，主人以再拜之礼作答，然后退归，宾相送，行再拜之礼。宾和众宾便跟随主人前往。

　　（以上为催请宾。）

　　及门①，主人一相出迎于门外，再拜，宾答再拜。揖众宾。主人以宾揖②，先入。宾厌众宾，众宾皆入门左；东面北上，宾少进③。主人以宾三揖，皆行。及阶，三让，主人升一等，宾升④，主人阼阶上当楣北面再拜，宾西阶上当楣北面答再拜。

【注释】

　　①门：学门。乡饮酒礼行于庠，乡射礼行于序，庠序只有一门，所以只称门而不称大门、内门。

　　②以：与。

　　③少进：稍稍向北。众宾入门后，在左侧面朝东并排而立，以北端的位置为尊，宾则再在其北，与众宾略有间隔，以示其尊。

　　④宾升：射礼中的宾地位较低，所以不敢与主人同时上堂，而要稍后一步。

【译文】

到达州学门前时，主人由一名小吏作为赞礼的辅相，出门迎接，向宾行再拜之礼，宾以再拜之礼作答。接着又向众宾拱手行礼。主人与宾拱手谦让后，先入门。宾向众宾长揖后入门，众宾接着入门，一律站在西边，面朝东，以北面的位置为尊。宾的位置则还要在北端。主人与宾三次拱手谦让后，一同前行。走到阶前时，双方又三次拱手谦让，于是主人先在阼阶上走上一级，宾才开始登堂。主人在阼阶之上、前梁正下方之处面朝北再拜，宾则在西阶之上、前梁正下方之处面朝北以再拜礼作答。

（以上为迎接宾。）

主人坐取爵于上篚[1]，以降。宾降。主人阼阶前西面坐奠爵，兴辞降。宾对。主人坐取爵，兴，适洗，南面坐奠爵于篚下，盥洗[2]。宾进，东北面辞洗。主人坐奠爵于篚，兴对，宾反位[3]。主人卒洗，壹揖，壹让，以宾升。宾西阶上北面拜洗，主人阼阶上北面奠爵，遂答拜，乃降。宾降，主人辞降，宾对。主人卒盥，壹揖壹让升；宾升，西阶上疑立。主人坐取爵，实之宾席之前，西北面献宾。宾西阶上北面拜，主人少退[4]。宾进受爵于席前，复位[5]。主人阼阶上拜送爵，宾少退。荐脯醢。宾升席，自西方。乃设折俎。主人阼阶东疑立。宾坐，左执爵，右祭脯醢；奠爵于荐西，兴取肺，坐绝祭[6]，尚左手，啐之[7]，兴加于俎；坐挩手[8]，执爵；遂祭酒，兴，席末坐啐酒[9]；降席，坐奠爵，拜；告旨，执爵兴。主人阼阶上答拜。宾西阶上北面坐卒爵，兴；坐奠爵，遂拜，执爵兴。主人阼阶上答拜。

【注释】

①上篚:堂上的篚,以别于堂下洗西的篚。

②盥洗:盥手洗爵,以示洁敬。

③反位:返回西序之前面朝东的位置。

④少退:稍避。

⑤位:指宾在西阶之上的位置。

⑥绝祭:左手抓住祭肺的上部,右手将肺的下部扯断,用以祭祀。

⑦哜(jì):尝。

⑧挩(shuì):擦、拭。

⑨啐(cuì):尝。

【译文】

　　主人坐下从堂上的篚中取爵,起身走下阼阶,准备洗濯。宾随之走下西阶。主人在阼阶之前面朝西坐下,放下爵,起身辞谢宾下堂。宾以辞对答。主人又坐下取爵,再起身,走到洗的北侧,面朝南坐下,将爵放在篚的前面,准备盥手洗爵。这时宾从西阶前走来,面朝东北,劝阻主人洗爵,表示不敢当。主人坐下,将爵放入篚中,起身回答宾,于是宾退回到原来的位置。主人洗完爵,与宾拱手谦让一次后,先后登堂。宾在西阶之上面朝北拜谢主人亲为洗爵,主人在阼阶之上面朝北放下爵,答拜还礼,然后又走下阼阶,准备洗手,以便为宾酌酒。宾随之走下西阶,表示不敢当。主人辞谢宾下堂,宾作答。主人洗完手,宾主拱手谦让一次后登堂。宾登堂后在西阶上正立。主人坐下取出刚才洗净的爵,到宾的席位前酌满酒,面朝西北献给宾。宾在西阶之上面朝北拜谢,主人稍稍避后。宾进至席前接过酒爵,然后回到原位。主人在阼阶之上拜送受爵者,宾持爵稍稍谦避。此时,有司将干肉和肉酱进于宾的席前。宾便从西方入席。有司摆上盛有节折的牲体的俎。主人在阼阶之东正立。宾坐在席上,左手执爵,右手取干肉和肉酱致祭;然后将酒爵放在干肉和肉酱的西侧,起身取祭肺,再坐下扯断肺的下端而祭,左手在上,将扯下的肺尝过后,起身放到俎上,坐下擦手,端起酒爵,再行祭酒,然后起身,到席的西端坐下,尝一口酒,离席,又坐下放下爵,拜谢主人,称赞酒的甘美,并执爵起身。主人在阼阶上答拜。宾到西阶之上,面朝北坐下,将爵中的酒喝完,起身,再坐下放好爵,并拜谢主人,然后执爵起身。主人在阼阶上答拜还礼。

（以上为主人向宾献酒。）

宾以虚爵降[1]。主人降。宾西阶前东面坐奠爵,兴,辞降;主人对。宾坐取爵,适洗,北面坐奠爵于篚下,兴,盥洗。主人阼阶之东,南面辞洗。宾坐奠爵于篚,兴对。主人反位。宾卒洗,揖让如初,升。主人拜洗,宾答拜,兴,降盥,如主人之礼。宾升,实爵主人之席前,东南面酢主人。主人阼阶上拜,宾少退,主人进受爵,复位。宾西阶上拜送爵。荐脯醢。主人升席自北方。乃设折俎。祭如宾礼,不告旨。自席前适阼阶上,北面坐卒爵,兴;坐奠爵,遂拜,执爵兴。宾西阶上北面答拜。主人坐奠爵于序端[2],阼阶上再拜崇酒,宾西阶上答再拜。

【注释】

①虚爵:空的酒爵。这是宾刚饮用过的,为表示洁敬,所以下堂洗濯。

②序端:东序的端头。

【译文】

宾拿着空爵走下堂,准备洗净后酌酒回敬主人。主人随之走下阼阶,表示不敢独自在堂上安坐。宾在西阶之前面朝东坐下,放下爵,起身辞谢主人下堂,主人以辞对答。宾又坐下拿起爵,走到洗的南侧,面朝北坐,将爵放入洗旁边的筐中,起身,盥手洗爵。主人站在阼阶之东,面朝南,辞谢宾亲为洗爵。宾坐下将爵放入筐中,起身作答。主人回复到原先的位置。宾洗爵完毕,如刚才献酒时那样与主人谦让,再先后登堂。主人拜谢宾亲自下堂为自己洗爵,宾答拜还礼,然后起身,下堂洗手,准备为主人酢酒,其间的仪节与刚才主人为宾做的一样。宾洗完手上堂,持爵酢酒,然后在主人席前面朝东南还敬主人。主人在阼阶上拜谢,宾持爵稍稍后退,以示谦避,于是,主人上前接过爵,回复到原位,宾在西阶上拜送受爵者。这时,有司将干肉和肉酱进于主人席前。主人从北方入席。有司又摆上盛有节折的牲体的俎。主人祭荐俎和酒的仪节与刚才宾做的一样,只是最后不必告谢酒的旨美,因为酒是主人自己的。主人从席前走到阼阶上,面朝北坐下,把爵中的酒饮毕,起身;再坐下放好酒爵,拜谢宾,然后执爵起身。宾在西阶之上面朝北答拜还礼。主人坐下将爵放在东序的端头,到阼阶之上面朝北再拜,感谢宾不嫌弃自己的薄酒,宾在西阶之上答以再拜之礼。

　　(以上为宾还敬主人。)

　　主人坐取觯于篚,以降。宾降,主人奠觯辞降;宾对,东面立。主人坐取觯,洗;宾不辞洗[①]。卒洗,揖让升。宾西阶上疑立。主人实觯,酬之;阼阶上北面坐奠觯,遂拜,执觯兴。宾西阶上北面答拜。主人坐祭,遂饮,卒觯,兴;坐奠觯,遂拜,执觯兴。宾西阶上北面答拜。主人降洗。宾降辞[②]。如献礼;升,不拜洗。宾西阶上立。主人实觯宾之席前,北面。宾西阶上拜。主人坐奠觯于荐西。宾辞[③],坐取觯以兴,反位。主人阼阶上拜送。宾北面坐奠觯于荐东,反位。

【注释】

①不辞洗：这觯是主人自己饮用的，所以宾不必辞洗。

②宾降辞：此时主人洗觯是要酬宾，所以宾要辞谢。

③辞：辞谢主人亲自为自己酌酒。

【译文】

　　主人坐下，从篚中取出觯，起身下堂。宾随之走下西阶，表示不敢独自在堂上安坐。主人放下觯辞谢宾，宾以辞对答后，在西阶前面朝东而立。主人又坐下拿起觯，亲自洗濯，此时宾不必劝阻。洗濯完毕，宾主拱手谦让后登堂。宾在西阶之上正立。主人往觯中酌酒，在阼阶之上面朝北坐下，放好觯，拜宾，然后执觯起身。宾在西阶上面朝北答拜还礼。于是主人坐下祭荐俎和酒，祭毕将觯中的酒喝完，起身；接着坐下放好觯，拜谢主人，又执觯起身。宾在西阶上面朝北答拜还礼。主人再次下堂洗觯，宾辞谢主人，其间的仪节和献酒时一样。洗濯完毕，主宾先后登堂，此时宾不必拜谢主人洗觯。宾站在西阶之上。主人往觯中酌酒，然后在宾的席前面朝北捧觯。宾在西阶拜谢。主人坐下，将觯放在干肉和肉酱之西。宾辞谢主人之后，坐下端起觯，起身，回到西阶上的原位。主人在阼阶之上拜送宾。宾回席面朝北而坐，将觯放在干肉和肉酱的东头不再饮，回到西阶上的原位。

　　（以上为主人酬宾。）

　　主人揖降。宾降，东面立于西阶西，当西序。主人西南面三拜众宾，众宾皆答壹拜。主人揖升，坐取爵于序端①，降洗；升实爵，西阶上献众宾。众宾之长升拜受者三人，主人拜送。坐祭，立饮；不拜既爵，授主人爵；降复位②。众宾皆不拜，受爵，坐祭，立饮。每一人献，则荐诸其席③。众宾辩有脯醢④。主人以虚爵降，奠于篚。

【注释】

①坐取爵于序端：此爵即刚才酢主人时放在序端的爵。

②位：堂下之位，在宾之南。

③诸："之于"的合音。

④辩有脯醢：辩，通"遍"。即众宾的席位前都进有脯醢。

【译文】

主人向宾拱手行礼后下堂。宾随之下堂，面朝东站在西阶之西，正对着堂上西序的地方。主人来到大门内侧，面朝西南，向等候在此的众宾行三拜之礼，众宾都答以一拜之礼。到庭中后，主人向众宾拱手行礼后登堂，在东序端头坐下取爵，下堂洗濯，然后上堂酌酒，在西阶之上献给众宾。三位众宾之长登堂拜而受爵，主人拜而送之。他们坐下祭祀，站着饮酒；爵中的酒喝完后不必拜谢主人，只要将爵还授主人，然后下堂回到原位。众宾接受主人的献酒，不必拜谢就可以接过爵，然后坐下祭祀，站着饮酒。三位众宾之长中的每一位接受献酒时，有司都要将食品进于他的席前。众宾的席位前都进有干肉和肉酱。主人拿着饮干的酒爵从阼阶走下堂，放入洗旁的筐中，表示不再使用。

（以上为主人向众宾献酒。）

揖让升。宾厌众宾升。众宾皆升，就席。一人洗①，举觯于宾；升实觯，西阶上坐奠觯；拜，执觯兴。宾席末答拜。举觯者坐祭，遂饮，卒觯，兴；坐奠觯，拜，执觯兴；宾答拜。降洗，升实之，西阶上北面。宾拜。举觯者进，坐奠觯于荐西②。宾辞，坐取以兴，举觯者西阶上拜送。宾反奠于其所。举觯者降。

【注释】

①一人：指主人的赞礼者。

②坐奠觯于荐西：举觯者地位低贱，不敢亲授于尊者，所以放在荐西。

【译文】

主人向宾拱手行礼后先登堂。宾向众宾长揖后也随之上堂。接着，众宾之长也依次登堂，一一即席。赞礼者在庭中洗觯，向来宾举觯致意，表示旅酬开始。然后上堂酌酒，再到西阶上坐下放好觯，拜宾，执觯起身。宾在席末答拜还礼。赞礼者坐下祭祀，祭毕将觯中的酒喝完，起身。又坐下放好觯，拜宾，再执觯起身。宾答拜还礼。赞礼者下堂洗濯自己刚用过的觯，再上堂酌酒，站立在西阶之上，面朝北。宾拜谢之。赞礼者上前，接着坐下，将觯放在干肉和肉酱之西，表示不敢亲授于尊者。宾谦辞后，坐着从上接过觯并起身，赞礼者在西阶之上拜送宾。宾又返回，将觯放在席的西端。赞礼者下堂。

（以上为赞礼者举觯。）

大夫若有遵者①，则入门左②。主人降③。宾及众宾皆降，复初位④。主人揖让，以大夫升，拜至；大夫答拜。主人以爵降，大夫降。主人辞降。大夫辞洗，如宾礼；席于尊东。升，不拜洗。主人实爵，席前献于大夫。大夫西阶上拜，进受爵，反位。主人大夫之右拜送。大夫辞加席。主人对，不去加席⑤。乃荐脯醢。大夫升席。设折俎。祭如宾礼；不哜肺，不啐酒，不告旨，西阶上卒爵，拜。主人答拜。大夫降洗⑥，主人复阼阶，降辞如初。卒洗。主人盥⑦，揖让升。大夫授主人爵于两楹间，复位。主人实爵，以酢于西阶上，坐奠爵，拜；大夫答拜。坐祭，卒爵，拜；大夫答拜。主人坐奠爵于西楹南,再拜崇酒;大夫答拜。主人复阼阶,揖降。大夫降,立于宾南。主人揖让,以宾升;大夫及众宾皆升,就席。

【注释】

①遵者:本乡中出仕为大夫的人,其仪表足以令人遵循、效法。

②入门左:遵者不在门外等候主人迎接,直接入门。

③降:下堂到门内迎接遵者。

④初位:门左面朝东之位,即刚进门时站的位置。

⑤不去加席:大夫之席再重,与此相故不必撤去。

⑥降洗:准备向主人敬酒。

⑦盥:主人盥洗后自酌自饮,按理可以不盥,这里是为了尊重遵者。

【译文】

应邀而来的客人中如果有位高德昭的遵者,可以从门左侧进入。主人闻讯要下堂,亲自到门内迎接。宾和众宾不敢在堂上安坐,都下堂来,站到自己刚入门时站的位置。主人与大夫三次拱手谦让后登堂,主人拜谢大夫的光临,大夫答拜还礼。主人持爵下堂,准备为大夫洗濯,大夫随之下堂。主人辞谢大夫下堂,大夫劝阻主人洗爵,其间的仪节和主人为宾洗爵时一样。大夫的席位设在酒尊的东侧。主人洗完爵上堂时,大夫不必拜谢。主人往爵中酌的酒后,在大夫席前献上。大夫在西阶之上拜谢主人,然后上前接过酒爵,回到原来的位置。主人站在大夫的右侧拜送大夫。主人为大夫设了两重席,大夫请求撤去上面一重。主人以辞对答,不撤去上面那重席。有司将干肉和肉酱进至大夫席前。大夫入席。此时有司摆上盛有节折的牲体的俎。大夫祭荐俎和酒的礼节和宾一样,只是不尝肺,不尝酒,也不必告谢主人的美酒,在西阶上将爵中的酒饮完后,拜谢主人。主人答拜还礼。于是,大夫下堂洗爵,准备回敬主人,主人走下阼阶,双方像刚才那样以礼相辞。大夫将爵洗濯干净,主人又洗手,彼此拱手谦让后登堂。大夫在堂上的东、西楹柱之间将爵授给主人，再回到自己原来的位置。主人喝完后又往爵中酌酒，先到西阶上坐下，放好爵，拜大夫；大夫以礼答拜。主人坐下祭祀，将爵中的酒饮完，拜大大，大夫以礼答拜。主人在堂西楹柱南面放下爵，用再拜礼感谢大夫不嫌弃自己的薄酒，大夫以礼答拜。主人下阼阶，向大夫拱手行礼。大夫随之下堂，站在宾的南侧。主人与宾揖让后，先后上堂，大夫和众宾也随后上堂，一一入席。

（以上为尊者入门及献酢之礼。）

    席工于西阶上，少东①。乐正先升，北面立于其西②。工四人，二瑟，瑟先；相者皆左何瑟，面鼓③，执越，内弦，右手相；入，升自西阶，北面东上。工坐，相者坐授瑟，乃降。笙入，立于县中④，西面。乃合乐：《周南·关雎》《葛覃》《卷耳》，《召南·鹊巢》《采蘩》《采蘋》。工不兴，告于乐正，曰："正歌备。"乐正告于宾，乃降。

【注释】

①少东：乐工的席位在西阼的东侧，由西向东排列，最西侧的席位很近，所以说在西阶东。

②北面立于其西：乐正站的位置是在最西侧的乐工席的西侧，贴近西阶处。

③面鼓：瑟的鼓部在前面。

④县：同"悬"，悬挂钟磬的木架。

【译文】

    乐工的席位设在西阶之上，稍稍往东的地方。乐正最先登堂，面朝北站在乐工席位的西侧。乐工共四人，其中二人鼓瑟，入场时鼓瑟者在前；搀扶鼓瑟者的人，都是荷瑟于左肩，瑟的鼓部朝前，左手指钩入瑟底的孔中,瑟弦朝内,右手扶着鼓瑟者;入场时,要从西阶上堂,面朝北,以东面的位置为尊。工坐下后,搀扶他们的人也坐下,将瑟交给他们,然后下堂。吹笙者入场后在堂下就位,站在悬挂钟磬的木架的中间,面朝西。于是,堂上、堂下的乐工合奏《诗经·周南》中的《关雎》、《葛覃》、《卷耳》以及《诗经·召南》中的《鹊巢》、《采蘩》、《采蘋》。奏毕,乐工不起身,只是报告乐正:"规定的乐曲演奏完毕。"乐正又向宾报告,然后下堂。

（以上为乐队合奏娱宾。）

　　主人取爵于上篚,献工。大师①,则为之洗。宾降,主人辞降。工不辞洗。卒洗,升实爵。工不兴,左瑟;一人拜受爵②。主人阼阶上拜送爵。荐脯醢。使人相祭。工饮,不拜既爵,授主人爵。众工不拜,受爵,祭饮;辩有脯醢,不祭;不洗。遂献笙于西阶上。笙一人拜于下③,尽阶④,不升堂。受爵,主人拜送爵。阶前坐祭,立饮,不拜既爵;升,授主人爵。众笙不拜⑤,受爵;坐祭,立饮;辩有脯醢,不祭。主人以爵降,奠于篚;反升,就席。

【注释】

①大师:君赐以爵位的乐工。

②一人:乐工。

③笙一人:四位吹笙者中年齿最长的人。

④尽阶:受爵后在阶上稍立,主人拜后随即降阶。

⑤众笙:其余三位吹笙者。

【译文】

主人从堂上的篚中取爵,向乐工献酒。对于大师,则要下堂为他洗爵，以示敬重。宾随主人下堂时，主人要辞谢。大师则不必下堂辞谢。酒爵洗毕，上堂酌酒。向乐工献酒，乐工不起身，将瑟移至身左边，以避让授爵者。只有乐正拜谢主人后受爵。主人则在阼阶之上拜送受爵者。由于乐工多是盲人，所以有司将干肉和肉酱进上，主人命人协助他们祭祀。乐工饮酒，饮毕不必拜谢，只要将酒爵授给主人。众工则不必拜谢主人就可以接爵，祭祀后方可饮酒；每人席前都进有干肉和肉酱，但不必祭祀。主人不下堂洗爵，在西阶上向堂下的吹笙者献酒。吹笙者中的一位年长者在堂下拜谢主人，然后走上台阶但不登堂。从主人手中接爵后即走下台阶，主人在堂上拜而送之后，在阶前坐下祭祀，站着将爵中的酒饮完，不必拜谢主人，但要登堂将酒爵奉还主人。其余的吹笙者则不拜谢主人就可以受爵，然后坐下祭祀，站起来饮酒，每人的席前都进有干肉和肉酱，但不必祭它。最后，主人执空爵下堂，将它放入篚中，回身上堂，入席。

（以上为向乐工献酒。）

主人降席自南方，侧降[①]；作相为司正[②]。司正礼辞，许诺。主人再拜，司正答拜。主人升就席。司正洗觯，升自西阶；由楹内适阼阶上，北面受命于主人；西阶上北面请安于宾[③]。宾礼辞，许。司正告于主人，遂立于楹间以相拜。主人阼阶上再拜，宾西阶上答再拜，皆揖就席。司正实觯，降自西阶，中庭北面坐奠觯，兴，退，少立[④]；进，坐取觯，兴；反坐，不祭，遂卒觯，兴；坐奠觯，拜，执觯兴；洗，北面坐奠于其所，兴；少退，北面立于觯南。未旅[⑤]。

【注释】

①侧降：主人降阶而宾不随之降阶，堂上只一侧有人降阶，所以说

是"侧降"。

②作：使。相：即此前在门口迎宾的相。司正：正宾主之礼的官，饮
　酒时临时设立。

③安：止。乐宾已毕，宾准备离去，主人挽留之，请他安坐。

④少立：司正稍稍端正自己的站姿，以提醒宾主勿生懈怠。

⑤旅：按次序酬酒。

【译文】

　　主人从南方离席，独自下堂，命令刚才在门口迎宾的相担任监礼的司正。司正推辞一次后，同意担任。主人以再拜之礼相谢，司正答拜还礼。接着，主人登堂，回到自己的席位上。司正在堂下洗觯，然后从西阶上堂，从楹柱的内侧走到阼阶之上，面朝北，听命于主人。司正按照主人的吩咐，到西阶上，面朝北请求宾继续安坐。宾推辞一次后，表示同意。司正转告主人，并在堂上东、西楹柱之间协助宾主行拜礼。主人在阼阶之上以再拜之礼感谢宾的留坐，宾在西阶之上以再拜之礼相答。双方拱手谦让后入席。司正在觯中酌酒后，从西阶下堂，在庭中面朝北坐下，放好觯，接着起身，后退，端正自己的站姿；再上前，坐下端起觯，起身；然后再坐下，不祭酒，将觯中的酒全部喝完，又起身；再坐下放好觯，拜谢主人，然后执觯起身；洗完觯后，面朝北坐下，将觯放在庭中原处，再起身，稍稍退后，面朝北立在觯的南侧。此时，主人尚未依次向众宾酬酒。

（以上为设司正的仪式。）

　　三耦俟于堂西①，南面东上。司射适堂西，袒决遂②，取弓于阶西，兼挟乘矢③，升自西阶。阶上北面告于宾，曰："弓矢既具，有司请射。"宾对曰："某不能④。为二三子许诺⑤。"司射适阼阶上，东北面告于主人，曰："请射于宾，宾许。"

【注释】

①三耦：古代射礼，以二人为一组，称为"耦"。天子用六耦，诸侯用四耦，大夫、士用三耦，称为"正耦"。乡射礼用大夫的正耦，所以是三耦。

②袒（tǎn）：露，此指脱去左袖。袒与肉袒不同，袒是退去左袖后，里面还有襦和中衣；肉袒则是退去左袖之内外衣，露出左臂。决：俗称"扳指"，又名抉，射箭时套在右手拇指上，用以钩弦，一般用象骨制作。遂：一作"拾"，即射講，射箭时套在左臂上的臂衣，用以护臂及敛衣，一般用皮革制作。

③挟：持。乘（shèng）：四。古人好以四计数。兼挟乘矢，用左手拇指钩住弓弦，右手的食指、中指同时夹持四支箭。

④不能：不善于射，谦语。

⑤二三子：指众宾以下的人。

【译文】

由司射挑选的六名德才兼备的弟子，作为"三耦"的成员已经等候在西堂之下，面朝南而立，以站在东首者为尊。司射走到西堂之下，脱去左衣袖，戴上引弓用的扳指，套上护臂，从西阶的西侧取了弓，右手持弓，左手挟持弓弦和四支箭，西阶上堂。在西阶之上，面朝北报告宾："弓箭都已经准备好，有司特来请求由您开始射箭。"宾谦词回答说："我不擅长于此道，我还是答应有司开始射箭的请求吧。"司射到阼阶之上，面朝东北禀告主人，说："我请求宾开始射箭，宾已同意。"

（以上为司射请宾射。）

　　司射降自西阶，阶前西面，命弟子纳射器①。乃纳射器，皆在堂西。宾与大夫之弓倚于西序②，矢在弓下，北括③。众弓倚于堂西，矢在其上④。主人之弓矢，在东序东。

【注释】

①射器:弓、矢、决、拾、旌、中、筹、丰等。

②"宾与"句:因下文有"东序东"之语,此处"西序"下当脱一
　"西"字。

③括:箭末端与弦接触的部位。

④上:堂西廉。廉指堂上南边屋檐之处。

【译文】

司射从西阶走下堂,在阶前面朝西,命令弟子将射礼所用的各种器
具搬进来。于是弟子们把射具全部搬到西堂之下。宾与大夫的弓倚在
堂的西序之西,箭放在弓的下面,箭的括部朝北。众宾的弓倚在西堂之
下,箭放在堂廉上。主人的弓箭,都放在堂的东序之东。

(以上为弟子陈设射具。)

司射不释弓矢①,遂以比三耦于堂西②。三耦之南,北
面,命上射曰:"某御于子③。"命下射曰:"子与某子射④。"

【注释】

①释:放下。司射从堂西取弓矢在手,一直未放下,以示正在行使
　其职。

②比:合。比三耦,从选定的六名弟子中,比较才能,将相近的两人
　合为一耦,共成三耦。

③上射:每耦两人,一人为上射,另一人为下射。武事尚右,所以上
　射立在右,下射立在左。某:指代下射的字。御:侍射。子:指
　上射。

④子:指下射。某子;某字指代上射的氏。下射称字,上射称子,是
　因为尊卑不同。

【译文】

　　司射不放下手中的弓箭，接着在堂下之西将六名选定的弟子按能力分成三耦。司射站在三隅的南面，面朝北，命令站在右侧的上射说："某人将配合你射。"又命令站在左侧的下射说："你与某人一起射。"

　　（以上为司射排定三耦。）

　　司正为司马①，司马命张侯②，弟子说束③，遂系左下纲。司马又命获者④："倚旌于侯中⑤。"获者由西方，坐取旌，倚于侯中，乃退。

【注释】

　　①司正为司马：先前立司正是为了旅酬，至此已转入射事，所以命司正改任司马。

　　②张侯：将掩折着的侯张开。

　　③说：通"脱"。束：系在右上方的绳扣。

　　④获者：报靶者。射中则挥动旌旗唱获。

　　⑤旌：报靶用的旗帜。

【译文】

　　主人命令司正兼任司马之职。司马下令将掩折着的箭靶张开，于是弟子上前解开系在右上角的左下角的绳子，将它系在左边的柱子上。司马命令报靶者："将报靶用的旌旗倚靠在箭靶的中央。"报靶者走到西方，坐下后将地上的旌旗拿起来，倚靠在箭靶的正中，然后退回西方。

　　（以上为司马令张侯。）

　　乐正适西方①，命弟子赞工，迁乐于下②。弟子相工③，如初入；降自西阶，阼阶下之东南，堂前三笴④，西面北上坐。

乐正北面立于其南。

①适西方：从西阶之东走至西阶之前。

②乐：指瑟。

③弟子：指乐工的弟子。

④笴（gǎn）：箭杆，长三尺。

【译文】

乐正从西阶之上的东侧走到西阶前，命令弟子们帮助各位乐工下堂，并将堂上的瑟全部搬到堂下，以便为即将进行的射礼腾出地方。弟子们挽扶乐工下堂的方式和程序，与上堂时一样；下堂从西阶走，然后到阼阶下的东南方向，离开东堂九尺远的地方，面朝西并排坐下，以北端的位置为尊。乐正则面朝北，站在他们的南侧。

（以上为乐工迁于堂下。）

司射犹挟乘矢，以命三耦；"各与其耦，让取弓矢①，拾②！"三耦皆袒决遂。有司左执弣③，右执弦，而授弓，遂授矢④。三耦皆执弓，搢三而挟一个⑤。司射先立于所设中之西南⑥，东面。三耦皆进，由司射之西，立于其西南，东面北上而俟。

【注释】

①让：揖让。射的顺序是上射先、下射后，此处命其互相揖让，是礼节性的，意在教其谦让。

②拾（jié）：轮流，更迭。

③有司：即弟子。弣（fǔ）：弓把的中部。

④遂授矢：弟子在西堂下陈设射具后，在原地等待，此时奉命分授
　弓矢。

⑤搢（jìn）：插。挟；夹在食指与中指之间。一个：一矢。

⑥中：盛筹的器皿。此时并未设中，只是指将要设中之处。

【译文】

　　司射依然用两指夹持着四支箭，用它命令三耦之人："各自与自己的搭档揖让，然后取箭，依次而行，不得杂越！"三耦之人都脱去左袖，戴上扳指，套好护臂。在西堂之下等候的有司，左手握住弓的中部，右手抓住弓弦，将弓授予三耦之人，接着又授以箭。三耦之人都手执弓，箭则三支插入腰带中，一支夹在右手指间。司射率先立在将要放筹壶之处的西南侧，面朝东。三耦之人都从司射的西侧经过，站在他的西南侧，面朝东等候，以站在北首的位置为尊。

　　（以上为三耦取弓箭。）

　　司射东面立于三耦之北，搢三而挟一个，搢进；当阶，北面搢；及阶，搢。升堂，搢；豫则钩楹内①，堂则由楹外②。当左物③，北面搢；及物，搢。左足履物，不方足④，还，视侯中，俯正足⑤。不去旌。诱射⑥，将乘矢⑦。执弓不挟⑧，右执弦。南面搢，搢如升射；降，出于其位南；适堂西，改取一个⑨，挟之。遂适阶西，取扑⑩，搢之，以反位。

【注释】

①豫（xiè）：意同"榭"，或作"序"，州学名。钩：绕。

②堂则由楹外：乡射礼的地点或在序，或在庠，视行礼者所居处的近便而定。序与庠的结构不同，前者有室，后者无室，因此"物"（见下注）的位置也不同。序的"物"在大梁正下方，深入堂内；庠

的"物"则在前梁的正下方、两楹柱之间的地方,位置靠外,所以
射者上堂去踩"物"的路线就有"钩楹内"和"由楹外"的不同。

③物:用红色或黑色在地上画的"十"字,以便让射者站立时能取正
其位。物的纵长三尺,横长一尺二寸。

④不方足:不并足。

⑤俯正足:俯身察看双足是否合于要求,一足踩在物的横画上,另
一足踩在竖画上。

⑥诱:教、引导。

⑦将:行。

⑧挟:用拇指钩弦。

⑨改:更。改取一个,司射的四支箭都已射完,所以到此另取一箭
挟之。

⑩扑:刑杖,用以挞伐违教者。

【译文】

三耦之人站定后,司射从筹壶的西南方回到三耦的北方,面朝东而
立,先将手中四支箭中的三支插入腰带,另一支夹在指间,然后开始为
三耦之人作射仪的示范。先在所立之处朝东拱手行礼,走到正对着西
阶的路上时,又朝北拱手行礼;走到西阶下,再次面朝北拱手行礼;这是
在堂下的三次拱手礼。上堂后,朝北拱手行礼;如果是在序行礼,就绕
到西楹柱的内侧向东走;在庠行射礼,则从西楹柱的外侧向东走。走到
画在地上的射位符号右侧时,要面朝北行拱手礼。左足踩到射位符号
时,不要马上并足,而要旋转右足,先回头观察靶的中部,表示自己一心
想着射箭的事,然后再俯身察看双足是否已按规定踩在射位符号上。
此时,报靶者不必把倚靠在靶正中的旌旗司射开始做射箭的示范动作,
将四支箭全部射完。这时,只是拿着弓,不再用拇指拉弦,因为箭已射
完,右手搭在弦上。然后,朝南方行拱手礼。行拱手礼的仪节如同当初
升堂之时样,礼毕下堂,从他自己的位置的南侧走过,来到西堂之下,另

外取一支箭，夹在指间。随即走到西阶之西，取出刑杖，插在腰带上，再返回原先站的位置。

（以上为司射教射。）

司马命获者执旌以负侯。获者适侯，执旌负侯而俟。司射还①，当上耦，西面作上耦射②。司射反位。上耦揖进，上射在左，并行；当阶，北面揖③；及阶，揖。上射先升三等，下射从之，中等④。上射升堂，少左⑤；下射升，上射揖，并行。皆当其物⑥，北面揖；及物，揖。皆左足履物，还，视侯中，合足而俟。司马适堂西，不决遂，袒执弓，出于司射之南，升自西阶；钩楅，由上射之后，西南面立于物间；右执箫⑦，南扬弓，命去侯。获者执旌许诺，声不绝，以至于乏；坐，东面偃旌，兴而俟。司马出于下射之南，还其后，降自西阶；反由司射之南，适堂西，释弓，袭⑧，反位，立于司射之南。司射进，与司马交于阶前，相左⑨；由堂下西阶之东，北面视上射，命曰："无射获⑩，无猎获⑪！"上射揖。司射退，反位。乃射，上射既发，挟弓矢；而后下射射，拾发⑫，以将乘矢。获者坐而获⑬，举旌以宫，偃旌以商⑭；获而未释获⑮。卒射，皆执弓不挟⑯，南面揖，揖如升射。上射降三等，下射少右，从之；中等，并行，上射于左。与升射者相左，交于阶前，相揖。由司马之南，适堂西，释弓，说决拾⑰，袭而俟于堂西，南面，东上。三耦卒射，亦如之。司射去扑，倚于西阶之西，升堂，北面告于宾，曰："三耦卒射。"宾揖。

【注释】

①还:转身。此时三耦在西阶下的西南方,面朝东;司射在其左前方,也是面朝东,所以必须左转而向西,方能发命。

②作:使,命令。命上耦登堂而射。

③北面揖:上耦揖进是面朝东向前,走至当阶处,则转身朝北,所以又变成面朝北。

④中等:中间空一级台阶。上射走上第三级台阶,下射才走上第一级台阶,中空一等,以示尊敬。

⑤少左:稍稍向左站立。上射先升阶,下射随其后。上射登堂后,为了给下射让出上阶后站立的位置,所以稍向左避。两人并立后,再转身向东行。

⑥皆当其物:上射对着右边的射位符号,下着对着左边的射位符号。

⑦箫:或作"肖",弓的末端,因形状如箫的头部,故名。

⑧袭:穿衣,加衣。此指将脱下的左袖重新穿上。

⑨相左:司马南行,司射北行,在阶前相交。司马在西侧,司射在东侧,南行者以东为左,北行者以西为左,所以说是相左。

⑩无射获:不得射伤人。获,指报靶人,易被射者误伤。

⑪无猎获:不得惊吓人。猎,指箭从人身旁穿过。

⑫拾(jiè)发:轮流交替地射箭。拾:更递、轮流。

⑬坐而获:报靶者在别人射箭时是坐着的,旌旗在身旁地上,一旦有人射中,就举起旌旗,大声喊"获"。获有获得、射中之意。

⑭"举旌"二句:宫、商指声调的高低,宫声高于商举旌唱获时,声调为宫,放下旌旗时,仍在唱获,但调已降低为商。

⑮获而未释获:虽有射中者,但不计算各人射中的次数。三耦之射是习射,所以不计胜负。

⑯不挟:不再加箭于弦上,只是用右手执弦,表示已射完。

⑰说:通"脱"。

【译文】

　　司马命令报靶者拿着旌旗背朝箭而立,为射者指示靶的位置。报靶者奉命走到靶前,手执旌旗,背朝箭靶,继续等待司马的命令。司射转身向西,走到对着上耦站立的位置,面朝西,命令上耦到指定的位置去射击。命毕,司射返回原位。上耦的两位射手拱手谦让后一起往东前进,上射走在左侧,下射走在右侧,并排而行;走到正对着西阶的地方,两人面朝北拱手谦让,然后北行;到西阶下,再次拱手谦让。于是,上射先登阶,走到第三级台阶上时,下射才走上第一级台阶,两人之间要空一级台阶。上射走到堂上后,要略向左侧站立,以便为下射让出登堂的地方,并在此等待他;下射登堂后,上射面朝东向他拱首行礼,然后并排向东走去。当两人都走到正对着射位符号的地方时,面朝北行拱手礼,然后北行;走到射位符号前时,再次面朝北行拱手礼。两人都用左足踩住射位符号,然后转身向西,扭头察看南方的箭靶的中部,再调整步式,等待司马和司射的命令。司马走到西堂之下,不戴扳指,也不套护臂,只是袒去左袖,手执着弓,从司射的南侧走过,然后从西阶登堂;上堂后,绕到西楹柱之北再向东,走到上射的后面,再面朝西南站在上下射的射位符号之间,用右手执住弓的末端,向南方扬起,命令在箭靶中央站立的报靶者迅速离开。报靶者拿起旌旗,一边应诺、一边离开,应诺的声音一直到他走到靶侧后方的挡箭牌处才停止;接着坐下,面朝东将旌旗放下,再起立等待命令。司马从下射的南侧走过,绕到他的身后,从西阶下堂;再从司射位置的南侧走过,一直到西堂之下,放下手中的弓,穿上左衣袖,回到自己的位置,在司射位置的南面站定。与此同时,司射从西堂之下北行,与司马在西阶前交错时,对方都在各自的左方。司射站在堂下西阶的东侧,面朝北注视着上射,命令道:"不得射伤报靶者! 不得惊吓报靶者!"上射听后向司射行拱手礼。司射便退下,回到自己的位置。于是,开始射击,上射射完一箭后,从腰间抽出一支箭搭在弦上,然后由下射射,如此轮流更替,直至将各自的四支箭射完。报靶者坐着向堂上报告射中的结果,报靶的声调要有变化,举起旌旗喊时,声调用"宫",放下旌旗时,则声调下降为"商";由于这时是习射,所以即使射中,也不统计各人射中的次数。射毕,上射和下射都不再将箭搭在弦上,而只是用右手执弓弦,表示已射完,接着面朝南行拱手礼,下堂。拱手下堂的仪节与登堂射箭时一样。上射走下第三级台阶时,下射要稍稍右侧跟随,两人之间仍要隔开一级台阶。下堂后并排而行,上射在左侧。此时,中耦已开始离位上堂,在西阶前与上耦交错,对方都在各自的左侧,双方相揖致意。上耦从司马的南侧走过,直到西堂之下,再放下弓,脱下扳指和护臂,穿上衣袖,在原地待命,站立时面朝南,以东首的位置为尊。三耦射完,其仪节也都是如此。于是,司射将刑杖从腰间抽出,倚靠在西阶之西,然后上堂,面朝北向宾禀告说:"三耦都已射毕。"宾向司射行拱手礼。

(以上为三耦射的第一番射。)

　　司射降,搢扑,反位。司马适堂西,袒执弓,由其位南,进;与司射交于阶前,相左。升自西阶;钩楹,自右物之后,立于物间;西南面,揖弓,命取矢。获者执旌许诺,声不绝,以旌负侯而俟。司马出于左物之南,还其后,降自西阶;遂适堂前,北面立于所设楅之南①,命弟子设楅。乃设楅于中庭,南当洗,东肆②。司马由司射之南,退,释弓于堂西,袭,反位。弟子取矢,北面坐委于楅③,北括,乃退。司马袭进,当楅南,北面坐,左右抚矢而乘之。若矢不备,则司马又袒执弓如初,升命曰:"取矢不索④!"弟子自西方应曰:"诺!"乃复求矢⑤,加于楅。

【注释】

①楅（fú）：或作"箙"，一种放置箭矢的器具，两端作龙首形，器身饰有兽皮。

②东肆：呈东西向陈放，以西为上。

③委：加，放。

④不索：不尽，不够。

⑤求：取。

【译文】

司射下堂，将刑杖插在腰带内，返回原位。与此同时，司马走到堂下之西，脱去左袖，拿着弓，经由他的原位之南，向前走去；在西阶之前与司射交错而过，对方都在各自的左侧。接着司马从西阶上堂，绕至楅柱的后面往东，走到右侧的射位符号之后停下，再到左、右射位符号之间立定，面朝西南，双手持弓而向外推之，命令弟子取箭。报靶者手执旌旗，连声应诺，声音连绵不绝，随即执旌旗站到箭靶之前，等待司马的命令。司马从左侧的射位符号之南经过，转身走到它的后面，再走下西阶；接着走到堂前，面朝北立在将要陈放箭架处的南面，命令弟子陈放箭架。于是将箭架设在庭中，其南正对着洗，按首西尾东的方向放置。接着，司马从司射的南侧走过，退下，到西堂之下放下弓，穿上左衣袖，回到原位。弟子奉命取来箭，面朝北坐下，将箭摆在箭架上；箭尾朝北，退下。司马穿上左衣袖后，前行到正对着箭架的南面，朝北坐下，左右手将箭按四支一份分好。如果箭数不够，司马要脱去左袖，拿起弓，就像当初那样，上堂命令说："箭的数量没有取足！"弟子在他西方回答说："是。"再去取来箭，并将它摆在箭架上。

（以上为陈放箭矢。）

司射倚扑于阶西，升，请射于宾①，如初②。宾许诺。宾、主人、大夫若皆与射，则遂告于宾，适阼阶上告于主人，主人与宾为耦;遂告于大夫,大夫虽众,皆与士为耦。以耦告于大夫,曰:"某御于子。"西阶上,北面作众宾射。司射降,搢扑,由司马之南适堂西,立,比众耦③。众宾将与射者皆降,由司马之南适堂西,继三耦而立④,东上。大夫之耦为上,若有东面者,则北上。宾、主人与大夫皆未降,司射乃比众耦辩⑤。

【注释】

①请射:请三耦以外的宾客都射。"请射于宾",有听命于宾的意思。

②如初:如前登堂后在西阶上北面而告之仪。

③比众耦:按照众宾的情况,一一配合为耦。

④继三耦而立:立在三耦之西。

⑤比众耦辩:将众耦全部搭配完毕。

【译文】

司射将刑杖斜倚在西阶的西侧,接着上堂,请问宾是否让三耦以外的宾客都来射箭。其间仪节与先前告宾时一样。宾表示同意。如果宾、主人、大夫都要参与射箭,则要把宾的射耦告诉宾。再到阼阶上禀告主人,主人与宾配合为一耦。又要把射耦告知所有与会的大夫,大夫人数虽多,但都必须与士配合为耦,以示自谦。将合耦者的姓名告诉大夫时,说:"某人将御射于您。"然后,司射在西阶之上,面朝北请开始射箭。接着,司马下堂,刑杖插在腰带中,经由司马的南侧,走到西堂之西立定,准备将众宾一一配合为耦。众宾中将要参与射事的都走下西阶,经由司马的南面走到西堂之西,接在三耦的西侧向西排列,而以站在东首者为尊。众宾的排列,以年齿为序,所以,有大夫的耦必定排在尊上的位置,如果众宾的人数太多,堂西之位站不下,则可让他折而向南排列,面朝东,以北端的位置为尊。宾、主人和大夫都在堂上,不下阶,准备射箭。此时,司射将堂下的众宾全部配合成耦。

(以上为司射请射,比耦。)

遂命三耦拾取矢①,司射反位。三耦拾取矢,皆袒决遂,执弓,进立于司马之西南。司射作上耦取矢②,司射反位。上耦揖进;当楅北面揖,及楅揖。上射东面,下射西面。上射揖进,坐,横弓③;却手自弓下取一个④,兼诸弣⑤,顺羽,且兴⑥;执弦而左还,退反位,东面揖。下射进,坐,横弓;覆手自弓上取一个⑦,兴;其他如上射。既拾取乘矢,揖,皆左还;南面揖,皆少进;当楅南,皆左还,北面,搢三挟一个;揖,皆左还,上射于右;与进者相左,相揖;退反位。三耦拾取矢,亦如之。后者遂取诱射之矢⑧,兼乘矢而取之,以授有司于西方,而后反位。

【注释】

①拾取:上射取一箭,下射取一箭,如此轮流,直至每人都取满四支箭。

②作上耦取矢:向左转身至正对着上耦的地方,面朝西命上耦取箭。

③横弓:弓南北向横放。因射者是东西向而坐,故以南北为横。

④却手:仰手,手心向上。

⑤兼诸弣(fǔ):并;弣,弓把的中部;将矢并在左手弓把间。

⑥且兴:一边理顺箭上的羽毛,一边起身。

⑦覆手:手心向下。

⑧诱射之矢:司射教三耦射时所用的四支箭。

【译文】

于是命令三耦轮流取箭，司射返回原位。三耦轮流更迭地取满四支箭，然后都脱去左袖，戴上扳指，套上护臂，拿着弓，前行至司马西南方立定。司射转身走到正对着上耦的地方，命令他们取箭，自己则返回原位。上耦的两位射手拱手行后往东前进，走到正对着箭架的地方，面朝北行拱手礼，然后向北行进。走到箭架前再次行拱手礼。接着两人转身而立，上射面朝东，下射面朝西。上射向下射行拱手礼，走到箭架的西侧，坐下，弓横放在身前，弓背朝上，弓弦向下；右手掌心向上从弓弦下边伸出，从箭架上取一支箭，将箭的前部并在右手与弓把之间，右手理顺箭后部的羽毛，一边起身；接着，执弓弦而向左转身，退回原位，面朝东行拱手礼。然后，下射走到箭架的东端，坐下，将弓南北向放在身前；右手掌心向下从弓的上方伸向箭架的左侧取一支箭，起身；其余的仪节与上射一样。如此轮流更迭，各取四箭之后，彼此相向揖让，然后都向左转身，面朝南拱手行礼，并略向箭架靠近；走到正对着箭架的南方，又都向左转身，面朝北，将手中的四支箭，三支插入腰带中，另一支挟在指间；再相向行拱手礼，然后向左转身走回原位，行进时上射在右侧；途中，与正往箭架走的中耦相遇错过，对方都在各自的左侧，此时双方拱手致意，然后上耦回到原位。三耦轮流更迭取箭的仪节，也都是如此。最后取箭者，要将司射诱射的四支箭和自己的四支箭一起取来，在堂的西方授给有司，然后返回原位。

（以上为三耦取箭。）

众宾未拾取矢[①]，皆袒决遂，执弓，搢三挟一个；由堂西进，继三耦之南而立，东面，北上。大夫之耦为上。

【注释】

①众宾未拾取矢：众宾在堂下各自取四支箭，但不轮流拿取。

【译文】

堂下的众宾各自取四支箭,而不必轮番拿取,接着都脱去左袖,戴上扳指,套上护臂,再拿着弓,在腰间插二支箭,指间挟一支箭;从西堂之西往南,走到三耦的南面顺序而立,面朝东,以北面的位置为尊。有大夫的耦为尊。

(以上为众宾取弓箭。)

司射作射如初。一耦揖升如初。司马命去侯,获者许诺。司马降,释弓反位。司射犹挟一个,去扑,与司马交于阶前,升,请释获于宾①;宾许。降,搢扑,西面立于所设中之东;北面命释获者设中,遂视之。释获者执鹿中②,一人执算以从之③。释获者坐设中,南当楅,西当西序,东面;兴受算,坐实八算于中④,横委其余于中西,南末⑤;兴,共而俟。司射遂进,由堂下,北面命曰:"不贯不释⑥!""上射揖。司射退反位。释获者坐取中之八算,改实八算于中,兴,执而俟。

【注释】

①释获:释筹于地。射时用筹计算各人射中的次数。

②鹿中:盛筹的器具,外表为鹿形,背上有凿孔,可以放八根筹。

③算:代表射中的筹。

④八算:一耦两人,每人四矢,共八矢,所以用八算对应记之。

⑤南末:算的末端朝南。

⑥不贯不释:贯,箭射穿靶而不落下;箭不贯穿靶则不得释筹。

【译文】

司射命令一耦开始射击,其仪节与诱射时相同。一耦的双方相互拱手行礼后登堂,其仪节也和诱射时相同。司马命令报靶者离开靶位,报靶者应诺。接着，司马下堂，放下弓回到原位。司射则指间还挟着一支箭，表示尚有职责在身，只是将插在腰中的刑杖去掉了，走到西阶前时，与司马交错而过。接着升堂，请问宾是否可以释筹于地，以计算胜负，宾表示同意。于是，司射下堂，将刑杖插入腰间，面朝西站在将要设置盛筹器之地的东侧，再面朝北命令释筹者设置盛筹器，并在一旁指示设置的方法以及如何算数、报知胜负结果。释筹者抬来鹿形的盛筹器。另一人捧着算筹跟随其后。释筹者坐下后放置好盛筹器，使它南面正对着箭架，西面正对着堂上的西夹室之墙，面向东方；然后起身接过算筹，再坐下，将八支算筹放入鹿形盛筹器的孔中。剩余的算筹则横放在盛筹器的西侧，将筹的末端全部朝南，再起身，恭恭敬敬地等待射事开始。此时司射进来，经由堂的下面，面朝北命令说："不射穿箭靶的不许释筹！"上射拱手向司射行礼。司射退而回到原位。释筹者坐下，取出盛筹器中的八支算筹，准备计数，又往盛筹器中放入另外八支算筹，准备为下一耦射时使用，接着起身，拿着算筹，等待射事开始。

（以上为司射命射以及作释筹的准备。）

　　乃射[1]，若中，则释获者坐而释获，每一个释一算。上射于右，下射于左[2]，若有余算，则反委之[3]。又取中之八算，改实八算于中，兴，执而俟。三耦卒射。

【注释】

①射：指上、下射在堂下交替射箭。

②"上射"二句：射箭时上射在右，下射在左，所以释筹时也如此。

③则反委之：八支箭不一定全部射中，因此手中可能会有剩余的算筹，则可将它放到盛筹器西侧。

【译文】

于是开始射击。如果射中箭靶，释算筹者就坐着将算筹丢在地上，每中一箭，丢一支算筹。上射的算筹丢在右边，下射的算筹丢在左边。如果箭已射完，手中还有剩余的算筹，就将它送回到盛筹器的西侧放好。又将盛筹器中的八支算筹拿出来，再重新放入八支算筹，接着起身，拿着算筹等待再射。如此，三耦全部射毕。

（以上为三耦释算筹而射。）

宾、主人、大夫揖，皆由其阶降揖。主人堂东袒决遂^①，执弓，搢三挟一个。宾于堂西亦如之。皆由其阶^②，阶下揖，升堂揖。主人为下射，皆当其物，北面揖，及物揖，乃射；卒，南面揖，皆由其阶，阶上揖，降阶揖。宾序西，主人序东，皆释弓，说决拾，袭，反位；升，及阶揖，升堂揖，皆就席。

【注释】

①堂东：东堂之下。

②皆由其阶：各从其阶。宾从西阶上下，主人从阼阶上下，与三耦由同一阶先后上下不同。

【译文】

宾、主人、大夫相互拱手谦让后，各自从西阶或阼阶下堂，并再次拱手行礼。主人到东堂之下脱去左袖，戴上扳指，套上护臂，拿起弓，将三支箭插入腰间，另一支箭挟在指间。宾在西堂之下也是如此行事。上堂时也都各自从原阶经过，先在阶下面朝北相揖让，到堂上后面朝北再次拱手行礼。主人担任下射，以示谦敬；与宾一起走到正对着射位符号的地方，面朝北行拱手礼；踩到射位符号时面朝北再次行拱手礼，然后射箭。射毕，双方面朝南行拱手礼，都站在各自的阶上，在阶上行拱手礼，下阶后再次行拱手礼。接着，宾在堂的西夹室墙前，主人在堂的东夹室墙前，各自放下弓，脱下扳指与护臂，穿上左衣袖，返回原位，接着升堂,走到阶上面朝北相互拱手行礼,升堂后面朝北再次拱手相让,分别入席。

（以上为宾与主人射。）

大夫袒决遂,执弓,搢三挟一个,由堂西出于司射之西,就其耦①。大夫为下射,揖进;耦少退。揖如三耦②。及阶,耦先升。卒射,揖如升射,耦先降。降阶,耦少退。皆释弓于堂西,袭。耦遂止于堂西,大夫升就席。

【注释】

①耦:指与大夫相配为耦的士。就其耦,就位于耦之南。

②揖如三耦:揖让之礼与三耦相同。其实"耦少退"的仪节三耦没有,其余相同。

【译文】

大夫脱去左袖,戴上扳指,套上护臂,拿着弓,腰间插着三支箭,指间挟着另一支箭,从西堂之下走出来,经由司射的西侧,站到其配耦者的南面。大夫担任下射,以示谦恭,向上射行拱手礼后前行;其配耦者稍稍后退,以示谦避。彼此拱手谦让的礼节与三耦一样。走到西阶前,配耦者先上堂。射完后,拱手谦让的礼节与升堂射箭时的一样。配耦者先下堂。大夫下堂时,配耦者稍稍后退,以示谦避。大夫和士都在西堂之下放下弓,接着穿上左衣袖。配耦者就此在西堂之下止步,大夫则登堂入席。

（以上为大夫与耦射。）

众宾继射①,释获皆如初。司射所作,唯上耦②。卒射,释获者遂以所执余获,升自西阶,尽阶,不升堂。告于宾曰:

"左右卒射。"降,反位,坐委余获于中西;兴,共而俟。

①众宾:指不与大夫配合为耦的众宾。

②唯上耦:众宾也两两相配成耦,因耦数多,所以司射所作(命)只有上耦,其余之耦则顺序而射。

【译文】

于是由众宾接着射,释筹者计中靶次数的方法与刚才一样。司射下令射箭,只对众耦中的耦。射毕,释筹者拿着剩余的算筹,从西阶上堂,但走到最后一级便停止,不登堂。然后向宾禀告说:"左右射都已射毕。"接着下堂,返回原位,坐下,将剩余的算筹放在盛筹器的西侧,再起身,恭恭敬敬地等待数算筹。

(以上为众宾射。)

司马袒决执弓①,升命取矢,如初。获者许诺,以旌负侯,如初。司马降,释弓,反位。弟子委矢,如初。大夫之矢,则兼束之以茅②,上握焉③。司马乘矢如初。

【注释】

①决:衍文,应删去。

②兼束之以茅:大夫之箭不必如其他人那样一一数取,有司已四支一束用茅草扎好。

③上握:束茅之处在箭中部手握处的下面,所以说是"上握"。手握在束箭处之上,则离箭镞近而离箭羽远,不易损坏羽毛。

【译文】

司马脱去左袖,拿起弓,上堂命令取回射出的箭,其间仪节与先前一样。报靶者闻声应诺,拿着旌旗背朝箭靶站好,如同先前所做的一样。司马下堂,放下弓,返回原位。弟子们往箭架上放置箭,方式与先前一样。大夫用的箭,则每四支用茅草裹束在一起,裹束的位置在箭中部握手处的下面。司马如前那样,将箭架上的箭四支四支地数取。

（以上为司马命取箭。）

　　司射遂适西阶西,释弓,去扑,袭;进由中东,立于中南,北面视算。释获者东面于中西坐,先数右获。二算为纯,一纯以取,实于左手①;十纯则缩而委之②,每委异之③;有余纯,则横于下④。一算为奇⑤,奇则又缩诸纯下。兴,自前适左,东面;坐,兼敛算⑥,实于左手;一纯以委,十则异之,其余如右获。司射复位。释获者遂进取贤获⑦,执以升,自西阶,尽阶,不升堂。告于宾。若右胜,则曰:"右贤于左。"若左胜,则曰:"左贤于右。"以纯数告⑧;若有奇者,亦曰奇。若左右钧⑨,则左右皆执一算以告,曰:"左右钧。"降复位,坐,兼敛算,实八算于中,委其余于中西;兴,共而俟。

【注释】

①实于左手:右手按两筹为纯数而取之,再放到左手上。

②缩:纵。释获者面朝东而坐,所以以东西方向为纵,南北方向为横。宿指算筹是纵向放置的。

③每委异之:每十纯则另放一堆,以便于计数。

④横于下:横向放在每十纯一堆的西侧。释获者面朝东,故以西为下。

⑤奇:单数,意为不足。

⑥兼敛算:计算左获的算筹时,先将所有的算筹抓在左手上,此即

"兼敛",再用右手计算数量。

⑦贤：胜方，胜者为贤。贤获，胜方的算筹。

⑧以纯数告：向宾报告胜负情况，只要告知胜方净胜数。若净胜数
为双数，就以"纯数"报告；若是单数，则要将单数也报出。例如
胜方净胜十筹，则报以"五纯"；净胜九筹，则报以"四—奇"。

⑨左右钧：左获与右获的筹数相等。

【译文】

于是司射走到西阶之西，放下弓和朼杖，穿上左衣袖；向北走到盛
筹器的东侧，再转而走到它的南侧，面朝北指导并监督释筹者统计算筹
的数量。释筹者在盛筹器的西侧面朝东坐下，先数右面那一堆算筹。
计数时，以两根算筹为一"纯"，右手一纯一纯地取起放在左手上；取满
十纯则作一堆，纵向放在盛筹器的西侧；再取满十纯时，应另作一堆分
开放；剩下的筹，如果是双数，就按"纯"为单位，横向放在十纯一堆的西
侧，如果是单数，则要把零单的筹竖向放在"纯"的西侧，使总数一目了
然。然后起身，从右获的算筹前走到左获的算筹前，面朝东坐下，先将
地上所有的左获的筹拿起来放在左手上，再用右手两根两根地数着往
地上放，放满十纯就另起一堆再放，剩余的算筹按上述计算右获时的办
法放置。计毕，司射回复到原位。释筹者将胜方净胜的算筹拿在手上，
从西阶上堂，到最后一级台阶停住，不再往堂走。在这里向宾报告比赛
结果。如果是右获一方胜，就说："右方胜了左方。"如果是左获方胜，就
说："左方胜了右方。"净胜数如果是双数，要以"纯"为单位报告；如果有
单数，则在纯数之后再报单数。如果左、右获算筹的数量相等，就从双
方的算筹中各取出一支报告宾，说："左、右方算筹的数量相等。"接着，
下堂回到原位，面朝东坐下，再将地上的算筹放在左手中，数出八根，放
入盛筹器的孔中，剩下的全部放在盛筹器的西侧；然后起身，恭恭敬敬
地等待下一个命令。

（以上为统计算筹。）

司射适堂西，命弟子设丰①，弟子奉丰升，设于西楹之西，乃降。胜者之弟子洗觯，升酌，南面坐奠于丰上；降，袒执弓，反位。司射遂袒执弓，挟一个，揖扑，北面于三耦之南，命三耦及众宾："胜者皆袒决遂，执张弓②。不胜者皆袭，说决拾，却左手，右加弛弓于其上③，遂以执弣。"司射先反位。三耦及众射者皆与其耦进立于射位④，北上。司射作升饮者，如作射。一耦进，揖如升射，及阶，胜者先升，升堂，少右。不胜者进，北面坐取丰上之觯；兴，少退，立卒觯；进，坐奠于丰下；兴，揖。不胜者先降，与升饮者相左，交于阶前，相揖；出于司马之南，遂适堂西；释弓，袭而俟。有执爵者⑤。执爵者坐取觯，实之，反奠于丰上。升饮者如初。三耦卒饮。宾、主人、大夫不胜，则不执弓，执爵者取觯，降洗，升实之，以授于席前，受觯，以适西阶上，北面立饮；卒觯，授执爵者，反就席。大夫饮，则耦不升。若大夫之耦不胜，则亦执弛弓，特升饮⑥。众宾继饮，射爵者辩，乃彻丰与觯。

【注释】

①丰：放爵、觯等饮酒器的器具，形似豆而低。

②张弓：弦拉紧的弓。

③弛弓：弦放松的弓。

④射位：最初射箭的位置，在司射和司马的西南方。

⑤执爵者：指赞者。执爵酌酒本由弟子担任其事，因弟子都参与射事，此时要洗觯及饮酒，而赞者未射，所以代弟子行事。

⑥特升饮：单独上堂饮酒。上射与下射一般应同时上、下堂，但大夫位尊，其耦为士，位卑，所以不必同时上堂饮酒。相反，如果士

上堂饮酒，大夫也不上堂。

【译文】

司射走到西堂之下，命令弟子摆设放置饮酒器的器具"丰"。弟子捧着丰走上堂，放置在西楹柱的西侧，然后下堂。胜方的弟子在堂下洗觯，接着上堂酌酒，面朝南坐下，将觯放在丰的上面；再下堂，脱去左袖，拿着弓，返回原位。于是，司射脱去左袖，拿着弓，右手指间挟一支箭，将刑杖插在腰间，面朝北站在三耦之南，命令三耦和众宾："胜方射手一律脱去左袖，戴上扳指，套上护臂，拿起拉紧弦的弓。负方射手一律穿上左衣袖，脱下扳指和护臂，右手将弦松开的弓放在左手上，左手握住弓把的中部。"命毕，司射先返回原位。三耦以及其余的射手都和各自的合耦者一起走到射礼开始时所立的位置，以北首的位置为尊。司射命令他们升堂饮酒的仪节，与先前命令他们射箭一样。每一耦的射手上前时，都要象先前升堂射箭时那样拱手相让，走到西阶前，胜方射手先登阶，走到堂上后，要稍稍向右站立，以避让上堂的负方射手。负方射手上堂后，面朝北坐下，从丰上取觯；起身，稍稍后退，站着将觯中的酒喝完；再上前，坐下将觯放在丰的下面；起身，向胜的射手行拱手礼。下堂时，由负方射手先走，在西阶之前与接着上堂饮酒的下一耦射手交错而过，对方都在各自的左侧，互相拱手行礼；接着，上耦从司马的南侧走过，直到西堂之下；再放下弓，穿上左衣袖待命。堂上的执爵者由赞者代理。执爵者坐着取过觯，酌上酒，将觯放在丰的上面。其后诸耦，上堂饮酒的仪节与此相同。于是，三耦都已上堂饮酒完毕。宾、主人和大夫如果是负方，那么不必拿弓，以示尊优，由执爵者拿了觯，下堂洗濯，再上堂酌酒，并在他们的席前敬授。他们接过觯后，走到西阶之上，面朝北站着饮酒；将酒饮毕，将觯交给执爵者，然后返回就席。大夫是尊者，上堂饮酒时，作为其合耦者的士不能随之而上。如果大夫的合耦者是负方，那么也应拿着弦松弛的弓单独上堂饮酒。于是，众宾像三耦那样继续上堂饮酒，等负方的射手全部上堂饮过罚酒后，再撤去堂上的丰和觯。

（以上是罚负方的射手。）

司马洗爵，升实之以降，献获者于侯。荐脯醢，设折俎，俎与荐皆三祭①。获者负侯，北面拜受爵，司马西面拜送爵。获者执爵，使人执其荐与俎从之②；适右个③，设荐俎。获者南面坐，左执爵，祭脯醢，执爵兴；取肺，坐祭，遂祭酒；兴，适左个，中皆如之。左个之西北三步④，东面设荐、俎。获者荐右东面立饮，不拜既爵。司马受爵，奠于篚，复位。获者执其荐，使人执俎从之，辟设于乏南⑤。获者负侯而俟。

【注释】

①"司马"六句：这一节记祭侯。在侯的中部及左、右等三处设荐与俎，并以酒祭之，故称"三祭"。

②人：主人的赞者，即前面设荐俎的人。

③个：偏，侧。侯朝北，以东为右，所以称"右个"。

④左个之西北三步：侯左侧西北方向三步。这是报靶者受献的正位，所以执爵立于此。

⑤辟设于乏南：将荐、俎迁设于乏的南面，以避开侯中间的举、放旌旗处。

【译文】

司马在堂下洗濯酒爵，接着上堂酌酒，再下堂，到箭靶之前向报靶者献酒。赞礼者准备干肉、肉酱和盛有节解的牲体的小案，到靶前的左、中、右三处致祭。报靶者背朝箭靶而立，面朝北拜谢司马，并接过酒爵，司马则面朝西拜送受爵者。报靶者捧着酒爵，让赞礼者捧着干肉、肉酱和肉俎跟随其后；先到靶的右侧，将干肉、肉酱和肉俎放好。报靶者面朝南坐下，左手执持酒爵，祭干肉和肉酱，接着执爵起身；从俎上取过祭肺，坐下祭祀，又祭酒；祭毕，起身到靶的左侧祭祀，最后到靶的中部祭祀，仪节都是如此。然后，在靶左侧祭祀之处的西北三步的地方，面朝东摆放好干肉、肉酱和肉俎。报靶者站在干肉和肉酱的右侧，面朝东饮酒，饮毕不需拜谢司马。司马接过空爵，放入篚中，再回到原位。报靶者又捧着干肉和肉酱，让赞礼者捧着折俎跟随其后，将祭食全部迁设于挡箭牌的南面。报靶者又走到靶的前面，站着等候命令。

（以上为司马向报靶者献酒。）

　　司射适阶西，释弓矢，去扑，说决拾，袭①；适洗，洗爵；升实之，以降，献释获者于其位，少南②。荐脯醢，折俎③，有祭。释获者荐右东面拜受爵，司射北面拜送爵。释获者就其荐坐，左执爵，祭脯醢；兴，取肺，坐祭，遂祭酒；兴，司射之西，北面立饮，不拜既爵。司射受爵，奠于篚。释获者少西辟荐④，反位。

【注释】

①说决拾，袭：地点在西堂之下，此处有省略。

②少南：稍向南站，以靠近荐。

③折俎：此前原脱一"设"字。

④少西：稍向西站，以免再射时妨碍司射督察统计算筹的视线，同时也是为避开放荐、俎的地方。

【译文】

　　司射走到西阶之西，放下手中的弓箭，除去腰间的刑杖，脱下扳指和护臂，穿好左衣袖；走到庭中之洗的前面洗爵；接着上堂酌酒，然后捧爵下堂，到释筹者的席位前向他献酒，释筹者站时略向南偏，以便靠近祭食。有司们摆上干肉、肉酱和折俎,并进行祭祀。释筹者在祭食的右侧,面朝东拜司射并接爵,司射则面朝北拜送受爵者。释筹者就近靠着祭食坐下,左手执爵,右手祭干肉和肉酱;接着起身,从折俎上取了祭肺,坐下祭祀,又祭酒;然后起身,走到司射的西面,面朝北站着饮酒,喝完后不必拜谢。司射接过空爵,放入篚中。释筹者稍向西站,以避开放荐、俎的地方,然后返回原位。

（以上为司射向释筹者献酒。第二番射至此完毕。）

司射适堂西,袒决遂,取弓于阶西,挟一个,搢扑,以反位①。司射去扑,倚于阶西,升请射于宾,如初。宾许。司射降,搢扑,由司马之南适堂西,命三耦及众宾:"皆袒决遂,执弓就位②!"司射先反位。三耦及众宾皆袒决遂,执弓,各以其耦进,反于射位。

【注释】

①"司射"六句:司射返位后,接着开始第三番射,本节及以后的八节均记此间仪节。第三番射的重点是以乐节射。

②位:射位,在司马的西南方,面朝东。

【译文】

司射走到西堂之下,脱去左袖,戴上扳指,套上护臂,从西阶之西拿起倚靠着的弓,手持一箭,将刑杖插在腰间,然后返回原位。第三番射开始,司射将腰间的刑杖取下,倚靠在西阶之西,再登堂请示宾:下一轮射仪是否可以开始?其间的仪节与前二番射时一样,宾表示同意。司射便走下堂,将刑杖插入腰间,从司马的南面走过,走到西堂之下,命令三耦和众宾:"脱去左袖,戴上扳指,套上护臂,执着弓各就各的射位!"命毕,司射先返回原位。三耦和众宾都遵命行事,脱去左袖,戴上扳指,套上护臂，拿着弓，与各自的合耦者一起前行，返回到射位。

（以上为司射命令三耦等进入射位。）

司射作拾取矢①。三耦拾取矢如初，反位。宾、主人、大夫降揖如初。主人堂东，宾堂西，皆袒决遂，执弓；皆进，阶前揖②，及福揖③，拾取矢如三耦。卒，北面搢三挟一个，揖退。宾堂西，主人堂东，皆释弓矢，袭；及阶揖，升堂揖，就席。大夫袒决遂，执弓，就其耦；揖皆进，如三耦。耦东面，大夫西面。大夫进坐，说矢束④，兴反位。而后耦揖进坐，兼取乘矢⑤，顺羽而兴，反位，揖。大夫进坐，亦兼取乘矢，如其耦，北面，搢三挟一个，揖退。耦反位。大夫遂适序西，释弓矢，袭；升即席。众宾继拾取矢，皆如三耦，以反位。

【注释】

①司射作拾取矢：拾取矢的命令，司射只对上耦宣布，其余人则依次进行，不再一一命之。

②阶前揖：宾和主人分别在堂下的东、西袒决拾等，然后再向各自的阶前走去，到阶前面朝南作揖。

③及福揖：宾和主人自阶前向南走，走到福的东西两侧站住，宾面朝东，主人面朝西，彼此行揖。

④说矢束：将四支一束的箭解开。四支箭束在一起，是尊敬大夫的礼节，意思是不敢劳他一支一支地取箭。大夫将它拆开则是表示不敢当，愿意与合耦者一样，逐一取箭。

⑤兼取乘矢：一次取四支箭。大夫将束矢拆开，表示要与合耦者轮流取箭，合耦者位卑，不敢与大夫尊者行此礼，所以一次将箭取完，然后大夫也一次将箭取完。

【译文】

司射向上耦宣布：开始轮流取箭。三耦像前二番射已做过的那样，顺序轮流取箭，取毕回到原位。接着，宾、主人和大夫像此前所作的那样，相互拱手谦让，然后下堂。主人在东堂之下，宾在西堂之下，都脱去左袖，戴上扳指，套上护臂，拿着弓，分别向庭中走去，当主人走到东阶之前，宾走到西阶之前时，双方转而面向南拱手行礼。接着一起向南走，走到箭架两侧时，两人转身，面对面行拱手礼，然后像三耦那样轮流取箭。取毕，转身面朝北，将三支箭插在腰间，另一支挟在手指间，相互拱手行礼后退下。宾回到西堂之下，主人回到东堂之下，将手中的弓箭都放下，再穿上左衣袖；双方走到各自的阶前，面朝北，相互拱手行礼；接着上堂，面朝北，再次拱手谦让，然后入席。大夫在西堂之下脱去左袖，戴上扳指，套上护臂，拿起弓，走到其合耦者的旁边，双方面朝东拱手行礼后一起去取箭，就像方才三耦所做的那样。走到箭架旁，合耦者站在左侧，面朝东而立；大夫站在右侧，面朝西而立。大夫先到箭架前坐下，将箭架上为自己束好的箭解开，然后起身退回原位。接着，合耦者面朝东向大夫拱手行礼后到箭架前坐下，将自己的四支箭一次取出，将箭羽理顺后起身，退回原位，面朝东再次向大夫行拱手礼。大夫到箭架前坐下，也将四支箭一次取完，就像其合耦者刚才所做的那样，然后面朝北，将三支箭插入腰间，另一支挟在指间，拱手行礼后退回原位。接着，合耦者先返回射位。大夫则走到西序之下，放下弓箭，穿上左衣袖；再上堂入席。众宾以耦为单位，轮流上前取矢，就像三耦已经做过的那样，然后拿着箭返回射位。

（以上为三耦、宾、主人、大夫等取箭。）

司射犹挟一个以进，作上射如初[①]。一耦揖升如初。司马升，命去侯。获者许诺。司马降，释弓反位。司射与司马交于阶前，去扑，袭；升，请以乐乐于宾。宾许诺。司射降，搢扑，东面命乐正，曰："请以乐乐于宾，宾许。"司射遂适阶间，堂下北面命曰："不鼓不释②！"上射揖。司射退反位。乐正东面命大师，曰："奏《驺虞》③，间若一④。"大师不兴，许诺。乐正退反位。

【注释】

①作上射如初：当作"作射如初"，"上"字为衍文。

②不鼓不释：不按照鼓的节奏发射者，不得释筹计数。乡射礼的鼓敲五次，第一次敲鼓，射者听而不发。从第二次敲鼓起，上、下两次敲鼓之间的时间内轮流射箭。犯规者，即使射中也不计数。

③《驺虞》：《诗经·召南》中的诗篇名。

④间若一：乐节的间隔始终如一。

【译文】

司射手中依然挟着一支箭，像第二番射时那样，命令上射开始射箭。每一耦都要像第二番射时那样，互相拱手谦让后上堂。接着，司马上堂，命令报靶者从靶中央离开，报靶者闻声应诺离去。司马下堂，放下弓，回到原位。司射上堂时，在西阶之前与下堂的司马交错而过。司射取下腰间的刑杖，穿好左衣袖，走到堂上请示宾：能否用乐曲来使您欢娱？宾表示同意。司射走下堂，将刑杖插在腰间，面朝东命令乐正，说："请用乐曲娱宾，宾已答应这样做。"接着，司射走到东阶与西阶之间，在堂下面朝北命令说："不按鼓的节奏射箭的，不得计数！"上射向司射拱手行礼。司射退回原位。乐正面朝东命令大师，说："奏《驺虞》，乐节的间隔要前后一致。"大师不必起身，只在自己的位置上应诺。乐正退回原位。

（以上为司射请求以乐节射。）

　　乃奏《驺虞》以射。三耦卒射,宾、主人、大夫、众宾继射,释获如初。卒射,降①。释获者执余获,升告左右卒射,如初。

【注释】

　　①降:下堂脱去扳指、护臂等。降者包括宾、主人、大夫和众宾。

【译文】

　　在乐工演奏《驺虞》乐章的过程中又开始射箭。三耦射完后,宾、主人、大夫和众宾相继而射,凡是应着鼓和歌的节拍射中者,就抽出算筹扔到地上,如同最初所做的那样。射毕,都下堂脱去扳指、护臂。释筹者拿着剩下的算筹,升阶禀告宾:所有的人都已射完。其间的仪节与第二番射时一样。

　　(以上为三耦、宾、主人等射箭。)

　　司马升,命取矢,获者许诺。司马降,释弓反位。弟子委矢,司马乘之,皆如初。

【译文】

　　司马上堂,下令取靶位的箭,报靶者闻声应诺。命毕,司马下堂,放下手中的弓,回到原位。弟子们往箭架上摆放箭,司马将大夫用箭四支:一束扎好,其间仪节与第二番射时一样。

　　(以上为司射命取矢。)

　　司射释弓视算,如初①,释获者以贤获与钧告,如初。降复位。

【注释】

①如初：指其间司射命设丰等仪节与第二番射时一样。

【译文】

司射放下手中的弓，指导和监督统计算筹的事，其间的仪节和第二番射时一样；释筹者根据统计的结果禀告宾，胜方赢若干筹，或者是双方射平，其间的仪节也与第二番射时一样。然后，下堂回到原位。

（以上为统计算筹。）

司射命设丰，设丰、实觯如初；遂命胜者执张弓，不胜者执弛弓，升饮如初。

【译文】

司射命令弟子陈设饮酒器的座具“丰”，陈设丰以及往觯中酌酒的仪节都和第二番射时一样；于是，命令胜方的射手执弦拉紧的弓，负方的射手执弦放松的弓，然后上堂让负方射手喝罚酒，其间的仪节与第二番射时一样。

（以上为罚负方射手。）

司射犹袒决遂，左执弓，右执一个，兼诸弦①，面镞②；适堂西，以命拾取矢，如初。司射反位。三耦及宾、主人、大夫、众宾皆袒决遂，拾取矢，如初；矢不挟，兼诸弦弣以退③，不反位，遂授有司于堂西。辩拾取矢，搢，皆升就席。

【注释】

①兼诸弦：将箭与弓弦同一方向并排着拿在手中。

②面镞：箭镞向上。

③兼诸弦弣：三耦及宾、主人、大夫和众宾拿箭的方式与司射不尽
　相同，司射只取一箭，与弦并执于手；三耦等则还需将另外三支
　箭与弓把相并列执于手。

【译文】

　　司射此时还是袒着左臂，戴着扳指，套着护臂，左手拿着弓，右手拿
着一支箭，然后将箭与弓弦并列拿着，箭头朝上；又走到西堂之下，命令
轮流取箭，其间的仪节和第二番射时一样。命毕，司射返回原位。三耦
和宾、主人、大夫、众宾都脱去左袖，戴着扳指，套着护臂，轮流交替地从
箭架上取箭，其间的仪节也和第二番射时一样；只是箭不横搭在弓弦
上，而是分别与弓弦和弓把并列在一起拿着，然后退下，但不返回射位，
接着在西堂之下将弓箭交给有司，表示射事已毕。在所有的射手都轮
流交替地取完箭并交给有司后，堂上有席位者彼此拱手行礼，相继上堂
入席。

　　（以上为三耦及宾主等取箭交有司。）

　　司射乃适堂西，释弓，去扑，说决拾，袭，反位。司马命
弟子说侯之左下纲而释之①，命获者以旌退，命弟子退楅。
司射命释获者退中与算，而俟。

【注释】

①释之：松开。箭靶左下方的绳索在射仪开始前是翻至右上方系
　着的，此时射事已毕，所以将左下方的绳索解开，但不再系于右
　上方，以示区别。

【译文】

　　于是司射走到西堂之下，放下手中的弓，去掉腰间的刑杖，脱下扳
指和护臂，穿上左衣袖，返回原位。司马命令弟子将箭靶左下方的绳索
松开，又命令报靶者拿着旌旗退下，再命令弟子将箭架撤去。司射则命

令释筹者将盛筹器和算筹全部撤走,在堂西待命。

　　（以上为撤除射器。）

　　司马反为司正^①,退复觯南而立。乐正命弟子赞工即位。弟子相工,如其降也,升自西阶,反坐^②。宾北面坐,取俎西之觯^③,兴,阼阶上北面酬主人。主人降席,立于宾东。宾坐奠觯,拜;执觯兴;主人答拜。宾不祭,卒觯,不拜,不洗;实之,进东南面。主人阼阶上北面拜,宾少退。主人进受觯,宾主人之西北面拜送。宾揖,就席。主人以觯适西阶上酬大夫;大夫降席,立于主人之西,如宾酬主人之礼。主人揖,就席。若无大夫,则长受酬^④,亦如之。司正升自西阶,相旅,作受酬者曰:"某酬某子^⑤。"受酬者降席。司正退立于西序端,东面。众受酬者拜、兴、饮,皆如宾酬主人之礼。辩,遂酬在下者^⑥;皆升,受酬于西阶上。卒受者以觯降,奠于篚。

【注释】

①司马反为司正:射事开始前,司正立于中庭觯南,射事开始后改任司马,此时射事毕,所以又重任司正。反,通"返"。这一节及以下四节记射事结束后的饮酒仪节,与乡饮酒之礼大体相同。

②反坐:回到原先奏乐时坐的位置。

③俎西之觯:即射事开始前,宾从一人手中接过后放在荐西的觯。

④长受酬:三位众宾之长以长幼之序受主人酬。

⑤某子:指代受酬者之氏。称氏为尊,酬者为表示对受酬者的尊敬,所以称其氏。某,指代酬者之字。

⑥在下者:指主人一方的有司、执事、赞礼者等人。

【译文】

司马重新担任司正之职，并退回到庭中觯南之处站立。乐正命令弟子们帮助乐工即位。弟子扶助乐工时，要像先前降到东阶前避射时那样，左手扶持乐器，右手搀扶其人。乐工从西阶上堂后，回到先前各自的座位。宾面朝北坐下，取过放在折俎之西的觯，起身，到阼阶之上，面朝北酬主人。主人离席，站到宾的东侧。宾坐下放好觯，拜主人；接着执觯起身；主人答拜还礼。宾不祭荐俎和酒，直接将觯中的酒喝完，之后不必拜谢主人，也不必洗觯，而是在觯中酌酒，然后上前，面朝东南捧觯而立。主人在阼阶之上，面朝北拜谢宾，宾稍稍后退，以示谦避，主人上前从宾手中接过觯，宾在主人的西侧，面朝北拜送。宾拱手行礼，然后入席。接着主人又捧着觯到西阶上向与会的大夫进酬酒；于是大夫离席，站到主人的西侧，其间的仪节，和刚才宾酬主人一样。酬毕，主人拱手行礼，入席。如果没有大夫与会，那么主人就向三位众宾之长依次进酬酒，其间的仪节与向大夫进酬酒一样。于是，司正从西阶上堂，协助宾和主人等进酬酒，说某向某子酬酒。"接受酬酒的一方要离席接酒。司正退至堂西夹室墙的端头，面朝东而立。各位接受酬酒者拜谢、起身、饮酒的仪节，都和宾向主人进酬酒的仪节一样。向宾、主人、大夫、众宾进酬酒后，再向各位有司等进酬酒；有司等都走上堂，在西阶之上接受酬酒。最后一位接受酬酒的人，要将喝空的觯带下堂，放入庭中的筐内。

（以上是旅酬。）

司正降复位，使二人举觯于宾与大夫[①]。举觯者皆洗觯，升实之；西阶上北面，皆坐奠觯，拜，执觯兴。宾与大夫皆席末答拜。举觯者皆坐祭，遂饮，卒觯，兴；坐奠觯，拜，执觯兴。宾与大夫皆答拜。举觯者逆降，洗，升实觯，皆立于西阶上,北面,东上。宾与大夫拜。举觯者皆进,坐奠于荐右。宾与大夫辞^②,坐受觯以兴。举觯者退反位,皆拜送,乃降。宾与大夫坐,反奠于其所,兴。若无大夫,则唯宾。

【注释】

①二人:主人的赞礼者。射事开始前,这二人曾举觯献给宾和大夫,因射事即将开始,宾与大夫将觯置于荐右未饮,所以二人再次献觯于此,请宾与大夫饮毕。

②宾与大夫辞:举觯者坐奠于荐右,是表示宾与大夫位尊,不敢亲授以觯;宾与大夫则表示不敢以尊自居,所以要“辞”。

【译文】

司正下堂回到原位,命二位赞礼者上堂,向宾和大夫进酬酒。接着二位赞礼者下堂洗手、洗觯,再上堂酌酒;又到西阶之上面朝北坐下,放好觯,礼拜主人,然后执觯起身。宾和大夫都在席的末端答拜还礼。于是,二位赞礼者又都坐下祭酒,接着将觯中的酒饮完,起身;又坐下放好觯,礼拜主人,再执觯起身。宾和大夫在席的末端再次答拜还礼。二位赞礼者下堂洗觯,下去的顺序与上堂时相反,上堂后往觯中酌酒,都是面朝北立在西阶上进行的。两人面朝北而立,以东面的一位为尊。宾和大夫拜而谢之。两位赞礼者一起到宾和大夫的席前坐下,将觯放在干肉和肉酱的西侧,宾和大夫辞而谢之,然后坐下取过觯,再起身。二位赞礼者退回到西阶之上,拜送宾和大夫,然后下堂。于是宾和大夫坐下,将觯放回到干肉和肉酱的西侧,再起身。如果与会的贵宾中没有大夫,那么就仅仅向宾一人举觯即可。

(以上为二位小吏向宾、大夫举觯之意。)

司正升自西阶,阼阶上受命于主人,适西阶上,北面请坐于宾，宾辞以俎。反命于主人，主人曰：“请彻俎。”宾许。司正降自西阶，阶前命弟子俟彻俎。司正升立于序端。宾降席，北面。主人降席自南方，阼阶上北面。大夫降席，席东南面。宾取俎，还授司正。司正以降自西阶，宾从之降，遂立于阶西，东面。司正以俎出，授从者①。主人取俎，还授弟子。弟子受俎，降自西阶，以东。主人降自阼阶，西面立。大夫取俎②，还授弟子；弟子以降自西阶，遂出授从者；大夫从之降，立于宾南。众宾皆降，立于大夫之南，少退，北上。

【注释】

①授从者：授给宾的随从人员。古人请贵客饮酒，饮毕都要将席上最尊贵的物品送给客人，以示敬重。俎是菜肴中最贵重的物品，故以送人。

②大夫取俎：这一节宾取俎还授司正、主人取俎还授弟子、大夫取俎还授弟子是同时进行的，没有先后之分。

【译文】

司正从西阶上堂，走到阼阶之上请主人发命，接着奉命走到西阶之上，面朝北转达主人请宾安坐之意，宾推辞说，堂上有俎，不敢安坐。司正又请示主人，主人说：“去请问宾，是否将俎撤走。”司正转告宾，宾表示同意。接着司正从西阶下堂，在阶前命令弟子准备撤俎。然后司正上堂，站在西序的南端。宾离席，在席南边面朝北而立。主人从南方离席，在阼阶上面朝北而立。大夫离席后，在席旁面朝东南而立。宾拿起俎，授还司正。司正拿着俎走下西阶，宾跟着下堂，并站立在西阶的西侧，面朝东。司正拿着俎出门，交给宾的随从。与此同时，主人拿了俎，授给弟子。弟子接过俎，从西阶下堂，再往东走。主人随即从阼阶下堂，面朝西而立。大夫取过俎，授给弟子，弟子拿着俎从西阶下堂，出门交给宾的随从。这时大夫也已跟着下堂,站在宾的南侧。堂上的三位众宾之长也都下堂,站在大夫的南侧,但要略向后退,表示不敢与宾、大夫并列,三人的位置以北面的为尊。

（以上为请宾安坐并撤俎。）

主人以宾揖让,说屦①,乃升。大夫及众宾皆说屦,升,坐。乃羞。无算爵。使二人举觯②。宾与大夫不兴,取奠觯饮,卒觯,不拜。执觯者受觯,遂实之。宾觯以之主人,大夫之觯长受③,而错④,皆不拜。辩,卒受者兴,以旅在下者于西阶上。长受酬,酬者不拜,乃饮,卒觯,以实之。受酬者不拜受。辩旅,皆不拜。执觯者皆与旅。卒受者以虚觯降奠于篚;执觯者洗,升实觯,反奠于宾与大夫。无算乐。

【注释】

①说屦:脱鞋。将要坐下饮酒。所以先脱鞋,鞋脏且贱,不宜在堂上,所以都脱在阶前。

②二人:即上一节中的二位赞礼者,负责在堂上举觯、执觯等。

③长:众宾之长。

④错:二觯交错相酬。堂上的旅酬由二位执觯者分别酌酒相劝。受觯者则坐在各自的席位上饮,所以二觯同时并行。

【译文】

主人与宾相互拱手谦让后,在阶前脱鞋,然后上堂。与此同时,大夫和众宾也都脱鞋,并在主人与宾之后上堂,入席坐下。于是有司进上佐酒的食品。此时饮酒,不限爵数,醉而后止。二位赞礼者取觯酌酒,先敬宾和大夫。宾和大夫不必起身,直接将放在席上的觯端起来饮,饮毕,不必拜谢赞礼者。赞礼者接过空觯,再酌上酒放在席上。宾端起觯敬主人,大夫也端起觯敬众宾之长,按照尊卑之序,两只觯分别交错向下酬酒,所有受酬者都不必拜谢。如此,将堂上所有的宾客都一一酬酒,最后二位受酬者起身,到西阶之上向堂下的各位众宾酬酒。先由众宾中的一位长者接酒,此时授酬者可以不拜就饮,并将觯中的酒饮完,接着在觯中酌酒。受酬者不必拜谢,就可以接觯而饮。然后,依尊卑之序一一酬酒,直至全部轮遍,所有受酬者都不必拜谢。赞礼者也受酬。最后二位受酬酒者要将喝干的觯拿到堂下,放进庭中的篚内;赞礼者又取出觯洗濯,再上堂酌酒,然后放在宾和大夫的席前,准备下一轮酬酒。整个酬酒的过程中,堂上堂下的音乐或间或合,歌奏不已,尽欢而止。

(以上为饮酒礼。)

宾兴,乐正命奏《陔》。宾降及阶①,《陔》作。宾出,众宾皆出,主人送于门外②,再拜。

【注释】

①降:离席。

②主人送于门外:主人拜送宾于门外东侧,面朝西。

【译文】

宾起身告辞,此时乐正命乐工奏《陔》的乐曲。宾走到西阶时,《陔》的乐声开始响起。宾走出大门,众宾也都随之出门,主人到门外相送,行再拜之礼。

(以上为主人送宾。)

明日,宾朝服以拜赐于门外,主人不见①。如宾服,遂从之,拜辱于门外。乃退。

【注释】

①主人不见：古礼的原则之一，是礼不能过于频繁，以免渎乱，主人与宾昨天已见过，今天已无辞可致，所以不再请宾入门相见。

【译文】

次日，宾穿着朝服到主人门外拜谢昨日的恩赐，主人不再请宾入门相见。随后，主人穿着与宾相同的衣服，随即到宾家门外拜谢宾屈尊光临，然后退回。

（以上为宾拜谢主人。）

主人释服，乃息司正。无介①。不杀。使人速②。迎于门外，不拜；入，升。不拜至，不拜洗。荐脯醢，无俎。宾酢主人，主人不崇酒，不拜众宾；既献众宾，一人举觯，遂无算爵。无司正③。宾不与。征唯所欲，以告于乡先生、君子可也。羞唯所有。乡乐唯欲④。

【注释】

①无介：劳礼的礼数低于乡饮酒之礼，所以不设副介。

②速：招请。

③无司正：行礼当有司正赞礼，但此时是酬劳司正，所以不宜另设司正。

④乡乐：指乡饮酒礼中演奏的《周南》、《召南》中的六首乐曲。

【译文】

主人脱去朝服，换上便服，开始慰劳司正。慰劳的仪节比较简约，以司正为宾，不设陪客，也不杀牲。但是要派人去邀请。司正到来时，主人要到门外迎接，而不必行拜礼。接着入门、上堂。宾不必拜谢主人的迎接，也不必拜谢他为自己洗爵。进上的食品有干肉和肉酱，但没有俎。宾用酒酢主人时，主人不必感谢宾饮了自己的薄酒，也不必拜众宾；向众宾献完酒后，由一名赞礼者举觯，向宾进酬酒，于是开始随意饮酒，不限爵数，至醉方休。不设司正，昨日射礼的宾可不必再参加。昨日无法邀请的亲友，今天已随意邀请，对于乡中已经退休或还在职的卿大夫，只需向他们通报一下，来不来都行。佐酒的菜肴，除干肉和肉酱外，用家中现有的就行。宴饮时，六首乡乐可以随意点奏。

（以上为主人慰劳司正。）

记

大夫与，则公士为宾①。使能②，不宿戒。

其牲，狗也。亨于堂东北。

尊，绤幂。宾至，彻之。

蒲筵，缁布纯。西序之席③，北上。

献用爵，其他用觯。以爵拜者，不徒作。

荐：脯用笾④，五脡⑤，祭半脡⑥，横于上。醢以豆，出自东房。脡长尺二寸。

【注释】

①公士：在官的士。乡射礼的宾一般由处士担任，但如果有大夫前来参加，则宾由公士担任，因处士与大夫的地位过于悬殊。

②能：有德行道艺而且能射箭者。

③西序之席：众宾之长的席位在宾之西，排至西序处。

④笾（biān）：竹编的盛食器，形如豆。一般用以盛水果或肉干一类的食物。

⑤脡（zhī）：或作"胝"，一端弯曲，另一端挺直的干肉条。

⑥半脡：胝的挺直的部分。

【译文】

记

如果有大夫参加乡射之礼，则必须由在官的上担任宾。要选择有德行道艺而又能射的人为宾，行礼前一天不必再往邀请。

乡射之礼的牲，用狗，烹煮的地点在堂下东壁之北。

酒尊，要用粗葛布覆盖。宾到来时，再将它撤去。

蒲席，用黑布缀边。西序前的席位，以北端为尊。

献酒时用爵，其他情况用觯。拿着爵拜主人者，起身后必须酢主人，不能不酢而起。

进荐食品：干肉要用竹编的器皿盛放，干肉条用五根，另有祭祀用的干肉条，只截取其挺直的那一段，横放在五条干肉之上。肉酱则要用瓦制的豆盛放，并且从东房拿出来。干肉条每根长一尺二寸。

（以上记宾的选择，以及用牲、尊、蒲席、爵和荐食的注意事项。）

俎由东壁，自西阶升。宾俎：脊、胁、肩、肺。主人俎：脊、胁、臂、肺。肺皆离。皆右体也。进腠。

凡举爵，三作而不徒爵。

凡奠者于左，将举者于右。

众宾之长，一人辞洗，如宾礼。若有诸公，则如宾礼，大夫如介礼。无诸公，则大夫如宾礼。乐作，大夫不入。

【译文】

狗肉煮熟后放在俎上，从东壁端进来，再从西阶端上堂。端给宾的俎上有：脊骨、胁骨、肩、肺。端给主人的俎上有：脊骨、胁骨、臂、肺。肺要用刀划成块，但不切断。狗肉一律用它右侧的那一半。摆放时骨端朝前。

　　主人取爵之后,总共有三次执爵起身,每次都要往爵中酌酒,不能空爵。

　　凡是安放爵觯,一律放在干肉、肉酱的左边,凡是将要举起的爵觯,则应放在宾和大夫席前、干肉和肉酱的右边,以便于使用者。

　　主人向三位众宾之长献酒时,只为其中一人洗爵,所以只有他一人可以辞谢主人,其间的仪节与宾辞谢主人洗爵一样。

　　行礼时,堂上如果有诸公在,则主人的礼节和对待宾一样;如果有大夫在,则礼节和介一样。如果没有诸公而只有大夫,则对待大夫的礼节与宾一样。乐声响起后,大夫不能再入内。

　　(以上记俎、举爵、奠爵、辞洗以及诸公、大夫在时的礼节。)

　　乐正,与立者齿。

　　三笙一和而成声①。

　　献工与笙,取爵于上篚。既献,奠于下篚。其笙,则献诸西阶上。

　　立者,东面北上。

　　司正既举觯,而荐诸其位。

　　三耦者,使弟子②。司射前戒之。

　　司射之弓矢与扑,倚于西阶之西。

【注释】

①和:一种只有十三片簧片的小笙。普通的笙有十九片簧片。

②弟子:众宾中的年轻人。三耦是司射教射的对象,所以选年轻人担任。

【译文】

乐正接受酬酒,要与在堂下站着的众宾一起按年齿排序。

三人吹笙，一人吹和，然后才能成声。

向乐工及吹笙者献酒，要从堂上的篚中取爵。献酒毕，要将空爵放入堂下的篚中。对吹笙者，则要在西阶上献酒。

在堂下站立的众宾，面朝东由北向南排列，以北首的位置为尊。

司正是主人的助手，所以不向他献酒，但在他举觯时，要将干肉和肉酱送到他的席位前。

三耦之人，要选择众宾中的年轻人。司射在教射之前要告诫注意事项。

司射的弓箭和刑杖，倚靠在西阶的西侧。

（以上记与乐正、众宾、司正、三耦之人等相关的仪节。）

司射既袒决遂而升，司马阶前命张侯，遂命倚旌①。

凡侯：天子熊侯②，白质③；诸侯麋侯，赤质；大夫布侯，画以虎豹；士布侯，画以鹿豕。凡画者④，丹质。

射自楹间，物长如笴⑤。其间容弓，距随长武⑥。序则物当栋，堂则物当楣。

命负侯者，由其位⑦。

凡适堂西，皆出入于司马之南。唯宾与大夫降阶，遂西取弓矢。

【注释】

①"司射"三句：这一句是要说明，司射与司马所做的事是同时进行的，而不是先后进行的。因为经文记司马命张侯、倚旌，是在司射比三耦之后，容易被误解成先后关系。

②熊侯：侧面用熊皮装饰的箭靶。箭靶用布制作，称为"布侯"，凡以兽皮为饰者，则以兽名名之，如"熊侯"、"麋侯"等。

③质：箭靶的中心部位，是射击的百标。

④凡画者：指大夫和士的箭靶。

⑤笥(gǎn)：箭杆，长三尺。

⑥距随：射位符号的横画。武：足迹，长一尺二寸。

⑦位：在司射之南。

【译文】

在司射脱去左袖、戴上扳指、套上护臂、上堂请射于宾的同时，司马在西阶前命令打开掩折着的箭靶，接着命令报靶者将旌旗倚靠在箭靶的中央。

所有箭靶的样式是：天子的箭靶，侧面饰有熊皮，靶心涂成白色；诸侯的箭靶，侧面饰有麋皮，靶心涂成赤色；大夫的箭靶，用布制作，侧面无饰物，但在布面上画有虎或豹；士的箭靶也用布制作，侧面无饰物，但布面上画有鹿或猪。凡是画有野兽的箭靶，靶心都涂成浅红色。

如果是在庠举行射礼，射手站在东、西楹柱之间，射位符号纵画的长度与箭杆相等。两位射手的射位符号之间的距离，等于一把弓的长度，射位符号横画的长度与人的足迹相等。射位符号的南北位置是：如果在序，则正对着屋的大梁；如果在庠，则正对着前梁。

司马命令报靶者到靶前就位，是在他的礼仪之位上宣布的，即司射之南的地方。

凡是到西堂之下去，都要从司马之南经过。唯一的例外是，宾和大夫下堂后，到西堂之下取弓箭，可以直接前往，不必绕至司马之南。

（以上记侯、射位等的细节。）

旌，各以其物①。无物②，则以白羽与朱羽糅，杠长三仞③，以鸿脰韬上，二寻④。

凡挟矢，于二指之间横之⑤。

司射在司马之北。司马无事不执弓。

始射⑥,获而未释获,复⑦,释获;复,用乐行之。

上射于右。

楅,长如笴,博二寸,厚寸有半,龙首,其中蛇交,韦当⑧。

楅,髤⑨,横而拳之,南面坐而奠之,南北当洗。

【注释】

①旌,各以其物:旌是旗的总称,据《周礼》记载,天子、诸侯、大夫、士等所用的旗各不相同,共有九种,称为"九物",行射礼时应根据射手的身份使用相应的"物"。

②无物:没有相应旗物的人,指无命之士。

③杠:旗杆。仞:长度单位,七尺。

④脰(dòu):颈脖。韬(tāo):纳杠端于鸿脰,套住。寻:长度单位,八尺。

⑤二指:食指和中指。

⑥始射:第一番射中的三耦射。

⑦复:再次,此指第二番射,下面的"复"字指第三番射。

⑧韦当:箭架上承箭用的革衣,形似后世的背心。

⑨髤(xiū):赤黑色的漆。

【译文】

报靶用的旌旗,应该用与射者身份相称的旗种。没有资格使用任何一种旌旗的士,则可以用白色的羽毛和红色的羽毛相杂缀于旗杆的顶部,旗杆长二丈一尺,在一丈六尺以上的部位,用帛缝制成状如鸿雁颈脖的长条套上。

凡是用手指挟箭,应用中指与食指横挟。

司射的礼仪之位在司马的北面。司马不管射事,所以一般情况下不拿弓。

在第一番射时,三耦的射击具有练习的意思,所以即使射中,也不必抽算筹于地；第二番射时，可以抽算筹；第三番射，要根据音乐的节奏来进行。上射站在右方的射位。箭架的形制是，长度与箭杆相当，宽三寸，厚一寸半，两端雕成龙首形。中部为两蛇之身相交，上面覆以漆成红黑色的革衣。

箭架刷有赤黑色的漆，拿的时候要横向捧着，到了指定的位置，要面朝南坐下再将它放下，它的南北位置，应该正对着盥洗用的盆。

（以上记旌旗、箭架等的形制等。）

射者有过则挞之①。

众宾不与射者②，不降。

取诱射之矢者，既拾取矢，而后兼诱射之乘矢而取之。

宾、主人射，则司射挨升降，卒射即席，而反位卒事。

鹿中；髤，前足跪，凿背容八算。释获者奉之，先首。

大夫降，立于堂西以俟射③。大夫与士射，袒薰襦④。耦少退于物。

司射释弓矢；视算与献释获者释弓矢。

【注释】

①过：射箭时过失伤人。挞：用刑杖责打。

②众宾：指堂上的三位众宾之长。

③立于堂西以俟射：宾、主人下堂时，大夫尚不能射，但不宜独自在堂上，所以随之下堂。由于大夫是尊者，可不在射位旁待射，而在西堂下等着。

④襦（rú）：穿在内衣外的短衣。

【译文】

射者如果误伤他人，则在中庭用刑杖责打。

堂上的众宾之长，如果不参加射箭，可以不下堂。

为司射取教练用箭的人，在与合耦者轮流取完四支箭后，接着将四支教练用箭一并取之。

宾和主人去射箭，上下堂时由司射导引，射毕，宾和主人入席，司射则返回原位继续将事做完。

鹿形盛筹器的形制是：刷有赤黑色的漆，鹿的前足跪曲，背上凿有能放八支算筹的孔。释获者捧着时，鹿头朝前。

大夫随宾、主人下堂后，可以站在西堂之下待射。大夫与士合耦射箭时，只需脱去浅红色的短衣，内衣可以不裼。在射位站立时，合耦者要略向射位符号的后方退步，表示不与大夫并列。

在射礼中，司射只有两次放下弓箭：一次是指导并监督统计算筹，另一次是向抽算筹者献酒。

（以上补充说明经文的某些仪节以及盛筹器的形制。）

礼射不主皮[1]。主皮之射者，胜者又射，不胜者降。

主人亦饮于西阶上。

获者之俎，折脊、胁、肺、臑。

东方谓之右个。释获者之俎，折脊、胁、肺。皆有祭[2]。

大夫说矢束，坐说之。

歌《驺虞》，若《采蘋》，皆五终[3]。射无算。

【注释】

①礼射不主皮：古代射击有主皮之射与不主皮之射两类：主皮之射的箭靶，用牛皮或犀皮等坚厚的皮革做成，没有靶心，以射穿为胜；不主皮之射靶用布制作，以射中靶心为胜，而且讲究形体合于礼，动作合于乐，所以又称"礼射"。

②"释获"三句:"释获者之俎,折脊、胁、肺。皆有祭"当接在"获者
之俎,折脊、胁、肺、臑"一句之后。原书误置于此。

③终:唱一篇诗或奏一曲乐,此指歌唱诗篇。每一耦射时,要歌诗
五遍。

【译文】

礼射的目的不在于射力的强弱,而在于举动都能合于礼乐。如果
是主皮之射,则射穿兽皮者接着射,射不穿者下堂不再射。

主人如果属于负方,也在西阶之上饮罚酒。

报靶者的俎上有:折断的脊骨、胁骨、肺、前腿。

箭靶面朝北方的堂,所以称东方为右侧。抽算筹者的俎上有:折断
的脊骨、胁骨、肺。报靶者和抽算筹者都另有祭肺。

大夫解开箭束上的茅草时,要坐下再解它,表示不敢自尊。每一耦
射时,乐工歌唱《驺虞》或《采蘋》之诗,都是五遍。众宾射则不必计算唱
的遍数。

(以上记礼射、获者之俎以及歌诗等。)

古者于旅也语。凡旅,不洗。不洗者,不祭。既旅,士
不入。

大夫后出。主人送于门外,再拜。

乡侯上个五寻①,中十尺②。侯道五十弓③,弓二寸以为
侯中④。

倍中以为躬,倍躬以为左右舌⑤。下舌半上舌⑥。

箭筹八十⑦。长尺有握⑧,握素⑨。

楚扑长如笴⑩。刊本尺⑪。

【注释】

①乡侯:乡射礼用的侯。上个:箭靶的上幅。

②中:靶心的布。

③侯道五十弓:弓长六尺,即一步的长度,五十弓即五十步。

④弓二寸以为侯中:以每一弓取二寸的比例累加,来决定靶心的大小。靶心的大小根据侯道的长短来决定,这一句说计算靶心大小的方法。

⑤躬:身,指靶心的上下幅。舌:靶向左右上下伸出的部分。

⑥下舌半上舌:下舌伸出躬的部分是上舌伸出躬的部分的一半。

⑦箭筹:竹筹,即算筹。

⑧握:一握为四指宽,一指宽一寸,握为四寸。

⑨握素:筹的手握处被刮削为素白色。

⑩楚扑:刑杖名。

⑪刊本尺:手持处一尺经过刊削。

【译文】

古人行礼,旅酬完毕才开始说话。凡是旅酬,不必洗觯。不洗觯,是因为众宾们不必祭祀。旅酬开始后,晚到的士就不得再入场。

大夫要在宾离开回家后再出门。主人送大夫要送至门外,行再拜之礼。

乡射用的箭靶尺寸是:最上端的一块布为四丈,靶心的布为一丈见方。如果箭道有五十把弓那样长,那么按每一把弓取二寸的方法累计,所得结果就是靶心的大小。靶心宽度的一倍就是靶心上、下幅的宽度,上、下幅宽度的一倍就是最上端那块布的宽度。下舌向左右伸出的长度只有上舌的一半。

算筹一次准备八十支。每支长一尺四寸,手握处刮削成白色。

刑杖的长度与箭杆相当。手握处约一尺,被刮削成白色。

(以上记旅酬、送宾的细节以及乡侯、箭筹、刑杖的形制。)

君射,则为下射。上射退于物一笴,既发,则答君而俟^①。君乐作而后就物。君袒朱襦以射。小臣以巾执矢以授。若饮君,如燕,则夹爵^②。君,国中射^③,则皮树中^④,以翿旌获^⑤,白羽与朱羽糅;于郊,则闾中^⑥,以旌获;于竟^⑦,则虎中,龙旃^⑧。大夫,兕中,各以其物获。士,鹿中,翿旌以获。唯君有射于国中,其余否。君在,大夫射,则肉袒。

【注释】

① 答君而俟:君的射位在东,上射的射位在西,上射射箭时背对着君,所以射毕要转身面对君,并等待君射。答,对。

② 夹爵:侍射者先酌酒自饮,饮毕酌酒献君,君饮毕再酌酒自饮。

③ 国中射:在城中燕射。

④ 皮树:兽名。

⑤ 翿(dào):即纛,旗名,旗杆顶部有鸟羽聚合如伞盖。

⑥ 闾:兽名。

⑦ 于竟:在边境与邻国之君相遇而射。竟,通"境"。

⑧ 龙旃(zhān):画有龙的曲柄旗。

【译文】

如果国君来参加射礼,那么应该按照礼仪惯例担任下射。与国君合耦的上射,应该从射位符号处后退一箭长的距离再射,表示不敢与国君并列,每箭射出后,要转身面对国君,并且等待他射。国君在奏乐声起后再踏上射位符号。国君射箭时只需脱去内衣外的红色短衣即可。小臣为国君递箭时,要以巾包裹着,表示不敢亵渎国君使用的东西。如果国君属于负方要饮罚酒,那么宾应该像燕礼中那样让国君喝完爵中的酒之后,再自酌自饮。国君如果在城中燕射,则用"皮树"这种野兽的皮做靶心,用翿旌之旗报靶,旗的顶部用白色和红色的羽毛装饰;如果在城郊大射,则用"间"这种野兽的皮做靶心,用旌旗报靶;如果在边境与邻国之君相遇而会射,则用虎皮做靶心,用龙旂之旗报靶。大夫们参加的射礼,用兕皮做靶心,报靶用的旗则根据大夫的等级来选用。士参加的射礼,用鹿皮做靶心,用翲旌之旗报靶。只有国君能在城中燕射,其他人都不允许。如果有国君在场,则大夫射箭时要袒露左臂。

(以上记国君参加射礼时的仪节。)

燕礼第六

【题解】

燕礼是古代贵族在政余闲暇之时，为联络感情而与下属宴饮的礼仪。燕通"宴"，义为安闲、休息。燕礼的对象有出使而归的臣僚、新建功勋的属官、聘请的贵宾等，也可以是无事而宴请群臣。天子、诸侯、族人各有燕礼，但多已亡佚，本篇为诸侯宴请臣下之礼。燕礼的仪节比飨礼、食礼简约，以饮酒为主，有折俎而没有饭，只行一献之礼，意在尽宾主之欢，行礼场所在路寝。

燕礼。小臣戒与者①，膳宰具官馔于寝东②。乐人县③。设洗篚于阼阶东南④，当东霤⑤。罍水在东⑥，篚在洗西，南肆。设膳篚在其北⑦，西面。司宫尊于东楹之西⑧，两方壶，左玄酒，南上。公尊瓦大两⑨，有丰⑩，幂用绤若锡⑪，在尊南，南上。尊士旅食于门西，两圜壶。司宫筵宾于户西，东上，无加席也。射人告具。

【注释】

①　与者：参与燕礼的群臣。群臣朝诸侯完毕将退归，国君命小臣留

下群臣,并告诫有关事项。

②膳宰:掌饮食和膳事的小吏。官馔:为诸官所备的馔,指酒、牲、脯醢等。寝:路寝。

③县:通"悬",悬挂钟磬等乐器。

④洗篚:盛放诸臣饮酒器的竹篚。

⑤霤(lìu):屋檐的滴水处。

⑥罍(léi):盛酒或水的器皿。

⑦膳篚:盛放国君饮酒器的竹篚。

⑧司宫:掌管宫寝事务的官员。

⑨瓦大:即瓦瓶,酒尊名。

⑩丰:形状似豆,但低而大的器皿,作酒器的托盘用。

⑪绤(xì):细麻布。锡:"緆"的假借字。

【译文】

燕礼。退朝时,小臣代表国君请各位大臣留下,准备参加宴请。膳宰将国君提供的肴馔陈放在路寝之东。乐工们在堂下两阶之间悬挂好钟磬。放诸臣酒器的篚陈设在阼阶的东南方,正对着堂屋东侧屋檐的滴水处,盛着水的罍放在洗的东面,篚在洗的西面,按首南尾北的方向陈放。放国君酒爵的篚,放在洗的北面,朝西。司宫在东楹柱的西方放置两只方壶,左侧的是玄酒,左侧即南方,为上位,表示尊重,这是卿大夫们的酒尊。公的酒尊是两只叫"瓦大"的尊,下面有托盘,覆盖在酒尊上的布,用粗葛布或细麻布,依季节而定,其位置在卿大夫的酒尊之南,方向以南为上。众士的食物则放在门的西侧,盛酒器是两只圆壶。司宫将宾的席位铺设在室户之西,席头朝东,上面不再铺加席。于是,射人禀告国君,燕礼所用器具已陈设完毕。

(以上是陈设燕礼的器具。)

小臣设公席于阼阶上,西乡①,设加席。公升,即位于席,西乡。小臣纳卿大夫②,卿大夫皆入门右,北面东上,士立于西方,东面北上。祝史立于门东,北面东上。小臣师一人在东堂下③,南面。士旅食者立于门西,东上。公降立于阼阶之东南,南乡尔卿④,卿西面北上;尔大夫,大夫皆少进。

【注释】

①乡:通"向"。

②纳:使之入内,这里指奉国君之命引入。

③小臣师:小臣有数名,开首提到的小臣是小臣之长,小臣师是小臣之长的副佐。

④尔:通"迩",移近。

【译文】

小臣在阼阶之上为国君铺席,席位朝西,席上加铺一层坐席。国君上堂后即席,面朝西。小臣奉命导引卿大夫入内,卿大夫入门后站在门内右侧,面朝北并排而立,以东首为尊。士站在门内的左侧,面朝东,以北首为尊。祝史站在门内右侧,面朝北,以东首为尊。小臣师一人在东堂之下面朝南而立。士旅食者站在门内左侧面朝北而立,以东首为尊。国君下堂立于阼阶东南,面朝南向大夫行拜礼,让他们近前来,卿转而面朝西而立,以北首为尊;国君又向大夫行拜礼,让他们近前来,大夫都稍稍上前。

(以上为君臣即位。)

射人请宾。公曰:"命某为宾①。"射人命宾。宾少进,礼辞②。反命,又命之。宾再拜稽首,许诺。射人反命。宾出③,立于门外,东面。公揖卿大夫,乃升就席。

【注释】

① 某：某一大夫。

② 礼辞：以自己才德不配而谦辞。

③ 宾出：宾此时刚择定，所以被选定者必须出门，以便按照宾的礼节入门。

【译文】

射人请问本次燕礼的宾由谁担任。国君说："命某大夫为宾。"射人向宾转达国君的命令。宾稍稍上前，婉言推辞。射人回禀国君，接着向宾重申国君的命令。宾再拜叩首，表示同意。射人向国君复命。于是宾出门，在大门外面朝东而立，等待主人的正式邀请。国君在庭中向卿大夫行拜礼致意，然后上堂入席。

（以上是确定宾的人选。）

小臣自阼阶下，北面，请执幂者与羞膳者①。乃命执幂者，执幂者升自西阶，立于尊南，北面，东上。膳宰请羞于诸公卿者。

【注释】

① 执幂者：执"瓦大"之幂的人。方壶、圆壶有盖，不需要幂。膳：指国君的膳食，脯醢。

【译文】

小臣从阼阶下堂，面朝北，请问国君由谁担任执幂者和羞膳者。于是小臣奉国君之命任命执幂者，执幂者受命后从西阶上堂，站立在酒尊之南，面朝北并列，而以站在东首者为尊。膳宰请问各位公卿，是否可以进上肴馔。

（以上为任命执幂者和羞膳者。）

射人纳宾。宾入，及庭，公降一等揖之。公升就席。

【译文】

于是，射人导引宾入门。宾入门后，走到庭中，国君从堂上走下一级阼阶，向宾行拜礼致意。礼毕，国君转身上堂入席。

（以上为迎宾入门。）

宾升自西阶。主人亦升自西阶[①]，宾右北面，至再拜；宾答再拜。主人降洗，洗南。西北面。宾降，阶西，东面。主人辞降，宾对。主人北面盥，坐取觚洗；宾少进，辞洗。主人坐奠觚于篚，兴对。宾反位。主人卒洗，宾揖，乃升。主人升。宾拜洗。主人宾右奠觚答拜，降盥。宾降，主人辞，宾对。卒盥，宾揖升。主人升，坐取觚。执幂者举幂，主人酌膳，执幂者反幂。主人筵前献宾。宾西阶上拜。筵前受爵，反位。主人宾右拜送爵。膳宰荐脯醢，宾升筵。膳宰设折俎。宾坐，左执爵，右祭脯醢，奠爵于荐右，兴；取肺，坐绝祭，哜之，兴加于俎；坐挩手，执爵，遂祭酒，兴；席末坐啐酒，降席，坐奠爵，拜，告旨，执爵兴。主人答拜。宾西阶上北面坐卒爵，兴；坐奠爵，遂拜。主人答拜。

【注释】

①主人：指宰夫。宰夫是掌管国君饮食的小吏，国君位尊，不能亲自向宾献酒等，所以由宰夫代理主人。

【译文】

宾从西阶上堂。主人也随之从西阶上堂，在宾右侧，面朝北而立，宾上堂后，主人行再拜之礼；宾以再拜之礼作答。主人下堂准备洗手、洗酒器，到庭中后站在洗的南方，面朝西北。宾随之下堂，表示不敢安居在堂，在西阶之西，面朝东而立。主人辞谢宾下堂，宾谦词作答。主人面朝北洗手，接着坐下，从篚中取觚洗濯后稍稍上前，辞谢主人亲自为自己洗觚。主人坐下，将觚放入篚中，起身作答。宾退回原位，主人洗濯完毕后，宾行拜礼，然后上堂。主人接着上堂。宾再次拜谢主人亲为洗觚。主人在宾的右侧放下觚答拜还礼，然后下堂洗手。宾随之下堂，主人辞谢宾，宾谦辞相答。主人洗完手，宾行拜礼，然后上堂。主人随之上堂，接着坐下取出篚中已洗净的觚。执幂者将覆盖在国君酒尊上的布撤去，主人酌酒后，执幂者将布盖上。主人在宾席前向宾献酒。宾在西阶之上拜谢，然后走到席前接过爵，再返回到西阶之上的位置。主人在宾的右侧拜而送之。膳宰将干肉和肉酱送到席上。于是宾入席。膳宰又摆上折俎。宾坐下，左手执觚，右手拿干肉和肉酱祭祀，祭毕，将觚放在干肉和肉酱之右，起身；接着取祭肺，坐下，将肺的下端扯断，放在口中尝一尝，再起身将它放到俎上；然后坐下擦手，又拿起觚，祭酒，接着起身，走到席的末端坐下尝一口酒，再离席，坐下放好觚，拜谢主人，并告知酒极甘美，然后执觚起身。主人答拜还礼。宾在西阶之上面朝北坐下，将觚中的酒喝完，起身；又坐下放好觚，拜谢主人。主人答拜还礼。

（以上是主人向宾献酒。）

宾以虚爵降。主人降。宾洗南坐奠觚[1]，少进，辞降。主人东面对。宾坐取觚，奠于篚下，盥洗。主人辞洗。宾坐奠觚于篚，兴对，卒洗；及阶，揖，升。主人升，拜洗如宾礼。宾降盥，主人降。宾辞降，卒盥，揖升；酌膳，执幂如初，以酢主人于西阶上。主人北面拜受爵，宾主人之左拜送爵[2]。主人坐祭，不啐酒，不拜酒，不告旨；遂卒爵，兴；坐奠爵，拜，执爵兴。宾答拜。主人不崇酒，以虚爵降奠于篚。

【注释】

①觚：饮酒器的统称，觚也可以称爵，所以文中觚、爵互用。

②宾主人之左拜送爵：宾将爵授给人之后，走到主人左侧，面朝北拜行拜送之礼。

【译文】

宾执空觚下堂。主人随之下堂。宾到洗的南面坐下放好觚，然后起身稍稍上前，辞谢主人下堂。主人面朝东谦辞作答。宾又坐下取觚，放在篚的南方，接着洗手。主人辞谢宾亲为洗觚。宾坐下将觚放入篚内，起身谦辞作答，然后将觚洗濯干净；宾主走到阶前，宾向主人行拜礼，接着上堂。主人随之上堂，主人拜谢宾亲为洗觚，仪节与刚才宾拜谢主人时一样。宾又下堂洗手，主人随之下堂。宾辞谢主人下堂，洗完手后，向主人行拜礼，接着上堂；在觚中酌酒，执幂者像方才那样，先撤去酒尊上的布，然后又盖上，宾执觚在西阶上向主人进酢酒。主人面朝北拜谢宾，并接过觚，宾走到主人左侧拜送之。主人坐着祭酒，祭毕不用尝酒，不必拜谢宾敬酒，也不必告谢酒的甘美，最后将酒喝完，起身；再坐下放好觚，拜谢主人，然后执觚起身。宾答拜还礼。主人不必感谢宾不嫌弃自己的薄酒，拿着空觚下堂，将它放入庭中的篚内。

（以上是宾用酒回敬主人。）

宾降①，立于西阶西。射人升宾，宾升立于序内，东面。主人盥，洗象觚②，升实之，东北面献于公。公拜受爵。主人降自西阶。阼阶下北面拜送爵。士荐脯醢，膳宰设折俎，升自西阶。公祭如宾礼，膳宰赞授肺。不拜酒，立卒爵，坐奠爵，拜，执爵兴。主人答拜，升受爵以降，奠于膳篚。

【注释】

①宾降：主人与宾的献酢之礼已结束，接着主人向国君献酒，宾不
　　敢在堂上，所以下堂立候。

②象觚：饰有象牙的觚，是国君专用的饮酒器。

【译文】

接着由主人向国君行献酒，宾下堂回避，站立在西阶的西侧。射人
奉国君之命请宾上堂，宾上堂后站在西序的内侧，面朝东。主人下堂洗
手，接着洗象觚，然后上堂酌酒，面朝东北献给国君。国君拜谢后接过
象觚。主人从西阶下堂，再走到阼阶前，面朝北拜送之。于是，士进上
干肉和肉酱，膳宰摆上折俎，都由西阶上堂。国君祭酒和干肉、肉酱的
仪节与宾一样，只是由膳宰协助递给祭肺。国君不必拜谢主人的敬酒，
站着将象觚中的酒喝完，再坐下放好象觚，拜谢主人，然后执象觚起身。
主人答拜还礼，上堂接过喝空的象觚，然后下堂放入为国君专设的
篚中。

（以上是主人向国君献酒。）

更爵①，洗，升酌膳酒以降；酢于阼阶下，北面坐奠爵，再
拜稽首。公答再拜。主人坐祭，遂卒爵，再拜稽首。公答再
拜，主人奠爵于篚。

【注释】

①更爵：国君尊贵，不能向臣下回敬酒，所以主人只能自酢。自酢
　　不敢使用国君的象觚，所以要更换它爵，但所酌之酒仍是国君的
　　膳酒。

【译文】

主人另取一觚，下堂洗濯，再上堂酌以国君的膳酒，然后下堂，在阼阶之下自酢，接着面朝北坐下放好觚，向国君再拜叩首。国君以再拜之礼相答。主人坐下祭祀，祭毕，将酒饮完，又向国君再拜叩首。国君仍以再拜之礼相答，主人将空觚放入篚中。（以上是主人自酢。）

主人盥洗，升媵觚于宾①；酌散②，西阶上坐奠爵，拜宾。宾降筵，北面答拜。主人坐祭，遂饮；宾辞③。卒爵，拜；宾答拜。主人降洗，宾降，主人辞降，宾辞洗。卒洗，揖升。不拜洗。主人酌膳，宾西阶上拜，受爵于筵前，反位。主人拜送爵。宾升席，坐祭酒，遂奠于荐东。主人降复位。宾降筵西，东南面立。

【注释】

①媵（yìng）：致送。

②散：方壶中的酒。

③宾辞：如果是国君酬宾，应该坐着将酒喝完，此处由主人代为酬宾，应该降低礼数，站着将酒饮完，但主人坐而不立，表示不降其礼，所以宾以不敢辞。

【译文】

主人下堂洗手、洗觚，接着上堂准备向宾进酬酒；主人从方壶中酌酒，然后在西阶上坐下放下觚，向宾行拜礼。宾离席，在西阶上面朝北答拜还礼。主人代替国君坐下祭酒，接着又坐着饮酒；宾不敢当此大礼而推辞。主人将觚中的酒饮完后，拜宾；宾答拜还礼。主人下堂洗觚，宾随之下堂，主人辞谢宾下堂，宾辞谢主人亲为洗觚。主人洗完觚，宾向他行拜礼后上堂。宾上堂后不必再拜谢主人亲为洗觚。主人在觚中酌以国君的酒。宾在西阶之上拜谢,并在筵席前接过觯,然后回到自己的席位。主人拜而送之。宾入席后,坐下祭酒,祭毕,将觯放在干肉和肉酱的东侧。主人下堂回到原位。宾离席站至筵席的西侧,面朝东南而立。

(以上是主人酬宾。)

小臣自阼阶下请媵爵者①,公命长②。小臣作下大夫二人媵爵。媵爵者阼阶下,皆北面再拜稽首;公答再拜。媵爵者立于洗南,西面北上,序进③,盥洗角觯,升自西阶,序进,酌散;交于楹北;降;阼阶下皆奠觯,再拜稽首,执觯兴。公答再拜。媵爵者皆坐祭,遂卒觯,兴;坐奠觯,再拜稽首,执觯兴。公答再拜。媵爵者执觯待于洗南。小臣请致者④。若君命皆致,则序进,奠觯于篚,阼阶下皆再拜稽首;公答再拜。媵爵者洗象觯,升实之;序进,坐奠于荐南⑤,北上;降,阼阶下皆再拜稽首,送觯。公答再拜。

【注释】

①请媵爵者:献酬之礼结束后,旅酬即将开始,所以要选定向国君进爵的人,此处的爵即觯。

②长:下大夫之长。上大夫即卿,位尊而不便差使。

③序进:依次序上前。

④致者:致送爵的人。

⑤荐南:即国君的右手处。

【译文】

小臣在阼阶之下向国君请问送爵者的人选,国君令由下大夫之长担任。于是小臣请二位下大夫之长去送爵。送爵者走到阼阶下,都面朝北向国君再拜叩首,国君以再拜之礼作答。送爵者在庭洗南侧面西并排而立,以站在北面的为尊,然后依次上前洗手、洗角觯;又从西阶上堂,依次上前,从方壶中酌酒;两人在西楹柱的北侧交错而过,接着先后下堂;两人在阼阶之下放好觯,向国君再拜叩首,然后执觯起身。国君以再拜之礼作答。二位送爵者都在阼阶前坐下用酒祭祀,接着饮尽觯中之酒,起身;再坐下放好,向国君行再拜稽首之礼,然后执觯起身。国君以再拜之礼作答。送爵者持觯在庭洗之南等待国君命令。小臣请问国君致爵由一人还是两人进行。如果国君命令两人都致爵,则两人依次序上前,将觯放入篚中,在阼阶下向国君再拜叩首;国君以再拜之礼作答。送爵者洗濯象觯,接着上堂酌酒;再依次上前,两人面朝东坐下,将觯放在国君席前干肉和肉酱的右侧,以长者所进之觯为尊,放在北面;然后下堂,在阼阶前向国君再拜叩首,送受觯者。公以再拜之礼作答。

(以上是向国君致送爵。)

公坐取大夫所媵觯,兴以酬宾。宾降,西阶下再拜稽首。公命小臣辞,宾升成拜。公坐奠觯,答再拜,执觯兴,立卒觯。宾下拜①,小臣辞。宾升,再拜稽首。公坐奠觯,答再拜,执觯兴。宾进受虚爵,降奠于篚,易觯洗。公有命,则不易不洗。反升酌膳觯,下拜。小臣辞。宾升,再拜稽首。公答再拜。宾以旅酬于西阶上②。射人作大夫长升受旅③。宾大夫之右坐奠觯,拜,执觯兴;大夫答拜。宾坐祭,立饮,卒觯不拜。若膳觯也,则降更觯洗,升实散。大夫拜受,宾拜送。大夫辩受酬,如受宾酬之礼,不祭。卒受者以虚觯降,奠于篚。

【注释】

①下拜：下堂拜国君。宾下堂将要拜，但下文有"小臣辞，宾升，再拜稽首"语，所以宾要拜而未拜时，即为小臣所阻，然后上堂拜之。

②旅酬：依次序劝卿大夫饮酒。旅，次序。

③大夫长：指卿。大夫有上中下三等，上大夫即卿，最尊。

【译文】

国君坐下取过大夫所送的觯，起身到西阶前向宾进酬酒。宾下堂，在西阶下准备行再拜叩首之礼。国君命令小臣劝阻，于是宾上堂完成再拜叩首之礼。国君坐下放好觯，以再拜之礼作答，然后执觯起身，站着将觯中的酒喝完。宾又下堂，准备拜国君，小臣劝阻。于是宾上堂，对国君再拜叩首。国君坐下放好觯，以再拜之礼作答，再执觯起身。宾上前从国君手中接过空觯，下堂放入篚中，然后另取一觯洗濯。如果国君有命令，则可以不更换觯，也不洗濯它。接着，宾转身上堂，在觯中酌膳酒，然后下堂，准备拜国君。小臣又加劝阻。于是宾上堂，对国君再拜叩首。国君以再拜之礼作答。宾在西阶之上依序向卿大夫行旅酬礼。射人请大夫之长上堂接受酬酒。宾在大夫的右侧坐下放好觯，拜大夫，然后执觯起身；大夫答拜还礼。宾坐下祭祀，站着饮酒，将觯中的酒喝完后不必拜谢。如果宾用的是膳觯，那么进酬酒时应该下堂更换它觯并洗濯，因为膳觯是尊者所使用的，然后上堂酌方壶中的酒。大夫拜而受觯，宾拜而送之。大夫一一受到宾的酬酒，其间仪节与公卿受宾酬酒一样，也不必祭酒。最后一位接受酬酒者，要拿着空觯下堂，将它放入篚中。

（以上是国君酬宾，宾遍酬大夫。）

主人洗，升，实散，献卿于西阶上。司宫兼卷重席①，设于宾左，东上。卿升，拜受觚；主人拜送觚。卿辞重席，司宫彻之,乃荐脯醢。卿升席坐,左执爵,右祭脯醢,遂祭酒,不啐酒;降席,西阶上北面坐卒爵,兴;坐奠爵,拜,执爵兴。主人答拜,受爵。卿降复位。辩献卿,主人以虚爵降,奠于篚。射人乃升卿,卿皆升就席。若有诸公^②,则先卿献之,如献卿之礼;席于阼阶西,北面东上,无加席。

【注释】

①兼卷重席:将卿的上下两重席一并卷起。

②诸公:泛指国君之外有公爵的人。

【译文】

主人到庭中洗觚,接着上堂,从方壶中酌酒,然后在西阶之上向卿献酒。司宫将卿的两重席一并卷起,放在宾的左侧,席的首端朝东。卿上堂,拜谢主人并接过觚;主人拜而送之。卿请求撤去上面的一重席,司宫遵命撤之,再将下面一重席铺设好。于是有司进上干肉和肉酱。卿入席坐下,左手执觚,右手拿着干肉和肉酱祭祀,接着祭酒,祭毕不用尝酒;然后离席,在西阶之上面朝北坐下,将觚中的酒饮完,再起身;接着又坐下放好觚,拜谢主人,再执觚起身。主人答拜还礼,从卿手中接过觚。卿下堂回到原位。如此,一一向卿献酒,最后主人拿着空觚下堂,将它放入篚内。于是,射人导引卿上堂,众卿都上堂入席。如果有诸公在场,则应在卿之前向他们献酒,其间仪节与向卿献酒时一样;他们的席位设在阼阶之西,面朝北,席头朝东,筵席只有一重,上面不再加席。

(以上是主人向卿献酒。)

小臣又请媵爵者^①,二大夫媵爵如初。请致者。若命长致^②,则媵爵者奠觯于篚,一人待于洗南。长致,致者阼阶下再拜稽首,公答再拜。洗象觯,升实之,坐奠于荐南,降,与立于洗南者二人皆再拜稽首送觯。公答再拜。

【注释】

①小臣又请滕爵者:因即将为公卿、大夫举爵劝酒,需要另取它爵,所以又要选送爵者。

②长:二位大夫中的尊者。

【译文】

小臣又请问国君下一轮的送爵者的人选,国君仍然命令二位下大夫担任,他们送爵的仪节与刚才一样。小臣又请问国君致爵的人数。如果由二位下大夫中的尊长者致爵,则送爵者将觯放入篚内,另一人在庭洗之南等待。尊长者致爵,致者要在阼阶之下向国君再拜叩首,国君以再拜之礼作答。接着在庭中洗濯象觯,再上堂酌酒,然后在主人席前坐下,将觯放在干肉和肉酱的南方,下堂,与站在庭洗之南的送爵者一起对国君再拜磕头,礼送受觯者。国君用再拜之礼作答。

(以上为再请二大夫送爵。)

公又行一爵①,若宾,若长,唯公所酬②,以旅于西阶上,如初。大夫卒受者以虚觯降奠于篚。

【注释】

①公又行一爵:上一节中,两位滕觯者,曾将二觯置于主人右侧,其中的上觯已被宾用以劝酒。公又行一爵,是举起下觯。

②唯公所酬:公的酒量如已不胜,可以将觯授给宾或卿大夫中的长者,由他们自行酬酒。

【译文】

　　国君举起方才放着的另一只觯，准备向卿、大夫行旅酬礼，如果自己已不胜酒量，则可以命宾或卿大夫之长自行酬酒。国君在西阶上依次向卿、大夫进酬酒，就像刚才所做的那样。最后一位接受酬酒的大夫拿着空觯下堂，再将它放入篚中。

　　（以上为国君向卿劝酒。）

　　主人洗，升，献大夫于西阶上。大夫升，拜受觚。主人拜送觚。大夫坐祭，立卒爵，不拜既爵。主人受爵。大夫降复位。胥荐主人于洗北①，西面，脯醢，无胾②。辩献大夫，遂荐之，继宾以西，东上。卒，射人乃升大夫；大夫皆升，就席。

【注释】

　　①胥：膳宰的属吏。
　　②胾（zhēng）：盛有牲体的俎。

【译文】

　　主人在庭中洗觚，接着上堂斟酒，在西阶之上向大夫献酒，大夫上堂，拜谢主人后接过觚。主人拜送受觚者。大夫坐着祭祀，站着将觚中的酒饮完，饮完后不必拜谢。主人接过空觚。大夫下堂回到原位。胥将主人的食品进至庭洗之北、面朝西的位置，有干肉和肉酱，但没有折俎。向大夫们一一献酒之后，分别在大夫席前进以食品。大夫的席位排在宾的西侧，而以东方为尊。进陈食品毕，射人便导引大夫上堂；大夫们上堂后，一一入席。

　　（以上是主人向大夫献酒。）

　　席工于西阶上，少东。乐正先升，北面立于其西。小臣纳工,工四人,二瑟。小臣左何瑟,面鼓^①,执越,内弦,右手相入,升自西阶,北面东上坐。小臣坐授瑟,乃降。工歌《鹿鸣》、《四牡》、《皇皇者华》。

【注释】

①面鼓:瑟可以鼓的部分朝前。

【译文】

乐工的席位设在西阶之上,稍稍靠东的地方。乐正先上堂,面朝北站在工席之西。接着小臣导引乐工入门,乐工有四人,其中二人是鼓瑟者。小臣左肩荷瑟,瑟可以鼓的一端朝前,手指钩入瑟底的孔中,瑟弦朝内,右手挽扶着乐工入门,从西阶上堂,面朝北并列而坐,以东面的位置为尊。小臣坐下,将瑟授给乐工,然后下堂。乐工们歌奏《鹿鸣》、《四牡》、《皇皇者华》等乐曲。

(以上是乐工上堂歌奏。)

卒歌,主人洗,升献工。工不兴,左瑟;一人拜受爵。主人西阶上拜送爵。荐脯醢。使人相祭。卒爵,不拜。主人受爵。众工不拜,受爵;坐祭,遂卒爵。辩有脯醢,不祭。主人受爵,降奠于篚。

【译文】

歌奏完毕,主人洗觯,上堂向乐工献酒。乐工不必起身,但要将瑟移向左侧,以示谦避;乐工之长拜谢主人后接过觯。主人在西拜。于是,司乐工进上干肉和肉酱,主人命小臣帮助乐工祭祀。乐工之长将觯中的酒饮毕,不必拜谢主人。主人接过空觯。其他乐工不必拜谢,就可以接觯;再坐下祭祀,接着将觯中的酒饮完。每位乐工席前都进有干肉和肉酱，都不必祭祀。主人接过乐工们的空觚，下堂放入篚中。

（以上是大夫向工献酒。）

公又举奠觯。唯公所赐。以旅于西阶上，如初。

【译文】

国君又举起送爵者放置在席南的觯，准备旅酬大夫们。国君先将觯赐给哪位大夫，由国君自己决定。受赐者在西阶上依次向大夫们进酬酒，其间仪节与先前所做的一样。

（以上是工向大夫劝酒。）

卒，笙入，立于县中。奏《南陔》、《白华》、《华黍》。

【译文】

旅酬完毕，吹笙者走到堂下，站立在所悬钟磬的中间。吹奏的乐曲是《南陔》、《白华》、《华黍》。

（以上是奏乐。）

主人洗，升，献笙于西阶上。一人拜，尽阶，不升堂；受爵，降；主人拜送爵。阶前坐祭，立卒爵，不拜既爵，升授主人。众笙不拜，受爵，降。坐祭，立卒爵。辩有脯醢，不祭。

【译文】

主人在庭中洗觚后，上堂，在西阶之上向吹笙者献酒。吹笙者中的一位年长者拜谢主人，走到西阶的最高一级，但不上堂；在这里从主人手中接觚，然后走下西阶；主人拜送受觚者。长者在西阶前坐下祭祀，接着站着将觯中的酒饮完,饮毕不必拜谢主人,然后上堂将空觯奉还主人。其他的吹笙者不必拜谢主人就可以接觯,然后走下西阶,坐着祭祀,站着将觯中的酒饮完。每位吹笙者席前都进有干肉和肉酱,但不必祭祀它。

（以上为向吹笙者献酒。）

乃间歌《鱼丽》,笙《由庚》;歌《南有嘉鱼》,笙《崇丘》;歌《南山有台》,笙《由仪》。遂歌乡乐①:《周南·关雎》、《葛覃》、《卷耳》、《召南·鹊巢》、《采蘩》、《采蘋》。大师告于乐正曰:"正歌备。"乐正由楹内、东楹之东,告于公,乃降复位。

【注释】

①乡乐:地方民歌。《诗经》的《颂》是天子庙堂的乐曲,《雅》是诸侯、贵族的乐曲,《风》是各地民歌,《周南》、《召南》都属于《风》的范畴。后文所说都是《诗经》的篇名,也是乐歌名。

【译文】

于是堂上堂下交替歌奏乐曲:堂上鼓瑟《鱼丽》之歌,堂下则笙奏《由庚》之曲;堂上鼓瑟《南有嘉鱼》之歌,堂下则笙奏《崇丘》之曲;堂上鼓瑟《南山有台》之歌,堂下则笙奏《由仪》之曲。接着歌奏地方乐曲:《周南》中的《关雎》、《葛覃》、《卷耳》,《召南》中的《鹊巢》、《采蘩》、《采蘋》。奏毕,大师报告乐正说:"指定的乐曲都已奏完。"于是乐正从楹柱的内侧走到东楹柱之东,报告国君乐曲奏毕,然后下堂回到原位。

（以上是奏乐。）

射人自阼阶下,请立司正,公许。射人遂为司正。司正洗角觯,南面坐奠于中庭;升,东楹之东受命,西阶上北面命卿、大夫：君曰："以我安①！"卿、大夫皆对曰："诺！敢不安？"司正降自西阶，南面坐取觯，升酌散；降，南面坐奠觯；右还，北面少立，坐取觯，兴；坐不祭，卒觯，奠之；兴，再拜稽首；左还，南面坐取觯，洗，南面反奠于其所；升自西阶，东楹之东，请彻俎，降②，公许。告于宾，宾北面取俎以出。膳宰彻公俎，降自阼阶以东。卿、大夫皆降，东面北上。宾反入，及卿、大夫皆说屦，升就席。公以宾及卿、大夫皆坐，乃安。羞庶羞。大夫祭荐。司正升受命，皆命：君曰："无不醉！"宾及卿、大夫皆兴，对曰："诺！敢不醉？"皆反坐。

【注释】

①以我安：即以我之命安之。

②降："降"字当在下文"告于宾"之后。

【译文】

射人从阼阶下，请国君设立司正，以监察即将开始的燕饮的仪法，国君表示同意。于是射人奉命兼任司正。司正洗濯角觯，然后在庭中面朝南坐下，将它放在两阶之间，接着上堂，在东楹柱的东侧领受国君之命，然后到西阶之上，面朝北命令卿、大夫："国君说，以我的命令让卿大夫安坐！"卿大夫都应答说："是！岂敢不安坐？"司正从西阶下堂，到庭中面朝南坐下取觯，接着上堂从方壶中酌酒；又下堂，面朝南坐下，放好觯，向右转身，走到觯南，面朝北而立，并稍稍端正自己的站姿，坐下，取觯后起身；坐时不必祭祀，将觯中的酒饮完后放下；再起身，向国君再拜叩首；接着向左转身，面朝南坐下取觯，洗濯后又在庭中面朝南坐下，将觯放在原处；然后从西阶上堂，走到东楹柱的东侧，请求撤去席上的俎，国君同意撤俎。司正转告宾，接着下堂。宾面朝北取俎后出门。膳宰撤去国君席上的俎，从阼阶下堂，送到东壁下。卿、大夫都下堂，在西阶下面朝东并排而立,以北面的位置为尊。宾从门外返回庭中,与卿、大夫都脱下鞋,上堂入席。国君和宾以及卿、大夫都坐下,于是堂上都安坐。有司进上各种佐酒的肴馔。大夫祭干肉和肉酱。司正上堂清命于国君,然后对所有的人命令:"国君说,一定要喝醉!"宾和卿、大夫都起身,回答说:"是!岂敢不喝醉?"又重新坐下。

(以上是司正奉命留宾安坐。)

主人洗,升,献士于西阶上。士长升,拜受觯;主人拜送觯。士坐祭,立饮,不拜既爵。其他不拜①,坐祭,立饮。乃荐司正与射人一人、司士一人、执幂二人②,立于觯南,东上。辩献士。士既献者立于东方,西面北上。乃荐士。祝史,小臣师,亦就其位而荐之。主人就旅食之尊而献之。旅食不拜,受爵,坐祭,立饮。

【注释】

①其他:指众士。

②"乃荐"句:司正、射人、司士和执幂都属于士。

【译文】

主人在庭中洗觯,接着上堂,在西阶之上向士献酒。众士之长上堂拜谢主人,并接过酒;主人拜送受觯者。众士之长坐下祭祀,站着饮酒,饮毕不必拜谢主人。其他的士,受觯时也不必拜谢,坐着祭祀,站着饮酒。于是先为即将行事的几位士进肴馔:司正与射人各一人、司士一人、执幂者二人,他们都在觯的南侧并排而立,以东边的位置为尊。接着一一向士献酒。已接受过献酒的士,都站到东方,面朝西并排而立,以北端的位置为尊。于是为其他的士进肴馔。对祝史、小臣师,则就其席位而进肴馔。主人用旅食之尊酌酒献士。众士依次序就食时不必拜谢,就可接觯,坐着祭祀,站着饮酒。

（以上为主人向士献酒。）

　　若射,则大射正为司射①,如乡射之礼。

【注释】

①大射正:射人之长。

【译文】

　　如果要用射箭来乐宾,则由大射正担任司射,其间的仪节,与乡射之礼一样。

（以上为因射而乐宾。）

　　宾降洗,升媵觚于公①,酌散,下拜。公降一等,小臣辞。宾升,再拜稽首;公答再拜。宾坐祭,卒爵,再拜稽首;公答再拜。宾降洗象觯,升酌膳,坐奠于荐南,降拜。小臣辞。宾升成拜,公答再拜。宾反位。公坐取宾所媵觯,兴。唯公所赐。受者如初受酬之礼,降更爵洗,升酌膳,下拜。小臣辞。升成拜,公答拜。乃就席,坐行之②,有执爵者。唯受于公者拜。司正命执爵者爵辩,卒受者兴以酬士。大夫卒受者以爵兴,西阶上酬士。士升,大夫奠爵拜,士答拜。大夫立卒爵,不拜,实之。士拜受,大夫拜送。士旅于西阶上,辩。士旅酌③。卒。

【注释】

①升媵觚于公:媵觚本应由下大夫为之,宾不敢以宾自尊,所以媵

觚表示对国君的恭敬。

②坐行之：坐着相互劝酒。

③士旅酬：士依次序自己酌酒，并互相劝饮。

【译文】

宾下堂洗觯，接着上堂，将觯送给国君，酒是从方壶中酌取的，然后下堂准备拜国君。国君从阼阶上走下一级台阶，小臣以国君之命劝阻宾下堂行拜礼。于是宾又上堂，对国君行再拜叩首之礼；国君以再拜之礼作答。宾在西阶上坐下祭祀，将觯中的酒饮毕后，向国君再拜叩首，国君仍答以再拜之礼。宾下堂为国君洗象觯后，上堂酌上膳酒，在国君席前坐下，将觯放在国君的右手前，接着下堂，准备拜国君。小臣又以君命劝阻宾下堂行拜礼。于是宾上堂完成拜礼，国君以再拜之礼作答。宾返回原位。国君坐下取宾所送的觯，起身。国君将觯赐给他选中的人。接受国君赐觯的人，要像最初接受国君酬酒的人那样行礼，接着下堂更换一觯，表示不敢与国君用同一件酒器，然后将觯洗净，上堂酌膳酒，再下堂，准备拜国君，小臣以君命劝阻，于是在堂上拜国君，国君答拜还礼。然后入席，坐着与左右的士旅酬，执觯者代为酌酒。只有从国君手中受觯者才需行拜礼。司正命令执觯者为每位进酬酒，最后一位受觯者起身用这觯向士进酬酒。最后一位受觯的大夫执觯起身，在西阶之上向士进酬酒。士之长上堂，大夫置觯行拜礼，士答拜还礼。大夫站着将觯中的酒饮完，不必拜谢。但要在觯中再酌上酒。士拜而受觯，大夫拜而送之。士依次序在西阶之上一一接受酬酒。士依秩序自己酌酒，酌后面的士。直至饮事完毕。

（以上为国君向士劝酒。）

主人洗，升自西阶，献庶子于阼阶上^①，如献士之礼。辩，降洗，遂献左右正与内小臣^②，皆于阼阶上，如献庶子之礼。

【注释】

①庶子：官名，掌诸侯、卿大夫之庶子的教育。

②左右正：指乐正、仆人正等。内小臣：官名，掌后宫或夫人事务。

【译文】

主人在庭中洗觚，接着从西阶上堂，到阼阶之上向庶子献酒，仪节与向士献酒一样。全部献遍后，然后又到阼阶之上向左右正和内小臣献酒，其间仪节和向庶子献酒一样。

（以上为主人向庶子等献酒。）

无算爵。士也，有执膳爵者，有执散爵者。执膳爵者酌以进公，公不拜，受。执散爵者酌以之公，命所赐。所赐者兴受爵，降席下，奠爵，再拜稽首。公答拜。受赐爵者以爵就席坐，公卒爵，然后饮。执膳爵者受公爵，酌，反奠之。受赐爵者兴，授执散爵①，执散爵者乃酌行之。唯受爵于公者拜。卒受爵者兴，以酬士于西阶上。士升，大夫不拜，乃饮，实爵。士不拜，受爵。大夫就席。士旅酬，亦如之。公有命彻幂，则卿大夫皆降，西阶下北面东上，再拜稽首。公命小臣辞。公答再拜，大夫皆辟。遂升，反坐。士终旅于上，如初。无算乐。

【注释】

①授执散爵："执散爵"后似脱一"者"字。

【译文】

此时饮酒，不再计算行爵次数，可以随意酌饮、相劝，至醉而休。执爵者由两位士担任，一位执膳爵，另一位执散爵。执膳爵者在爵中酌酒后进献给国君，国君不必拜谢就可以接爵。执散爵者，在爵中酌酒后先要进给国君,国君再下令将此爵赐给某人。受赐者要起身接觯,离席下堂,将觯放在地上,对国君再拜叩首。国君答拜还礼。受赐爵者拿着觯入席就座,等国君将觯中的酒饮完后,再开始饮。为国君执觯者接过国君饮干的空觯,酌上酒,再放回原处。受赐者起身,将空觯授给执散爵者,执散爵者酌上酒之后,依次进于众宾客的席前。只有国君指定的接觯者才需要行拜礼。最后一位受觯者要起身,到西阶之上向堂下的众士进酬酒。众士之长上堂,大夫不必向他行拜礼,就将觯中的酒饮完,然后酌上酒。众士之长也不必向大夫行拜礼,就可以接觯。之后,大夫入席就座。众士依次进酬酒,仪节也是如此。如果国君命令撤去覆盖在酒尊上的布,则卿、大夫都应该下堂,在西阶之下面朝北并排而立,以东面的位置为尊,准备对国君行再拜叩首之礼。国君命小臣劝阻。卿、大夫仍在堂下再拜叩首之礼。国君以再拜之礼作答,大夫皆回避,表示不敢当。然后,卿、大夫们上堂,回到各自的席位坐下。士依次进酬酒,直至兴尽,最后在西阶之上告终,仪节与当初一样。其间,歌唱与吹奏相互交替无数次,兴尽方止。

（以上是畅饮奏乐无数。）

宵,则庶子执烛于阼阶上,司宫执烛于西阶上,甸人执大烛于庭①,阍人为大烛于门外②。宾醉,北面坐取其荐脯以降。奏《陔》。宾所执脯,以赐钟人于门内霤,遂出。卿、大夫皆出。公不送。

【注释】

①甸人:掌供薪木、柴草的小吏。

②阍(hūn)人:守门人。

【译文】

入夜,负责内外照明的分别是:庶子执烛站在阼阶之上,司宫执烛站在西阶之上,甸人执大烛站在庭中,阍人设大烛在门外。宾微醉时,面朝北坐下,从自己席上拿取干肉后下堂。乐工奏《陔》的乐曲。宾将所取的干肉,在门内屋檐的滴水处赐给敲钟的乐工,然后出门。卿、大夫随之出门。国君不必相送。

(以上是宴毕宾客出门。)

公与客燕①,曰:"寡君有不腆之酒②,以请吾子之与寡君须臾焉③;使某也以请。"对曰:"寡君,君之私也④。君无所辱赐于使臣⑤,臣敢辞。""寡君固曰'不腆',使某固以请寡君,君之私也。君无所辱赐于使臣,臣敢固辞!""寡君固曰'不腆',使某固以请!""某固辞,不得命,敢不从?"致命曰:"寡君使某,有不腆之酒,以请吾子之与寡君须臾焉!""君贶寡君多矣⑥,又辱赐于使臣,臣敢拜赐命!"

【注释】

①客:异国的使臣。

②腆:丰厚,美好。

③须臾:片刻。

④君之私:君之私属。意思是,自己的国君是贵国之君的私属,不敢以匹敌之国的使臣自居。

⑤无所辱赐于使臣:无故而辱赐于我。

⑥贶(kuàng):赐予。

【译文】

国君的副手宴请异国的使臣,事先要派卿、大夫作为摈者去邀请。

卿、大夫说:"寡君准备了薄酒,希望您能与他一起小饮片刻,所以派我前来邀请。"使臣的副手回答说:"敝国之君,是贵国国君的私属。贵国国君无故下请于使臣,便臣岂敢前往?"卿、大夫说:"寡君一再说'酒不好',让某人一定请您去!"使臣的副手说:"敝国之君是贵国国君的私属。贵国国君无故下请于使臣,请允许使臣再次推辞!"卿、大夫说:"某人寡君一再说'酒不好',让某人一定请您去!"使臣的副手说:"某人一再地推辞,但不能得到您的允许,敢不从命?"于是卿、大夫正式向使臣转达国君的邀请说:"寡君派某人前来,已备下薄酒,以此邀请您前往小饮片刻!"使臣回答说贵国国君给敝国之君的恩赐已经很多,今天又下赐于使臣,谨拜谢国君的恩赐之命!"

(以上是卿、大夫邀请异国使臣时的辞令。)

记

燕,朝服于寝。其牲狗也,亨于门外东方[1]。

若与四方之宾燕,则公迎之于大门内,揖让升。宾为苟敬[2],席于阼阶之西,北面;有肴,不哜肺,不啐酒;其介为宾。无膳尊,无膳爵。

【注释】

①亨于门外东方:亨通"烹",古代寝庙的门外都有灶,吉礼在门东,凶礼在门西。

②苟敬:礼仪简约而内心恭敬。

【译文】

记

燕礼,君臣都穿着朝服在路寝进行。所用的牲是狗,在门外东方的灶上烹煮。

如果国君与异国来的使臣燕饮，则国君要在大门之内迎接，相互揖让后上堂。宾频频向主人行礼，并表示亲将自己的席位安排在阼阶之西，紧挨着主人的地方，面朝北；为使臣进上的肴馔中有盛着牲体的俎。使臣不必尝肺，也不必尝酒；使臣的副手充当宾，坐在西阶之上宾的位置。不设国君专用的膳尊和膳爵。

（以上记燕礼的服装、用牲之地，以及国君宴请异国使臣的仪节。）

与卿燕，则大夫为宾。与大夫燕，亦大夫为宾。

羞膳者与执幂者，皆士也。羞卿者，小膳宰也①。

若以乐纳宾，则宾及庭，奏《肆夏》②。

宾拜酒，主人答拜，而乐阕③，公拜受爵，而奏《肆夏》；公卒爵，主人升，受爵以下，而乐阕。升歌《鹿鸣》，下管《新宫》④，笙入三成⑤，遂合乡乐⑥；若舞，则《勺》⑦。

【注释】

①小膳宰：膳宰的副佐。

②《肆夏》：乐诗名，已佚。

③阕（què）：乐终。

④管：以管乐吹奏。

⑤笙入三成：笙奏《南陔》、《白华》、《华黍》等三篇乐诗。

⑥乡乐：指《诗经》中《周南》和《召南》的六篇乐诗。

⑦《勺》：《诗经·周颂》中的诗篇。

【译文】

国君与卿燕饮，则以大夫为宾，目的是让卿不劳于仪节，能与之尽欢。如果国君与大夫燕饮，也以大夫为宾。

进膳酒者与执幂者，都由士担任。向卿进酒食者，由小膳宰担任。

如果以乐曲迎宾,则在宾走到中庭时奏《肆夏》的乐曲。

宾拜主人,称赞酒的甘美,主人答拜时,乐曲终止。国君拜谢主人而接过酒爵时,再奏《肆夏》;国君将爵中的酒饮毕,主人上堂,接过空爵下堂时,乐曲终止。歌手们上堂歌唱《鹿鸣》之诗,接着下堂用管乐奏《新宫》之诗,然后吹笙者奏《南陔》、《白华》和《华黍》之诗;紧接着堂上堂下合奏六篇乡乐之诗;如果有舞蹈,则奏《勺》的乐曲。

（以上记国君与卿或大夫燕饮时宾的级别,以及乐舞的定制。）

唯公与宾有俎。

献公,曰:"臣敢奏爵以听命①。"

凡公所辞,皆栗阶②。凡栗阶,不过二等。

凡公所酬,既拜,请旅侍臣。

凡荐与羞者③,小膳宰也。

有内羞④。

【注释】

①奏爵:进爵。听命:听君受爵与否之命。

②栗阶:或称"历阶",快速登上台阶的方式:左脚踩第一级台阶,右脚随即踩上第二级台阶,左脚又踩上第三级台阶,如此一直到堂上。通常上台阶时,左脚踩第一级台阶,接着右脚也踩第一级台阶;再用左脚踩第二级台阶,接着右脚也踩上第二级台阶,直至堂上。

③荐:进。与,以。

④内羞:房内的佐酒食品。

【译文】

只有国君与宾的席上可以有俎。

主人持爵向国君献酒,说:"臣谨进上酒爵,敬候尊命。"

凡是国君要劝阻宾或他人下堂行礼时,主人要连步走上台阶。凡是连步走上台阶,一次不能跨二级。

凡是国君酬宾,宾接过空爵,自行酌酒后,就上堂拜谢,向国君请求行酒于侍饮之臣。

凡是进以各种佐酒的食品,都由小膳宰负责。

房内也同时进以各种佐酒的食品。

(以上记献公、辞宾、酬宾以及进食的仪节。)

君与射,则为下射,袒朱襦,乐作而后就物。小臣以巾授矢,稍属①。不以乐志②。既发,则小臣受弓以授弓人。上射退于物一笴,既发,则答君而俟。若饮君,燕,则夹爵。君在,大夫射,则肉袒。

若与四方之宾燕,媵爵曰:"臣受赐矣。臣请赞执爵者。"相者对曰:"吾子无自辱焉。"

有房中之乐③。

【注释】

①稍属:授箭的动作稍稍连续,国君每射一箭,小臣随即递上一箭,直至四箭射完。

②不以乐志:志,识、记;不必完全按音乐的节奏射箭。

③房中之乐:奏于房中的音乐,用管弦而不用钟鼓,与堂上堂下之乐不同。

【译文】

如果国君参与射箭,则应按礼仪惯例担任下射,只需褪去内衣外的红色短衣即可,当奏乐声起时再踏上射位符号。小臣用巾包着箭递送给国君，动作要连贯。射箭时不一定跟随音乐的节奏。四支箭射完后，小臣从国君手中接过弓，交给弓人。与国君合耦的上射，射箭时应从射位符号处后退一箭长的距离，以示不敢与国君并列，每射出一箭，都要转身面对国君，等待他射。

如果国君属于负方要饮罚酒，则应像燕礼那样，先自饮，再让国君饮，接着又自饮。国君在场时，大夫射箭要袒露左臂。如果国君与异国的使臣燕饮，使臣送爵时说："臣已受到国君恩赐之酒。臣请求协助执爵者行事。"国君的辅佐者回答说："您不要去做那些有辱于您的事。"

堂上、堂下奏乐时，房中也安排有管弦之乐。

（以上记国君参与射箭的仪节，以及国君与异国使臣燕饮时的辞令。）

大射仪第七

大射是诸侯为即将进行的祭祀、朝觐、盟会等选定人员，或者纯粹是为了与群臣练习射技而在大学举行的活动。大射的主要内容是"三番射"，因此，其基本仪节与乡射礼相同，只是大射的参加者身份比乡射要高，掌礼执事者的官职也更高，人数也更多。大射与燕射、宾射的主要区别是，前者侧重于射中的次数多少，以及射的容体、动作等是否合于礼乐，意在确定合适的人选；后两者则侧重于敬宾尽欢。本篇详尽记述大射的仪节，故名"大射仪"。

大射之仪。君有命戒射。宰戒百官有事于射者。射人戒诸公、卿、大夫射。司士戒士射与赞者。

【译文】

大射之仪。国君命令有司预告即将举行大射。于是，宰告知百官中将参与射事的人。射人告知公、卿和大夫参加大射。司士则告知士中参加大射和执事的人。

（以上是通知百官等。）

前射三日，宰夫戒宰及司马。射人宿视涤。司马命量人量侯道与所设乏以狸步①，大侯九十②，参七十③，干五十④；设乏各去其侯西十、北十。遂命量人、巾车张三侯⑤；大侯之崇，见鹄于参⑥；参见鹄于干，干不及地武。不系左下纲。设乏西十、北十。凡乏用革。

【注释】

①侯道：从堂上射箭处至箭靶的距离。量人：官名，掌丈量道路、巷陌等的长度。狸步：丈量距离的工具，上面刻有狸的形状，故名。一狸步长六尺。

②大侯：国君用时箭靶。

③参：大夫用的箭。

④干：士用的箭靶。

⑤巾车：官名，车官之长，掌诸侯的车辆、衣巾，以及张设箭靶等。

⑥鹄（gǔ）：箭靶的中心。

【译文】

大射的前三天，宰夫再次告诫宰和司马，射期将临。射人在大射的前一天检查打扫射宫和洗涤器皿的情况。司马命令量人用"狸步"测量堂到箭靶的距离，以及到报靶者藏身用的"乏"的距离，诸侯的箭靶距离堂九十狸步，大夫的箭靶距离堂七十狸步，士的箭靶距离堂五十狸步；乏设立的位置是，分别在每一箭靶以西十狸步，再向北十狸步。接着命令量人和巾车张设上述三种箭靶，其高度是：诸侯箭靶的靶心，要高于大夫的箭靶；大夫箭靶的靶心要高于士的箭靶，箭靶下端的绳索距离地面为一尺二寸。箭靶左下方的绳索可以先不拴上。报靶者藏身用的乏设在箭靶之西十狸步、再向北十狸步的地方。乏用皮革制作。

（以上为射前的准备。）

乐人宿县于阼阶东,笙磬西面①,其南笙钟,其南镈②,皆南陈。建鼓在阼阶西③,南鼓;应鼙在其东④,南鼓。西阶之西,颂磬东面⑤,其南钟,其南镈,皆南陈。一建鼓在其南,东鼓;朔鼙在其北⑥。一建鼓在西阶之东,南面。荡在建鼓之间⑦。鼗倚于颂磬⑧,西纮⑨。

【注释】

①笙磬:即"生磬",陈设在东面的磬。古人认为东方是万物生长之处,故名。下面的笙钟也在东方,只是稍靠南,故也名为"笙钟"。

②镈(bó):乐器名,形如钟而较大,奏乐时打节拍用。

③建鼓:鼓名。鼓较大,鼓身有方孔,用木柱贯穿其中而立之,柱顶饰有鸾鸟及华盖,柱下有四足,饰以兽形。

④鼙(pí):皮鼓名。应鼙,与朔鼙相应和的鼓,奏乐时先击朔鼙,再击应鼙以应之。

⑤颂磬:悬挂在西方的磬,古人认为西方为万物所成之处,有成功之义,故名。

⑥朔鼙:鼓名。朔,开始,朔鼙是奏乐时最先敲击的鼓,故名。

⑦荡(dàng):乐器名,属笙箫一类的管乐器。

⑧鼗(táo):小鼓名,有柄,形如后世的拨浪鼓。

⑨纮(hóng):鼗两旁悬耳上的绳子。

【译文】

大射的前一天,乐人在阼阶之东悬架各种乐器:笙磬设在东侧,面朝西;笙磬的南侧是笙钟,再往南是镈钟,都是由北向南陈设。建鼓陈设在阼阶之西,鼓面朝南;应鼙在它的东侧,鼓面也朝南。颂磬陈设在西阶之西,面朝东,它的南面是颂钟,再往南是镈钟,也都由北向南陈列。另外又有一个建鼓在镈钟的南侧,但鼓面朝东;它的北面则是朔鼓。还有一个建鼓设立在西阶之东，鼓面朝南。称为"荡"的管乐器则陈放在这两个建鼓之间。有柄的小鼓"鼗"则倚靠在颂磬的架子上，小鼓一侧悬耳上的绳子朝西。

（以上是射前一日陈设乐器。）

厥明，司宫尊于东楹之西，两方壶；膳尊两瓶在南。有丰。幂用锡若绤①，缀诸箭②，盖幂加勺，又反之③。皆玄尊④。酒在北。尊士旅食于西镠之南⑤，北面，两圆壶。又尊于大侯之乏东北，两壶献酒。设洗于阼阶东南，罍水在东，篚在洗西，南陈。设膳篚在其北，西面。又设洗于获者之尊西北，水在洗北，篚在南，东陈。小臣设公席于阼阶上，西乡。司宫设宾席于户西，南面，有加席。卿席宾东，东上。小卿宾西⑥，东上。大夫继而东上。若有东面者，则北上。席工于西阶之东，东上。诸公阼阶西，北面，东上。官馔⑦。羹定。

【注释】

①绤（chī）：细葛布。

②缀（zhuì）：装饰、标记。箭：小竹条。

③又反之：将覆盖在酒尊上的布再向上翻卷，用以遮盖布上的勺。

④玄尊：玄酒之尊。

⑤旅：众士众食，指庶人在官者。

⑥小卿：担任卿的副手的大夫。

⑦官馔：膳宰为百官进上的肴馔。

【译文】

陈设乐器的次日天明，司宫在东楹柱的西侧陈设酒尊，是两把方壶，供百官诸臣用；国君用的酒尊是两只瓶，在方壶之南。下面都有托盘。覆盖在瓶上的织物根据季节而定，或用细布，或用细葛布，上面都缀饰有小竹条。织物覆盖在器物上，上面再放勺，然后将织物的两端向上翻折，遮住勺。两方壶和两瓶中都有一个玄酒之尊。酒在其北侧。士众食用的酒陈设在西南的镈钟之南，面朝北，是两把圆壶。又在国君箭靶旁的"乏"的东北陈放酒尊，是两壶特别滤过的沙酒。洗陈设在阼阶的东南，盛着水的罍在洗的东侧，盛饮酒器用的篚在洗的西南，首北尾南。盛国君饮酒器的篚陈放在它的北侧，朝西。又在报者的酒樽的西北陈放一个洗，盥洗用的水在它的北侧，篚在它的南侧，都是首北尾南。小臣在阼阶上为国君铺席，席面朝西。司宫在室户之西为宾铺席，席面朝南，上有一重加席。卿的席位在宾的东侧，由西向东排列，以东首为尊。卿的副手的席位在宾的西侧，由西向东排列，以东首为尊。大夫的席位接着卿的副手的席位向西排列，以东首为尊，如果排不下，则折而向南排列，席位的方向朝东，而以北首为尊。接着在西阶之东的堂廉上为乐工铺席，由西向东排列，以东首为尊．诸公的席位在阼阶之西的堂廉上，面朝北，由东向西排列，以东首为尊。有司为百官诸臣进上各自的肴馔。此时，狗肉羹已经煮熟。

（以上准备宴席。）

射人告具于公。公升，即位于席，西乡。小臣师纳诸公、卿、大夫。诸公、卿、大夫皆入右，北面东上。士西方，东面北上。大史在干侯之东北，北面东上。士旅食者在士南，北面东上。小臣师从者在东堂下，南面西上。公降，立于阼阶之东南，南乡。小臣师诏揖诸公、卿、大夫①，诸公、卿、大夫西面北上；揖大夫，大夫皆少进。大射正摈。摈者请宾，公曰："命某为宾。"摈者命宾，宾少进，礼辞。反命，又命之。宾再拜稽首，受命。摈者反命。宾出，立于门外，北面。公揖卿、大夫，升就席。小臣自阼阶下，北面。请执幂者与羞膳者。乃命执幂者。执幂者升自西阶，立于尊南，北面东上。膳宰请羞于诸公卿者。

【注释】

①诏：告知。揖：有揖之使其靠近之意。大夫：衍文，应删，后文的"诸公、卿、大夫"，"大夫"也为衍文。

【译文】

射人禀告国君，宴饮所需的器具已陈设完毕。于是，国君上堂，就位入席，面朝西。小臣师导引诸公、卿、大夫入门。诸公、卿、大夫都从门的右侧进入，再右行，在干侯的东北方面朝北，自东向西排列，以东首为尊。士站在庭的西侧，西朝东，从北向南排列，以北方为尊。大史站在士的干侯的东北，面朝北，自东向西排列，以东首为尊。庶人在官者站在士的南边，面朝北，自东向西排列，以东首为尊。小臣师及其随从站在东堂之下，面朝南，自西向东排列，以西首为尊。于是，国君走下堂，在阼阶的东南面朝南而立。小臣师向诸公和卿行拜礼，告诉他们上前稍靠近国君，诸公、卿便转而面朝西，自北向南排列，以靠近国君的北首为尊；小臣师又向大夫行拜礼，大夫也都稍稍上前靠近国君。接着，国君命令大射正兼任摈者。摈者向国君请问宾的人选，国君说："命令某人为宾。"摈者向被命为宾的人转达国君之命，宾便稍稍上前，以自己德疏才浅为由而谦辞。摈者转身向国君复命，国君重申前命。于是宾向国君行再拜叩首之礼，接受任命。摈者向国君复命。接着，宾出门，在大门外面朝北而立，等待国君以宾礼正式邀请。国君向卿、大夫拱手行礼后，上堂入席。小臣在阼阶之下面朝北，向国君请问执幂者与羞膳者的人选。于是，国君任命执幂者。执幂者从西阶上堂，站在酒尊之南，面朝北，以东首为尊。膳宰向国君请问羞膳者的人选。

（以上为任命并迎接宾。）

　　摈者纳宾，宾及庭，公降一等揖宾，宾辟；公升，即席。奏《肆夏》。宾升自西阶。主人从之，宾右北面至再拜。宾答再拜。主人降洗，洗南，西北面。宾降阶西，东面。主人辞降，宾对。主人北面盥，坐取觚洗。宾少进，辞洗。主人坐奠觚于篚，兴对。宾反位。主人卒洗，宾揖，升。主人升，宾拜洗。主人宾右奠觚答拜，降盥。宾降，主人辞降，宾对。卒盥。宾揖升。主人升，坐取觚。执幂者举幂，主人酌膳，执幂者盖幂。酌者加勺，又反之。筵前献宾。宾西阶上拜，受爵于筵前，反位。主人宾右拜送爵。宰胥荐脯醢。宾升筵。庶子设折俎。宾坐，左执觚，右祭脯醢，奠爵于荐右；兴取肺，坐绝祭，哜之，兴加于俎，坐挩手，执爵，遂祭酒，兴；席末坐啐酒，降席；坐奠爵，拜，告旨，执爵兴。主人答拜。乐阕。宾西阶上北面坐，卒爵，兴；坐奠爵，拜，执爵兴。主人答拜。

【译文】

　　于是，摈者导引宾入内，宾走到庭中时，国君从堂上走下一级阼阶，向宾拱手行礼，宾退避，表示不敢当，国君转身上堂，入席。此时，乐工们奏《肆夏》的乐曲。宾从西阶上堂。主人也随之从西阶上堂，在宾的右侧面朝北而立，向宾行再拜之礼。宾以再拜之礼作答。主人下堂准备洗觚，走到庭中后，站在洗的南方，面朝西北。宾随之下堂，表示不敢安居于堂，在西阶之西，面朝东而立。主人辞谢宾下堂，宾谦辞作答。主人面朝北洗手，接着坐下，从篚中取出觚。宾稍稍上前，劝阻主人亲自洗觚。主人又坐下，将觚放入篚中，起身作答。宾退回原位。主人洗觚完毕后，宾向他拱手行礼，然后上堂。主人上堂后，宾再次拜谢主人亲为洗濯。主人在宾的右侧放下觯，答拜还礼，接着又下堂洗手。宾随之下堂，主人辞谢，宾谦辞作答。主人洗完手时，宾向他拱手行礼，然后上堂。主人随之上堂，接着坐下，从篚中取出已洗净的觯。执幂者将覆盖在膳尊上的布撤去，主人酌酒后，执幂者又将布盖上。酌酒者将勺放在布上，再将布从两端向上翻折，盖上勺。主人在宾的席前向宾酒。宾先在西阶之上拜谢。再走到席前接爵；然后回到西阶之上的原位。主人在宾的右侧拜送受爵者。此时，宰胥将干肉和肉酱送到宾的席上。于是宾入席。庶子又摆上盛有节解过的牲体的俎。宾坐下，左手执觯，右手拿着干肉和肉酱祭祀，祭毕，将觯放在干肉和肉酱右边；又起身取了祭肺，再坐下，将肺的下端扯断，放在口中尝一尝，然后起身将肺放在俎上，坐下擦手，又拿觯祭酒，再起身，走到席的末端处坐下尝一口酒，然后离席，坐下放好觯，拜谢主人，称赞酒的甘美，再执爵起身。主人答拜还礼。此时乐曲终止。宾在西阶之上面朝北坐下，将觯中的酒喝完后起身，接着又坐下放好觯，拜谢主人，再执爵起身。主人答拜还礼。

（以上是主人向宾献酒。）

宾以虚爵降。主人降。宾洗南西北面坐奠觯，少进，辞降。主人西阶西东面少进对。宾坐取觯，奠于篚下，盥洗。主人辞洗。宾坐奠觯于篚，兴对，卒洗；及阶，揖升。主人升，拜洗如宾礼。宾降盥，主人降。宾辞降，卒盥，揖升。酌膳、执幂如初，以酢主人于西阶上。主人北面拜受爵。宾主人之左拜送爵。主人坐祭，不啐酒，不拜酒，遂卒爵，兴；坐奠爵，拜，执爵兴。宾答拜。主人不崇酒，以虚爵降，奠于篚。宾降，立于西阶西，东面。摈者以命升宾。宾升，立于西序，东面。

【译文】

宾执空觯下堂。主人随之下堂。宾到洗的南方,面朝西北坐下放好觯,然后起身稍稍上前,辞谢主人下堂。主人在西阶之西面朝东,稍稍上前作答。宾坐下取觯,放在篚的南方,接着洗手,准备为主人洗觯。主人辞谢宾。宾又坐下,将觯放入篚中,再起身谦辞作答,然后将觯洗濯干净;宾主走到阶前,宾向主人拱手行礼后上堂。主人随之上堂,拜谢宾亲为洗觯,其间仪节与刚才宾拜谢主人时一样。于是,宾又下堂洗手,准备为主人酌酒,主人随之下堂。宾辞谢主人下堂,洗手完毕,宾向主人拱手行礼后上堂。其后酌膳酒、执幂者撤幂、覆幂等仪节与此前所做的一样。宾执觯在西阶上向主人酢酒。主人面朝北拜谢后受觯。宾走到主人的左侧,面朝北拜而送之。主人坐着祭酒,祭毕不用尝酒,也不必拜谢宾的敬酒,就可以将觯中的酒喝完,然后起身;接着又坐下放好爵,拜谢主人,再执爵起身。宾答拜还礼。主人不必感谢宾不嫌弃自己的薄酒,拿着空觯下堂,放入庭中的篚内。接着,宾下堂,站在西阶之西,面朝东而立。摈者奉命导引宾上堂。宾上堂后站在堂的西序前,面朝东。

(以上是宾酢主人。)

主人盥,洗象觯,升酌膳,东北面献于公。公拜受爵,乃奏《肆夏》。主人降自西阶,阼阶下北面拜送爵。宰胥荐脯醢,由左房。庶子设折俎,升自西阶。公祭,如宾礼;庶子赞授肺。不拜酒,立卒爵;坐奠爵,拜,执爵兴。主人答拜。乐阕。升受爵,降奠于篚。

【译文】

主人下堂洗手,接着洗濯象觯,又上堂酌膳酒,面朝东北献给国君。

国君拜谢后接过象觚,此时乐工奏《肆夏》的乐曲。主人从西阶下堂,走到阼阶前,面朝北拜而送之。于是,宰胥在国君席前进上干肉和肉酱,都从左房端出来。庶子揲卜盛有折断的牲体的俎,是从西阶端上堂的。国君祭酒等等的礼节与宾一样,只是由庶子协同献上祭肺。国君不必拜谢主人敬酒,站着将象觚中的酒喝完,然后坐下,放好象觚,拜谢主人,再执象觚起身。主人在阼阶下答拜还礼。此时乐曲终止。于是,主人上堂接过喝空的象觚,下堂放入篚中。

（以上是主人向国君献酒。）

更爵洗,升酌散以降;酢于阼阶下,北面坐奠爵,再拜稽首。公答拜。主人坐祭,遂卒爵,兴;坐奠爵,再拜稽首。公答拜。主人奠爵于篚。

【译文】

主人在堂下另取一只觚,洗净后上堂,从膳尊中酌酒,然后下堂,在阼阶之下自酢,再面朝北坐下,放好爵,向国君再拜叩首。国君答拜还礼。主人坐下祭祀,接着将觚中的酒饮完,起身;然后又坐下放好爵,向国君再拜叩首。国君答拜还礼。主人将空觚放入篚中。

（以上是主人自酢。）

主人盥洗,升媵觚于宾,酌散,西阶上坐奠爵,拜。宾西阶上北面答拜。主人坐祭,遂饮。宾辞。卒爵兴,坐奠爵,拜,执爵兴。宾答拜。主人降洗,宾降。主人辞降,宾辞洗。卒洗。宾揖升,不拜洗。主人酌膳。宾西阶上拜,受爵于筵前,反位。主人拜送爵。宾升席,坐祭酒,遂奠于荐东。主人降,复位。宾降筵西,东南面立。

【译文】

主人下堂先洗手、洗觚，然后上堂，向宾进酬酒；酒是从方壶中酌取的，接着在西阶上坐下，放好觚，向宾行拜礼。宾在西阶之上面朝北答拜还礼。主人代替国君坐下祭酒，接着又饮酒。宾不敢当此大礼而推辞。主人将觚中的酒饮完后起身，又坐下放好觚，拜宾，然后执觚起身。宾答拜还礼。主人又下堂洗觚，宾随之下堂。主人辞谢宾的下堂，宾辞谢主人亲为洗觚。主人洗毕，宾向他拱手行礼，然后上堂，不必再次拜谢主人亲为洗觚。主人在觚中酌以膳尊之酒。宾在西阶之上拜谢，并在席前接过觚，再回到自己的席位，主人拜送受爵者。宾入席，然后坐下祭酒，祭毕，将觚放在席前干肉和肉酱的东侧。主人下堂回到原位。宾离席，站到席的西侧，面朝东南。

（以上是主人酬宾。）

小臣自阼阶下请媵爵者，公命长。小臣作下大夫二人媵爵。媵爵者阼阶下皆北面再拜稽首。公答拜。媵爵者立于洗南，西面北上；序进，盥洗角觯，升自西阶；序进，酌散，交于楹北；降，适阼阶下；皆奠觯，再拜稽首，执觯兴。公答拜。媵爵者皆坐祭，遂卒觯，兴；坐奠觯，再拜稽首，执觯兴。公答再拜。媵爵者执觯待于洗南。小臣请致者。若命皆致，则序进，奠觯于篚，阼阶下皆北面再拜稽首。公答拜。媵爵者洗象觯，升实之；序进，坐奠于荐南，北上；降，适阼阶下，皆再拜稽首送觯。公答拜。媵爵者皆退反位。

【译文】

小臣在阼阶下向国君请问送爵者的人选，国君命令由下大夫之长担任。于是，小臣请二下大夫之长送爵。送爵者走到阼阶下都面朝北向国君再拜叩首。国君答拜还礼。送爵者在庭洗之南面朝西并排而立，以站在北面者为尊，然后依次上前，先洗手再洗角觯，再从西阶上堂，依次上前，从方壶中酌酒，两人在楣柱的北侧交错而过；接着先后下堂，走到阼阶下，都放下觯，向国君再拜叩首，然后执觯起身。国君答拜还礼。送爵者都在阼阶前坐下祭祀，接着将觯中的酒喝完，起身；再坐下放好觯，向国君再拜叩首，然后执觯起身。国君以再拜之礼作答。送爵者执觯在庭洗之南等待国君的命令。小臣请问国君致爵的人数。如果国君命令两人都致爵，则两人依次上前，将觯放入篚中，在阼阶之下面朝北向国君再拜叩首。国君答拜还礼。送爵者在庭中洗象觯，然后上堂酌酒，再依次走到国君席前，将觯放在席前干肉和肉酱的右侧，而以放在北面的觯为尊；接着下堂，走到阼阶前，一起向国君再拜叩首，送受觯者。国君答拜还礼。送爵者都退下回到原位。

（以上是向国君致送爵。）

　　公坐取大夫所媵觯，兴以酬宾。宾降，西阶下再拜稽首。小臣正辞，宾升成拜。公坐奠觯，答拜，执觯兴。公卒觯，宾下拜，小臣正辞。宾升，再拜稽首。公坐奠觯，答拜，执觯兴。宾进，受虚觯，降，奠于篚，易觯，兴洗；公有命，则不易不洗。反升酌膳。下拜。小臣正辞。宾升，再拜稽首。公答拜。宾告于摈者，请旅诸臣。摈者告于公，公许。宾以旅大夫于西阶上。摈者作大夫长升受旅。宾大夫之右坐奠觯，拜，执觯兴。大夫答拜。宾坐祭，立卒觯，不拜。若膳觯也。则降、更觯，洗，升实散。大夫拜受。宾拜送，遂就席。大夫辩受酬，如受宾酬之礼，不祭酒。卒受者以虚觯降，奠于篚，复位。

【译文】

国君坐下取过大夫所送的觯，起身向宾进酬酒。宾下堂准备行再拜叩首之礼。小臣正劝阻，宾乃上堂完成再拜叩首之礼。国君坐下，放好觯，以再拜之礼作答，然后执觯起身。国君将觯中的酒饮毕，宾又下堂准备行拜礼，小臣正又劝阻。于是宾上堂，向国君再拜叩首。国君坐下，放好觯，以再拜之礼作答，然后执爵起身。宾上前，从国君手中接过空觯，下堂放入篚中，接着另取一觯洗濯。如果公有命令，则可以不更换觯，也不洗濯。宾转身上堂酌膳酒，然后下堂，准备拜国君，小臣正劝阻。于是宾上堂，对国君再拜叩首。国君答拜还礼。宾告诉摈者，是否请国君同意接着为各位大夫行旅酬礼。摈者转告国君，国君同意。宾便站在西阶之上依次作大夫行旅酬礼。摈者命大夫之长上堂接受酬酒。宾在大夫的右侧坐下，放好觯，礼拜大夫，然后执觯起身。大夫答拜还礼。宾坐着祭祀，站着将觯中的酒喝完，不必拜谢。如果宾用的是膳觯，则应在劝酒前下堂更换它觯，并洗濯，然后上堂酌方壶中的酒。大夫之长拜而受之。宾拜而送之，接着入席。大夫们一一受到宾的酬酒，其间仪节与公卿受宾酬酒一样，也不必祭酒，最后一位接受酬酒者要拿着空觯下堂，将它放入篚中，然后回到原位。

（以上是国君酬宾，宾遍酬大夫。）

主人洗觚，升实散，献卿于西阶上。司宫兼卷重席，设于宾左，东上。卿升，拜受觚。主人拜送觚。卿辞重席，司宫彻之。乃荐脯醢。卿升席。庶子设折俎。卿坐，左执爵，右祭脯醢，奠爵于荐右；兴取肺，坐绝祭，不啐肺；兴加于俎，坐挩手，取爵，遂祭酒，执爵兴；降席，西阶上北面坐卒爵，兴；坐奠爵，拜，执爵兴。主人答拜，受爵。卿降，复位。辩献卿。主人以虚爵降，奠于篚。摈者升卿，卿皆升，就席。

若有诸公,则先卿献之,如献卿之礼;席于阼阶西,北面东
上;无加席。

【译文】

　　主人到庭中洗觚,上堂从方壶中酌酒,接着在西阶之上向卿献酒。
司宫将卿的两重席一并卷起,设在宾席的左侧,席的东端朝东。卿上
堂,拜谢主人并接过觚。主人拜送受觚者。卿请求撤去上面的一重席,
司宫遵命撤之,接着将下面的那重席铺好。于是有司进上干肉和肉酱。
卿入席。庶子摆上盛有节解的牲体的俎。卿坐下,左手执觚,右手祭干
肉和肉酱,祭毕,将觚放在干肉和肉酱的右侧;接着起身取祭肺,再坐下
将肺的下端扯断而祭之,不必尝肺,然后起身将它放在俎上,坐下擦手,
又取过,接着祭酒,又执觚起身;然后离席,在西阶之上面朝北坐下,将
觚中的酒喝完,起身;再坐下放好觚,拜谢主人,然后执觚起身。主人答
拜还礼,从卿手中接过觚。卿下堂,回到原位。如此,一一向所有的卿
献酒。最后,主人拿着空觚下堂,将它放入篚内。于是,摈者导引卿上
堂,众卿都上堂入席。如果有诸公在场,则应在卿之前向他们献酒,其
间仪节与向卿献酒时一样;诸公的席位设在阼阶之西的堂廉上,面朝
北,以东首为尊,筵席只有一重,上面不再加铺第二重席。

　　(以上是主人向卿献酒。)

　　小臣又请媵爵者,二大夫媵爵如初。请致者。若命长
致,则媵爵者奠觯于篚,一人待于洗南。长致者阼阶下再拜
稽首,公答拜,洗象觯,升实之,坐奠于荐南,降,与立于洗南
者二人皆再拜稽首送觯。公答拜。

【译文】

　　小臣请问下一轮送爵者的人选,国君仍然命令二位下大夫担任,他们送爵的仪节与刚才一样。小臣又请问致爵的人数。如果由二位下大夫中的长者致爵,则送爵者将觯放入篚内时,另一人在庭洗之南等候。长者致爵要到阼阶之下向国君再拜叩首,国君答拜还礼。接着致爵者在庭中洗濯象觯,然后上堂酌酒,坐下,放在干肉和肉酱的右侧,又走下堂,与站在庭洗之南的送爵者一起向国君再拜叩首,并礼送受觯者。国君答拜还礼。

　　(以上为再请二大夫送爵。)

　　公又行一爵,若宾,若长,唯公所赐。以旅于西阶上,如初。大夫卒受者以虚觯降,奠于篚。

【译文】

　　国君又举起刚才放着的另一只觯,准备旅酬卿大夫;如果国君此时已不胜酒量,则可以将觯赐给宾或卿大夫之长,请他们代行旅酬。国君在西阶上依次向卿大夫旅酬,就像前面所做过的那样。最后一位受酬酒的大夫要拿着空觯下堂,放入篚中。

　　(以上为国君向卿劝酒。)

　　主人洗觚,升,献大夫于西阶上。大夫升,拜受觚。主人拜送觚。大夫坐祭,立卒爵,不拜既爵。主人受爵。大夫降复位。胥荐主人于洗北。西面。脯醢,无胾。辩献大夫,送荐之,继宾以西,东上。若有东面者,则北上。卒,摈者升大夫;大夫皆升,就席。

【译文】

主人在庭中洗觚，然后上堂，在西阶之上向大夫献酒。大夫上堂，拜谢主人后接过觚。主人拜送受觚者。大夫在西阶上坐着祭祀，站着将觚中的酒饮完，之后不必拜谢主人。主人接过空爵。大夫下堂回到原位。胥将主人佐酒的食品放在庭洗之北，面朝西，有干肉和肉酱，但没有盛着牲体的俎。向大夫们一一献酒之后，接着分别向他们进以干肉和肉酱，他们的位置排在宾的西侧，而以挨着宾的东方为尊。如果排不下，则折而向南，面朝东，而以北首的位置为尊。干肉和肉酱进陈完毕，摈者导引大夫上堂；大夫上堂后，一一入席。

（以上是主人向大夫献酒。）

乃席工于西阶上，少东。小臣纳工，工六人，四瑟。仆人正徒相大师①，仆人师相少师②，仆人士相上工③，相者皆左何瑟，后首，内弦，挎越，右手相。后者徒相入。小乐正从之。升自西阶，北面，东上。坐授瑟，乃降。小乐正立于西阶东。乃歌《鹿鸣》三终。主人洗，升实爵，献工。工不兴，左瑟；一人拜受爵。主人西阶上拜送爵。荐脯醢。使人相祭。卒爵，不拜。主人受虚爵。众工不拜，受爵，坐祭，遂卒爵。辩有脯醢，不祭。主人受爵，降奠于篚，复位。大师及少师、上工皆降，立于鼓北，群工陪于后。乃管《新宫》三终。卒管。大师及少师、上工皆东坫之东南④，西面北上坐。

【注释】

①仆人正：仆人之长。徒：徒手。大师：乐工之长。

②仆人师：仆人正的副手。少师：乐工之长的副手。

③仆人士：仆人新属的小吏。上工：堂上的乐工。

④坫(diàn)：室内的土台。坫有多种，此为屋角的坫，是举行冠、丧等仪式的地方。

【译文】

于是在西阶之上为乐工设席，而稍稍靠东。小臣引导乐工们入内，乐工共有六名，其中四名是鼓瑟者。仆人正空手扶着大师，仆人师扶助少师，仆人士扶着堂上的乐工。挽扶乐工者都是左肩荷瑟，瑟的首部朝后，瑟弦朝内，手指钩入瑟底的孔中，右手扶着乐工。进入时的顺序正好相反，乐工先入，所以最后进去的是空手挽扶大师的仆人正。小乐工跟随于大师之后。他们都从西阶上堂，然后面朝北并列而坐，以东面的位置为尊。挽扶鼓瑟者的人，要坐着将瑟交给鼓瑟者。然后下堂。小乐正站立在西阶的东侧。于是，歌手唱《鹿鸣》之歌三遍。歌毕，主人下堂洗觯，再上堂酌酒后献给乐工。乐工不必起身，但要将瑟移向左边，以示谦避，乐工之长拜谢主人后接觯。主人在西阶之上拜送受觯者。于是，有司为乐工们进上干肉和肉酱。主人命相者帮助乐工祭祀。乐工之长将觯中的酒饮毕，不必拜谢主人。主人接过空觯。其他乐工不必拜谢主人，就可以接过觯，再坐下祭祀，接着将觯中的酒饮完。每位乐工的席前都进有干肉和肉酱，但不必祭它。主人接过乐工们的空觯，下堂放入篚中，再回到主位。至此，堂上的乐事完毕，大师、少师和堂上的乐工都下堂，站在庭西的建鼓之北，众乐工都陪立于后。接着堂下吹奏《新宫》之乐三遍。吹奏毕，大师、少师和堂上的乐工都站在堂角土台的东南，面朝西并排而坐，以北首为尊。

（以上是奏乐娱宾。）

　　摈者自阼阶下请立司正。公许，摈者遂为司正。司正适洗，洗角觯，南面坐奠于中庭；升，东楹之东受命于公，西阶上北面命宾、诸公、卿、大夫："公曰：以我安！"宾、诸公、卿、大夫皆对曰："诺！敢不安？"司正降自西阶，南面坐取

觯,升酌散;降,南面坐奠觯;兴,右还,北面少立;坐取觯,
兴;坐,不祭,卒觯,奠之,兴;再拜稽首,左还,南面坐取觯,
洗,南面反奠于其所,北面立。

【译文】

　　摈者在阼阶下请国君设立司正。国君表示同意,于是摈者奉命兼
任司正。司正走到庭洗前,洗涤角觯,然后面朝南坐下,将它放在两阶
之间的庭中,接着上堂,在东楹柱的东侧领受国君之命,然后走到西阶
之上面朝北命令宾、诸公、卿、大夫:"国君说,以我的命令让他们都安
坐!"宾、诸公、卿、大夫都应答说:"是!岂敢不安坐?"司正从西阶下堂,
在庭洗前面朝南坐下取觯,然后上堂酌方壶中的酒,接着下堂,面朝南
坐下,放好觯;再起身,向右转身,面朝北而立,并稍稍端正自己的站姿;
又坐下取觯,起身;然后又坐下,不必祭祀,将觯中的酒饮完后放下,起
身;向国君再拜叩首,接着向左转身,在庭洗前面朝南坐下再取觯,洗濯
后面朝南坐下,将觯放在原处,再面朝北而立。

　　(以上是司正奉命留宾安坐。)

　　司射适次①,袒决遂,执弓,挟乘矢,于弓外见镞于弣,右
巨指钩弦。自阼阶前曰:"为政请射。"遂告曰:"大夫与大
夫,士御于大夫。"遂适西阶前,东面右顾②,命有司纳射器。
射器皆入。君之弓矢,适东堂;宾之弓矢与中、筹、丰,皆止
于西堂下。众弓矢不挟。总众弓矢、楅③,皆适次而俟。工
人士与梓人升自北阶④。两楹之间疏数容弓⑤,若丹,若墨,
度尺而午⑥。射正莅之。卒画,自北阶下。司宫扫所画物,
自北阶下。大史俟于所设中之西,东面以听政。司射西面
誓之曰⑦:"公射大侯,大夫射参,士射干。射者非其侯,中之

不获！卑者与尊者为耦，不异侯！"大史许诺。遂比三耦。三耦俟于次北，西面北上。司射命上射，曰："某御于子。"命下射，曰："子与某子射。"卒，遂命三耦取弓矢于次。

【注释】

①次：更换衣服的地方，四周有帐帏，地上铺有席。

②右顾：向右看，因有司在其右侧。

③总：将物件合在一处后捆束之。众弓矢：除三耦和卿大夫之外的人用的弓箭。

④工人士、梓人：都是匠人的职名。

⑤疏数：指两个射位符号的竖画之间的距离大小。

⑥度尺而午：纵画和横画都以一尺为度，相交成"午"。古文"午"字略如后世的"十"字。

⑦誓：告诉。

【译文】

司射走到更衣处，脱去左袖，戴上扳指，套上护臂，拿起弓，将指间挟着的四支箭搭在弦上拿着，箭头在弓把的中部露出，右手的拇指钩住弓弦。司射走到阼阶前对国君说："为了政典而请允许射箭。"接着又禀告国君说："堂上的人合耦的方法是，大夫与大夫相合耦，如果人数不足，可以让士与大夫合耦。"接着又走到西阶之前，面朝东而立，向右看着有司，命令他将射箭用的器具搬进来。于是，射箭的器具全部搬了进来。国君的弓箭放在东堂；宾的弓箭以及盛筹器、算筹、酒器托盘，都放在西堂之下。三耦和卿、大夫之外的人用的弓箭不挟持，但要这些弓箭和箭架捆在一起，全部送到更衣处待用。工人士和梓人从堂的北阶走上来，在东、西楹柱的中间画射位符号，两个射位符号的纵画之间相距一把弓，用浅红色或黑色画它，纵画和横画都以一尺长为度，交叉成午字。射正亲至现场监察。画毕，工人士和梓人从北阶下堂。司宫清扫射位符号处,使之更加清晰,扫毕,也从北阶下堂。大史则在将要放盛筹器处的西面候立,面朝东而听司射等发令。司射面朝西,告诉在场的人说:"国君射的箭靶是'大侯',大夫射的箭靶是'参侯',士射的箭靶是'干侯',如果射者射中的不是自己的箭靶,即使射中也不能计数! 地位低者与高者合为一耦者,射同一个箭靶!"大史听后表示同意。于是选定三耦的成员。被选中的三耦之人在更衣处的北侧等候,面朝西并排而站,以北首为尊。司射命令上射说:"某人侍射于您。"命令下射说:"你和某人合射。"命毕,接着命三耦之人到更衣处取弓箭。

（以上为准备射器和选定三耦。）

　　司射入于次,搢三挟一个,出于次,西面揖,当阶北面揖,及阶揖,升堂揖,当物北面揖,及物揖;由下物少退,诱射。射三侯,将乘矢,始射干,又射参,大侯再发。卒射,北面揖。及阶,揖降,如升射之仪。遂适堂西,改取一个挟之。遂取扑搢之,以立于所设中之西南,东面。

【译文】

　　司射走进更衣处准备,腰间插三支箭,食指和中指间夹一支箭,然后走出更衣处,面朝西拱手行礼,走到正对着西阶的小路前,又面朝北拱手行礼,走到西阶前拱手行礼,上堂后拱手行礼,走到正对着射位符号的地方面朝北拱手行礼,踩上射位符号时拱手行礼;再从下射的射位符号处稍稍后退,开始向三耦作射箭的动作及仪容的示范。司射先后射三个箭靶,用四支箭,先射士的箭靶干侯,又射大夫的箭靶参侯,最后两箭射国君的箭靶大侯。射毕,面朝北拱手行礼。走到西阶前,拱手行礼后下堂,其间的仪节与方才上堂射箭时一样。接着走到西堂之下,重新取一支箭,夹在食指与中指间。然后又取刑杖插在腰间,再走到将要放盛筹器的地方的西南,面朝东而立。

（以上是司射作射箭的示范。）

　　司马师命负侯者执旌以负侯。负侯者皆适侯,执旌负侯而俟。司射适次,作上耦射。司射反位。上耦出次,西面揖进。上射在左,并行。当阶北面揖,及阶揖。上射先升三等,下射从之,中等。上射升堂,少左。下射升,上射揖,并行。皆当其物北面揖,及物揖。皆左足履物,还,视侯中,合足而俟。司马正适次,袒决遂,执弓,右挟之,出;升自西阶,适下物,立于物间;左执弣,右执箫,南扬弓,命去侯。负侯皆许诺,以宫趋,直西;及乏南,又诺以商;至乏,声止。授获者,退立于西方。获者兴,共而俟。司马正出于下射之南,还其后,降自西阶;遂适次,释弓,说决拾,袭,反位。司射进,与司马正交于阶前,相左;由堂下西阶之东,北面视上射,命曰:"毋射获! 毋猎获!"上射揖。司射退,反位。乃射,上射既发,挟矢;而后下射射,拾发以将乘矢。获者坐而获,举旌以宫,偃旌以商;获而未释获。卒射,右挟之,北面揖,揖如升射。上射降三等,下射少右,从之;中等,并行,上射于左。与升射者相左,交于阶前,相揖。适次,释弓,说决拾,袭,反位。三耦卒射亦如之。司射去扑,倚于阶西,适阼阶下,北面告于公,曰:"三耦卒射。"反,搢扑,反位。

【译文】

　　司马师命令报靶者拿着旌旗到箭靶前面站着,为射手指示靶的位置。三位报靶者分别走到各自的箭靶前,手持旌旗,背朝箭靶,等候司马的命令。司射走到更衣处，命上耦的射手去作射箭的准备。然后司射返回原位。上耦从更衣处出来，面朝西相互拱手行礼后一起上前，上射走在左侧，并排而行。走到正对着西阶的地方，两人面朝北拱手行礼，走到西阶下再次拱手行礼。于是，上射先登阶，走上第三级台阶时，下射再走上第一级台阶，两人之间要空一级台阶。上射走到堂上后，要略向左侧站立，以便为下射让出登堂的地方，并在此等候。下射上堂后，上射要向他拱手行礼，然后并排向东走去。当两人走到正对着射位符号的地方时，面朝北拱手行礼。走到射位符号时再次拱手行礼。两人都用左足踩住射位符号，再转身向西，并扭头察看南方箭靶的中央，然后调整步式，等待司马的命令。司马正走到更衣处，袒去左袖，戴上扳指，套上护臂，左手执弓，右手拇指钩住弦，走了出来。接着从西阶上堂，走到下射的射位符号前停下，然后站立在上射和下射的射位符号之间，左手握住弓把，右手执持弓的末端，向南举起弓，命令站立在箭靶中央的报靶者迅速离开。报靶者都闻声应诺，应诺声开始时要高，用"宫"调，一边喊着，一边朝正西方向跑；到屏障的南方，应诺声要降为"商"调；走到屏障前，应诺声再停止。于是，大侯的报靶者将旌旗授予另一人，由他代替报靶，自己则退立于西方。另外两个箭靶的报靶者则起身，恭立等候。司马正从下射的南侧走过，绕到他身后，然后从西阶下堂；接着走到更衣处，放下弓，脱去扳指和护臂，穿上左衣袖，回到原位。与此同时，司射上前，在西阶前与下堂的司马正交错而过，对方都在各自的左侧；司射站在堂下西阶的东侧，面朝北注视着上射，命令道："不得射伤报靶者！不得惊吓报靶者！"上射听后向司射行拱手礼。于是司射退下，回到原位。接着，射击开始，上射每射完一箭，就从腰间再抽出一支箭挟着，然后由下射开始，如此轮流更替，直至将各自的四支箭射完。报靶者坐着向堂上报告射中的情况，报靶的声调要有变化，举旗报喊时，声调高而为"宫"调，垂旗时声调降而为"商"调。由于此时是习射，所以即使射中，也不统计各人射中的次数。射毕，射手用右手执持弓弦,面朝北拱手行礼下堂,其间仪节与相揖上堂时一样。上射走下第三级台阶时,下射要稍稍向右侧退避,并跟随而下,但两人之间仍要隔开一级台阶。下堂后两人并列而行,上射走在左侧。此时,中耦已开始离位上堂,在西阶前与下堂的上耦交错而过,对方都在各自的左侧,双方拱手行礼。上耦走到更衣处,放下弓,脱去扳指和护臂,穿上左衣袖,回到原位。三耦射完后的仪节都是如此。于是,司射抽下腰间的刑杖,将它倚靠在西阶的西侧,然后走到阼阶之下,面朝北向国君禀告说:"三耦都已射毕。"接着回到西阶之前,插好刑杖,返回原位。

司马正袒决遂,执弓,右挟之,出;与司射交于阶前,相左。升自西阶,自右物之后,立于物间;西南面,揖弓,命取矢。负侯许诺,如初去侯,皆执旌以负其侯而俟。司马正降自西阶,北面命设楅。小臣师设楅。司马正东面,以弓为毕①。既设楅,司马正适次,释弓,说决拾,袭,反位。小臣坐委矢于楅②,北括。司马师坐乘之,卒。若矢不备,则司马正又袒执弓,升,命取矢如初,曰:"取矢不索!"乃复求矢,加于楅。卒,司马正进坐,左右抚之③,兴,反位。

【注释】

①毕:形略如弓,长三尺,竹或木制,用以指画放置器物位置的工具。

②"小臣"句:"小臣"之后当脱一"师"字。

③左右抚之:左手抚左边的箭,右手抚右边的箭,以审定箭的数目。

【译文】

司马正脱去左袖,戴上扳指,套上护臂,左手执弓,右手拇指钩住弓弦,走出更衣处;在西阶之前与司射交错而过,对方都在各自的左侧。

司马从西阶上堂，走到右侧的射位符号之后停下，再在左、右射位符号之间立定，面朝西南，双手持弓拱手行礼，命令弟子取箭。报靶者闻声应诺，就像第一番射离开箭靶那样，都执持旌旗，站到各自的箭靶前等候。司马正从西阶下堂，面朝北命令陈放箭架。小臣师奉命在庭中陈放箭架。司马正在箭架西边面朝东，用弓代替"毕"，指示箭架陈放的准确位置。箭架陈放完毕，回到原位。小臣师面朝北坐着将箭横放到箭架上，箭括朝北。司马师坐着将箭按四支一份分好，直至全部分完。如果箭的数量准备不足，则司马正要脱去左袖，拿起弓上堂，像起初那样命令取箭，说："箭的数量没有取足！"于是再去将不足的箭取来，摆在箭架上。取毕，司马正上前坐下，用左右手将上、下射用的箭分开，然后起身，回到原位。

（以上是陈放箭矢。）

　　司射适西阶西，倚扑；升自西阶，东面请射于公。公许。遂适西阶上，命宾御于公，诸公、卿则以耦告于上，大夫则降，即位而后告。司射自西阶上，北面告于大夫，曰："请降！"司射先降，搢扑，反位。大夫从之降，适次，立于三耦之南，西面北上。司射东面于大夫之西，比耦。大夫与大夫，命上射曰："某御于子。"命下射曰："子与某子射。"卒，遂比众耦。众耦立于大夫之南，西面北上。若有士与大夫为耦，则以大夫之耦为上，命大夫之耦曰："子与某子射。"告于大夫曰："某御于子。"命众耦，如命三耦之辞。诸公、卿皆未降。

【译文】
　　司射走到西阶的西侧，将刑杖斜倚着，然后从西阶上堂，面朝东请问国君,是否让三耦以外的宾客都来射箭。国君表示同意。司射走到西阶之上,命令宾与国君合为一耦,诸公、卿合耦的原则在堂上宣布,大夫的合耦原则,则要在他们下堂即位后再宣布。司射在西阶之上,面朝北告诉大夫说:"请下堂!"然后司射先下堂,接着将刑杖插在腰间,再回到西阶前的原位。大夫随司射之后下堂,先到更衣处准备,然后站在三耦的南侧,面朝西排列,以北首为尊。司射面朝东站在大夫之西,将他们一一配合为耦。凡是大夫与大夫合耦,司射在告知合耦者姓名时,对上射说:"某人将侍射于您。"对下射说:"您与某人合射。"说完,再将众士配合为耦。士之耦站在大夫的南侧,面朝西并列,以北首为尊。如果有士与大夫合为一耦的,要以大夫的合耦者为上射,司射告知双方合耦者的姓名时,对士说:"你和某人合射。"对大夫说:"某人侍射于您。"向士之耦的双方通告合耦者姓名的辞令,与通告三耦时一样。诸公、卿都没有下堂。

　　(以上是为卿、大夫、士合耦。)

　　遂命三耦各与其耦拾取矢,皆袒决遂,执弓,右挟之。一耦出,西面揖,当福北面揖,及福揖。上射东面,下射西面。上射揖进,坐横弓,却手自弓下取一个,兼诸弣,兴;顺羽,且左还,毋周,反面揖。下射进,坐横弓,覆手自弓上取一个,兼诸弣,兴;顺羽,且左还,毋周,反面揖。既拾取矢,梱之[①]。兼挟乘矢,皆内还,南面揖。适福南,皆左还,北面揖,搢三挟一个,揖,以耦左还,上射于左。退者与进者相左,相揖。退,释弓矢于次,说决拾,袭,反位。二耦拾取矢,亦如之。后者遂取诱射之矢,兼乘矢而取之,以授有司于次中。皆袭,反位。

【注释】

①梱(kǔn)：向下叩击，使四支箭整齐。

【译文】

于是命令三耦各与其合耦者从箭架上轮流取箭，然后都脱去左袖，戴上扳指，套上护臂，右手执弓，左手拇指钩住弓弦。每一耦的两位射手出来后，先面朝西相互拱手行礼，走到正对着箭架的地方，面朝北拱手行礼，走到箭架前又拱手行礼。接着两人转身相向而立，上射面朝东，下射面朝西。然后，上射向下射拱手行礼，进至箭架的西侧，坐下，将弓横放在身上，弓背朝上，弓弦向下，右手掌心向上，从弓弦下向前伸出，从箭架上取一支箭，将箭的前部并在左手与弓把之间，起身，一边用左手理顺箭后部的羽毛，一边向左转身，但不要转一周至原位，而是向右转至面朝东的方向，向下射拱手行礼。下射进至箭架的东端，坐下，将弓南北向横放在身前，右手掌心向下，从弓的上方伸向箭架的左侧，取一支箭，将箭的前部并在左手与弓把之间，起身，一边用右手理顺箭后部的羽毛，一边向左转身，但不要转一周回到原位，而是转至面朝西的方向，向上射拱手行礼。两人轮流取完箭后，将各自的四支箭一齐向下扣击，使之齐整。再将四支箭一起夹持在指间，并分别向内侧转身，面朝南拱手行礼，并略向箭架靠近。走到箭架的南侧，两人都向左转身，面朝北拱手行礼，接着将手中的三支箭插入腰间，另一支箭夹持在右手指间。两人拱手行礼之后，上射与他的合耦者向左转身，然后并排退下，上射走在左侧。退下之耦与上前之耦在途中交错而过，对方都在各自的左侧，此时要相互拱手行礼。退下之耦在更衣处放下弓箭，脱去扳指和护臂，再穿上左衣袖，回到原位。其余二耦轮流取箭的仪节，也是这样。最后取箭者，要将诱射用的四支箭和自己用的四支箭一起取来，并在更衣处将诱射的箭交给有司。然后都穿上右衣袖，回到原位。

（以上是三耦取箭、众宾取弓箭。）

　　司射作射如初。一耦揖、升如初。司马命去侯，负侯许诺如初。司马降，释弓，反位。司射犹挟一个，去扑；与司马交于阶前，适阼阶下，北面请释获于公；公许。反，搢扑；遂命释获者设中；以弓为毕，北面。大史释获。小臣师执中，先首，坐设之，东面，退。大史实八算于中，横委其余于西，兴，共而俟。司射西面命曰："中离维纲①，扬触②，梱复③，公则释获，众则不与！唯公所中，中三侯皆获。"释获者命小史，小史命获者。司射遂进由堂下，北面视上射，命曰："不贯不释！"上射揖。司射退，反位。释获者坐取中之八算，改实八算，兴，执而俟。乃射。若中，则释获者每一个释一算，上射于右，下射于左。若有余算，则反委之。又取中之八算，改实八算于中。兴，执而俟。三耦卒射。

【注释】

①离：通"丽"，附着。维纲：固定箭靶的绳索。

②扬触：箭射中靶周围的其他部件，则扬举后，再触箭，表示射中。

③梱复：箭射到靶上后又弹回在地上。

【译文】

　　司射像一番射时那样命令开始射击。每一耦也都像一番射时那样拱手行礼、上堂。司马命令报靶者离开靶位，报靶者像一番射时那样应诺。接着司马下堂，放下弓，回到原位。司射手中依然夹着一支箭，只是将刑杖除去了。司射走到西阶前时，与下堂的司马交错而过，接着走到阼阶下，面朝北请问国君，是否可以抽算筹计数，国君表示同意。司射回到西阶之西，将刑杖插入腰间；接着命令计数者摆放盛筹器，并以弓代替"毕"，指画放置盛筹器的确切位置，站立时面朝北。大师负责抽算筹计数。小臣师手持盛筹器，让它的首部朝前，然后坐下放置好，使之面朝东,放毕退下。大史将八支算筹放入盛筹器的孔中,剩余的算筹则横放在盛筹器的西侧,再起身,恭敬地等候射事开始。司射面朝西命令说:"射中箭靶上下的绳索,射中其它物件而飞弹到靶上,射中箭靶后反弹回落,这三种情况对于国君都可以视为射中,其他人则一概不算!凡是国君射中的,无论是三个箭靶中的哪一个都按射中计数。"计数者将这一命令转告小史,小史又转告报靶者。接着,司射走到堂下,面朝北注视着上射,命令说:"不射穿箭靶者不得计数!"上射拱手行礼。司射退下,回到原位。计数者坐着将盛筹器中的八支筹取出来,又另外放入八支筹,这是为下一耦射准备的,然后起身,手持算筹等待射事开始。于是,射击开始。如果射中,则每中一箭计数者就抽出一支筹扔在地上,上射的筹在右方,下射的筹在左方。射毕,如果手中还有多余的算筹,就放回盛筹器的西侧。接着,又将盛筹器中的八支筹抽出来,重新放入另外八支筹。然后起身,手持算筹等候下一耦射击。如此,三耦全部射毕。

　　(以上是为国君及三耦计算射中次数的方法。)

　　宾降,取弓矢于堂西。诸公、卿则适次,继三耦以南。公将射,则司马师命负侯,皆执其旌以负其侯而俟。司马师反位,隶仆人扫侯道。司射去扑,适阼阶下,告射于公;公许。适西阶东,告于宾;遂揖扑,反位。小射正一人,取公之决拾于东坫上。一小射正授弓拂弓,皆以俟于东堂。公将射,则宾降,适堂西,袒决遂,执弓,搢三挟一个;升自西阶,先待于物北,北一笴,东面立。司马升,命去侯如初;还右,乃降,释弓,反位。公就物,小射正奉决拾以笴[1],大射正执弓,皆以从于物。小射正坐奠笴于物南,遂拂以巾,取决,兴;赞设决、朱极三[2]。小臣正赞袒,公袒朱襦。卒袒,小臣正退俟于东堂,小射正又坐取拾,兴。赞设拾,以笴退奠于坫上,复位。大射正执弓,以袂顺左右隈③,上再下壹④,左执弣,右执箫,以授公。公亲揉之⑤。小臣师以巾内拂矢,而授矢于公,稍属。大射正立于公后,以矢行告于公:下曰留,上曰扬,左右曰方。公既发,大射正受弓而俟,拾发以将乘矢。公卒射,小臣师以巾退,反位;大射正受弓;小射正以笴受决拾,退奠于坫上,复位。大射正退,反司正之位。小臣正赞袭。公还而后宾降,释弓于堂西,反位于阶西东面。公即席,司正以命升宾;宾升复筵,而后卿大夫继射。

【注释】

①笴:竹器名。司正所奉。大射正兼司正之职,此时为行使大射正之职,而将司正所奉之笴交给小射正拿着。

②决:射箭时套在右手食指、中指、无名指上的皮套,便于引弦。用朱色皮革做的,称为朱决。三:食指、中指、无名指。

③隈(wēi):弓的两端的弯曲处。

④上:弓把的内侧。下:弓把的外侧。

⑤揉:试弓的强弱。

【译文】

宾下堂,到西阶之西取弓箭。诸公、卿则到更衣处作准备,然后紧挨着三耦向南排列。国君将要射击时,司马师命令报靶者,一律手执旌旗站到靶前待命。命毕,司马师回到原位,隶仆清扫箭道。司射抽去腰间的刑杖,走到阼阶之下,禀告国君,下一轮射击即将开始。国君表示同意。司射又走到西阶之东禀告宾,然后在腰间抽好刑杖,回到原位。小射正中的一位,到东边的土台上为国君取扳指和护臂。另一位小射正将国君的弓授给大射正,大射正拂去弓上的灰尘,然后都站在东堂待命。国君将要射击时，宾下堂，走到西堂之下，脱去左臂，戴上扳指，套上护臂，左手持弓，将三支箭插入腰间，右手指间夹一支箭，接着从西阶上堂，先在射位符号之北约一支箭的距离，面朝东而立。司马上堂后，像第一番射时那样，命令报靶者离开靶位，再向右转身，于是下堂，放下弓，回到原位。国君踩到射位符号上，小射正用箭盛了国君的扳指和护臂，捧在手上，大射正拿着弓，都站在射位符号之后。接着，小射正坐下，将箭放在射位符号之南，并用巾布擦拭箭中之物，然后拿着扳指起身；又协助国君戴上扳指和能套住三个手指的红色皮革指套。小臣正协助脱去左袖，国君只需要脱去内衣外朱色的短袄即可。脱袖完毕，小臣正退至东堂待命，小射正又坐下拿护臂，起身，协助国君套上护臂，然后捧着空箭退下，将它放在东边的土台上，再回到原位。大射正拿着弓，用衣袖顺着弓左右两端的弯曲处擦拭，内侧擦两下，外表擦一下，然后左手握住弓把中部，右手执住弓的末梢，授给国君。国君亲自拉弦、试弓力的强弱。小臣师用巾向自身内侧拭去箭上的灰尘，以免弄脏国君的衣服，然后将箭递给国君，递四支箭的动作都稍稍连贯，一支接着一支。大射正站在国君身后，将箭发出后的走向告诉国君：偏低就说"留"，偏高就说"扬"，偏左右两侧就说左方或右方。国君射出一支箭，大射正就接过弓等候着。国君与宾轮流射击，直至将各自的四支箭全部射出。国君射完后，小臣师拿着巾退下，回到原位；大射正接过弓；小射正用箭收下国君脱下的扳指和护臂，然后退下，放在东边的土台上，再回到原位。大射正退下后，回到司正站的位置。小臣正协助国君穿衣袖。国君转身之后再下堂，将弓放在西堂之下，然后回到西阶之西，面朝东而立。国君入席，司正以国君之命请宾上堂；宾上堂后回到筵席上，尔后，卿、大夫继续射击。

（以上是国君与宾射。）

诸公、卿取弓矢于次中，袒决遂，执弓，搢三挟一个，出；

西面揖,揖如三耦,升射;卒射,降如三耦;适次,释弓,说决
抬,袭,反位。众皆继射,释获皆如初。卒射,释获者遂以所
执余获,适阼阶下,北面告于公,曰:"左右卒射。"反位,坐委
余获于中西,兴,共而俟。

【译文】

　　诸公、卿到更衣处取弓箭,然后脱去左袖,戴上扳指,套上护臂,左
手执弓,将三支箭插入腰间,右手指间夹着一支箭,走出更衣处;接着面
朝西拱手行礼,其后拱手行礼的地点、方式等都和三耦一样,然后上堂
射箭;射毕,下堂的仪节也和三耦一样;最后走到更衣处,放下弓,脱扳
指和护臂,穿上左衣袖,回到原位。其余的人都依顺序接着射击,抽筹
计数的方法也和第一番射一样。射毕,计数者拿着剩余的筹,走到阼阶
之下,面朝北禀告国君说:"周围的人都已射完。"接着,回到原位坐下,
将剩余的算筹放入盛筹器的西侧,再起身,恭立待命。

　　(以上是诸公、卿、大夫等射。)

　　司马袒执弓,升,命取矢如初。负侯许诺,以旌负侯如
初。司马降,释弓如初。小臣委矢于楅,如初。宾、诸公、
卿、大夫之矢皆异束之以茅;卒,正坐左右抚之①,进束②,反
位。宾之矢,则以授矢人于西堂下。司马释弓,反位,而后
卿、大夫升就席。

【注释】

①正:司马正。左右抚之:用左右手数箭。
②进束:将已裹束的箭放到箭架上。

【译文】

司马脱去左袖拿起弓，上堂，像先前那样命令取回射出的箭。报靶者闻声应诺，像先前那样，手持旌旗到箭靶前站好。接着司马卜堂，像先前那样放好弓。小臣则像先前那样将箭放在箭架上。宾、诸公、卿、大夫的箭，每四支用茅草裹束；裹毕，司马正坐下用左右手数箭，然后上前，将已裹束好的箭放到箭架上，再返回原位。接着，将宾的箭，在西堂之下交给执箭的有司，以备再用。于是，司马放下弓，回到原位，然后卿、大夫上堂入席。

（以上是射毕取箭。）

司射适阶西，释弓，去扑，袭；进由中东，立于中南，北面视算。释获者东面于中西坐，先数右获。二算为纯，一纯以取，实于左手。十纯则缩而委之，每委异之。有余纯，则横诸下。一算为奇，奇则又缩诸纯下。兴，自前适左，东面坐[①]；坐，兼敛算，实于左手：一纯以委，十则异之，其余如右获。司射复位。释获者遂进取贤获，执之，由阼阶下，北面告于公。若右胜，则曰"右贤于左"。若左胜，则曰"左贤于右"。以纯数告；若有奇者，亦曰奇。若左右钧，则左右各执一算以告，曰"左右钧"，还复位，坐，兼敛算，实八算于中，委其余于中西；兴，共而俟。

【注释】

① 坐：衍文。

【译文】

司射走到西阶之西，放下弓，取下腰间的刑杖，穿上左衣袖；然后走到盛筹器的东侧，再转而走到其南侧站着，监督并指导有司统计算筹。

计数的有司在盛筹器之西面朝东坐下，先数右面那堆算筹。计数时，以两支算筹为一"纯"，右手一纯、一纯地从地上拿起来放在左手上。取满十纯，则作一堆纵向放在盛筹器之西，再取满十纯则要另作一堆分开放。剩余的算筹，如果是双数，就以纯为单位，横向放在十纯一堆的西侧；如果是单数，就把零单的筹纵向放在"纯"的西侧，使总数一目了然。然后起身，从右方这堆算筹前走到左方那堆算筹之前，面朝东坐下，先将左方地上所有的算筹拿起来放在左手上，再用右手一纯、一纯地数着往地上放，放满十纯就另起一堆再放，剩余的算筹按上述计算右方算筹时的方法放置。计数完毕，司射回到原位。计数的有司将胜方净胜的算筹拿在手中，走到阼阶之下，面朝北禀告国君。如果右方的算筹多于左方，就说："右胜过左。"如果是左方的算筹多于右方，就说："左胜过右。"净胜数如果是双数，就以纯为单位禀告；如果有单数，则在纯数之后再报单数。如果左、右方算筹的数量相等，就从双方的算筹中各取出一支来禀告，说："左右方的算筹相等。"然后回到原位，坐下，将地上的算筹拿起来放在左手上，数出八支放入盛筹器的孔中，剩下的全部放到盛筹器的西侧，接着起身，恭立待命。

（以上是统计算筹。）

司射命设丰。司宫士奉丰，由西阶升，北面坐设于西楹西，降复位。胜者之弟子洗觯，升酌散，南面坐奠于丰上，降反位。司射遂袒执弓。挟一个，揎扲，东面于三耦之西，命三耦及众射者："胜者皆袒决遂，执张弓。不胜者皆袭，说决拾，却左手，右加弛弓于其上，遂以执弣。"司射先反位。三耦及众射者皆升饮射爵于西阶上。小射正作升饮射爵者，如作射。一耦出，揖如升射，及阶，胜者先升，升堂，少右。不胜者进，北面坐取丰上之觯，兴；少退，立卒觯，进；坐奠于丰下，兴，揖。不胜者先降，与升饮者相左，交于阶前，相揖；适次，释弓，袭，反位。仆人师继酌射爵，取觯实之，反奠于丰上，退俟于序端。升饮者如初。三耦卒饮。若宾、诸公、卿、大夫不胜，则不降，不执弓，耦不升。仆人师洗，升实觯以授；宾、诸公、卿、大夫受觯于席，以降，适西阶上，北面立饮，卒觯，授执爵者，反就席。若饮公，则侍射者降，洗角觯，升酌散，降拜；公降一等，小臣正辞，宾升、再拜稽首，公答再拜。宾坐祭，卒爵，再拜稽首，公答再拜。宾降，洗象觯，升酌膳以致，下拜，小臣正辞，升，再拜稽首，公答再拜，公卒觯，宾进受觯，降洗散觯，升实散，下拜，小臣正辞，升，再拜稽首，公答再拜。宾坐，不祭，卒觯，降奠于篚，阶西东面立；摈者以命升宾，宾升就席。若诸公、卿、大夫之耦不胜，则亦执弛弓，特升饮。众皆继饮射爵，如三耦。射爵辩，乃彻丰与觯。

【译文】

　　司射命令司宫士摆上放置饮酒器的托盘。司宫士捧着托盘，从西阶走上堂，在西楹柱之西面朝北坐下，放好托盘，下堂回到原位。胜方的弟子在庭中洗觯，上堂酌方壶中的酒，又面朝南坐下，将觯放在托盘内，下堂回到原位。接着，司射脱去左袖，左手执弓，右手指间夹一支箭，将刑杖插在腰间，面朝东站在三耦之西，命令三耦和各位射手："胜方的射手一律脱去左袖，戴上扳指，套上护臂，拿起拉紧弦的弓。负方的射手一律穿上左衣袖，脱下扳指和护臂，空出左手，右手将弦松开的弓放在左手上，使左手握住弓把的中部。"命毕，司射先返回原位。三耦和其他射手都上堂到西阶之上饮罚酒。小射正像先前命令他们射箭那样,命令上堂饮罚酒者。每一耦的射手走上前时,都要像先前上堂射箭那样相互拱手行礼,走到西阶前,胜方的射手先上堂,上堂后,要稍稍向右站立,以避让负方的射手上堂。负方射手上堂后继续向前,走到托盘前面朝北坐下,取过托盘上的觯,再起身,又稍稍后退,站着将觯中的酒饮完,再上前坐下,将空觯放在托盘中,然后起身,向胜方射手拱手行礼。下堂时,负方的射手先走,在西阶之前与正要上堂的下一耦射手交错而过,双方互相拱手行礼,接着又走到更衣处,放下弓,穿上左衣袖,回到原位。此时,堂上的仆人师接着酌罚酒,取过空觯酌上酒,再放回托盘上,然后退至西序的端头处待命。接着上堂饮罚酒的中耦、下耦,所行的仪节与上耦相同。如此,三耦都上堂饮过罚酒。如果宾、诸公、卿、大夫属于负方,则不必下堂,也不执弓,以示尊优,与大夫合耦的士不必上堂,由仆人师洗觯后,上堂酌酒,再递给他们;宾、诸公、卿、大夫在各自的席前接过觯,再离席,走到西阶之上,面朝北站着饮酒,饮毕,将空觯交给执爵的有司,然后回转入席。如果让国君饮罚酒,则由侍射者下堂,洗涤角觯,接着上堂酌方壶中的酒,然后下堂,准备向国君行拜礼,国君从堂上走下一级台阶,小臣正劝阻宾,于是宾上堂,向国君再拜叩首,国君以再拜之礼作答。接着,宾坐下祭祀,将觯中的酒饮完,再次向国君再拜叩首,国君以再拜之礼作答。宾又下堂洗涤象觯,再上堂酌上膳酒,致送给国君,并再次下堂准备行拜礼。小臣正劝阻后,宾上堂向国君再拜叩首,国君以再拜之礼作答。国君将象觯中的酒饮完,宾上前接过空觯,然后下堂另取一觯洗涤,再上堂从方壶中酌酒,又下堂准备行拜礼,小臣正加以劝阻,宾上堂向国君再拜叩首,国君以再拜之礼作答。于是宾在西阶上坐下,不必祭酒,直接将觯中的酒喝完,然后下堂,将觯放入篚中,在西阶之西,面朝东而立。摈者奉国君之命导引宾上堂,宾上堂后入席。如果诸公、卿、大夫的合耦者是负方,则应手持弦松弛的弓,单独上堂饮罚酒。最后,堂下的众士之耦的负者一一上堂饮罚酒,其仪节与三耦一样。在负方射手全部饮过罚酒后,有司撤去堂上的托盘和觯。

（以上是负方射手饮罚酒。）

　　司宫尊侯于服不之东北①，两献酒，东面南上②，皆加勺；设洗于尊西北，篚在南，东肆，实一散于篚③。司马正洗散，遂实爵，献服不。服不侯西北三步，北面拜受爵。司马正西面拜送爵，反位。宰夫有司荐④，庶子设折俎。卒错⑤，获者适右个，荐俎从之。获者左执爵，右祭荐俎，二手祭酒⑥；适左个，祭如右个，中亦如之。卒祭，左个之西北三步，东面。设荐俎，立卒爵。司马师受虚爵，洗献隶仆人与巾车、获者，皆如大侯之礼。卒，司马师受虚爵，奠于篚。获者皆执其荐，庶子执俎从之，设于乏少南。服不复负侯而俟。

【注释】

①侯：指大侯、参侯、干侯。这一节记祭侯。服不：报靶者的异称。

②南上：两壶献酒中有一壶是玄酒，玄酒尊，故放在南侧。

③散：一种容量为五升的大爵，又名斝。

④宰夫有司：宰夫的属吏。

⑤错：放置。

⑥二手祭酒：报靶者祭酒时，须持散从外向内侧注酒，由于散的体积大，一手难以举注，所以要二手祭酒。

【译文】

　　祭箭靶时，司宫将献给报靶者的酒，放在他的东北，是两壶滤过的浊酒，朝东并放，以南侧那壶为尊，上面都放着勺；洗放在酒壶的西北，篚在洗南，首东尾西，又将一只散放在篚中。接着，司马正洗散，然后酌上酒，献给报靶者。报靶者在靶的西北方三步处，面朝北拜谢司马正，并接过散。司马正面朝西拜送爵者，然后返回原位。宰夫的属吏送上佐酒的干肉和肉酱，庶子则摆上盛有节解的牲体的俎。摆放完毕，报靶者走到靶的右侧，赞礼者捧着干肉和肉酱以及折俎跟随其后。报靶者左手执散，右手拿了干肉和肉酱以及折俎上的祭肺祭祀，祭酒时用两只手向内侧倒酒；接着，报靶者又走到靶的左侧，祭祀的方法与在靶右侧一样，在靶的中间祭祀也是如此。在靶前的左、右、中三处祭祀完毕，报靶者又到箭靶左侧祭祀处西北三步远的地方，面朝东而立，接着摆放好干肉、肉酱和折俎，然后站着将散中的酒饮完。司马师接过空散，洗涤后酌上酒，分别献给隶仆人与巾车、参侯、干侯的报靶者，其间礼节都和向大侯的报靶者献酒一样。献毕，司马师接过空散，将它放入箧中。三个靶的报靶者都拿着干肉和肉酱，庶子则捧着折俎跟随其后，全部迁设于挡箭牌偏南的地方。然后，报靶者又站到靶前待命。

（以上是祭靶以及向报靶者献酒。）

司射适阶西，去扑；适堂西，释弓，说决拾，袭；适洗，洗觚，升实之；降，献释获者于其位，少南。荐脯醢、折俎，皆有祭。释获者荐右东面拜受爵。司射北面拜送爵。释获者就其荐坐，左执爵，右祭脯醢，兴取肺，坐祭，遂祭酒；兴，司射之西，北面立卒爵，不拜既爵。司射受虚爵，奠于箧。释获者少西辟荐，反位。司射适堂西，袒决遂，取弓，挟一个；适阶西，搢扑以反位。

【译文】

司射走到西阶之西，抽去腰间的刑杖；又到西堂之下放下弓，脱去扳指和护臂，穿上左衣袖；接着走到庭中洗的前面，洗觚，然后上堂酌酒，又下堂，在计数者的席位前向他进酒，计数者要略向南站，以便靠近祭食。有司摆上干肉、肉酱和盛着折断的牲体的俎,都有祭脯和祭肺。计数者在祭食的右侧面朝东拜谢司射,并接过觚。司射则面朝北拜送受觚者。计数者就近靠着祭食坐下,左手执觚,右手执丁肉和肉酱而祭,接着起身,从肉俎上取过祭肺,再坐下祭祀,然后又祭酒;祭毕起身,走到司射的西面,面朝北站着将觚中的酒饮完,之后不必拜谢。司射接过空觚,放入篚中。计数者稍向西站,以避开放祭食和俎的地方,接着回到原位。司射走到西堂之下,脱去左袖,戴上扳指,套上护臂,左手取弓,右手指间夹一支箭,然后走到西阶之西,将刑杖插在腰间再返回原位。

　　(以上是向计数者献酒。第二番射至此完毕。)

　　司射倚扑于阶西,适阼阶下,北面请射于公,如初。反搢扑,适次,命三耦皆袒决遂,执弓,序出取矢。司射先反位。三耦拾取矢如初,小射正作取矢如初。三耦既拾取矢,诸公、卿、大夫皆降,如初位;与耦入于次,皆袒决遂、执弓,皆进当楅,进坐,说矢束。上射东面,下射西面,拾取矢如三耦。若士与大夫为耦,士东面,大夫西面。大夫进坐,说矢束,退反位。耦揖进坐,兼取乘矢,兴;顺羽,且左还,毋周,反面揖。大夫进坐,亦兼取乘矢,如其耦;北面搢三挟一个,揖进①。大夫与其耦皆适次,释弓,说决拾,袭,反位。诸公、卿升就席。众射者继拾取矢,皆如三耦;遂入于次,释弓矢,说决拾,袭,反位。

【注释】

①揖进:当是“揖退”之误。

【译文】

第三番射开始。司射取下腰间的刑杖,倚靠在西阶之西,再走到阼阶下,面朝北请示国君:第三番射是否可以开始?其间仪节与前二番射时一样。在国君表示同意后,司射将刑杖插在腰间,又走到更衣处,命令三耦都脱去左袖,戴上扳指,套上护臂,拿起弓,顺序而出取箭;命毕,司射先返回原位。三耦像前二番射时那样,轮流取箭;小射正则像前二番射时那样,命三耦轮流取箭。三耦轮流取箭完毕,诸公、卿、大夫都下堂,按前二番射时的位置站立;接着与自己的合耦者一起进入更衣处,都脱去左袖,戴上扳指,套上护臂,拿着弓,又都走到正对着箭架的地方,再上前坐下,将束好的箭解开。坐时上射面朝东,在箭架的西侧;下射面朝西,在箭架的东侧,然后如三耦那样轮流箭架上取箭。如果是士与大夫合耦,则士面朝东而坐,大夫面朝西而坐。大夫先上前坐下,解开束着的箭,就可以退下回到原位。然后,大夫的合耦者向大夫拱手行礼后上前坐下,将自己的四支箭一起拿取,再起身;一边理顺箭羽,一边向左转身,但不能转身至原位,而应适时回转朝西,向合耦者拱手行礼。接着大夫再次上前坐下,也是一次将自己的四支箭拿起来,和他的合耦者一样,然后面朝北将三支箭插在腰间,手指间夹一支箭,拱手行礼后退下。接着,大夫与合耦者都到更衣处,放下弓,脱下扳指和护臂,穿上左衣袖,回到原位。诸公、卿上堂入席。堂下的众士之耦则继续顺序上前轮流取箭,其间仪节都和三耦所做的一样;取箭毕,再进入更衣处,放下弓箭,脱去扳指和护臂,穿上衣服,回到原位。

(以上是三耦及卿大夫等取箭。)

司射犹挟一个以作射,如初。一耦揖升如初。司马升,命去侯,负侯许诺。司马降,释弓反位。司射与司马交于阶前,倚扑于阶西,适阼阶下,北面请以乐于公。公许。司射反,搢扑,东面命乐正曰:“命用乐!”乐正曰:“诺。”司射遂适堂下,北面视上射,命曰:"不鼓不释!"上射揖。司射退反位。乐正命大师,"奏《狸首》,间若一!"大师不兴,许诺。乐正反位。奏《狸首》以射,三耦卒射。宾待于物如初。公乐作而后就物,稍属,不以乐志。其他如初仪,卒射如初。宾就席。诸公、卿、大夫、众射者皆继射,释获如初。卒射,降反位。释获者执余获进告,左右卒射,如初。

【译文】

　　司射右手指间依然夹着一支箭,像前一番射时那样,上前命令上射开始射箭,每一耦上堂前都要像以前那样行礼。接着司马上堂,命令报靶者离开靶位,报靶者闻声应诺。于是司马下堂,放下弓,回到原位。司射与下堂的司马在西阶前交错而过,司射将腰间的刑杖抽出,倚靠在西阶之西,然后走到阼阶下,面朝北请示国君:能否奏乐助射? 国君表示同意。于是司射返回西阶之西,将刑杖插在腰间,面朝东命令乐正说:"国君命令奏乐!"乐正说:"是。"于是司射走到堂下,面朝北注视着上射,命令说:"不按照鼓的节奏射击的,即使射中也不得计数!"上射向司射拱手行礼。司射退回原位。乐正又命令大师说:"奏《狸首》的乐曲,乐节的间隔要前后一致!"大师不必起身,在自己位置上应诺即可。于是乐正回到原位。接着,在乐工奏《狸首》的乐曲声中开始第三番射,如此,三耦全部射完。宾和国君射时,宾要像前一番射时那样,先在射位符号上等候。国君在奏乐声起之后再踩上射位符号,有司为国君递箭的动作要比较连贯,射箭的动作不一定要合乎乐节。其余的仪节都和前一番射时一样,从国君射毕,至宾在西阶之西站立等仪节也和第一番射时一样,然后宾上堂入席。诸公、卿、大夫、众射者继续按射仪的程序射箭,抽算筹计射中次数的方法,也和前一番射时一样。射毕,下堂回到原位。计数者拿着剩下的算筹到阼阶前禀告国君,所有的人都已射完,就像前一番射时那样。

（以上是按乐节射箭。）

司马升,命取矢,负侯许诺。司马降,释弓反位。小臣
委矢,司马师乘之,皆如初。司射释弓、视算,如初。释获者
以贤获与钧告,如初。复位。

【译文】

司马上堂,下令拾取靶位的箭,报靶者闻声应诺。司马下堂,放下
弓回到原位。小臣将箭放到箭架上,司马师将卿、大夫们用的箭每四支
一束扎好,与前一番射时一样。司射放下弓,监督和指导统计算筹,与
前一番射时一样。计数者根据统计结果禀告国君:某方胜或双方平,就
像前一番射时那样。然后回到原位。

（以上是统计射箭结果。）

司射命设丰、实觯,如初。遂命胜者执张弓,不胜者执
弛弓,升、饮如初;卒,退丰与觯,如初。

【译文】

司射命令有司在堂上陈设饮酒器的托盘,往觯内酌酒,为饮罚酒作
准备,就像前一番射时那样。接着命令胜方射手执弦拉紧的弓,负方射
手执弦松弛的弓,然后上堂让负方射手饮罚酒,就像前一番射时那样饮
毕,撤去托盘和觯,也像前一射时那样。

（以上是负方饮罚酒。）

司射犹袒决遂,左执弓,右执一个,兼诸弦,面镞;适次,

命拾取矢，如初。司射反位。三耦及诸公、卿、大夫、众射者，皆袒决遂以拾取矢，如初，矢不挟，兼诸弦，面镞；退适次，皆授有司弓矢，袭，反位。卿、大夫升就席。

【译文】

　　司射依然袒着左臂，戴着扳指，套着护臂，左手执弓，右手指间夹着一支箭，与弓弦并一起拿着，箭头朝上；接着走到更衣处，命令正在此作准备的三耦等到庭中轮流取箭，就像前一番射那样。命毕，司射返回原位。三耦以及诸公、卿、大夫和众射者，都脱去左袖，戴上扳指，套上护臂，轮流从箭架上取箭，就像前一番射时那样，只是箭不夹在指间，而是将它与弓弦并在一起拿着，箭头朝上，接着退至更衣处，将弓箭交给有司，表示射事已毕。接着穿上左衣袖，回到原位。卿、大夫则上堂入席。

　　（以上是三耦等取箭交有司。）

　　司射适次，释弓，说决拾，去扑，袭，反位。司马正命退楅解纲。小臣师退楅，巾车、量人解左下纲。司马师命获者以旌与荐俎退。司射命释获者退中与算而俟。

【译文】

　　司射走到更衣处，放下弓，脱去扳指和护臂，取下腰间的刑杖，穿上左衣袖，回到原位。司马正命令有司撤走箭架，松开箭靶左下方的绳索。小臣师奉命撤去箭架，巾车和量人松开箭靶左下方的绳索。司马师命令报靶者拿着旌旗和祭余的食品退下。司射命令计数者撤去盛筹器和算筹，然后待命。

　　（以上是撤去射器。）

公又举奠觯，唯公所赐。若宾，若长，以旅于西阶上，如初。大夫卒受者以虚觯降，奠于篚，反位。

【译文】

国君又举起此前放在席右的觯，由他决定将觯赐给哪位。或者赐给宾，或者赐给大夫之长，由他们代替国君到西阶上向大夫们行旅酬礼，就像此前所做过的那样。最后一位受酬的大夫要拿着空觯下堂，将它放入篚中，然后回到原位。

（以上是向大夫们劝酒。）

司马正升自西阶，东楹之东，北面告于公，请彻俎，公许。遂适西阶上，北面告于宾。宾北面取俎以出。诸公、卿取俎如宾礼，遂出，授从者于门外。大夫降复位。庶子正彻公俎，降自阼阶以东。宾、诸公、卿皆入门，东面北上。司正升宾。宾、诸公、卿、大夫皆说屦，升就席。公以宾及卿、大夫皆坐，乃安。羞庶羞。大夫祭荐。司正升受命，皆命。公曰："众无不醉！"宾及诸公、卿、大夫皆兴，对曰："诺！敢不醉？"皆反位坐。

【译文】

司马正从西阶上堂，走到东楹柱的东侧，面朝北禀告国君，射事已毕，众宾客都已劳倦，请将席上之俎全部撤去，以便燕坐，国君表示同意。接着，司马正走到西阶之上，面朝北将国君的决定转告宾。于是，宾面朝北将自己席上的俎搬至门外。诸公、卿取自己席前之俎的礼节与宾一样，然后出门，在门外将它交给随从人员。大夫们的席上没有俎，但在宾和诸公、卿下堂送俎时，不敢安然在堂，也随之下堂，回到门东之位，面朝北而立，以北首为上位。庶子正将国君席上的俎撤去，接着从阼阶下堂，再往东藏之。宾、诸公、卿将俎送走后，又都入门，站在门的左侧，都而朝东，而以北首为尊。接着，司正引宾上堂。宾和诸公、一卿、大夫都脱下鞋，依次上堂入席。国君和宾以及卿、大夫都坐下，至此，主宾等都已安坐。于是，有司们进上各种肴馔。大夫的身份较低，至此方开始祭祀所进的食品。然后，司正上堂请命于国君，国君说："大家要一醉方休！"宾和诸公、卿、大夫都起身离席，回答说："是！岂敢不醉？"然后都入席而坐。

（以上是撤俎安座。）

主人洗，酌，献士于西阶上。士长升，拜受觯，主人拜送。士坐祭，立饮，不拜既爵。其他不拜，坐祭，立饮。乃荐司正与射人于觯南，北面东上，司正为上。辩献士。士既献者立于东方，西面北上。乃荐士。祝史、小臣师亦就其位而荐之。主人就士旅食之尊而献之。旅食不拜，受爵，坐祭，立饮。主人执虚爵，奠于篚，复位。

【译文】

主人在庭中洗觯，再上堂酌酒，接着在西阶之上向士献酒。士之长上堂，拜谢主人后接觯，主人拜而送之。士之长要坐着祭酒，站着饮酒，饮毕不必拜谢。其余众士接觯时不必拜谢主人，坐着祭祀，站着饮酒即可。接着又将干肉和肉酱放在司正和射人之觯的南侧，他们以年齿为序面朝北并排而立，以东首为尊，一般司正在东首。向士遍献酒。已经接受过献酒的士站在东方，面朝西而立，以北首为尊。接着向士进献干肉和肉酱。对祝史、小臣师，也在其所在之位进献干肉和肉酱。主人用士旅食者的酒尊酌酒献士。众士不必拜谢，就可以从主人手中接过觯，然后坐下祭祀，站着饮酒，最后，主人接过空觯，放入篚中，再回到原位。

（以上是向士献酒。）

　　宾降洗，升媵觯于公，酌散，下拜。公降一等，小臣正辞，宾升再拜稽首，公答再拜。宾坐祭，卒爵，再拜稽首，公答再拜。宾降，洗象觚①，升酌膳，坐奠于荐南，降拜。小臣正辞。宾升成拜，公答拜。宾反位。公坐取宾所媵觚，兴。唯公所赐。受者如初受酬之礼，降，更爵，洗；升酌膳；下，再拜稽首。小臣正辞，升成拜。公答拜。乃就席，坐行之。有执爵者。唯受于公者拜。司正命执爵者爵辩。卒受者兴以酬士。大夫卒受者以爵兴，西阶上酬士。士升，大夫奠爵拜，士答拜。大夫立卒爵，不拜，实之。士拜受，大夫拜送。士旅于西阶上，辩。士旅酬。

【注释】

　　①觚：当为"觯"字之误。下文"公坐取宾所媵觚"同。

【译文】

　　宾下堂洗觯，然后上堂向国君送觯。宾酌上方壶中的酒，再下堂，准备对国君行拜礼。国君走下一级台阶，小臣正劝阻宾，于是宾又上堂，向国君行再拜叩首之礼。国君以再拜礼作答。宾在西阶上坐下祭祀，然后将觯中的酒饮毕，又向国君再拜叩首，国君以再拜之礼作答。接着，宾下堂洗涤象觯，再上堂酌上膳酒，然后在国君席位前坐下，将觯放在干肉和肉酱之南，又下堂准备拜国君，小臣正再次劝阻，于是，宾上堂完成再拜叩首之礼，国君答拜还礼。宾回到原位。国君坐下端起宾送上的觯，然后起身，将它赐给某人，请他代替自己向卿大夫行酬礼，人选由国君自己选接受国君觯的礼节还是接受国君酬酒。—下堂，从篚中另取一觯，洗涤后上堂酌以膳酒，然后下堂，准备向国君再拜叩首。小臣正劝阻后，受觯者上堂完成拜礼。国君答拜还礼。于是受觯者入席，坐下行旅酬礼。席间由执爵者酌酒。只有从国君手中受觯者才需行拜礼。司正命令执爵者为每一位大夫酌酒。最后一位接受酬酒的大夫要起身向士进酬酒。大夫中最后接受酬酒者，要执觯起身，到西阶之上向众士献酒。士之长上堂，大夫放下觯行拜礼，士之长答拜还礼。大夫站着将觯中的酒饮完，不必行拜礼，直接酌上酒。士之长拜谢后接过觯，大夫拜而送觯。士之长站在西阶之上向众士进酬酒，一一轮遍。然后众士依次自酌酒献给后面的士。

（以上是向士劝酒。）

若命曰："复射！"则不献庶子。司射命射，唯欲。卿、大夫皆降，再拜稽首。公答拜。壹发，中三侯皆获。

【译文】

最后的仪节是向庶子献酒。如果国君发命说："再射！"则暂停向庶子献酒。然后司射请宾和卿、大夫射，被请者可射可不射，根据自己的兴趣而定。卿、大夫都要下堂向国君再拜叩首，感谢他不断地让自己娱乐。国君以再拜之礼作答。由于此时已不是正射，所以射者都只发一箭，射中三个箭靶中的任何一个，都算射中。

（以上为坐燕时再射。）

主人洗，升自西阶，献庶子于阼阶上，如献士之礼。辩献。降洗，遂献左右正与内小臣，皆于阼阶上，如献庶子之礼。

【译文】

于是，主人下堂洗觚，然后从西阶上堂，再走到阼阶之上向庶子献酒，其礼节与向士献酒一样。要一一向庶子献遍，接着又下堂洗觚，向左右正和内小正献酒，都是在阼阶上献，其礼节与向庶子献酒一样。

（以上是向庶子等献酒。）

无算爵。士也，有执膳爵者，有执散爵者。执膳爵者酌以进公；公不拜，受。执散爵者酌以之公，命所赐。所赐者兴受爵，降席下，奠爵，再拜稽首；公答再拜。受赐爵者以爵就席坐，公卒爵，然后饮。执膳爵者受公爵，酌，反奠之。受赐者兴，授执散爵者。执散爵者乃酌行之。唯受于公者拜。卒爵者兴以酬士于西阶上。士升。大夫不拜乃饮，实爵；士不拜，受爵。大夫就席。士旅酬，亦如之。公有命彻幂，则宾及诸公、卿、大夫皆降，西阶下北面，东上，再拜稽首。公命小臣正辞，公答拜。大夫皆辟。升，反位。士终旅于上，如初。无算乐。

【译文】

此时饮酒，不再限爵数，醉而后止。士，有执膳爵的，也有执散爵的。执膳爵者酌酒后进献给国君，国君不拜就接了。执散爵者酌酒后到国君前，由国君命令赐给某人。受赐者要起身接觯，再离席下堂，放好爵，向国君再拜叩首，国君以再拜之礼作答。受赐者持觯入席坐下，等国君将觯中的酒饮毕，然后再开始饮。执膳爵者接过国君饮干的空觯，酌上酒，再放下。受赐者起身，把它授给执散爵者。执散爵者再酌酒顺序而酬，只有从国君手中接觯者才需要行拜礼。最后一位受酬的大夫，要起身到西阶之上酬士。士之长上堂，大夫不必行拜礼，就可饮酒,然后在空觯中酌上酒;士之长也不必拜谢,就可以接觯。然后大夫回身入席。众士依次序自酌相酬,也和大夫一样可以不拜而饮,饮毕在觯中酌酒。国君为了使大家畅饮,命令将覆盖在酒尊上的巾撤去,此时宾和诸公、卿、大夫都要下堂,在西阶之下面朝北而立,以东首为尊,接着向国君行再拜叩首礼。国君命小臣正劝阻,并答拜还礼。大夫都回避。然后,卿、大夫都上堂,回到各自的席位。士像最初那样在西阶上结束旅酬。在整个旅酬过程中,堂上堂下的音乐或间或合,歌奏不已,尽欢而止。

(以上是燕饮尽欢而终。)

宵,则庶子执烛于阼阶上,司宫执烛于西阶上,甸人执大烛于庭,阍人为烛于门外。宾醉,北面坐取其荐脯以降。奏《陔》。宾所执脯,以赐钟人于门内霤,遂出。卿、大夫皆出。公不送。公入,《骜》。

【译文】

入夜,庶子执烛站在阼阶之上,司宫执烛站在西阶之上,甸人执大烛站在庭中,阍人执烛站在门外。宾已微醉,于是面朝北而坐,取席上的干肉下堂。此时乐工奏《陔》的乐曲。宾在门内的屋檐漏水处将手中的干肉赐给钟人,然后出卿、大夫也都随之出门。国君不送别。国君将要从射宫返回都城时,乐工奏《骜》的乐曲。

(以上是宾与卿、大夫返归。)

聘礼第八

【题解】

古代天子与诸侯、诸侯与诸侯之间,在长期没有盟会等机会相见时,往往派卿大夫相互聘问,以联络感情。天子与诸侯相聘问的礼节今已不能得知。诸侯之间的聘礼,有大聘、小聘之分,两者的仪节完全相同,但使者的身份、礼物的多少等则有区别。本篇所记为大聘。聘礼是贵族之间的高级会见礼,所以极为郑重,前往聘问的使者要带着礼物,并有执玉、郊劳、辞玉、受玉、私觌、问卿、还玉等一系列仪节。

聘礼①。君与卿图事②,遂命使者。使者再拜稽首,辞。君不许,乃退。既图事,戒上介③,亦如之。宰命司马戒众介④,众介皆逆命,不辞。

【注释】

①聘:是问候的意思,或作頫、覜等。

②图事:商定所要聘问的国家以及使者的人选。这一程序在上朝时进行,所以能接着任命使者。

③戒:任命。上介:副使,由大夫担任。

④宰:诸侯的执政大臣。众介:随行人员,由士担任,故又称"士介"。

【译文】

聘礼。国君在上朝时与卿商定往聘的国家和使者的人选,接着任命使者。使者向国君再拜叩首,谦称自己的才能不足以当以大任而推辞。国君不准其推辞,使者便退下。聘问之事决定后,任命上介也是如此,上介先要谦辞,然后国君不许。宰命令司马去任命随行的众介,众介都接受任命,不必像使者和上介那样谦辞。

(以上是任命使者。)

宰书币①,命宰夫官具②。及期,夕币③。使者朝服,帅众介夕④。管人布幕于寝门外⑤。官陈币:皮北首西上⑥,加其奉于左皮上⑦;马则北面,奠币于其前。使者北面,众介立于其左,东上。卿、大夫在幕东,西面北上。宰入,告具于君。君朝服出门左,南乡。史读书展币⑧。宰执书,告备具于君,授使者。使者受书,授上介。公揖入。官载其币⑨,舍于朝⑩。上介视载者,所受书以行。

【注释】

①书币:写出玉帛币马等礼品的名目及数量。

②宰夫:宰下属的小吏。官具:众官分别置办所需的物品。

③币:陈列币帛等礼品,加以检视。

④夕:暮夕时见国君的专称,与前一"夕"字不同。

⑤管人:掌馆舍事务的小吏。布:铺设。寝门外:国君治朝的地方。

⑥皮北首:皮革的首部朝北,因为国君在北。西上:以西为尊。献给聘问国国君的皮革放在西侧,献给夫人的皮革放在东侧。

⑦奉:指奉献给国君的束帛和夫人的玄纁等礼品。

⑧读书展币:读礼品单并核验与实物是否相符。

⑨载:装载于车。

⑩朝:寝门外治朝之地。

【译文】

　　宰开列礼品的清单,又命令宰夫交各部门备办。出行之日前一天的傍晚,要检视礼品。使者身穿朝服,率领随行人员去见国君。管人在寝门外的地方铺设幕巾。众官将礼品陈列在幕巾上:皮革的首部要朝北,由西向东一张一张地放,献给聘问国国君的要放在西侧,献给国君夫人的布帛之类的礼品放在皮革上面;如果礼品中有马匹,也让它朝北,币帛之类放在马的前面,使者在幕巾之南面朝北而立,随行人员站在他的左侧,也都面朝北,而以东首为尊。卿、大夫在幕巾的东侧,面朝西而立,以北首为尊。宰走进路寝,禀告国君礼品已准备完毕。国君身穿朝服,从路门左侧走出,面朝南而立。史官读清单,并一一核验实物。然后宰手执礼单,禀告国君礼品齐备无误,并将礼单交给使者。使者接过礼单,又交给副使。国君向众臣拱手行礼,请诸臣入路门。有关官员将礼品装载上车,车就停在治朝。副使监视装载完毕,将礼单放入车内,使其随车而行。

　　(以上行前准备礼品。)

　　厥明,宾朝服释币于祢①。有司筵几于室中。祝先入,主人从入。主人在右,再拜;祝告,又再拜。释币,制玄纁束②,奠于几下,出。主人立于户东。祝立于牖西,又入,取币降;卷币实于篚③,埋于西阶东④。又释币于行⑤。遂受命。上介释币亦如之。

【注释】

①宾：即使者，因将成为聘问国之宾，故称。释币：一种较简单的告庙形式，只有币帛而没有牲牢，也不必絫祀，只要将事由告知庙主即可，但要像祭祀时那样盥洗，以示洁敬。祢（mí）：父庙。

②制：布匹的长度，一般为一丈八尺。束：五匹。

③笄（fán）：竹器名。

④西阶东：西阶之东即东阶之西，实际是指两阶之间。

⑤行：行神，即道路神，在大门外之西。

【译文】

次日，宾身穿朝服在祢庙进行告庙仪式。有司在祢庙室中为神铺席设几。祝首先进室中，主人随之进入。主人在祝的右侧，向庙主行再拜之礼，祝向庙主报告宾将行聘之事，又行再拜之礼。接着，祝将带来的束帛放下，长一丈八尺，玄色或纁色，共五匹，放在小几前的席上，然后祝与宾退出。主人站在室户之东，祝站在窗户之西。接着主人和祝再次入门，将刚才放下的束帛取起下堂，再卷起来，放在笄中，然后埋在东、西阶之间的地方。又在道路神前放下帛，行告祭。于是，前往朝中接受国君的命令。副使到祢庙放下束帛告庙的仪式也是如此。

（以上是临行前告庙。）

　　上介及众介俟于使者之门外。使者载旜①，帅以受命于朝②。君朝服，南乡。卿、大夫西面北上。君使卿进使者③。使者入，及众介随入，北面东上。君揖使者进之；上介立于其左，接闻命。贾人西面坐启椟④，取圭垂缫⑤，不起而授宰。宰执圭屈缫，自公左授使者。使者受圭，同面⑥，垂缫以受命。既述命，同面授上介。上介受圭屈缫，出授贾人；众介不从。受享束帛加璧，受夫人之聘璋，享玄纁束帛加琮，皆如初。遂行，舍于郊，敛旃。

【注释】

①旃（zhān）：旗名。

②朝：治朝，在路门外。

③进使者：使者在库门外等候，国君命他入内。

④贾人：掌管交易物价的小吏。椟（dú）：匣子。

⑤缫：通"藻"，垫玉的木板，外面包以皮革，尾部有五彩丝带，因此，
　　文中的"缫"有时即指此五彩丝带。

⑥同面：面朝同一方向。

【译文】

　　副使和随行人员在使者的门外等候。使者在车上插上旃旗，表示
将要出使，并率领副使和随行人员前往治朝接受国君的命令。国君身
穿朝服，在治朝面朝南而立。卿、大夫面朝西而立，以靠近国君的北首
为尊。国君请卿召使者。使者入门，随行人员也相继而入，都面朝北而
立，以东首为尊。国君拱手行礼，让使者上前；副使站在使者左侧，接着
听君命。贾人面朝西坐下，打开藏玉的匣子，取出圭，让垫圭木板末端
的丝带向下垂着，之后不必起身，直接将圭交给宰。宰拿着圭，将丝带
放在手中，从国君的左侧将圭交给使者。使者接过圭，站立的方向与宰
相同，然后将丝带向下垂着，同时听取国君之命。接着，使者将国君之
命复述一遍，再将圭授给在左侧同方向而立的副使。副使接过圭，将丝
带放在手上，出门授还贾人，随行人员不必跟随副使之后。接着，使者
接过献给聘问国国君的璧，这是加在束帛之上的，又接过献给聘问国国
君夫人的璋，和加在玄𬘬束帛上的琮，授受的仪节都和刚才一样。于是
使者启程，走到郊外时要脱下朝服换上深衣。并将车上的旃旗收起来。

　　（以上是使者受命启程。）

　　若过邦①，至于竟②，使次介假道③。束帛将命于朝④，曰："请帅⑤。"奠币。下大夫取以入告，出许，遂受币。饩之以其礼⑥；上宾大牢⑦，积唯刍禾⑧，介皆有饩。士帅，没其竟。誓于其竟⑨：宾南面，上介西面，众介北面，东上；史读书，司马执策立于其后⑩。

【注释】

①过邦：途中经过其他国家。

②竟：通"境"。

③次介：士，位在上介之后。假道：借路。

④将命：奉命。

⑤帅：引路。

⑥饩(xì)：赠送

⑦上宾：使者。大牢：牛、羊、豕三牲。

⑧积：积聚。刍禾：喂牲口的草料。

⑨誓于其竟：此指在过使者与随员起誓：不行暴掠等。

⑩策：马鞭。

【译文】

　　出使途中，如果要经过其他国家的领土，那么在到达边境时，要派次介前往借路。次介带着五匹帛，以奉国君之命的口吻，到过往国外朝请命，说："请派人为我们引路。"然后放下束帛。过往国的下大夫拿起束帛入内禀告国君，出来时说国君已经同意，接着收下束帛，过往国国君依照礼节给过境人员以馈赠：使者是上宾，所以馈以牛、羊、豕三牲，路上备用的东西就只有喂牲口的草料，其他随行人员都有馈赠。然后派一位士带路，直至走出国境。使者和随行人员进入国境前，要郑重起誓决不扰民。起誓时，宾面朝南而立，副使面朝西而立，众随员都面朝北，以东首为尊，史官宣读誓词，司马手持马鞭站在他身后。

（以上是向过往国借路。）

　　未入竟①，壹肄②。为壝坛③，画阶④，帷其北，无宫。朝服无主⑤，无执也⑥。介皆与，北面西上。习享，士执庭实⑦。习夫人之聘享，亦如之。习公事⑧，不习私事⑨。

【注释】

①竟：聘问国国境。

②肄（yì）：演习。

③壝（wéi）：堆土。

④画阶：土堆成的坛很低，所以只能画出台阶，以便演习上下堂的仪节。

⑤无主：不假设主人。主人是一国之君，不敢让随员装扮。

⑥无执：不执玉。玉是重器，不敢在非正式场合陈放。

⑦庭实：陈设于庭的礼品，此指皮革。

⑧公事：指对国君和夫人等的聘问。

⑨私事：私下与卿、大夫的会见。

【译文】

　　在进入聘问国国境之前，要演习一次聘问的仪式。先堆土为坛，再画上台阶，北面设置帷围，象征国君所在的方位，不必画地为宫墙。使者换上朝服，但不让人模拟国君，也不必执玉。随行人员都要参与演习，一律面朝北而站，以西首为尊。接着演习向主人献礼品，随行人员手持皮革。演习向夫人聘问献礼，仪节也是如此。只演习国君命令的聘问等事，不得演习私下会见卿、大夫的事。

　　（以上是演习威仪。）

及竟,张旃,誓。乃谒关人①。关人问从者几人,以介对。君使士请事②,遂以入竟。

【注释】

①关人:管理边关的官员。

②请事:请问入境的缘由。

【译文】

到达聘问国国境时,要张开旃旗,所有人员起誓,决不违反聘问国的礼法。接着谒见关人,说明来意。关人询问随行的人数,使者让副使回答。国君让士询问来者入境的事由,然后使者等得以入境。

(以上为入境。)

入竟,敛旃,乃展①。布幕,宾朝服立于幕东,西面;介皆北面,东上。贾人北面,坐拭圭,遂执展之。上介北面视之,退复位。退圭。陈皮,北首,西上;又拭璧,展之;会诸其币,加于左皮上。上介视之,退。马,则幕南、北面,奠币于其前。展夫人之聘享,亦如之,贾人告于上介,上介告于宾。有司展群币以告。及郊②,又展,如初。及馆,展币于贾人之馆,如初。

【注释】

①展:展陈所带礼物,并再次核验。

②郊:远郊。王城外方圆百里以内的地方。

【译文】

入境后,要收起旃旗,然后再次展陈和核验所带的礼品。先在地上铺设幕巾,宾身穿朝服站在它的东侧,面朝西;随行人员都站在南侧,面朝北，以东首为尊。贾人也在幕巾南侧面朝北，坐着将圭取出擦拭，然后持圭起身，告诉使者圭还在。副使上前看过后，退回原位。贾人将圭放回匣内。接着展陈皮革，皮革都首部朝北放在幕巾上，献给国君的皮革放在西侧；贾人又擦拭璧，然后向使者展示；再将璧和束帛一起放在西侧的皮革上。副使上前检视后退回。如果有马匹，就牵至幕巾之南，马首朝北，币帛放在它的前面。展示献给国君夫人的礼品，仪节与此相同，只是贾人在擦拭璋和琮之后要禀告副使，副使再禀告使者，有司展示使者等私见卿、大夫的礼品，然后禀告国君。走到远郊时，又一次展陈所有礼物，并加以核验，其仪节与前一次相同。到达宾馆时，要在贾人的馆舍第三次展示、核验礼品，其仪节与前一次相同。

（以上是核验礼品。）

宾至于近郊①，张旜。君使下大夫请行②，反。君使卿朝服，用束帛劳。上介出请，入告。宾礼辞，迎于舍门之外，再拜。劳者不答拜。宾揖，先入，受于舍门内。劳者奉币入，东面致命。宾北面听命，还，少退，再拜稽首，受币。劳者出。授老币③。出迎劳者，劳者礼辞。宾揖，先入，劳者从之。乘皮设④。宾用束锦傧劳者⑤，劳者再拜稽首受。宾再拜稽首，送币。劳者揖皮出，乃退。宾送再拜。夫人使下大夫劳以二竹簠方⑥，玄被纁里，有盖；其实枣蒸栗择⑦，兼执之以进。宾受枣，大夫二手授栗。宾之受，如初礼；傧之如初。下大夫劳者遂以宾入。

【注释】

①近郊：王城周围方圆五十里的地方。

②请行：请问行动的目的地。国君明知而故问，是表示谦敬。

③老：使者的家臣。

④乘皮：四张皮革。此指麋鹿皮。

⑤傧·傧礼。使者以宾馆为家，自己为主人，而以前来慰劳者为宾，
　故称。

⑥二竹簋（guǐ）方：两个状如簋但呈方形的竹制器皿。簋，食
　器名。

⑦择：剥壳。枣、栗都有皮壳或核，蒸或剥之是表示尊敬对方。

【译文】

　　使者到达近郊，要张开旂旗。国君派下大夫前往询问客往何方，然后回去复命。于是，国君让卿身穿朝服，带着五匹帛前往慰劳。上介出馆舍门，询问卿缘何而来，然后入内禀告使者。使者谦辞一次后，到馆舍门外迎接，行再拜之礼。慰劳者不必答拜。使者向慰劳者拱手行礼，接着先行入门，在馆舍的门内接受慰劳。慰劳者捧着束帛入门，在门内西侧面朝东而立，代致国君慰问之辞。使者面朝北恭听，然后转身稍向后退，行再拜叩首之礼，再上前接过束帛。慰劳者出门等候。使者将束帛交给家臣。副使出门请慰劳者入内，慰劳者谦辞不入。于是使者亲自出门揖请慰劳者，然后先行入内，慰劳者随其后进入舍内。宾的随行人员将送给慰劳者的四张麋鹿皮陈设在门内，又用五匹锦送给来客，慰劳者再拜叩首后收下。使者再拜叩首后，致送币帛。慰劳者拱手行礼后执皮而出，接着退归。国君夫人派下大夫拿两个方篮食品前往慰劳。篮子上罩有巾，表面为玄黑色，里子为绛色，篮子有盖，里面放着蒸熟后去掉皮核的枣栗，下大夫一手提枣，一手提栗上前。使者接过盛有枣的篮子，下大夫用双手将盛有栗的篮子授给使者。使者接受礼物的礼节，与刚才接受卿的礼物时一样；接着，使者又像刚才回赠卿以礼物那样，回赠给下大夫礼物。于是，来慰劳的下大夫为使者带路，进入国门。

　　（以上是在近郊慰劳使者。）

　　至于朝,主人曰:"不腆先君之祧^①,既拚以俟矣^②。"宾曰:"俟闲^③。"大夫帅至于馆,卿致馆。宾迎、再拜。卿致命,宾再拜稽首。卿退,宾送再拜。宰夫朝服设飧^④:饪一牢,在西,鼎九,羞鼎三^⑤;腥一牢^⑥,在东,鼎七。堂上之馔八^⑦,西夹六。门外米、禾皆二十车,薪刍倍禾。上介:饪一牢,在西,鼎七,羞鼎三;堂上之馔六;门外米、禾皆十车,薪刍倍禾。众介皆少牢。

【注释】

①祧(tiāo):庙。

②拚:洒扫。

③俟闲:等国君空闲时再行礼。主人说洒扫以待宾,是表示对宾的尊重;宾说俟闲,是谦敬,表示不敢急劳主人,同时也委婉地表示,自己远道而来,需要沐浴休息。

④飧(sūn):陈设的食物不周备,犹今日说"便饭"。

⑤羞鼎:陪鼎。

⑥腥:生肉。

⑦八:指豆的数目。陈设食物时,以豆数为标准:八豆则配有八簋、六铏、两簠、八壶、六豆则配以六簋、四铏、两簠、六壶。

【译文】

　　使者来到外朝,国君说:"敝先君之庙,早已洒扫完毕,等待您的到来。"使者说:"不必如此匆忙,还是等您闲暇时再来吧。"大夫奉国君之命导引使者到馆舍,上卿在此致礼。使者迎受,并答以再拜之礼。卿代国君致辞,请宾在此下榻,使者再拜叩首致谢。卿退下,宾以再拜之礼相送。宰夫身穿朝服陈设食品:煮熟的牛、羊、豕各一,在庭西,有九鼎,另有三个陪鼎;生的牛、羊、豕各一,在庭东,有七鼎;堂上的食品都以八为数,西夹室前的食品以六为数。门外有米、禾草各二十车,薪草的数量是禾草的一倍。这是为使者准备的。为副使准备的食品是煮熟的牛、羊、豕各一,陈设在庭西,有七鼎,另有三个陪鼎;堂上的食品都以六为数,门外的米、禾草都是十车,薪草是禾草的一倍。随行人员的食品都是牛、羊各一。

（以上是在馆舍向使者致礼。）

厥明,讶宾于馆①。宾皮弁聘②,至于朝。宾入于次,乃陈币,卿为上摈③,大夫为承摈④,士为绍摈⑤。摈者出请事。公皮弁,迎宾于大门内。大夫纳宾⑥。宾入门左。公再拜,宾辟,不答拜。公揖入,每门每曲揖⑦。及庙门,公揖入,立于中庭,宾立接西塾⑧。几筵既设,摈者出请命。贾人东面坐启椟,取圭垂缫,不起而授上介。上介不袭⑨,执圭屈缫,授宾。宾袭,执圭。摈者入告,出辞玉。纳宾,宾入门左。介皆入门左,北面西上。三揖,至于阶,三让。公升二等;宾升,西楹西,东面。摈者退中庭。宾致命;公左还,北乡。摈者进。公当楣再拜。宾三退,负序。公侧袭⑩,受玉于中堂与东楹之间。摈者退,负东塾而立。宾降,介逆出⑪。宾出。公侧授宰玉;裼⑫,降立。摈者出请。宾裼,奉束帛加璧享。摈者入告,出许。庭实:皮则摄之⑬,毛在内;内摄之,入设也⑭。宾入门左,揖让如初,升致命,张皮⑮。公再拜受币。士受皮者自后右客;宾出,当之坐摄之。公侧授宰币,皮如入,右首而东。聘于夫人,用璋,享用琮,如初礼。若有言⑯,则以束帛,如享礼。摈者出请事,宾告事毕。

【注释】

①讶:沖亚迎接。

②皮弁:皮弁之服,详见《士冠礼》。皮弁之服尊于朝服,朝聘时穿,表示相敬。

③摈:国君派去迎接宾的人。

④承摈:上摈的副手。承有承继上摈之意。

⑤绍摈:协助上摈和承摈者。绍也是承继之意。

⑥大夫:指上宾。上宾是卿,卿即上大夫,大夫是上大夫、下大夫的统称。

⑦每门:指库门、雉门。每曲:每逢拐弯处,入雉门后转身向东走,到正对着庙门处又转身向北走。

⑧接:靠近。西塾:门西侧的堂。

⑨袭:加衣。

⑩侧:单独。无人在旁赞助,亲自为之,表示对使者的尊重。

⑪逆出:先入者后出,后入者先出。

⑫裼(xī):穿在裘皮衣服外面的衣服。

⑬皮:虎豹之皮。摄之:右手执住兽皮的两只前足,左手则执住两只后足。

⑭入设:入庭陈设。陈设的位置是,将庭的南北长度三等分,南占1/3、北占2/3之处。

⑮张皮:将并在一起的兽皮打开。

⑯若有言:如果还有需要向国君告请的事,如请求出兵、借粮等。

【译文】

　　次日,下大夫奉国君之命到馆舍迎接使者。使者身穿皮弁之服前往聘问,到达治朝。使者进入更衣处休息等候,有司在庙门外陈设带来的礼品。国君任命卿为上摈,大夫为承摈,士为绍摈,去迎接使者。摈者出门请问使者为何事而来,然后入门禀告国君。国君身穿皮弁之服,在大门内迎接使者。上摈导引使者进门。使者从大门左侧进入。国君向使者行再拜之礼，使者避让，表示不敢当，也不必答拜。国君向使者拱手行礼后先入门，为之引路，每走进一门，或每逢拐弯处，国君都向使者拱手行礼。走到庙门前，国君拱手行礼后先进门，在中庭站立，等候使者，宾进门后站在靠近西塾的地方。有司在庙中为神几席铺设完毕，摈者出门向国君请命。于是，贾人在所陈礼物之西面朝东坐下，打开玉匣，取出圭，让圭垫尾部的丝带垂着，不必起身，直接授给副使。副使不必穿加衣，手执圭而将丝带托在掌上，转递给使者。使者在裘皮衣上加穿一件衣服，然后持圭。摈者入内禀告国君，接着又出来向使者推辞所赠之圭。然后，摈者导引使者进庙门，使者入门后站在左侧。副使等入门后也都站在门左，面朝北，以西首为尊。国君与使者三次互相拱手行礼，来到阶前，然后三次相让。国君先走上二级台阶；接着使者再开始走上第一级台阶，走到堂上西楹柱之西，面朝东而立。摈者退至中庭。使者代替自己的国君致词；国君向左转身，面朝北而立。准备行拜礼。摈者上前，在堂下阼阶之西为国君赞礼，国君在正对着前梁的地方向使者行再拜之礼。使者三次向后避退，到西序前站定。国君亲自在裘衣外加衣，在堂中间与东楹柱之间亲手接过圭。摈者退下，背靠东塾而立。使者下堂，随行人员按与入内时相反的次序退出。接着使者也退出。国君亲手将圭授给宰，然后去掉外衣露出裼衣，再下堂立在庭中。摈者又出门，请问使者是否还有事。使者去掉外衣露出裼衣，然后捧着束帛，上面放着一块璧，准备献给国君。摈者进门禀告国君，接着出门告诉使者，国君同意他入内行享礼。放在庭中的礼品，如果是兽皮，则应左手执两前足，右手执两后足，将兽毛朝里对折，在庭南三分之一处并立。使者进门后站在左侧，接着与国君像刚才那样互相揖让，然后上堂致词，同时，执皮者将对折着的兽皮打开。国君行再拜之礼后接过币帛。在堂下接受兽皮的士，从执皮者身后走到其右侧，使者退出，士在对着使者站过的地方坐下，表示兽皮是受之于使者，然后将兽皮依原样对折好。国君亲手将币帛交给宰，士执兽皮退出时，要像刚才执皮者进来时那样，为首者立在左侧，向东行进，将兽皮收藏起来。聘问夫人时，玉器用璋，献礼时则用琮，其间仪节与刚才向国君献礼一样。至此，如果使者还有其它事要禀告国君，则要像向国君献礼那样，再奉五匹帛。于是，摈者出门请问使者是否还有事，使者告知公事已完毕。

（以上是向国君和夫人聘问、献礼。）

宾奉束锦以请觌①。摈者入告，出辞②。请礼宾；宾礼辞，听命。摈者入告。宰夫彻几改筵③。公出，迎宾以入，揖让如初。公升，侧受几于序端。宰夫内拂几三，奉两端以进。公东南乡，外拂几三，卒，振袂④，中摄之，进，西乡。摈者告。宾进，讶受几于筵前，东面俟。公壹拜送。宾以几辞，北面设几，不降，阶上答再拜稽首。宰夫实觯以醴，加柶于觯，面枋。公侧受醴。宾不降，壹拜，进筵前受醴，复位。公拜送醴。宰夫荐笾豆脯醢，宾升筵，摈者退负东塾。宾祭脯醢，以柶祭醴三；庭实设。降筵，北面，以柶兼诸觯，尚擪⑤，坐啐醴；公用束帛。建柶，北面奠于荐东。摈者进相币⑥。宾降辞币，公降一等辞。栗阶升，听命；降拜；公辞。升，再拜稽首，受币，当东楹，北面；退，东面俟。公壹拜，宾降也。公再拜。宾执左马以出⑦。上介受宾币，从者讶受马。

【注释】

①觌(dí)：相见。使者向国君聘享，是奉行公事，无法表达本人的敬意，所以又私下求见国君。

②出辞：国君认为使者已行过聘享之礼，应该由他向使者致礼，不能再由使者来行礼，所以辞见。

③彻几改筵：几、筵本是为神而设，所以必须撤换。

④袂(mèi)：衣袖。

⑤擸(liè)：执持。

⑥进：从东塾走到阼阶之西。

⑦左马：左侧的马。庭上的马共四匹，朝北并列，以左首之马为尊。

【译文】

使者捧着束锦请求私见国君。摈者入门禀告国君，接着出门推辞使者来见。国君请使者允许他行醴礼，使者先谦辞，接着表示听从国君之命。摈者入内禀告国君。于是宰夫将庙中为神而设的几和席撤去，重新为使者设席。国君出门，迎接宾入内，双方像聘问时那样相互揖让。国君上堂，在东序南头亲自从宰夫手中接过漆几。宰夫向内拂拭漆几上的灰尘，以免弄脏国君的衣服，一共拂三次，然后捧着漆几的两端上前。国君面朝东南，向外侧拂拭漆几上的灰尘，一共三次，拂毕，抖落衣袖上的灰尘，然后双手执住漆几的中部，上前面朝西而立。摈者禀告使者，国君将要授漆几于他。使者上前，在席前迎受漆几，面朝东等候。国君向使者一拜之后，送上漆几。使者拿着漆几避让，表示不敢当国君之礼，然后面朝北放下漆几，由于仪节未完，此时不必下堂，只需在西阶之上以再拜叩首之礼作答。宰夫往觯中酌醴酒，再在觯上加一把勺，勺把朝前。国君亲手接过醴酒。使者仍不必下堂，只需对国君行一拜之礼，然后走到席前接过醴酒，再回到西阶之上的位置。国君行拜送礼者。于是，宰夫在使者席前进上笾豆和干肉、肉酱，使者入席，摈者退至东塾之前。使者祭干肉和肉酱，又用勺酌醴酒而祭，一共酌、祭三次，接着有司在庭中陈设作为礼物的四匹马。使者离席，面朝北，将勺和觯并在一起，一手执住上方的勺把，坐下尝一口醴酒；国君用束帛送给使者。使者将勺插入觯中，然后面朝北放在席前干肉和肉酱的东侧。摈者上前协助国君向使者赠送束帛。使者下堂推辞,国君则走下一级台阶,不让使者下堂,也不同意他的推辞。于是,使者连步登阶上堂,表示听从国君的命令;接着又下堂,准备行拜受礼;国君不许。然后使者上堂,向国君行再拜叩首之礼,再接过束帛,在正对着东楹柱的地方,面朝北;然后退下,面朝东立候。国君向使者拜一拜,使者下堂回避。国君又行再拜礼。于是,使者牵着庭中最左的那匹马出门。副使接过使者手中的束帛,随员牵着其余的马,随后出门。

(以上是国君向使者致礼。)

宾觌,奉束锦,总乘马①;二人赞②。入门右,北面奠币,再拜稽首。摈者辞,宾出。摈者坐取币出,有司二人牵马以从,出门,西面于东塾南。摈者请受。宾礼辞,听命。牵马右之③。入设,宾奉币,入门左;介皆入门左,西上。公揖让如初,升。公北面再拜。宾三退,反还,负序;振币进授④,当东楹北面。士受马者,自前还牵者后⑤,适其右,受。牵马者自前西,乃出。宾降阶东拜送。君辞。拜也,君降一等辞。摈者曰:"寡君从子,虽将拜,起也。"栗阶升。公西乡。宾阶上再拜稽首。公少退。宾降出。公侧授宰币。马出。

【注释】

①总乘马:将四匹马的八根辔绳合于一手牵着。乘马,四匹马,每匹马两根辔绳。

②赞:在两匹马之间协助牵马。

③右之:右手牵马。人在马的左侧,右手牵便于控制马。

④振币:用衣袖拂去币帛上的灰尘。

⑤自前还牵者后:受马者由南向北行进,走到牵马者之前时,向左

转身,绕至牵马者身后。

【译文】

使者私下去见国君时,要捧着束锦,一手总揽四匹马的辔绳;另有两人在两马之间协助牵马。宾门右侧入内,面朝北放下束锦,行再拜叩首礼。摈者以其是臣见君之礼,不敢当而加以推辞。使者出门恭候。摈者坐下,取起使者的束锦而出,两位有司则牵着马跟随其后,然后出门,面朝西站在门外东塾之南。摈者请使者以客礼相见。使者谦辞后,表示从命。于是,使者的四位随员在马的左边用右手牵着马,进入庭中,西朝北站好。使者捧着束锦,进门后站在左侧,随行人员入门后也都站在左侧,以西首为尊。国君像先前那样与使者相互揖让,然后上堂。国君面朝北行再拜之礼。使者三次后退,表示不敢当,接着转身,走到西序前站好;然后用袖子拂去锦上的灰尘,上前授给国君,位置是在正对东楹柱处的北面。接受马匹的四位士,走到牵马者的前面,再向右转身走到其身后,又走到其右侧,然后接过马匹。牵马者稍向前走,再折向西行,然后出门。使者下堂,在西阶之东准备行拜送礼,国君不让使者在堂下行拜礼。使者依然在西阶之东行拜礼,以表示敬意,于是国君走下一级台阶再次劝阻。摈者说:"寡君已经跟着您走下台阶,您即使要行拜礼,也请起身上堂。"于是使者连步走上堂。国君在阼阶上面朝西而立。使者在西阶之上向国君行再拜叩首之礼。国君稍稍后退,表示不敢当。使者下堂后出门。国君亲手将束锦授给宰。宰在庭东将它收藏起来,只将马匹牵出门,以保持庙中的清静。

(以上是使者私见国君。)

公降立。摈者出请。上介奉束锦,士介四人皆奉玉锦束①,请觌。摈者入告,出许。上介奉币,俪皮②,二人赞;皆入门右,东上,奠币,皆再拜稽首。摈者辞,介逆出。摈者执上币,士执众币;有司二人举皮,从其币。出请受。委皮南

面;执币者西面北上。摈者请受。介礼辞,听命。皆进,讶
受其币。上介奉币,皮先③,入门左,奠皮。公再拜。介振
币,自皮西进,北面授币,退复位,再拜稽首送币。介出。宰
自公左受币,有司二人坐举皮以东。

【注释】

①玉锦:纹绣缜密如玉的锦。

②俪:两张。皮:麋鹿皮。

③皮先:执皮者先入。

【译文】

　　国君下堂,在庭中面朝南而立。摈者出门请问在此等候的副使等,
为何事而来。副使捧着束锦,四位随行人员各捧一束玉锦,请求私见国
君。摈者入内禀告国君,接着出门告知国君已同意相见。副使捧着束
锦,另有两张麋鹿皮,有两人协助执持;都从门的右侧入内,在庭中面朝
北而立,以东首为尊。然后放下束锦,都向摈者行再拜叩首之礼。因为
这是臣见君的礼节,摈者不敢当而推辞。于是随行人员按与入门时相
反的次序退出门。摈者拿着副使赠送的锦,士拿随行人员赠送的玉锦,
两位有司举起两张麋鹿皮,跟在他们后面。出门后,摈者请副使以客礼
相见。有司将麋鹿皮放在门限外将麋鹿皮面朝南放下;执锦者在门外
东侧面朝西而列,以北首为尊。摈者请副使以客礼相见。副使谦辞不
允,然后从命。接着副使和随行人员都上前,各自迎受玉锦。副使捧着
束锦,跟在执皮者之后,进门后站在左侧,接着在庭南放下麋鹿皮。国
君在中庭面朝南行再拜之礼。副手用衣袖拂去锦上的灰尘,从麋鹿皮
的西侧向北行,再折而向东,走到对着君站立处,再折而向北行,然后面
朝北将束锦献给国君,接着退回原位,向国君再拜叩首,并拜送受币帛
者。副使出门。宰在国君的左侧接过币帛,两位有司坐着拿起麋鹿皮,
到庭东收藏起来。

（以上是副使私见国君。）

摈者又纳士介。士介入门右，奠币，再拜稽首。摈者辞，介逆出。摈者执上币以出，礼请受①，宾固辞②。公答再拜。摈者出，立于门中以相拜，士介皆辞。士三人，东上，坐取币，立。摈者进。宰夫受币于中庭，以东；执币者序从之。

【注释】

①礼请受：请求一次未获允许，便不再坚持，而接受对方意见。

②固：衍文，应删去。

【译文】

摈者又导引随行人员入内。随行人员从庙门右侧入内，接着放下玉锦，行再拜稽首之礼。这是臣见君之礼，摈者不敢当而推辞，随行人员按与入门时相反的次序退出。摈者拿着随行人员之长的束锦出门，谦词请求他们收回，使者代表随行人员推辞，于是摈者收下。摈者入内禀告国君，国君在中庭以再拜礼遥相致谢。摈者又出门站在门的中间协助双方行拜礼，随行人员都退避，表示不敢当国君之礼。国君一方的三位士，由东向西并立，而以东首为尊，接着坐下拿起玉锦，然后起身。摈者入门。宰夫在庭中从摈者手中接过束锦，藏于庭东。三位执币帛的士依次序一一将玉锦交给宰夫。

（以上是随行人员私见国君。）

摈者出请，宾告事毕。摈者入告，公出送宾。及大门内，公问君①。宾对，公再拜。公问大夫，宾对。公劳宾②，宾再拜稽首，公答拜。公劳介，介皆再拜稽首，公答拜。宾出，公再拜送，宾不顾③。

【注释】

①君：使者本国的国君。

②劳宾：宾远道而来，倍为辛苦，故公慰劳之。

③顾：回顾，回头。

【译文】

　　摈者出门请问使者还有何事，使者说事已办完。摈者入内禀告国君，于是国君出庙门送使者。即将走到大门口时，国君询问对方国君的起居情况。使者回答后，国君行再拜礼，祝他平安无恙。国君又问及对方卿大夫的情况，使者一一回答。国君对使者辛劳而来表示慰问，使者向国君行再拜叩首之礼，以示感谢。国君答拜还礼。国君又慰问随行人员，随行人员都行再拜叩首之礼，表示感谢，国君答拜还礼。使者出大门，国君在门内以再拜之礼相送，直至使者不再回头，然后返归。

　　（以上是私见完毕后，国君送使者。）

　　宾请有事于大夫。公礼辞，许。宾即馆。卿、大夫劳宾，宾不见。大夫奠雁再拜，上介受。劳上介，亦如之。

【译文】

　　出庙门时，使者请求聘问对方的卿、大夫。国君谦辞一次后表示同意。使者回到宾馆稍事休息。对方的卿、大夫前往宾馆慰问使者，使者以不敢劳卿、大夫登门而加以推辞。卿、大夫将作为见面礼的鹅放在地上，并且行再拜之礼，副使代表使者收下礼物。卿、大夫前往慰问副使的礼节，也是如此。

　　（以上是卿、大夫慰问使者。）

　　君使卿韦弁①，归饔饩五牢②。上介请事，宾朝服礼辞。

有司入陈③。饔：饪一牢，鼎九，设于西阶前，陪鼎当内廉④，东面北上，上当碑⑤，南陈；牛、羊、豕、鱼、腊、肠、胃同鼎，肤、鲜鱼、鲜腊⑥，设扃鼎⑦。胾、臐、膮⑧。盖陪牛、羊、豕。腥二牢，鼎二七⑨，无鲜鱼、鲜腊，设于阼阶前，西面，南陈如饪鼎，二列。堂上八豆，设于户西，西陈，皆二以并⑩，东上韭菹⑪，其南醓醢⑫，屈⑬。八簋继之，黍其南稷，错⑭。六铏继之⑮，牛以西羊、豕，豕南牛，以东羊、豕。两簠继之，粱在北。八壶设于西序，北上，二以并，南陈。西夹六豆，设于西墉下⑯，北上韭菹，其东醓醢，屈。六簋继之，黍其东稷，错。四铏继之，牛以南羊，羊东豕，豕以北牛。两簠继之，粱在西。皆二以并，南陈。六壶西上，二以并，东陈。馔于东方⑰，亦如之，西北上。壶东上，西陈。醯醢百瓮，夹碑，十以为列，醯在东。饩二牢，陈于门西，北面东上。牛以西羊、豕，豕西牛、羊、豕。米百筥⑱，筥半斛⑲，设于中庭，十以为列，北上。黍、粱、稻皆二行，稷四行。门外：米三十车，车，秉有五籔⑳，设于门东，为三列，东陈；禾三十车。车，三秅㉑。设于门西，西陈；薪刍倍禾。

【注释】

①韦弁：用柔皮做的冠，此指韦弁服。韦弁服尊于皮弁服而次于祭服。

②归：通"馈"，赠送。饔（yōng）：已杀的牲口。饩（xì）：活的牲口。

③入：入使者下榻的宾馆的庙门。

④内廉：西阶的东廉。每阶都有东西两廉，靠堂中部者为内廉。廉，堂屋的侧边。

⑤上当碑：正鼎以牛鼎为上，陪鼎以膷鼎为上，两鼎都列于北首，与碑对齐。碑，观测日影的石柱。

⑥胾：细切的猪肉。鲜鱼：刚死的鱼。鲜腊：切好后尚未晒干的肉。

⑦扃（jiōng）：抬鼎用的木杠。鼏（mì）：鼎的盖子，此指正鼎的盖子。陪鼎的盖子称"盖"。

⑧膷（xiāng）：牛肉羹。臐（xūn）：羊肉羹。膮（xiāo）：猪肉羹。

⑨二七：每牢七鼎，共二列。

⑩二以并：两两并列而设。

⑪菹（zū）：腌菜。

⑫醓（tǎn）：肉酱的汁。

⑬屈：弯曲。豆的陈列方式。胡培翚云："韭菹二者在东，其西为昌本、麋臡二豆；昌本、麋臡之南为菁菹、鹿臡二豆，菁菹、鹿臡之东为茆菹、麋臡二豆。设法自东而西，复自西而东，故谓之屈。"

⑭错：交错。

⑮铏（xíng）：盛羹的器皿。

⑯墉（yōng）：墙垣。

⑰东方：指东夹室。

⑱筥（jǔ）：竹器名，圆形。

⑲斛（hú）：容量单位，一斛为十斗。

⑳秉：古代容量单位，一秉为十六斛。籔（sǒu）：古代容量单位，一籔为十六斗。

㉑秅（chá）：计数禾稼的单位，一秅为四百把。

【译文】

国君派卿身穿韦弁之服，向使者馈赠杀好的以及活的牛、羊、猪，总共五牢。副使禀告使者，请问如何处置，使者身穿朝服，谦辞后收下。有司进入宾馆的庙门内陈设五牢。煮熟的牛、羊、猪一共三牢：其中煮熟的一牢，正鼎共九个，陈设在西阶之前，陪鼎放在正对着西阶东廉的地方，一律朝东摆放，以北首的鼎为尊，北首的正鼎与陪鼎都与碑对齐，由北向南排列。九鼎内分别盛有牛、羊、猪、鱼、腊肉，牛羊的肠、胃在同一鼎内，还有细切的猪肉、新鲜的鱼、尚未晒干的腊肉等，每鼎都有鼎杠和盖。三个陪鼎内分别盛着牛肉羹、羊肉羹、猪肉羹，这是牛、羊、猪的陪鼎。尚未煮的牛、羊、猪为二牢，共十四鼎，分两行排列，每列七鼎，与西阶前陈设的九鼎相比，只是没有新鲜鱼和未晒干的腊肉，其余相同，全都陈设在阼阶之前，鼎面朝西，从北向南像九个熟食鼎那样排列，只是分成两行。堂上陈设的食品，按照豆数为八的规格，陈设在室户之西，全部朝西陈放，都按两个食器并列为一组的方式摆放。最东首是腌制的韭菜，南侧是汁很多的肉酱，如此两两相并，曲折地陈放。接着往西摆放八簋，黍在北，稷在南，交错陈放。再接着往西陈设盛羹的六铏，牛羹之西为羊羹和猪羹，猪羹之南又是牛羹，再往东是羊羹和猪羹。再接着往西放两簋，梁簋在北，稻簋在南。八壶陈放在西序之前，以北首为尊，两两并列，向南摆放，西夹室的六豆，陈设在西墙之下，腌韭菜最尊，放在北首，其南是汁很多的肉酱，也如上曲折地陈设。接着往南放六簋，黍在西，稷在东，交错着陈设。再接着往南陈设四铏，牛羹之南是羊羹，羊羹之东是猪羹，猪羹之北是牛羹。再接着往南陈设两簋，梁簋在西，稻簋在东，都是两两相并，向南摆放。六壶摆放在西夹的北墙下，以西首为尊，两两相并，向东陈放。在东夹室陈放食品的方式也是如此，以西北为尊。壶以东为尊，向西陈放。醴酒和肉酱共有一百瓮，在碑的两侧，十瓮为一列地陈放，醴酒在东侧。尚未杀的牛、羊、猪共二牢，陈列在庙门之西，头朝北，以东首为尊。牛的西侧是羊、猪，猪的西侧又是牛、羊、猪。米一共一百筥，每筥的容量为五斗，陈设在庭中，以十筥为一列陈放，都以北首为尊。黍、梁、稻摆成两行，稷摆成四行。门外陈放的物品有：米三十车，每车二百四十斗，都陈设在门外东侧，排成三行，自西向东陈列；禾草三十车，每车一千二百把，都陈放在门外西侧，自东向西陈放，柴薪和草料的数量是禾草的一倍。

（以上是卿奉命馈赠使者。）

　　宾皮弁迎大夫于外门外[①]，再拜；大夫不答拜。揖入。及庙门，宾揖入。大夫奉束帛，入，三揖，皆行[②]。至于阶，让，大夫先升一等。宾从，升堂，北面听命。大夫东面致命；宾降，阶西再拜稽首，拜饩亦如之。大夫辞，升成拜。受币堂中西[③]，北面。大夫降，出。宾降，授老币[④]，出迎大夫。大夫礼辞，许。入，揖让如初。宾升一等，大夫从。升堂。庭实设，马乘。宾儦堂，受老束锦；大夫止。宾奉币西面，大夫东面。宾致币。大夫对，北面当楣，再拜稽首；受币于楹间，南面，退，东面俟。宾再拜稽首送币。大夫降，执左马以出。宾送于外门外，再拜。明日，宾拜于朝，拜饔与饩，皆再拜稽首。

【注释】

①大夫：即上节奉国君之命馈赠使者的卿。卿即上大夫，故以大夫
　　称之。外门：即大门。

②皆行：并排而行。

③堂中西：堂中央至西楹柱之间。

④老：家臣。

【译文】

　　使者身穿皮弁之服在大门外迎接大夫，行再拜之礼，大夫不必答拜。双方相互拱手谦让后入门。走到庙门前，使者向大夫拱手行礼后先入门。大夫捧着束帛，进入庙门，与使者三次拱手行礼后并排而行。走到阶前，双方拱手谦让后，大夫先走上一级台阶。使者随后走上阼阶，上堂，面朝北听命于大夫。大夫在西阶之上面朝东致词，使者下堂，

准备在阼阶之西行再拜叩首之礼,拜谢大夫馈赠活牲的礼节也是如此。大夫以君命不让使者下堂行礼,于是使者上堂完成拜礼。使者在堂中央的西侧面朝北接受大夫赠送的束帛。面朝北,大夫下堂,然后出庙门。使者下堂,将束帛交给家臣,又出门迎请大夫。大夫谦辞,然后应允。入庙门时,双方像刚才那样相互拱手谦让。使者走上一级台阶后,大夫随后跟着,走到堂上。陈设在庭中的礼物是四匹马。使者下堂,从家臣手中接过束锦准备回赠大夫,大夫在堂上劝阻。使者面朝西捧着束锦,大夫在西阶上面朝东而立,使者向大夫致送束锦。大夫站在正对着前梁的地方面朝北以词相答,并且行再拜叩首之礼;接着在两楹之间接受束锦,再面朝南,然后退回西阶上,面朝东待命。使者再拜叩首,礼送受束锦者,大夫下堂后,牵着庭中最左侧的那匹马出门。使者一直送到大门之外,行再拜之礼。次日,使者在大门外拜谢国君,拜谢他馈赠杀牲和活牲,都是行再拜叩首之礼。

(以上是使者回赠卿。)

上介:饔饩三牢,饪一牢,在西,鼎七,羞鼎三[1],腥一牢,在东,鼎七;堂上之馔六;西夹亦如之。筥及瓮,如上宾。饩一牢。门外米、禾视死牢[2],牢十车,薪刍倍禾。凡其实与陈,如上宾。下大夫韦弁,用束帛致之。上介韦弁以受,如宾礼。傧之两马束锦。士介四人,皆饩大牢,米百筥,设于门外。宰夫朝服,牵牛以致之。士介朝服,北面再拜稽首受。无傧。

【注释】

①羞鼎:即陪鼎。

②死牢:已杀死的牛、羊、猪。

【译文】

馈送给副使的食物有：已杀死的和活的牛、羊、猪共三牢，其中杀死的牛、羊、猪有二牢已经煮熟，陈列在宾馆庭中的西侧，正鼎是七个，陪鼎是三个；未煮的牛、羊、猪也是一牢，陈列在东侧，连同其他生肉，总共有七个鼎；陈设在堂上的食品都以六为数。在西夹室陈设的食品也是如此。筥和瓮的数量，都与馈赠使者的一样。活的牛、羊、猪一牢。陈设在大门外的米、禾的数量，根据已杀死的牛、羊、猪的牢数来决定，每牢配以十车米或禾，柴薪与草料的数量则是禾草的一倍。所有上述陈设于庭内外的礼物，都与送给使者的一样。下大夫向副使赠送礼物时，身穿韦弁之服，送以束帛。副使接受束帛时，也要穿韦弁之服，其间仪节与使者一样。回赠给下大夫的礼物，是两匹马和一束锦。赠送给四位随行人员的是，活的牛、羊、猪各一，米一百筥，陈设在门外。宰夫身穿朝服，牵牛致送。随行人员身穿朝服，面朝北再拜叩首后接受礼物。以上仪节都没有摈者协助。

（以上是馈赠副使等人礼物的情况。）

宾朝服问卿。卿受于祖庙。下大夫摈。摈者出请事；大夫朝服迎于外门外，再拜，宾不答拜。揖，大夫先入，每门每曲揖。及庙门，大夫揖入。摈者请命。庭实设四皮，宾奉束帛入。三揖，皆行，至于阶，让。宾升一等；大夫从，升堂，北面听命。宾东面致命。大夫降，阶西再拜稽首。宾辞，升成，拜受币堂中西，北面。宾降，出。大夫降，授老币，无摈。

【译文】

使者身穿朝服前往聘问卿。卿在祖庙接受使者的问候。下大夫担任卿的摈者。摈者先出门，请问使者为何事而来；接着卿身穿朝服到大门之外相迎,行再拜之礼,使者不必答拜。双方拱手行礼后,卿先入门为使者引路,每到一门或每逢拐弯处,卿都向使者拱手行礼。走到庙门前,卿拱手行礼后先入内。接着摈者出门,请使者致其君命。使者命人将赠给卿的四张麋鹿皮陈设在庭中。接着,使者捧着束帛入庙门,与卿拱手谦让后并排而行,走到阶前,又三次相互礼让;于是,使者先走上一级台阶;卿再接着上台阶,然后上至堂上,面朝北听使者致词。使者在西阶之上面朝东致词。于是卿下堂,在阼阶之西准备行再拜叩首之礼。使者劝阻后,卿上堂完成拜礼。接着卿在堂中央的西侧面朝北接受束帛。然后使者下堂,出门。卿随后下堂,将束帛授给家臣,没有摈者协助。

（以上是使者问候卿。）

摈者出请事。宾面①,如觌币②。宾奉币,庭实从③,入门右。大夫辞。宾遂左。庭实设,揖让如初。大夫升一等,宾从之。大夫西面,宾称面④。大夫对,北面当楣再拜;受币于楹间,南面,退,西面立。宾当楣再拜送币,降,出。大夫降,授老币。

【注释】

①面:使者私见大夫。

②觌:使者私见国君。

③庭实:四匹马。

④称面:致格见之辞。

【译文】

摈者出门请问使者还有何事。使者请求私见大夫,所准备的币帛与私见国君时一样。使者捧着束锦,随行人员牵着四匹马跟随其后,从庙右侧进入。大夫认为这是使者谦虚降礼,表示不敢当。于是使者又从门的左侧进入。有司将四匹马牵入庭中。双方像先前那样相互拱手谦让来到阶前。大夫先走上一级台阶,使者随后登阶。大夫在阼阶之上面朝西,使者在西阶之上面朝东,致相见之辞。大夫应对之后,面朝北在前梁之下行再拜之礼,接着在东西楹柱之间接受束锦,再面朝南,然后退回原位,面朝西而立。使者在前梁下再拜,礼送受束锦者,然后下堂,出门。接着大夫下堂,将束锦交给家臣。

（以上是使者私见大夫。）

　　擯者出请事。上介特面①,币如觌。介奉币。皮,二人赞。入门右,奠币,再拜。大夫辞,擯者反币。庭实设,介奉币入,大夫揖让如初。介升,大夫再拜受。介降拜,大夫降辞。介升,再拜送币。擯者出请。众介面,如觌币。入门右,奠币,皆再拜。大夫辞,介逆出。擯者执上币出,礼请受,宾辞。大夫答再拜。擯者执上币,立于门中以相拜,士介皆辟。老受擯者币于中庭,士三人坐取群币以从之。擯者出请事。宾出,大夫送于外门外,再拜。宾不顾。擯者退,大夫拜辱。

【注释】

①特面:上介单独见大夫。特面时没有随行人员跟从,也没有随行人员执币帛一起进门,礼数比宾见卿要低。

【译文】

　　擯者出门,请问副使有何事。副使请求私见大夫,准备的礼物与使者私见大夫时一样。副使手捧束锦。一对麇鹿皮,由两人协助拿着。从庙门右侧进入,接着放下束锦,行再拜之礼。大夫表示不敢当其从门右侧进入之礼,副使出门。摈者出门将束锦交还副使。副使命人将麋鹿皮陈放在庭中,自己重新捧着束锦入门,大夫像先前那样与副使拱手谦让。然后,副使升堂,在堂上将束锦赠送给大夫,大夫再拜之后收下。副使下堂,准备行拜礼,大夫下堂劝阻。于是副使上堂,行再拜之礼,然后出门。摈者又出门,请问客人还有何事。使者的随行人员请求私见大夫,准备的礼物与使者私见大夫时一样,从庙门右侧进入,然后放下玉锦,都行再拜之礼。大夫表示不敢当其从庙门右侧进入之礼。随行人员按照与进门时相反的次序退出。摈者拿着随行人员之长的玉锦出门,谦词请收回,使者辞谢。摈者入门禀告,大夫表示在门内致再拜之礼后方可接受。摈者拿着随行人员之长的束帛,站在庙门中央协助行拜礼,随行人员不敢当而回避。家臣在庭中从摈者手中接过束帛,另外三位士坐下将随行人员的束帛取起,跟臣之后去敛藏。摈者又出门请问还有何事?使者说私见已完毕,于是出大门,大夫一直送到大门之外,行再拜之礼。直到使者不再回头时,大夫再转身进门。摈者亦告退,大夫拜谢他屈尊相助。

（以上是副使及随员私见卿。）

　　下大夫尝使至者,币及之。上介朝服、三介①,问下大夫,下大夫如卿受币之礼。其面,如宾面于卿之礼。

【注释】

　　①三介:使者私见卿带四名随行人员,副使只带三名,是表示礼数低于使者。

【译文】

　　如果有某位下大夫曾经作为使者聘问过自己的国家,则此时要由副使带着束帛去问候。表示不忘旧交。副使身穿朝服,带着三名随行人员,前往问候下大夫。下大夫接受束帛的仪节与卿一样。彼此相见的仪节,与使者私见卿一样。

(以上是问候下大夫。)

大夫若不见[1],君使大夫各以其爵为之受,如主人受币礼,不拜。

【注释】

①大夫:泛指所有大夫,包括卿在内。

【译文】

如果大夫中有因故不能与使者等相见的,则国君派与这位大夫爵位相同的人代为接受礼物,仪节与大夫本人接受对方礼物的一样,但不必拜谢对方,因为是代替的,不敢当主人之礼。

(以上是代替大夫接受礼物的规定。)

夕[1],夫人使下大夫韦弁归礼[2]。堂上笾豆六,设于户东,西上;二以并,东陈。壶设于东序,北上,二以并,南陈。醙、黍、清[3],皆两壶。大夫以束帛致之。宾如受饔之礼,傧之乘马束锦。上介四豆、四笾、四壶,受之如宾礼;傧之两马束锦。明日,宾拜礼于朝。

【注释】

①夕:指使者问候卿的当天傍晚。

②夫人:国君夫人。

③醙(sōu):白酒。此处陈设的酒为稻、黍、粱三种,每种都有清、白二色,为行文简洁,稻写为“醙”,粱写为“清”,表示三种酒都有清有白。

【译文】

傍晚,国君夫人派下大夫穿韦弁之服向使者回礼。宾馆的堂上摆放的笾豆都以六为数,陈设在室户之东,以西首为尊,笾豆都是两两相并,由西向东陈放。壶陈设在东序前,以北首为尊,两两相并,由北向南陈放。稻、黍、粱三种酒,都有清有白,每种酒都是两壶。大夫向使者致送束帛。使者像当初接受馈赠时那样,回赠四匹马和束锦。为副使准备的食品则是四豆、四笾、四壶酒,副使接受时的礼节与使者一样,但回赠的礼物为两匹马和束锦。次日,使者要到朝上拜谢国君夫人的惠赐。

(以上是国君夫人向使者等回礼。)

大夫饩宾大牢^①,米八筐^②,宾迎,再拜。老牵牛以致之^③,宾再拜稽首受。老退,宾再拜送。上介亦如之。众介皆少牢,米六筐^④,皆士牵羊以致之^⑤。

【注释】

①饩:馈赠。大牢:牛、羊、豕各一。

②米八筐:指黍二筐、粱二筐、稷四筐。

③老:室老,大夫的贵臣。

④米六筐:黍二筐,稷四筐。

⑤皆士牵羊以致之:少牢为一羊、一豕,没有牛,所以牵羊致送。

【译文】

大夫馈赠给使者的礼物陈设在门外,有大牢和八筐米。使者出门迎接,行再拜之礼。室老牵着牛,将大牢致送给使者,使者再拜叩首后收下。室老退归,使者以再拜之礼相送。大夫向副使馈赠礼物的仪节也是如此。大夫馈赠随行人员的礼物都是少牢,米为六筐,都是由士牵着羊致送。

(以上是大夫向使者等馈赠礼物。)

公于宾,壹食,再飨①。燕与羞②,俶献③,无常数。宾介皆明日拜于朝。上介壹食壹飨。若不亲食,使大夫各以其爵、朝服致之以侑币④,如致饔,无傧。致飨以酬币⑤,亦如之。大夫于宾,壹飨壹食。上介,若食,若飨,若不亲飨,则公作大夫致之以酬币,致食以侑币。

【注释】

①壹食,再飨:食礼一次,飨礼两次。食礼在两次飨礼之间。飨礼是献上大牢,请客人饮酒之礼。

②羞:禽羞,用禽类做成的食品。

③俶(chù):开始。

④侑币:用以劝客人进食的币帛。

⑤酬币:用以劝客人饮酒的币帛。

【译文】

国君宴请使者,食礼一次,飨礼两次。燕饮及所献禽羞和当令的新物,没有定数,视双方感情的深浅而定。使者和副使都要在次日到朝上拜谢国君。如果是宴请副使,则食礼一次、飨礼一次。如果国君因故不能亲往参加宴会,则要请爵位与使者相同的大夫参加,大夫要身穿朝服,用侑帛劝使者进食,其仪节与向使者致送食物时一样。只是没有傧者协助。行飨礼时用酬帛劝使者饮酒,仪节也是这样。大夫宴请使者,也是飨礼一次、食礼一次。大夫宴请副使,则或用食礼,或用飨礼;如果大夫因故不能亲自参加,则国君要另派一名爵位相同的大夫参加,也是用酬币向宾劝酒,劝食之礼用侑币。

(以上是国君和大夫宴请使者等的礼节。)

君使卿皮弁,还玉于馆①。宾皮弁,袭,迎于外门外,不

拜;帅大夫以入。大夫升自西阶,钩楹。宾自碑内听命^②,升
自西阶,自左,南面受圭,退负右房而立。大夫降中庭。宾
降白碑内,东面,授上介于阼阶东。上介出请,宾迎,大夫还
璋,如初入。宾裼,迎。大夫贿用束纺^③,礼玉、束帛、乘皮,
皆如还玉礼。大夫出,宾送,不拜。

【注释】

①玉:圭璋。依礼,使者来聘问时,主人要受玉,使者将返回时,主
　人要还玉。

②碑内:碑的内侧,即北侧。

③贿(huì):赠送财物给别人。纺:织丝的织物。

【译文】

　　国君派卿身穿皮弁之服,到使者的馆舍归还玉圭。使者身穿皮弁
之服,掩住前襟,在大门外迎接卿,不必行拜礼,接着引领大夫入门。大
夫从西阶上堂,由西楹柱的北侧到庭中,面朝南。使者在堂下碑的北侧
面朝北听命于大夫,然后从西阶上堂,站到大夫的左侧。与大夫面朝南
并排而立,接着从大夫手中接过圭,然后退至右房的前面,背朝右房而
立。于是,大夫下堂来到庭中。使者下堂来到碑的北侧,面朝东,将圭
授给站在阼阶之东的副使。副使又出门,请问大夫还有何事,接着回禀
使者,使者出门相迎;大夫像前一次进来时那样,将璋交还使者。使者
露出裼衣,上前接圭。大夫赠送的财物是束纺。国君还聘对方国君的
礼物是:礼玉、束帛、四张虎豹皮,其仪节与还圭璋时一样。于是大夫出
门,使者相送,但不必行拜礼。

　　(以上是卿奉命还玉和赠物。)

　　公馆宾^①,宾辟,上介听命。聘享,夫人之聘享,问大夫,

送宾,公皆再拜。公退,宾从,请命于朝。公辞,宾退。

【注释】

①公馆宾:这一节记使者返国的前一日,国君亲往宾馆拜见使者。

【译文】

国君亲往宾馆拜见使者,使者谦避,副使出门听国君致词。国君对使者聘奉君命来向自己行享之礼,又向自己的夫人聘享之礼,又问候各位大夫表示感谢,对使者即将归国表示送别,这四件事,每说完一件国君都行再拜之礼。国君退归,使者跟随其后,直至朝上,并再次请命于国君。国君谦辞,使者退归。

(以上是国君前往宾馆送别使者。)

宾三拜乘禽于朝①,讶听之②。遂行,舍于郊。公使卿赠,如觌币。受于舍门外,如受劳礼;无傧。使下大夫赠上介,亦如之。使士赠众介,如其觌币。大夫亲赠,如其面币;无傧。赠上介亦如之。使人赠众介,如其面币。士送至于竟。

【注释】

①乘禽:成双飞行的禽,如雉、雁等。使者入国十天后,国君每日赐以乘禽。

②讶:国君派去侍奉使者的人。

【译文】

使者到朝上行三拜之礼,感谢国君赐以乘禽。侍者听后禀告国君。于是使者一行踏上归途,当日在近郊住宿。国君又派卿前往赠物送行,所赠之物与私见国君时所赠送的一样。使者在馆舍门外接受礼物,其仪节与入境时接受慰问一样，只是没有摈者协助。国君又派下大夫向副使赠物送行，仪节也是如此。又派士向使者的随行人员赠物送行，其仪节与私见国君时赠送币帛一样。大大要亲自向使者私赠物品，物品与当初私见时所赠的一样；没有傧者相助。向上介赠送礼物也是如此。派人向各位随行人员赠送物品，物品与当初私见时赠送的一样。士要一直将使者一行送到国境。

（以上是卿大夫奉命向离去的使者等赠物送别。）

使者归，及郊，请反命。朝服，载旜。禳^①，乃入。乃入陈币于朝，西上：上宾之公币、私币皆陈^②。上介公币陈，他介皆否。束帛各加其庭实^③，皮左。公南乡。卿进使者，使者执圭垂缫，北面；上介执璋屈缫，立于其左。反命，曰："以君命聘于某君，某君受币于某宫，某君再拜。以享某君，某君再拜。"宰自公左受玉。受上介璋，致命亦如之。执贿币以告，曰："某君使某子贿。"授宰。礼玉亦如之。执礼币，以尽言赐礼。公曰："然。而不善乎^④！"授上介币，再拜稽首；公答再拜。私币不告。君劳之。再拜稽首。君答再拜。若有献，则曰："某君之赐也。君其以赐乎？"上介徒以公赐告^⑤，如上宾之礼。君劳之。再拜稽首。君答拜。劳士介亦如之。君使宰赐使者币，使者再拜稽首。赐介，介皆再拜稽首。乃退。介皆送至于使者之门，乃退揖。使者拜其辱。

【注释】

①禳（ráng）：除去灾凶的祭祀。

②公币：国君赐给的币帛。私币：卿大夫赠给的币帛。

③束帛各加其庭实：束帛都放在庙中各自的礼物内。束帛一般应放在皮革之上，这里分开放有炫耀礼物多的意思。

④而：通"尔"，你。

⑤徒：空手，不拿币帛。

【译文】

使者回国，走到近郊时，请郊人禀告国君，使者已经归来。使者穿上朝服，将旐旗插在车上。接着又举行襘祭，然后才入城中。于是进入寝门，将带回的币帛陈列在治朝上，以西首为尊；对方国君、卿大夫赠送给使者的币帛全部要陈设，对方国君赠送给副使的币帛也要陈设，赠送给随行人员的币帛则不必陈设。使者和副使的束帛，放在庭中各自的礼物内，在皮革的左侧。国君在礼物之北面朝南站立。接着，国君命令卿传呼使者入内，使者手执圭，让圭托板下面的丝带垂着，面朝北而立，副使手执璋，将丝带托在掌上，站在使者的左侧。使者向国君复命，说："奉国君之命前往聘问某国国君，某国国君在某一宫庙接受我方赠送的币帛，并且行再拜之礼。我方又向某国国君献礼，国君接受后行再拜之礼。"宰从国君的左侧接过圭。使者接过副使的璋，向国君复命的仪节也是如此。使者又捧着束纺说："某国国君让某大夫赠送此物。"然后将纺交给宰。拿着对方赠送的礼玉向国君禀告的礼节也是如此。拿着对方国君初次接见使者时所赠送的礼物，将从郊劳到赠物的每个细节都详尽禀告。国君听后说："好，你不是很善于奉命出使吗？"接着将手中的礼物赏给副使，副使向国君再拜叩首；国君以再拜之礼作答。私见对方卿大夫时收下的币帛可以不报告国君。接着，国君慰问使者，使者向国君再拜叩首，国君以再拜之礼作答。如果对方还有向国君特意进献的礼物，则要说："这是某国国君赠给的，不一定合您用，您用它再赐给别人吧？"副使可以空着手向国君禀告对方赐物的详细情况，就像刚才使者汇报时那样。国君又慰劳副使，副使再拜叩首，国君以再拜之礼作答。国君慰劳随行人员的仪节也是如此。国君命宰赐给使者币帛，使者向国君再拜叩首。赐给副使及随行人员币帛,也都向国君再拜叩首。于是,使者等都退归。随行人员等要一直送到使者的祢庙门口,然后才能退归,并拱手告别,使者拜谢他们屈尊随行出使。

（以上是使者复命。）

释币于门。乃至于祢,筵几于室,荐脯醢。觞酒陈①。席于阼,荐脯醢,三献②。一人举爵③,献从者④,行酬,乃出。上介至,亦如之。

【注释】

①觞（shāng）酒陈:觞,酒器名,属爵类;用觞酌酒进奠,这是一献。

②三献:主人一献、室老二献、士三献。

③一人:主人之吏。一人举爵表示旅酬开始。

④从者:随主人出使的家臣。

【译文】

使者在家的大门旁用束帛告庙,告知出使归来。接着来到祢庙,有司在室中为神铺设席和小几,并进上干肉和肉酱。使者用觞酌酒放在神席前,是为一献。然后在阼阶之上为主人铺席,并荐上干肉和肉酱,室老和家臣中的一位士接着完成三献之礼。于是,主人之吏奉主人之命举起酒爵,向跟随主人出使的家臣行旅酬礼,家臣按次序接受酬酒,饮毕出门。副使回到自己家中,也要如此举行告庙仪式和酬劳随行人员。

（以上是使者告庙。）

聘遭丧①,入竟,则遂也②。不郊劳。不筵几。不礼宾。主人毕归礼③,宾唯饔饩之受④。不贿,不礼玉,不赠。遭夫人、世子之丧⑤，君不受，使大夫受于庙，其他如遭君丧。遭丧⑥，将命于大夫，主人长衣练冠以受⑦。

【注释】

①遭丧：遇到聘往国有丧事，指国君去世。

②遂：继续进行聘问活动。

③主人毕归礼：主人一方将使者一行所需的食物全部送上。礼，指按礼节必须供给的各种食物。

④宾唯饔饩之受：饔、饩属于正礼，可以接受；此外的食物都属于加礼，因国有大丧，可以不接受。

⑤世子：嫡长子。

⑥遭丧：指国君、夫人、嫡长子之丧。

⑦主人：即大夫，国有大丧时，国君或已死亡，或者为丧主，不能见使者，所以由大夫权作主人。长衣：平时穿在内衣之外的衣服，上衣与下裳连为一体，边缘是素色的，特别长大，故名。练冠：练布做的冠，是父母去世周年致祭时所戴的丧冠。主人本服衰麻丧服，是凶服，使者远道来聘，属吉礼，主人不宜以纯凶之服对纯吉之礼，所以脱去外面的丧服，露出长衣，头戴练冠见使者，这是一种变通的礼法。

【译文】

聘往国如果适逢国君新丧，而使者已进入其国境，则应继续进行聘问活动。不过，礼数都要降低：不派大夫到近郊慰劳使者，由于尸柩停在庙中，使者无法依常礼在此向国君致命，所以不再为神铺设席和小几。聘享丧君完毕，也不向使者醴礼。使者一行滞留期间所需食物，主人要按礼仪规定全部送去，但使者只能收下其中已烧熟的食物和未杀的牲口。卿大夫不再向使者等赠送纺等礼品，不赠送礼玉之类，也不赠送币帛。如果适逢国君夫人或嫡长子之丧，国君作为丧主不能接受聘礼,便让卿大夫在庙中接受,其他的仪节都和遇到国君之丧一样。遇到大丧时,使者向大夫陈述自己国君的命辞时,主人要脱下丧服,穿着丧衣戴着练冠接受使者致礼。

(以上是聘往国有大丧时行聘的仪节。)

聘,君薨于后①,入竟则遂。赴者未至②,则哭于巷③,衰于馆④;受礼,不受飧食。赴者至,则衰而出,唯稍受之⑤。归,执圭复命于殡⑥,升自西阶,不升堂。子即位,不哭。辩复命,如聘。子臣皆哭。与介入,北乡哭。出,袒括发⑦。入门右,即位踊⑧。

【注释】

①君:指本国国君。薨于后:死于使者出发之后。

②赴者:通报凶讯的人,赴,通"讣"。

③哭于巷:本国国君死,使者在异国无法就丧主之位而哭,所以只能哭于巷门。

④衰于馆:在宾馆内穿衰麻丧服,因为讣闻未到,使者不能在异国身穿丧服见人。

⑤稍:粮食与草料。

⑥殡:入殓而未下葬的尸体。

⑦括发:束发。

⑧踊:向上跳。

【译文】

使者奉命出国聘问,如果出发后得到本国国君的死讯,则应根据当时所在的位置来决定今后的行动,如果已经进入聘往国境内,则应按原计划继续进行聘问活动。如果仍在国内,则应返回奔丧。报告讣闻的人尚未到达时,使者一行只能在巷门号哭,在宾馆内穿丧服;接受对方馈赠的食物时,不能接受加礼之食。报告讣闻者到达后,则可以穿着丧服走出宾馆,此后只能接受粮食和草料之类。出使完毕回到国内,要捧着圭到国君的遗体前复命,从西阶走上去,但不到堂上,世子在阼阶上即位时,为保持复命时的清静,不号哭。使者像平时出聘归来那样一一向国君复命。于是,世子和群臣都开始哭泣。使者与副使及随行人员走入堂内,面朝北哭泣。出来时,要脱下左衣袖,用麻束发。入门时,从门右侧进入,然后在阼阶下的臣位上边哭边跳。

（以上是出国行聘时国君去世的礼节。）

若有私丧①,则哭于馆,衰而居,不飨食②。归,使众介先,衰而从之。

【注释】

①私丧:使者父母去世。

②不飨食:国君宴请时不参加。

【译文】

如果使者出国聘问时,适逢自己的父母去世,则在宾馆内哭泣,居住时穿衰麻丧服,不参加国君的宴请。归国途中,让随行人员走在前,自己穿着丧服跟随于后。

（以上是使者有私丧时的仪节。）

宾入竟而死,遂也。主人为之具而殡①。介摄其命。君吊,介为主人。主人归礼币,必以用。介受宾礼,无辞也。不飨食。归,介复命,柩止于门外。介卒复命,出,奉柩送之。君吊,卒殡。若大夫介卒,亦如之。士介死,为之棺敛之,君不吊焉。若宾死,未将命,则既敛于棺,造于朝,介将命。若介死,归复命,唯上介造于朝。若介死,虽士介,宾既复命,往,卒殡乃归。

【注释】

①主人:聘往国的国君。

【译文】

如果使者在进入聘往国境内后死去,则聘问仍要继续进行。国君为死者备办殓殡的所有物品,并且殡之。副使接替使者之任。国君前往吊唁,副使担任丧主。丧主从对方赠送的助丧之物中选择丧葬所必需的物品带回国。国君以使者之礼对待副使,副使不必推辞。副使不参加国君的宴请。回国后,副使向国君复命,而将使者的灵柩停在大门外。副使复命完毕,出大门,奉灵柩到使者的家。国君前往吊唁,直至殓殡完毕方才归去。如果是副使死亡,其仪节也是如此。如果是随行人员死亡,则殓之入棺,国君不往吊唁。如果使者死时,聘问已进行到即将行聘享之礼时,则必须将使者殓入棺,送至朝上,由副使完成聘享之礼。如果副使或随行人员死亡,归国复命时,只有副使的灵柩可以送到朝门外。如果副使或随行人员死亡,即使是随行人员,使者在复命之后,都要前往送柩,到殡殓完毕方才回归。

(以上是出聘时使者与副使死亡时的仪节。)

小聘曰问①。不享,有献,不及夫人。主人不筵几,不礼。面不升②。不郊劳。其礼,如为介,三介。

【注释】

①小聘:聘有大小之分,大聘之礼及于国君和夫人,并享以玉帛等;

小聘之礼只对国君,不及于夫人,而且只献以本国特产。

②面:犹言觌,私觌。

【译文】

小聘称为问。小聘时不享以玉帛之类,只献以本国特产,而且不献及夫人。主人不铺设席和几,不行醴礼。私见大夫时不上堂。使者到达近郊时,国君不派人慰劳。国君接待使者的礼节,与大聘中的副使相同,介只能有三个。

(以上是小聘的礼节。)

记

久无事①,则聘焉。若有故②,则卒聘。束帛加书将命,百名以上书于策③,不及百名书于方④。主人使人与客读诸门外。客将归,使大夫以其束帛反命于馆。明日,君馆之。

【注释】

①事:指盟会之类的活动。

②故:指灾害之类的事。

③名:文字。策:将竹简编连起来即成策。

④方:用于书写的木板,即"版"。

【译文】

记

诸侯之间如果很久没有盟会,则应该派使者互相聘问。如果国内发生灾难,则应该停止聘问。聘问的书简要放在束帛上,捧着向对方国君致命,书简的字数若超过一百字,就写在策上;若不满百字,就写在木版上。对方国君在接受使者致送的书简后,随使者下堂出门,国君让内史与使者在门外宣读书简内容。使者将要回国时,国君派大夫到宾馆,将使者致送的束帛归还。次日，国君将回复的书简送到宾馆，请使者早日送达。

（以上记因故终止聘问的仪节。）

既受行①，出，遂见宰，问几月之资。使者既受行日②，朝同位。出祖释軷③，祭酒脯，乃饮酒于其侧。

【注释】

①受行：受命出使。

②既：衍文，当删。

③祖：开始。軷（bá）：对道路神的祭祀，古人为祈求行道安全，至一小土堆，或者再在上面放犬羊一类的牲，出行者祭酒脯并祈告，祭毕，乘车从土堆上辗过。

【译文】

使者接受国君命令后准备出使，出门后，接着去见宰，请问付给路途几个月的费用。受命出行之日，使者与副手及随行人员和上朝时站的方位一样，都是面朝北。出行开始，使者及随者要以物祭道路神，卿大夫们在土堆旁祭酒和干肉，接着饮酒，为使者饯行。

（以上记使者受命将行的仪节。）

所以朝天子，圭与缫皆九寸①，剡上寸半②，厚半寸，博三寸③，缫三采六等④，朱白仓。问诸侯，朱绿缫，八寸。皆玄纁系⑤，长尺，绚组⑥。问大夫之币，俟于郊，为肆，又赍皮马⑦。

【注释】

①缫：或作"藻"、"璪"，垫在玉器底下的木板，大小与玉器相同，外

面用熟皮革包裹,末端有五彩丝带。

②刬(yǎn):锐利,尖。

③博:宽。

④采:颜色。等:即"就",一圈。

⑤玄缥系:用玄色和缥色的丝带系扣。丝带连在缫板上,上下各一,用以系玉。上方玄色像天色,下方缥色像地色。

⑥绚组:有纹彩的丝带。

⑦赍(jī):以物赠人。

【译文】

用以朝见天子的玉器,圭和托板都是九寸长,圭的顶部左右各削去一寸半,使之呈锐角形,厚是半寸,宽为三寸,托板上用三种颜色横向画了六圈,三种颜色的顺序是朱色、白色、苍色,朱色、白色、苍色。聘问诸侯时用的圭,托板只有朱色和绿色两种,圭和托板的长度都是八寸。这两种托板末端都有上为玄色下为缥色的丝带,丝带长一尺,上有彩纹。聘问大夫用的束帛,由宰夫拿着在近郊等待,并预先陈列好,等待使者到来,并将赠送给对方大夫的皮革和马匹交付给使者。

(以上记朝聘所用至器的形制。)

辞无常,孙而说①。辞多则史②,少则不达。辞苟足以达,义之至也。辞曰:"非礼也。敢?"对曰:"非礼也。敢辞③?"

【注释】

①孙:通"逊",顺于心意。说:通"悦"。

②史:策祝。

③辞:衍文,应删。

【译文】

　　大夫出聘,接受使命而不接受辞令,因为聘问的辞令没有固定的内容,只要顺从对方心愿,并且使他愉悦即可。辞令若太啰嗦,就有点像宗庙中的策祝了;若太少,则又不足以表达意思。如果辞令能足以表达意思就止,那就是应答场合中的极致水平了。遇有不能接受的礼遇时推辞说:"不符合礼,岂敢接受?"如果主人仍坚持,则回答说:"不符合礼,岂敢不推辞?"

　　(以上记修辞之节。)

　　卿馆于大夫^①,大夫馆于士,士馆于工商。管人为客^②,三日具沐,五日具浴。

【注释】

　　①卿馆于大夫:奉命出使,馆舍一定要在对方的宗庙内,但为了表示对主人的尊敬,馆舍一般在比自己级别低的官员的宗庙内。古代士以上都有寝有庙,庙在前,寝在后。庶人、工商则有寝无庙。

　　②管人:管理馆舍的人。

【译文】

　　出聘时不能在与自己身份相当的人的宗庙中下榻,而应该降一等,卿住在大夫的宗庙,大夫住在士的宗庙,士则住在工商之人的舍中。管人接待来客,要满足客人三天洗一次头,五天洗一次澡的要求。

　　(以上记宾下榻之处。)

　　飧不致^①,宾不拜,沐浴而食之。

【注释】

①飧：使者刚到时举行的食礼。不致：不用束帛致命。

【译文】

主人用飧礼招待来宾时，不必用束帛来致命，来宾也就不用拜谢。但要沐浴之后再就食，以示对国君赐食的尊重。

（以上记飧礼待宾。）

卿①，大夫讶②。大矢③，士讶。士④，皆有讶。宾即馆，讶将公命，又见之以其挚⑤。宾既将公事，复见之以其挚。

【注释】

①卿：使者。

②讶：国君派去迎接宾客的人。

③大夫：副使，即"上介"。

④士：随行人员，即"众介"。

⑤又见之以其挚：根据所要见的人的身份高低，所执的挚也不同，大夫讶者执雁，士讶者执雉。

【译文】

聘问之日，国君派到宾馆去迎接客人的人的级别，根据对方的身份而定，使者是卿，所以派大夫去迎接。副使是大夫，所以派士去迎接。随行人员都是士，但也有专门的迎接者。使者在致馆时，迎接者要告诉使者，国君让自己在此等候他，然后又拿着礼物去拜见使者。使者的公事完毕之后，用迎接者送来的礼物去回见。

（以上记迎宾者的级别与仪节。）

凡四器者①，唯其所宝，以聘可也。

【注释】

①四器：圭、璋、璧、琮。

【译文】

凡是圭、璋、璧、琮，可以根据五等诸侯所宝爱，而选取行聘。

（以上记聘玉。）

宗人授次①，次以帷。少退于君之次。

【注释】

①宗人：掌宗庙及礼事的官员。

【译文】

使者初次到达宗庙大门外时，宗人为他安排休息之处。休息处的四周是用帷布围起来的。使者的休息处的位置要比国君的稍稍靠后，以示区别。

（以上记使者在宗庙外的休息处。）

上介执圭，如重，授宾。宾入门，皇①；升堂，让②；将授，志趋③；授如争承，下如送；君还，而后退。下阶，发气④，怡焉；再三举足，又趋。及门，正焉。执圭，入门，鞠躬焉，如恐失之。及享，发气焉，盈容⑤。众介北面，踧焉⑥，私觌，愉愉焉。出，如舒雁⑦。皇，且行；入门主敬，升堂主慎。

【注释】

①皇：矜持、庄严。

②让：举手与胸口相平衡。

③志趋：举步快而小。

④发气：舒气。

⑤盈容：和气满面。

⑥跄：容貌舒扬。

⑦舒雁：鹅。

【译文】

　　副使执圭，份量虽轻，但要像拿很重的东西似的，授给使者，以示慎重。使者进入庙门时，神色要庄敬；上堂时，持圭的双手要与胸口平；将要把圭授给国君时，脚步要小而快；授圭时，要像争着接东西，唯恐掉在地上，放下时好像送走一件东西，国君转身将圭转交给宰，然后使者退下。在堂上时，出于恭敬要屏着气，走到台阶下，才开始舒气，很舒坦的样子，在原地几次踏步后，心气平定，又再快步前行。走到门口，容色回复正常。也有人认为，使者拿着圭入门时，形体犹如鞠躬一样，好像生怕丢失似的。到享礼时才敢舒气，和气溢于面部。随行人员都面朝北而立，容貌也都很舒畅的样子。私见国君时，容貌要很和敬的样子。使者等出门时，要像鹅那样自然而有行列。还有人认为，执玉者行进时要庄敬，入门时的神色以敬为主，上堂时的神色要以谨慎为主。

　　（以上记宾、介聘享时的容貌。）、

　　凡庭实，随入①，左先，皮马相间②，可也。宾之币，唯马出③，其余皆东④。多货，则伤于德。币美，则没礼。贿，在聘于贿⑤。

【注释】

①随入：相随而入，意为不并行。庭实以皮革、马匹为主，两者的数量都是四，进时是前后相贯而入，到庭中后都是面朝北而立，以西为尊，所以由西边的那匹马或皮先入内。西为左，所以下文说"左先"。

②间：代替。有无可相取代，无马之国可用皮，无皮之国可用马。

③出：出门入马厩。

④东：指庭东的内府。

⑤在聘于贿：视聘礼的厚薄决定回赠的费用水平。

【译文】

凡是要陈设在庭中的马匹或皮革，要逐一相随而入，而让陈放在庭右侧的先进入，皮革与马匹不必同时有，可以互相替代。使者向国君赠送的币帛等，只有马被牵至门外马厩，其余物品都送到庭东的内府收藏。聘问的目的在于礼，而不在于礼物的多少、好坏，如果陈设的玉器太多，则变成以玉为主，势必有伤于德行。如果束帛太美，则礼的本意就会被淹没。回赠给对方的礼物，视对方带来的礼物而定，厚薄要相称。

（以上记在庭中陈设货币的事宜。）

凡执玉，无藉者袭[①]。

【注释】

①藉：垫，将璧琮放在束帛之上，则可以将束帛看作是垫在璧琮之下。

【译文】

凡是执持玉器，下面没有束帛为衬托，则持玉者要掩好正服。

（以上记藉玉的规定。）

礼不拜至[①]。醴尊于东箱，瓦大一[②]，有丰。荐脯五胁，祭半胁，横之。祭醴，再扱，始扱一祭，卒再祭。主人之庭实[③]，则主人遂以出，宾之士讶受之。

【注释】

①礼:聘享礼毕,以醴酒宴请使者。

②瓦大:瓦尊名。

③庭实:指马匹。马共四匹,使者先牵走西侧那匹,其余三匹由士牵走。

【译文】

聘享完毕,对使者行醴礼时,不必行拜始至之礼。因为使者并非于此时始至:醴酒陈放在东厢房,是一个名为“瓦大”的瓦尊,下面有托盘。进上的干肉条共五根,另有半条祭祀时用的干肉,横放在这五条干肉之上。祭醴酒时,要扱取两次酒,先扱一次酒致祭,祭毕再扱一次致祭。国君赠给使者的马匹,在国君出门后,由使者的随行人员迎受并牵走。

(以上记国君礼宾的仪物。)

既觌,宾若私献,奉献,将命。摈者入告,出礼辞。宾东面坐奠献,再拜稽首。摈者东面坐取献,举以入告,出礼请受。宾固辞①,公答再拜。摈者立于阈外以相拜,宾辟。摈者授宰夫于中庭。若兄弟之国,则问夫人。

【注释】

①固:衍文,可删。

【译文】

使者私见国君之后,如果有珍异之物私相敬献,则要捧而献之,并以君命致之。摈者得知使者将有私献,要入门禀告国君,再出门谦辞,然后表示接受。使者面朝东坐下,放下礼物,向国君再拜叩首,声明因礼物微薄,不敢在刚才私见时呈送。摈者从门东走到使者南侧,面朝东坐下拿起使者放下的礼物,举着进门禀告国君,然后出门谦词请使者收回。使者不允，于是国君在庭中以再拜之礼相谢。摈者站在门限之外协助国君行拜礼，使者回避，不敢当此大礼。摈者在中庭将礼物交给宰夫。如果双方是兄弟之国，则还应聘问夫人。

（以上记私觌后的私献。）

若君不见，使大夫受。自下听命，自西阶升受，负右房而立。宾降亦降。不礼。

【译文】

如果国君因故不能接见使者，则命大夫接受聘享。大夫在堂下听宾致命，从西阶上堂接受礼物，然后背靠右房而立。使者下堂时也下堂。大夫不敢像君那样向宾行醴礼。

（以上记国君不能亲受时的礼节。）

币之所及，皆劳，不释服①。

【注释】

①服：皮弁服。不释服是表示来不及脱去服装，急往慰劳。

【译文】

凡是将受到使者币帛之赠的卿大夫退朝后要先往宾馆慰问使者，来不及脱下皮弁之服。

（以上记卿大夫劳宾。）

赐饔，唯羹饪①，筮一尸②，若昭若穆③。仆为祝，祝曰："孝孙某，孝子某，荐嘉礼于皇祖某甫、皇考某子。"如馈食之礼。假器于大夫。朌肉及庑、车④。

【注释】

①羹饪：国君赐给使者的饔食有饪、腥、饩等三种，只有饪一牢需要祭祀。羹饪，即饪一牢，煮熟的牛、羊、豕。

②筮一尸：用卜筮的方法从随行的弟子中选择一人担任"尸"。

③若昭若穆：昭穆是古代宗法制度，它规定了先祖在宗庙或墓域中排列位次的方法，始祖居正中，其子在左，称昭；其孙在右，称穆，孙之子又在左，为昭；孙之孙又在右，为穆，如此反复排列。此处的昭或穆，指离主人最近的一位，父在祭祖，父卒祭祢，其排列位次或昭或穆均可。

④肦（bān）：同"颁"。廋（sōu）：即廋人。车：指巾车，两者都是掌车马的官名。

【译文】

国君赐给的饔食中，只有饪一牢需要祭祀。祭祀前，要从随行的弟子中筮定一位担任尸，祭祀的对象或昭或穆，视父亲是否在世而定。让仆人担任祝告者，祝词说："孝孙某人，孝子某人，进荐美好的礼物于皇祖某人，皇父某人之前。"其礼节与少牢馈食礼相同。但使用的器物只能借大夫的，而不敢用国君的器物与祭器，分给祭肉时，要及于廋人、巾车之类的贱官。

（以上记使者受饔而祭的礼节。）

聘日致饔。明日，问大夫。夕，夫人归礼。既致饔，旬而稍①，宰夫始归乘禽②，日如其饔饩之数③，士中日则二双④。凡献，执一双，委其余于面。禽羞⑤，俶献⑥。

【注释】

①稍：即禀食，发给粮食。

②乘禽：雌雄并行的禽。致礼之物重双数，故取用之。

③日如其饔饩之数：每日致送乘禽的数量，与饔饩的牢数一致，每牢一双。

④中日：隔日。

⑤禽羞：煮熟并调和其味的禽。

⑥倣：开始，此指当令的新鲜之物。

【译文】

聘问之日国君要向使者等致送饔食。次日，使者等聘问大夫，摈者入内禀告大夫。傍晚，向夫人行馈赠之礼。致送饔食之后，如果过了十天使者还未回归，则要再次赠给粮等，以免接不上。宰夫则开始向使者等馈赠乘行之禽，供的数量与饔饩之牢的数量相同。对于随行人员，不必每人致送，隔日赠送两对乘行之禽即可。凡是进献乘行之禽，要拿一双向使者致词，其余的可以放在使者面前。煮好的禽，要用新鲜当令的呈献。

（以上记宾主行礼的仪节及禽献的等差。）

比归大礼之日，既受饔饩，请观①。讶帅之，自下门入②。

【注释】

①观：参观宗庙、宫室等。

②下门：便门。

【译文】

到行馈赠大礼之日，使者接受饔饩的各种食物后，可以请求参观宗庙等。由前来迎接的大夫引路，从便门进入。

（以上记使者参观宗庙。）

备以其爵，朝服①。

【注释】

①"备以"二句：这句当在下文"凡致礼"之后，误置于此。

【译文】

大夫各依其爵位穿朝服。

（以上记致礼者的爵服。）

士无饔①，无饔者无傧。

【注释】

①士无饔：赠送给士的食物只有饩大牢，即活的牛、羊、豕各一，而没有熟食。

【译文】

给使者的随行人员馈赠的食物中没有熟食。没有熟食则礼数较低，也不必向馈送者行傧礼。

（以上记馈赠使者随员的礼数。）

大夫不敢辞，君初为之辞矣①。

【注释】

①"大夫"二句：这句应在前文"明日问大夫"之后，误置于此。

【译文】

大夫不必推辞使者的慰问，国君一开始就已代卿大夫推辞过。

（以上记大夫不推辞的原因。）

凡致礼①，皆用其飧之加笾豆。无饔者无飧礼。

【注释】

①凡致礼：国君用酬币向使者等致礼，而非用飨礼招待之。

【译文】

凡是国君派人向使者行飨礼，都沿用使者、副使飨礼时的加笾、加豆之数。随行人员不赐以熟食，因此也没有飨礼。

（以上记致飨与无飨。）

凡饩，大夫黍、粱、稷，筐五斛。

【译文】

凡是赠送食物，大夫送给使者的是黍、粱、稷，都装在筐中，每筐的容积为五斛。

（以上记大夫向宾馈饩的数量。）

既将公事，宾请归。凡宾拜于朝①，讶听之。

【注释】

①宾拜于朝：使者受到国君及夫人的赠予等，次日都要到朝上拜谢。

【译文】

使者在公事完毕之后，请求国君准许回国。凡是使者到朝上拜谢国君、夫人的赐予，都由迎接者向国君转达。

（以上记使者请归及拜赐。）

燕，则上介为宾，宾为苟敬①。宰夫献。

【注释】

①苟敬：燕礼注重恩谊而不在崇敬，所以使者辞却宾的身份，由副
　　使担任，自己入诸公之席，与主人交欢，这样不至于专事恭敬，但
　　又不失恭敬，称为苟敬。

【译文】

　　燕礼时，由副使担任宾，使者则保持一种不专事敬、但又不失恭敬
的身份。国君则让宰夫担任献主，代替自己向使者等献酒。

　　（以上记国君燕使者的礼节。）

　　无行①，则重贿反币。

【注释】

①无行：不再到别国去，意为专聘此国。

【译文】

　　如果使者不再去其他国家，则应该厚赠礼物并全部归还使者赠送
给国君和夫人的礼物。

　　（以上记专聘时国君的加礼。）

　　曰："子以君命在寡君，寡君拜君命之辱。""君以社稷
故，在寡小君，拜。""君贶寡君，延及二三老①，拜。"又拜送。

【注释】

①老：大夫。

【译文】

　　赞者在拜谢使者聘享国君时说："您奉国君之命前来存问寡君，寡
君拜谢国君命您辱临于此。"赞者在拜谢使者聘享夫人时说："您为了我

们的社稷之主，前来存问夫人，拜谢您奉命屈尊来此。"赞者在拜谢使者问候大夫时说："您的国君赐物于寡君，又延及于各位大夫，拜谢您屈尊来此。"然后又拜送宾。

（以上记赞者代表国君拜谢四件事时用的辞令。）

宾于馆堂楹间，释四皮束帛。宾不致，主人不拜。

【译文】

使者在离开宾馆前，在堂上的东西楹柱之间留下礼物，以示对馆主人的感谢，放下的礼物是四张皮革和五匹帛。使者不必致送，馆主人也不必拜谢。

（以上记使者谢馆主人之礼。）

大夫来使，无罪，飨之；过，则饩之。其介为介。有大客后至①，则先客不飧食，致之。

【注释】

①大客：诸侯。

【译文】

大夫奉命来聘，如果入国后没有罪行，则国君亲自以飨礼款待；如果犯有过错，则不以飨礼相待，而只赠以杀好的三牲，即饩。飨礼时，以使者的副使为助手。如果有诸侯晚到，则先来的使者不能吃飧礼之食，但可以致礼。

（以上记国君是否飨使者的事宜。）

唯大聘有几筵①。

【注释】

①唯大聘有几筵：大聘设神位，故设几筵供神凭依。

【译文】

只有大聘间时国君才为神设几和席。

（以上记大聘设筵的事宜。）

十斗曰斛，十六斗曰籔，十籔曰秉。二百四十斗。四秉曰筥。十筥曰稯，十稯曰秅。四百秉为一秅。

【译文】

量器的递进关系是：十斗为一斛，十六斗叫一籔，十籔叫一秉。一车二百四十斗。四秉叫一筥，十筥叫一稯，十稯叫一秅。四百秉为一秅。

（以上记致饔饩的禾米之数。）

公食大夫礼第九

【题解】

古代贵族款待宾客的形式有飨礼、食礼、燕礼之别，燕礼以饮酒为主，食礼以吃饭为主，飨礼则两者兼有。就礼数而言，飨礼最隆重，食礼在宗庙举行，劝食用币帛，牲用太牢，而燕礼在寝内举行，劝饮不用币帛，牲用狗，因此食礼重于燕礼而次于飨礼。古代天子与诸侯、诸侯与诸侯，诸侯与本国大臣之间都有食礼，但大多已失传。本篇记诸侯以食礼款待小聘问的使者，兼记大夫相食之礼。公，通指五等诸侯的国君，大夫，指下大夫，小聘问以下以大夫为使者。

公食大夫之礼。使大夫戒^①，各以其爵^②。上介出请，入告。三辞。宾出，拜辱。大夫不答拜，将命^③。宾再拜稽首。大夫还：宾不拜送，遂从之。宾朝服即位于大门外，如聘^④。

【注释】

①戒：告知。

②各以其爵：戒宾者的爵位与宾相同，宾若为卿，则由卿戒之；宾若为大夫，则由大夫戒之。

③将命：致命，致国君请宾参加食礼之命。

④如聘:如聘礼时那样在大门外进入休息处的仪节。

【译文】

公食大夫礼。国君派大夫前往宾馆通知使者,请他去宗庙参加食礼。通知者的爵位应该与被通知者相当。副使出宾馆门,请问大夫为何事而来。然后入门禀告使者,使者三次谦词推辞,未得允许。于是使者出门,拜谢大夫屈尊前来。大夫不必答拜还礼,便可转述国君相邀之命。使者再拜叩首表示遵命。接着大夫回去向国君复命,使者不必拜送,但应随后前往。使者身穿朝服在大门处即位,并像聘礼时一样,进入休息处等待。

(以上是使者应邀,到大门外等待。)

即位①。具②。羹定。甸人陈鼎七③,当门,南面西上,设扃鼏,鼏若束若编④。设洗如飨。小臣具槃匜⑤,在东堂下。宰夫设筵,加席、几。无尊。饮酒⑥,浆饮⑦,俟于东房。凡宰夫之具,馔于东房。

【注释】

①即位:即位者指国君。

②具:准备完毕,指接待使者用的各种器物。

③鼎七:七鼎,牛、羊、豕、鱼、腊、肠胃、肤各一鼎。

④鼏若束若编:鼎盖用白茅制作,长者束其根,短者编连其中央而成。

⑤槃(pán):接水的盘。匜(yí):盥洗时浇水用的器皿。

⑥饮酒:清酒。

⑦浆饮:即截浆,有汁有渣的酒。

【译文】

国君即位。迎接使者所需的各种器物都准备完毕。肉羹也已经煮熟。甸人在门外将七个鼎陈列在庙门外正对着门的地方。鼎都朝南,自西向东排列,而以西首为尊。每鼎都设有鼎杠和盖,鼎盖是将白茅束结或编连成的。洗的位置,与飨礼时一样。小臣在东堂之下摆设盘和匜。宰夫铺设筵席,席上面再设加席和小几。不设酒尊。漱口用的清酒、浊酒,都在东房准备着。凡是宰夫掌管的饮食器具,也都陈设在东房。

(以上是陈设器具。)

公如宾服,迎宾于大门内。大夫纳宾。宾入门左,公再拜;宾辟,再拜稽首。公揖入,宾从。及庙门①,公揖入。宾入,三揖。至于阶,三让。公升二等,宾升。大夫立于东夹南,西面北上。士立于门东,北面西上。小臣②,东堂下,南面西上。宰,东夹北,西面南上。内官之士在宰东北③,西面南上。介,门西,北面西上。公当楣北乡,至再拜④,宾降也,公再拜。宾,西阶东,北面答拜。摈者辞,拜也;公降一等。辞曰:"寡君从子,虽将拜,兴也。"宾栗阶升,不拜;命之,成拜;阶上北面再拜稽首。

【注释】

①庙:祢庙,食礼行于祢庙。

②小臣:包括小臣正、小臣师等。

③内官:庶人之官。

④再拜:当是"壹拜"之误。

【译文】

国君和使者一样,身穿朝服,在大门内迎接使者。担任上摈的大夫引导使者进门。使者从门的左侧进入,国君行再拜之礼;使者以不敢当此礼而谦避,然后向国君再拜叩首。国君拱手请使者入内,使者跟从于后。走到庙门前,国君拱手行礼后先入。使者入门后先后三次与国君拱手行礼。到阶前,又三次彼此谦让。然后国君先从阼阶走上两级台阶,使者才接着走上西阶。大夫都站在堂东夹室之南,面朝西,以北首为尊。士站在庙门内东侧,面都朝北,以西首为尊。小臣都站在东堂之下,面朝南,以西首为尊。宰站在东夹室之北,面朝西,以南首为尊。内官的士站在宰的东北方,面朝西,以南首为尊。使者的随行人员站在庙门内西侧,面朝北,以西首为尊。国君在堂上正对请前梁的地方,面朝北而立,使者走至西阶时,国君行一拜之礼,使者下阶,国君行再拜之礼。于是使者在西阼之东面朝北站定,准备答拜。摈者不允,使者不从摈者,仍在堂下行答拜礼;于是国君走下一级台阶。摈者说:“寡君将要跟您下堂了。你虽要拜。还是请起身吧!”于是使者一步两阶走上堂,因为已在堂下拜过,所以不再拜。国君认为不敢接受使者在堂下的再拜叩首之礼,所以又命他重新在堂上行礼,于是使者在西阶之上面朝北行再拜叩首之礼。

（以上是国君拜使者之至。）

士举鼎^①,去鼏于外,次入^②。陈鼎于碑南,南面西上。右人抽扃,坐奠于鼎西^③,南顺^④;出自鼎西,左人待载^⑤。雍人以俎入^⑥,陈于鼎南。旅人南面加匕于鼎^⑦,退。大夫长盥^⑧,洗东南,西面北上,序进盥。退者与进者交于前^⑨。卒盥,序进,南面匕。载者西面^⑩。鱼腊饪^⑪,载体进奏^⑫。鱼七,缩俎^⑬,寝右^⑭。肠、胃七,同俎。伦肤七^⑮。肠、胃、肤,皆横诸俎,垂之^⑯。大夫既匕,匕奠于鼎;逆退,复位。

【注释】

①举鼎:扛鼎。

②次入:按次序进入,放在西侧的先入,放在东侧的后入。

③鼎西:每鼎之西。

④南顺:南北方向摆放。

⑤待载:立在鼎的东侧,等待将鼎中之肉放在俎上。载,放置。

⑥雍人:掌祭祀时切割、烹煮、陈设鼎俎等事务的小吏。

⑦旅人:雍人的属员,掌旅食事务。

⑧大夫长:大夫中的年长者。

⑨交:交错而过。前:洗的南面。

⑩载者:即"左人"。

⑪鱼:干鱼。腊:干兽肉。饪:熟。

⑫体:牲体。奏:通"腠"。肉的纹理。

⑬缩俎:纵向放在俎上。缩,纵。

⑭寝右:鱼俎放在俎上,鱼体的右半侧在底下。

⑮伦:肉理滑脆。肤:猪肉皮。

⑯垂之:肠、胃等在俎上横放着,放不下,故垂向两边。

【译文】

　　士扛起鼎,将鼎盖取下放在庙门外,然后顺序而入。鼎陈设于碑的南侧,鼎面朝南,以西首为尊。于是在鼎右的人抽去鼎杠,再坐下将它放在鼎的西侧,都是南方向放置,接着从鼎的西侧出去,鼎左的人在鼎旁站着,等待将鼎中的肉放在俎上。雍人拿着俎进入庭中,将俎一一放在鼎的南侧。旅人则在鼎北面朝南将匕放在鼎上,然后退下。大夫中的年长者洗手,先在洗的东南方站候,都面朝西,以北首为尊,接着依次上前洗手。洗毕退下者与上前盥洗者在洗的南面交错而过。全部洗毕后,又依次上前,走到鼎的北面,面朝南用匕取出鼎中的肉。站在鼎左侧的人用俎接肉,鼎中的干鱼干肉都是煮熟的。放置在俎上的牲体,要将骨的根部朝前。鱼有七条，都纵向放在俎上，鱼体的右侧朝下。牛羊的肠和胃各七块，肠胃可以放在同一个俎上。精美的肉皮七份。肠、胃和细切的猪肉都横放在俎上，放不下就向两边垂着。大夫用匕将鼎内的肉取出后，将匕放入鼎中，再按与上来时相反的顺序退下，回到各自的位置。

（以上是往俎上陈放鼎食。）

公降盥。宾降，公辞。卒盥，公壹揖壹让，公升，宾升。宰夫自东房授醯酱①，公设之。宾辞，北面坐迁而东迁所。公立于序内，西乡。宾立于阶西，疑立。宰夫自东房荐豆六，设于酱东，西上：韭菹以东，醓醢、昌本②；昌本南麋臡③，以西菁菹④，鹿臡。士设俎于豆南，西上：牛、羊、豕，鱼在牛南，腊、肠、胃亚之⑤，肤以为特⑥。旅人取匕，甸人举鼎，顺出⑦，奠于其所⑧，宰夫设黍、稷六簋于俎西，二以并，东北上。黍当牛俎，其西稷，错以终，南陈。大羹涪⑨，不和，实于镫⑩。宰右执镫，左执盖，由门入；升自阼阶，尽阶，不升堂，授公；以盖降，出，入反位。公设之于酱西，宾辞，坐迁之。宰夫设铏四于豆西，东上：牛以西羊，羊南豕，豕以东牛。饮酒，实于觯，加于丰。宰夫右执觯，左执丰，进设于豆东。宰夫东面，坐启簋会⑪，各却于其西。赞者负东房，南面，告具于公。

【注释】

①醯（xī）：醋。

②醓（tǎn）：肉酱的汁。昌本：菖蒲根。

③臡（ní）：有骨的肉酱。

④菁：蔓菁。菹(zū)：腌制的菜。

⑤亚之：次之。

⑥特，单独成行。木在豆的南侧。

⑦顺出：牛鼎在前，其余顺序而出。

⑧其所：指正对着门的地方。

⑨湆(qì)：羹汁。

⑩镫(dèng)：通"登"，瓦豆，也有用金属制作的。

⑪簠会：簠的盖。

【译文】

国君下堂洗手，准备设酱。使者随之下堂，国君不允。洗手完毕，国君与使者彼此拱手谦让一次，然后国君先上堂，使者随后上堂。宰夫从东房出来，将和着醋的酱交给国君，国君亲自设酱，表示亲手向使者馈食。使者推辞不敢当，然后面朝北跪坐，将国君设的酱稍稍往东移到规定的位置。于是，国君站在东序以内，面朝西而立。使者站在西阶之西，面朝北正立。宰夫又从东房送上六个食豆，陈设在酱的东侧，以西首为尊：腌韭菜以东是肉酱、菖蒲根；菖蒲根之南是带骨的糜肉酱，以西是腌蔓菁、带骨的鹿肉酱。士在豆的南侧放俎，以西首为尊：牛、羊、豕为一行，在北侧，鱼在牛的南侧，然后次以腊肉、肠、胃。细切的猪肉皮单列一行。此时鼎食已取毕，于是旅人拿着匕，甸人扛着鼎，顺序而出，然后将它们放在正对着庙门的地方。宰夫在俎的西侧放置盛黍、稷的六个簠，簠两两相并地摆放，以东北方的为尊。黍簠的位置正对着牛俎，西面是稷，如此交错着向南陈列，直至放完。大羹的汁不和，放入镫内。宰右手执镫，左手执盖，从庙门外入内；然后上阼阶，走到最后一级时停下，不上堂，将镫交给国君，然后拿着镫盖走下阼阶，再出门放下盖，又进门回到原位。国君亲自将镫放在宾席前酱的西侧，表示亲手为使者馈食，使者不敢当而推辞。国君不允，使者便跪坐着将镫稍稍东移到指定位置。宰夫又在豆的西侧摆放四个铏，以东首为尊：牛铏以西是羊铏，羊铏以南是豕铏，豕铏以东是牛铏。将要饮用的酒，酌在觯内，再放在托盘上。宰夫右手执觯，左手执托盘，上前放在豆的东侧。接着宰夫面朝东坐下，打开簋的盖子，分别仰置在簋的西侧。于是，赞礼者背靠东房，面朝南而立，禀告国君，正馔已陈设完毕。

（以上是为使者陈设正馔。）

公再拜①，揖食。宾降拜。公辞。宾升，再拜稽首。宾升席，坐取韭菹，以辩擩于醢②，上豆之间祭③。赞者东面坐取黍，实于左手，辩；又取稷，辩，反于右手；兴以授宾。宾祭之。三牲之肺不离，赞者辩取之，壹以授宾。宾兴受，坐祭；挩手，扱上铏以柶④，辩擩之，上铏之间祭⑤；祭饮酒于上豆之间。鱼、腊、酱、湇不祭。

【注释】

①公再拜：郑玄注云："再拜，拜宾馔具也。"

②擩（rǔ）：调拌，揉和。醢：指醢醢以下的五个豆。

③上豆：陈设于豆的上列的韭菹醢与醢二豆。

④上铏：上面一列中的牛铏。

⑤上铏之间：上面一列中的牛与羊之间。

【译文】

国君以再拜之礼，告诉使者肴馔已陈设好，又拱手行礼请使者就食。使者下堂准备行拜礼。国君不允。于是使者上堂，行再拜叩首之礼。接着使者入席，坐下，右手取腌韭菜，在肉酱以下的五个豆内逐一蘸之，然后在韭菹和醢醢两豆之间祭祀。赞礼者面朝东坐下，右手取簋中的黍，放在左手上，三只黍簋取毕；又取另外三簋的稷，六簋取毕，再将左手上的黍稷放到右手上，起身交给使者。使者祭黍、稷。牛、羊、豕三牲的肺割划后不切断,赞礼者都拿在手中,一一交给使者。使者起身接受,再坐下致祭;然后擦手,用柶将上面一列的牛铏中的菜,在下面一列铏中逐一蘸之,再在牛铏和羊铏之间致祭,又在韭菹和铏醢二豆之间祭清酒。鱼、腊、酱、羹汁可以不祭。

(以上是使者祭正馔。)

宰夫授公饭粱①,公设之于湆西。宾北面辞,坐迁之②。公与宾皆复初位。宰夫膳稻于粱西③。士羞庶羞④,皆有大、盖⑤,执豆如宰。先者反之,由门入,升自西阶。先者一人升,设于稻南簋西,间容人。旁四列,西北上;胾以东,臐、膮、牛炙,炙南醢,以西牛胾、醢、牛鮨⑥,鮨南羊炙,以东羊胾、醢、豕炙;炙南醢,以西豕胾、芥酱、鱼脍。众人腾羞者尽阶⑦,不升堂。授;以盖降,出。赞者负东房,告备于公。

【注释】

①饭粱:小米做的饭。粱,小米。

②迁之:到西侧。国君亲自将粱放在正当中席处(湆西),使者不敢当国君亲设之礼,故迁之。

③膳:进。

④士羞庶羞:士进上各种珍味。前一"羞"字是"进上"的意思,后一"羞"字是"珍羞"之羞。

⑤皆有大:每品珍羞都选取肉肥美者为大胾,放在豆中以待祭祀之用。

⑥胾(zì):大块的肉。鮨(qí):细切的肉。羊、豕无脍、鱼无炙,牛是大牲,故三者兼有。

⑦腾:当作"媵",送。

【译文】

宰夫将小米饭递给国君,国君将它放在羹汁之西。使者不敢当,到席前面朝北推辞,又坐下将它移向西侧。于是国君和使者都回到设酱时所站的位置。宰夫用篮进米饭于小米饭的西侧。士进上各种珍羞,每种都有大商,放在豆内,并加上盖,然后拿着去送给宰。由于珍羞数量多,取者人手不足,所以先送到者要返回再取,路线是从庙门外入内,再从西阶上堂。先到的一人上堂后,将豆放在米饭之南,黍稷之篮的西侧,豆与篮之间的距离要可以容人。庶羞在正馔西侧,排成四行,以西北方为尊;牛肉羹以东是羊肉羹、猪肉羹、烤牛肉;烤牛肉之南是肉酱,以西是大块的牛肉、肉酱、牛胲;牛胲之南是烤羊肉,以东是大块羊肉、肉酱、烤猪肉;烤猪肉之南是肉酱,以西是大块猪肉、芥子酱、脍鱼。各位进庶羞者只走到西阶的最后一级,不上堂,只将豆交给最先上堂的士,然后拿着盖下堂,出门。赞礼者背朝东房而立,向国君禀告,庶羞都已陈放完毕。

(以上是为使者设加馔。)

赞升宾。宾坐席末[1],取粱,即稻[2],祭于酱湆间。赞者北面坐,辩取庶羞之大,兴,一以授宾[3]。宾受,兼壹祭之[4],宾降拜,公辞。宾升,再拜稽首。公答再拜。

【注释】

[1]宾坐席末:席末靠近加馔,便于祭祀,故坐于此。

[2]即:就。

[3]一以授宾:一一授宾。

[4]兼壹:一并。

【译文】

赞礼者奉国君之命请使者入席。使者在席末就座。取小米饭后又

取米饭,在酱与羹汁之间祭祀。赞礼者面朝北而坐,遍取庶羞中的大
脔,然后起身,一一递给使者。使者接受后,一并祭祀之。祭毕使者下
堂,准备拜谢国君备下庶羞,国君不允。于是使者又上堂,向国君再拜
叩首,国君以再拜之礼作答。

（以上是使者祭加馔。）

　　宾北面自间坐①,左拥簋粱②,右执湆,以降。公辞。宾
西面坐奠于阶西,东面对,西面坐取之;栗阶升,北面反奠于
其所;降辞公。公许,宾升,公揖退于箱③。摈者退,负东塾
而立。宾坐,遂卷加席,公不辞。宾三饭以湆酱④。宰夫执
觯浆饮与其丰以进。宾挩手,兴受。宰夫设其丰于稻西。
庭实设⑤。宾坐祭,遂饮,奠于丰上。

【注释】

①自间坐:坐于正馔与加馔之间。

②拥:抱。粱、湆都是国君亲设,所以左拥右执,以示尊重。

③箱:夹室。

④三饭:三次举饭而食。以湆酱:每饭饮二次羹汁,用菜肴拌酱。

⑤庭实:指四张皮革。

【译文】

　　使者在正馔与加馔之间面朝北而坐,左手抱起盛着小米饭的簋,右
手拿着羹汁,下堂准备食用,因为国君在堂上站立,自己不敢坐食于席。
国君不允,于是使者在西阶之西面朝西坐下,放下小米饭和羹汁,然后
面朝东与国君应对,再面朝西坐下取小米饭和羹汁,接着连步走上西
阶,面朝北将小米饭和羹汁放回原处,再下堂请求国君不要似赞礼者侍
食于自己。国君应允,于是使者又上堂,国君则拱手行礼后退至东夹室

等待。摈者退下，背朝东塾而立。使者坐下后，将加在上面的一重席卷起来，表示不敢居此隆礼，国君不表示反对。使者三次举饭而食，每次都喝羹汁，并用菜肴蘸着酱吃。宰夫把盛有浆饮的觯放在托盘上，进到宾席前。使者拭手后，起身接觯。宰夫将托盘放在米饭的西侧。有司将作为礼物的四张皮革陈设在庭中。使者坐下祭祀，接着饮酒漱口，然后将觯放在托盘上。

（以上是使者三饭。）

公受宰夫束帛以侑[1]，西乡立。宾降筵，北面。摈者进相币。宾降辞币，升听命，降拜。公辞。宾升，再拜稽首，受币，当东楹，北面；退，西楹西，东面立。公壹拜，宾降也，公再拜。介逆出[2]，宾北面揖，执庭实以出。公降立。上介受宾币，从者讶受皮[3]。

【注释】

①侑：劝。使者三饭之后有告退之意。国君用束帛表达内心的殷勤之意，劝使者再食。

②介逆出：介先于使者出门。

③从者：使者的随行人员。

【译文】

国君从宰夫手中接过束帛，用以作为侑币向使者劝食，国君手持侑币在东序内面朝西而立。使者离席，在西阶上面朝北而立。摈者在堂下东西阶之间协助国君向使者赠束帛。使者下堂辞谢国君赠束帛，国君命使者上堂，于是使者上堂听命于国君，接着又下堂，准备拜谢国君。国君不允，使者便上堂，向国君行再拜叩首之礼。然后接过束帛，站立的位置是在正对着东楹的地方，面朝北；接着退下，在西楹之西，面朝东而立。国君行一拜之礼后,使者不敢等他再拜,随即下堂,国君行再拜之礼。副手先于使者出门。使者面朝北拱手行礼,向国君致意,有司拿起陈设在庭中的四张皮革随宾出庙门。国君下堂面朝南而立,等待使者返回。副使从使者手中接过束帛,随行人员从有司手中接过皮革。

（以上是国君用束帛侑使者。）

宾入门左,没霤①,北面再拜稽首。公辞,揖让如初,升。宾再拜稽首,公答再拜。宾降辞公,如初。宾升,公揖退于箱。宾卒食会饭②,三饮,不以酱湆;挩手,兴;北面坐,取粱与酱以降;西面坐奠于阶西;东面再拜稽首。公降,再拜。介逆出,宾出。公送于大门内,再拜。宾不顾。

【注释】

①没霤:门内屋檐滴水处的尽头,在庭南。

②会饭:黍稷。盛黍稷的簋有"会"为盖,故称。

【译文】

使者再次从庙门左侧进入,在屋檐滴水处的尽头,面朝北准备向国君行再拜叩首礼。国君制止,于是宾主像第一次入门时那样三次相互拱手谦让,然后上堂。使者在堂上向国君再拜叩首,感谢国君的厚待。国君以再拜之礼作答。使者下堂请国君不要再亲临食礼,其间仪节与上一次一样。然后使者上堂,国君向使者拱手行礼后,退至东夹室等候。使者将黍稷做的饭吃完后,三次饮酒漱口、不再像吃正馔时那样用酱和羹汁;接着拭手,起身;再到席南面朝北坐下,然后拿着小米饭和酱下堂,表示亲手撤馔;又面朝西坐在西阶之西,将手中的小米饭和酱放下,再面朝东向国君再拜叩首。国君下堂,以再拜之礼作答。副使先行出门,接着使者出门。国君送至大门内,行再拜之礼。到使者不再回头时,国君再转身回去。

（以上是使者卒食,出门。）

有司卷三牲之俎^①,归于宾馆。鱼腊不与。

【注释】

①卷三牲之俎:卷,收起,全部取走。三牲之俎,牛、羊、豕三种牲体
　　放入筐中的祭品。

【译文】

有司将三个俎上的牛、羊、豕牲体全部收起来,送至宾馆。鱼、腊肉
等细小食物可以不送。

（以上为归俎于使者。）

明日,宾朝服拜赐于朝^①,拜食与侑币,皆再拜稽首。讶
听之。

【注释】

①朝:大门外。

【译文】

次日,使者身穿朝服到大门外拜谢国君,感谢他以食礼款待,并且
以侑币劝食,每谢一次都要行再拜叩首之礼。讶者在门口负责向国君
传话。

（以上是使者向国君拜谢。）

上大夫:八豆,八簋,六铏,九俎,鱼腊皆二俎;鱼、肠胃、
伦肤,若九,若十有一,下大夫则若七,若九。庶羞,西东毋

过四列。上大夫，庶羞二十，加于下大夫，以雉、兔、鹑、鴽①。

【注释】

①鴽(rú)：小鸟名。

【译文】

国君以食礼款待上大夫身份的使者，设食的规格是：八个豆、八个簋、六个铏、九个俎，鱼和腊肉都是干鲜各一，所以都是两个俎，鱼、肠胃、细切的猪肉皮，或九个鼎，或十一个鼎，要根据上大夫的爵命而定；下大夫身份的使者，或七个鼎，或九个鼎，也要视其爵命而定。各种珍羞，数量多少也要视使者的身份而定，但其排列，东西向不得超过四行。为上大夫准备的庶羞共二十个豆，比下大夫多出的种类是：野鸡、兔子、鹌鹑和鴽鸟。

（以上是款待上大夫的设食规格。）

若不亲食，使大夫各以其爵、朝服，以侑币致之。豆实，实于瓮，陈于楹外，二以并，北陈。簋实，实于筐，陈于楹内、两楹间，二以并，南陈。庶羞陈于碑内①，庭实陈于碑外。牛、羊、豕陈于门内西方，东上。宾朝服以受，如受饔礼。无傧。明日，宾朝服以拜赐于朝。讶听命。

【注释】

①碑内：碑的内侧，即碑的北面。

【译文】

如果国君因故不能亲自参加食礼，则派爵位与使者相当的大夫身穿朝服，带着侑币前往致命。盛在豆内的食品，先放在瓮中，陈设在楹柱的外侧，两两相并，向北陈列。盛在簋中的食品，则先放在筐中，陈设在楹柱的内侧、两楹柱之间的地方，两两相并，向南陈列。各种珍羞则陈放在碑的北侧，准备放在庭中的礼物，先陈设在碑的南侧：牛、羊、豕陈列在门内的西方，以东首为尊。使者身穿朝服接受馈赠，礼节与接受饔饩时一样。没有摈者协助。次日，使者身穿朝服到大门外拜谢国君的赐予。讶者在门口传话。

（以上是国君不能参加食礼时的变通方法。）

　　大夫相食，亲戒速[①]，迎宾于门外，拜至，皆如飧拜。降盥。受酱、湆、侑币束锦也，皆自阼阶降堂受，授者升一等。宾止也。宾执粱与湆，之西序端。主人辞，宾反之。卷加席，主人辞，宾反之。辞币，降一等；主人从。受侑币，再拜稽首。主人送币，亦然。辞于主人，降一等，主人从。卒食，彻于西序端；东面再拜，降出。其他皆如公食大夫之礼。若不亲食，则公作大夫朝服以侑币致之。宾受于堂。无摈。

【注释】

①戒：告知。速：召请。

【译文】

　　大夫为使者行食礼，主人先要亲自去通知来使者，在器物准备完毕后再亲自去召请。主人在大门外迎接来使者，并拜谢使者的到来，其间仪节和大夫相飧之礼的拜仪一样。主人下堂洗手。主人从家臣手中接过酱、羹汁和作为侑币的束帛，都是从阼阶上走下一级台阶来接受，家臣则登上一级台阶授给。主人每次下堂，使者都制止，表示不敢当。使者拿着粱和羹汁，走到西序的端头，准备在此就食。主人制止，于是使者又返回自己的席位。使者将加设在自己席上的那重席卷起来，表示不敢用两重席。主人不允，于是又将加席铺上。主人以侑币劝食，使者辞谢,要走下一级台阶,主人也走下一级台阶,不许使者推辞。接着,使者接受币帛,向主人再拜叩首。主人送受侑币者,也行再拜叩首之礼,因为双方身份相同,使者感谢主人亲临食礼吋,要走下一级台阶,主人也随之走下一级台阶。吃完后,使者要亲自将食品撤至西序的端头,接着面朝东向主人再拜;然后下堂出门。其他仪节都与国君以食礼款待大夫时一样。如果主人不能亲自参加食礼,则国君要另派一位爵位相当的大夫身穿朝服前往,并用侑币向宾致命。使者在堂上接受币帛。没有摈者协助。

（以上是大夫相食之礼。）

记

不宿戒①。戒,不速。不授几。无阼席。

【注释】

①宿戒:提前通知。

【译文】

记

不提前通知来宾。到行礼之日再通知,不提前去召请,通知后即跟着来。国君不向宾授漆几。不设阼席,因为国君不坐。

（以上记食礼不同于常礼处。）

烹于门外东方。

【译文】

烹煮之处在门外的东方。

（以上记烹食处。）

司宫具几①,与蒲筵常缁布纯②,加萑席寻玄帛纯③,皆卷自末。宰夫筵,出自东房。

【注释】

①司宫:大宰的属官,掌管宫庙之事。

②常:长度单位,一丈六尺。

③萑(huán):芦类植物,幼小时称为蒹,长成后称为萑。寻:"常"的一半,八尺。纯:边缘。

【译文】

司宫准备漆几,以及一丈六尺长的蒲席,席的边缘缀以黑色的布,加席是芦席,八尺长,边缘缀以玄黑色的帛,都是从席的末端卷起。将行食礼时,由宰夫铺设席,席从东房取出。

(以上记筵席。)

宾之乘车,在大门外西方①,北面立②。

【注释】

①大门外西方:西方是宾位。

②北面立:指卿站的位置。卿入门前,站在门橛偏西处,面朝北,左侧正对着自己的车。

【译文】

使者的车停在大门外的西侧,使者的位置是在门前,面朝北。

(以上记车及宾的位置。)

铏芼①:牛藿②,羊苦③,豕薇④,皆有滑⑤。

【注释】

①芼（máo）：煮肉羹用的菜。

②藿：豆叶。

③苦：苦菜。

④薇：山菜，茎叶都如小豆。蔓生。

⑤滑：指堇、苣一类的菜，用以调味。

【译文】

铏羹内的菜各不相同：煮牛肉羹用豆叶，煮羊肉羹用苦菜，煮猪肉羹用山菜，羹中都用堇、苣之类的菜调味。

（以上记铏中之菜。）

赞者盥，从俎升。

【译文】

赞礼者洗手后，跟着执俎者上堂。

（以上记赞礼者上堂。）

簋有盖幂①。

【注释】

①幂：巾。

【译文】

盛稻粱的簋，临食用时再设，先在房内去掉簋盖，再用巾盖好。

（以上记簋。）

凡炙无酱。

【译文】

凡是吃烤肉都不用蘸酱,因为它已加过盐。

(以上记烤肉的食用法。)

　上大夫:蒲筵加萑席。其纯,皆如下大夫纯。

【译文】

上大夫用的席是:蒲席上加芦席。席边缘缀的布帛,都和下大夫一样用纯色。

(以上记上大夫筵席与下大夫同。)

　卿摈由下^①。上赞^②,下大夫也。

【注释】

①卿摈:由卿担任的摈者,即上摈。由下:在堂下,不上堂。

②上赞:堂上的赞礼者。

【译文】

上摈站在堂下赞礼。在堂上的赞礼者,是下大夫。

(以上记摈者。)

　上大夫,庶羞。酒饮,浆饮;庶羞可也^①。拜食与侑币,皆再拜稽首。

【注释】

①庶羞可也:"上大夫"至此,疑有阙文,义颇难通。

【译文】

上大夫为使者行食礼,备有各种羞。有清酒、浊酒;只用庶羞就可以了。向国君拜谢赐食和赠以劝食之束帛时,都要行再拜叩首之礼。

（以上记庶羞及侑币。）

觐礼第十

【题解】

觐礼是诸侯见天子之礼。觐是见的意思。汉儒认为:古代天子命四方诸侯按指定的季节前来朝见,春天是东方的诸侯来,夏天是南方的诸侯来,秋天是西方的诸侯来,冬天是北方的诸侯来。朝见的名称也不同,春见叫"朝",夏见叫"宗",秋见叫"觐",冬见叫"遇"。《觐礼》是其中仅存的一种。但征诸古籍,先秦时并没有四时朝见的制度。觐礼当是诸侯见天子的通行礼节。本篇所记,约略分为三节:一记在庙中受觐的正礼,二记时会殷同之礼,三记巡狩而盟之礼,而以受觐正礼为重点。

觐礼。至于郊,王使人皮弁用璧劳。侯氏亦皮弁迎于帷门之外①,再拜。使者不答拜,遂执玉,三揖。至于阶,使者不让,先升②。侯氏升听命,降,再拜稽首,遂升受玉。使者左还而立,侯氏还璧,使者受。侯氏降,再拜稽首,使者乃出。侯氏乃止使者,使者乃入。侯氏与之让升。侯氏先升,授几。侯氏拜送几;使者设几,答拜。侯氏用束帛、乘马傧使者③,使者再拜受。侯氏再拜送币。使者降,以左骖出④。侯氏送于门外,再拜。侯氏遂从之。

【注释】

①侯氏：来朝见的诸侯。帷门：帷宫之门。帷宫是为接受郊劳而用帷布围成的行礼场所，入口处竖以旌旗，称为帷门。

②升：升坛。帷宫内设有堂，用土坛代替。

③傧：主人款待客人的一种礼节，通物赠物，表达敬意。

④骖（cān）：古代用四匹马驾车，两侧的马叫骖。

【译文】

觏礼。当诸侯抵达王城近郊时，天子命使者穿上皮弁服，拿着璧去慰劳。诸侯也身着皮弁服，在帷宫的门外迎接，向使者行再拜之礼。使者是作为天子的代表来的，所以不能像天子一样答拜还礼。使者手执玉璧进入帷门，途中与诸侯三次拱手行礼。走到台阶前，使者不必谦让，先登上坛。诸侯接着上坛，使者在西阶之上面朝东致天子之命，诸侯在东阶之上面朝西恭听。然后下堂，行再拜叩首之礼，接着登坛接过玉璧。使者向左转身，面朝南而立，诸侯面朝南将玉璧奉还。使者收下玉璧。于是，诸侯下坛再拜叩首，感谢天子派使者来慰劳。然后，使者出门。诸侯制止，使者又进门。走到台阶前，诸侯与使者礼让上坛。于是诸侯先上坛，接着向使者授以小几；使者接几后，侯氏送之，使者将小几放在席上，答拜还礼。诸侯用五匹帛、四匹马赠送使者，以表达敬意，使者再拜感谢后收下。诸侯则以再拜之礼送受币帛者。使者下坛后，牵着庭中最西侧的那匹马出门。诸侯送至门外，行再拜之礼。诸侯遂跟随使者入朝。

（以上是王派使者郊劳。）

天子赐舍①。曰："伯父②，女顺命于王所。赐伯父舍！"侯氏再拜稽首，傧之束帛、乘马。

【注释】

①舍:馆舍,供诸侯下榻用。

②伯父:天子对诸侯的称呼,根据彼此的亲疏关系而定,有伯父、叔父、伯舅、叔舅等。此处举伯父而概括其他称呼。

【译文】

天子派使者赐给诸侯馆舍。使者代致王命说:"伯父,您在王这里听命。王赐给伯父您馆舍!"诸侯再拜叩首,感谢天子的恩赐,然后在馆舍内向使者行傧礼,并赠送五匹帛、四匹马,以表敬意。

(以上是王赐馆舍。)

天子使大夫戒①,曰:"某日,伯父帅乃初事②。"侯氏再拜稽首。

【注释】

①大夫:指上大夫,即卿。此时担任讶者。

②帅:顺,沿。初:故。

【译文】

天子派大夫通知使者觐见的日期,说:"某日,伯父您沿行故事。"诸侯再拜叩首,接受觐见的日期。

(以上是通知觐见的日期。)

诸侯前朝①,皆受舍于朝②。同姓西面北上,异姓东面北上。

【注释】

①诸侯:指来朝的所有诸侯。前朝:觐见的前一天。

②受舍于朝：在庙门外接受指定的馆舍。前来觐见的诸侯很多，为
　了使觐进时井然有序，所以让诸侯提前一天到达馆舍（休息处），
　馆舍以尊卑亲疏为序，也即次日觐见时的次序。

【译文】

　前来觐见的诸侯，都提前一天到文王庙门外接受天子赐给的馆舍。
同姓诸侯的馆舍都在庙门之东，面朝西，以北首为尊；异姓诸侯的馆舍
都在庙门之西，面朝东，也是以北首为尊。

　（以上记王赐诸侯馆舍。）

　侯氏裨冕①，释币于祢。乘墨车②，载龙旂③，弧韣④，乃
朝以瑞玉⑤，有缫。天子设斧依于户牖之间⑥，左右几⑦，天
子衮冕⑧，负斧依。啬夫承命⑨，告于天子。天子曰："非
他⑩，伯父实来⑪，予一人嘉之⑫。伯父其入，予一人将受
之。"侯氏入门右⑬，坐奠圭，再拜稽首。摈者谒⑭。侯氏坐取
圭，升致命。王受之玉。侯氏降，阶东北面再拜稽首。摈者
延之⑮，曰："升！"升成拜，乃出。

【注释】

①裨冕：身穿裨衣，头戴冕冠，裨通"卑"，裨冕是天子六服中等级最
　低的礼服，故称"裨冕"。

②墨车：黑色的车，本为大夫所用，诸侯乘此车有自卑以尊天子
　之意。

③龙旂：画有交龙的旗。

④弧：张旗用的竹弓。韣（dú）：藏弓的布套。

⑤瑞玉：朝会时作为瑞信的圭、璧等玉器。

⑥斧依：绣有斧形花纹的屏风。户牖之间：古人宫室之制是，前堂

后室,室的南墙上,东有户,西有牖(窗),户牖之间为堂上最
尊处。

⑦几:玉几,是就座时凭依身体用的,神设右几,人设左几,天子至
尊,所以设左右几。

⑧衮冕:衮衣和冕冠,在天子六服中为第二级。

⑨啬夫:官名,此时担任末摈。承命:诸侯将请求觐见天子的辞语
告诉上介,上介传达给次介,次介传达给下介,天子的末摈承受
下介之辞,传达给承摈,承摈又传达给上摈,于是上摈入内禀告
天子。天子有回答的话,则以与此相反的顺序传给诸侯。

⑩非他:不是他人,意思是自己人,表示亲切。

⑪实:是,虚词。

⑫予一人:天子的自称。

⑬门右:门右是主人之位,宾客之位在门左。诸侯站在门右,是以
臣自居,不敢以宾客自居。

⑭谒:告知。

⑮延:从后面诏告。

【译文】

觐见之日,诸侯身穿裨冕之服,在祢庙用束帛致祭。诸侯乘座墨
车,车上插着龙旂、张旗的弓和弓套,用作为瑞信的玉去觐见天子,玉器
都有托板。天子将绣有斧状花纹的屏风设在室的门、窗之间,两侧有玉
几。天子身穿衮冕之服,背朝屏风而立。啬夫作为末摈,承接诸侯请求
觐见的辞令,层层上传,告于天子。天子说:"不是别人,是伯父来了,我
赞赏他。伯父进来了吧,我将接见他。"诸侯从门的右侧入内,然后在庭
南坐下,放好圭,向天子再拜叩首。上摈将天子的话告诉诸侯。于是诸
侯坐着拿起圭,上堂向天子致奉命而来之意。天子亲自接受诸侯呈上
的圭。接着诸侯下堂,在西阶之东面朝北准备向天子再拜叩首。摈者
在诸侯身后诏告说:"请登堂!"于是诸侯登堂完成再拜叩首之礼,然后

出门。

（以上是诸侯觐见天子。）

四享①，皆束帛加璧，庭实唯国所有。奉束帛，匹马卓上②，九马随之，中庭西上；奠币，再拜稽首。摈者曰："予一人将受之。"侯氏升致命。王抚玉。侯氏降自西阶，东面授宰币；西阶前再拜稽首，以马出，授人，九马随之。事毕。

【注释】

①四享："四"当为"三"之误。

②卓：超越。上：前。

【译文】

诸侯在庙中三次向王行享礼，每次都在五匹帛上放着璧，陈放在庭中的礼物，则用本国所出产的。诸侯捧着五匹帛，随员牵着一匹马超越其他马，单独走在前面，剩下的九匹马跟随其后，十匹马都面朝北牵至庭中，以西首那匹为尊；诸侯放下币帛，向天子再拜叩首。摈者传天子的话说："我将亲自接受礼物。"于是诸侯上堂向天子致词，天子抚摸玉璧，表示收下。然后，诸侯从西阶下堂，面朝东将币帛授给宰；再在西阶之前面朝北向天子再拜叩首，然后牵着庭中最西侧的那匹马出门，交给天子的属员，其余九马随之而出，都在门前交付。三享之事至此完毕。

（以上是三享。）

乃右肉袒于庙门之东①。乃入门右，北面立，告听事。摈者谒诸天子。天子辞于侯氏，曰："伯父无事，归宁乃邦！"侯氏再拜稽首，出；自屏南适门西②，遂入门左，北面立；王劳之。再拜稽首。摈者延之，曰："升！"升成拜，降出。

【注释】

①右肉袒：袒露右臂。古人请罪时袒露左臂。此处诸侯述职完毕，天子尚未评判，故袒而待罪，表示对天子的敬惧，袒右臂是因为入门后站于右侧之故。

②屏：天子庙门外的屏风。

【译文】

诸侯在庙门外的东侧袒露右臂，从庙门右侧入内，面朝北而立，禀告天子说：自己的国家获罪之处甚多，听凭天子处置。摈者将话转达于天子。天子对侯氏说："伯父您并无获罪之事，回去安定您的国家吧！"诸侯向天子再拜叩首，然后出门，从门外屏风的南面绕至庙门的西侧，穿好衣服，再按客礼从门左侧入内，面朝北而立；于是，天子对诸侯路途辛苦表示慰问。诸侯准备在堂下向天子再叩首。摈者在诸侯身后诏告说："请登堂！"然后诸侯登堂完成拜礼，再下堂出庙门。

（以上是诸侯请罪与天子慰劳。）

天子赐侯氏以车服①，迎于外门外，再拜。路先设②，西上；路下四③，亚之④；重赐无数⑤，在车南。诸公奉篚服⑥，加命书于其上⑦；升自西阶，东面；大史是右。侯氏升，西面立。大史述命⑧，侯氏降两阶之间；北面再拜稽首，升成拜。大史加书于服上，侯氏受。使者出。侯氏送，再拜，俟使者；诸公赐服者⑨，束帛、四马；傧大史亦如之。

【注释】

①车服：车辆与礼服。赐给同姓诸侯的车叫金路，异姓诸侯的叫象路。礼服则有衮冕、鷩冕、毳冕等。

②路：车的古称。

③四：指乘马，乘马四匹，故简称四。

④亚之：次之。次于车向东陈设。

⑤重：美善。无数：没有定数，由天子视情况而定。

⑥箧（qiè）：小竹箱。

⑦命书：天子命以赐给车服的文书。

⑧述命：宣读天子的命书。

⑨诸公赐者：即上文"诸公奉箧服"者。

【译文】

　　天子派使者赐给诸侯车和礼服。诸侯在外门外迎接，向使者行再拜之礼。先陈设车辆，以西为尊；车以后是四匹马，挨着车向东排列，天子加赐的礼物则没有定数，陈设在车的南侧。诸公捧着小竹箱，里面放着礼服，天子的命书就放在衣服之上，从西阶上堂，面朝东而立，大史在其右侧。诸侯从阼阶上堂后，面朝西而立。大史宣读天子的命书，诸侯下堂在东阶与西阶之间面朝北而立，准备向国君行再拜叩首之礼，天子不允，于是上堂完成拜礼。大史宣读完毕，又将命书放在礼服上，诸侯连小竹箱一并接过。使者下堂出门，诸侯相送，并行再拜礼。向使者行傧礼，捧小竹箱和礼服者，五匹帛、四匹马，向大史行傧礼也是如此。

　　（以上是天子赐以车服。）

　　同姓大国，则曰"伯父"；其异姓，则曰"伯舅"。同姓小邦，则曰"叔父"；其异姓小邦，则曰"叔舅"。飨、礼①，乃归。

【注释】

①飨：飨礼。礼：郑玄注云："谓食、燕也。"

【译文】

　　天子称呼诸侯，如果是同姓的大国，就称"伯父"；异姓的大国，则称"伯舅"。如果是同姓的小国，则称"叔父"；异姓小国，则称"叔舅"。天子亲自用飨礼食礼及燕礼款待诸侯，然后，诸侯才能回国。

（以上是天子对诸侯的称谓和款待的礼节。）

　　诸侯觐于天子^①，为宫方三百步^②，四门；坛十有二寻^③，深四尺^④，加方明于其上。方明者^⑤，木也。方四尺设六色^⑥：东方青，南方赤，西方白，北方黑，上玄，下黄。设六玉^⑦：上圭，下璧，南方璋，西方琥，北方璜，东方圭。上介皆奉其君之旂置于宫^⑧，尚左^⑨。公、侯、伯、子、男，皆就其旂而立。四传摈^⑩。天子乘龙^⑪，载大旂^⑫，象日月、升龙、降龙；出，拜日于东门之外^⑬；反祀方明。礼日于南门外，礼月与四渎于北门外^⑭，礼山川丘陵于西门外。

【注释】

①诸侯觐于天子：本节记会同巡狩之礼，但文字风格与以上经文差异很大，而与记文相似，可能是记文窜入经文所致。

②宫：垒土而成的矮墙。

③寻：八尺。

④深：指坛的高度。

⑤方明：上下四方神明的表象。会盟时代表神明监誓。

⑥设六色：在木上画上六种颜色。

⑦设六玉：在木上嵌入六种玉器。

⑧上介：指诸侯的上介。上介将代表各自国君爵命的旗插在宫中指定的地方，是为其君标明站立之处。

⑨尚左：以王的左方为上。诸侯尊于诸伯，东为左，故诸侯在东阶前面朝西而立，诸伯在西阶前面朝东而立；诸子尊于诸男，故诸子在门内东侧，诸男在门内西侧；诸公、诸子、诸男都是面朝北而

立,均以东(左)为上。

⑩四传摈:公、侯、伯、子、男依次上坛向天子致命。每一位致命完毕,摈者就请下一位准备。五等爵以公、侯、伯分别为一位,子男为一位,共四位,所以摈者只传四次。

⑪龙.马高八尺以称为龙;

⑫大旂:大常之旗,是天子所建之旗。

⑬东门:王城东门。诸侯会盟因季节不同而内容有别,"拜日于东门之外"是春季会同之礼;下文"礼日于南门外"、"礼月与四渎于北门外"、"礼山川丘陵于西门外"则分别是夏、冬、秋季会同之礼。

⑭四渎:长江、黄河、淮河、济水等四条大河。

【译文】

诸侯朝觐天子,要用土垒成方三百步的矮墙,四方各一门,作为行礼的场所;里面有一个方九十六尺,高四尺的坛,方明就放在坛上。所谓方明,是一块木头,四尺见方,六个面分别画有六种颜色:东面是青色,南面是赤色,西面是白色,北面是黑色,上面是玄黑色,下面是黄色。六个面上又分别嵌有六种玉器:上面是圭,下面是璧,南面是璋,西面是琥,北面是璜,东面是圭。副使们先拿着代表各自国君爵命的旗帜,插在矮墙内的坛前,一律以王的左方为尊。然后,公、侯、伯、子、男五等诸侯都站到各自的旗帜下。五等诸侯分四批上坛向天子致命,摈者四次传令。天子骑着八尺高的马,插着大常之旗,上面画有日月、升龙、降龙等,率领诸侯出城,如果正值春季,则前往东门外礼拜太阳,然后返回城内祭祀方明;如果正值夏季,则前往南门外礼拜太阳;如果正值冬季,则前往北门外礼拜月亮和江、河、淮、济等四条大河之神。如果正值秋季,则前往西门外礼拜山川和丘陵。

(以上记会同之礼。)

祭天,燔柴①;祭山、丘陵;升②;祭川,沈;祭地,瘗③。

【注释】

①燔(fán):烧。

②升:登上。

③瘗(yì):埋。

【译文】

祭天,则在积柴上放牲和玉帛燔烧,使香气上闻于天神;祭山和丘陵,则要登上山去悬挂或埋藏祭品;祭河流,要将牲或玉帛沉入河底;祭地,则要将牲和玉帛埋入地下。

(以上是会同及巡狩之礼。)

记

几①,俟于东箱②,偏驾不入王门③,奠圭于缫上。

【注释】

①几:指左右玉几。

②俟:等待。东箱:东夹室前。

③偏驾:不齐备的车驾。天子的车有五种,即金路、象路、革路、木路、玉路。诸侯只能驾其中之一,不得齐备。

【译文】

记

为天子准备的左右玉几,要等天子入席后再陈设在东夹室前。诸侯驾乘的金路、象路等车不得进入王门。将圭放在地上时,下面要垫托板。

(以上杂记觐礼的仪节及礼义。)

丧服第十一

【题解】

　　本篇旧题《丧服经传》，因除经文之外，还有"传"，即解释经文的文字，这在《仪礼》十七篇中是仅见的。相传，"传"是孔子的弟子子夏所作。丧是弃亡之意，人死称丧，是讳言死，认为亲人是到另外的世界去了，不过看不见罢了。根据生者与死者血统的亲疏和尊卑之别，丧服的形制和丧期的长短也各不相同，以此表示哀痛的深浅和丧礼的隆杀。本篇所记丧服制度包括：斩衰、齐衰三年、齐衰杖期、齐衰不杖期、齐衰三月、殇大功、成人大功、繐衰、殇小功、成人小功、缌麻等十一种。本篇原文很琐碎，殊难于译文末一一隐括段意，故仅于每种丧服制度之末作提示。

　　丧服。斩衰裳①，苴绖、杖、绞带②，冠绳缨，菅屦者③。

　　传曰：斩者何？不缉也④。苴绖者，麻之有蕡者也⑤。苴绖大搹⑥，左本在下⑦，去五分一以为带⑧。齐衰之绖，斩衰之带也，去五分一以为带。大功之绖，齐衰之带也，去五分一以为带。小功之绖，大功之带也，去五分一以为带。缌麻之绖，小功之带也，去五分一以为带。苴杖，竹也。削杖⑨，桐也。杖各齐其心，皆下本。杖者何？爵也⑩。无爵而杖者何？担主也。非主而杖者何？辅病也。童子何以不杖？不能病也。妇人何以不杖？亦不能病也。绞带者，绳带也。冠绳缨，条属，右缝；冠六升⑪，外毕；锻而勿灰⑫。衰三升。菅屦者，菅菲也⑬，外纳。居倚庐⑭，寝苫枕块⑮，哭昼夜无时。歠粥⑯，朝一溢米⑰，夕一溢米。寝不脱绖带。既虞，翦屏柱楣，寝有席，食疏食⑱，水饮，朝一哭、夕一哭而已。既练⑲，舍外寝，始食菜果，饭素食，哭无时。

【注释】

①斩：将衣服之布斩断后不缉边。衰：丧服的上衣。衰本指缀于胸前的长六寸、宽四寸的粗麻布条，因丧服上衣多有"衰"，故以"衰"为丧服上衣的统称。裳：丧服的下衣。男子的丧服为上衰下裳，女子的丧服则衰、裳连为一体。斩衰裳简称"斩衰"，是五种丧服中最重的一种，用最粗的麻布做成，服期三年，子女为父，嫡孙为祖父、妻为夫服斩衰之服。又据贾公彦、胡培翚的解释，斩衰有"哀痛如斩"之意。

②苴绖（jūdié）：用粗麻做的丧带，系在头上的叫首绖，系在腰间的叫腰绖。苴，粗劣。杖：苴杖，粗糙的竹杖。绞带：苴绞带，用粗麻纠合而成的带子。

③菅（jiān）：多年生禾本科植物名。

④缉：横缝衣服的边侧。

⑤黂（fén）：大麻的种子，其色粗恶，故用之。

⑥搤（è）：用大指、食指把握物体的最大周长。普通人一搤约九寸。

⑦本：麻的根。下：内。带首绖的方法是，将麻根的一端置于左耳之上，然后从前额绕至颈后，再回到左耳之上，将麻的末端压在

麻根之上,再缀束之。

⑧去五分一以为带:要经比首经小五分之一。带,此指斩衰的
　　腰经。

⑨削杖:齐衰之杖,削去桐木的枝叶而成。

⑩爵:爵位。有爵者必有德,有德者则能为父母之丧而悲痛致病,
　　所以用杖扶持身体。

⑪升:古代表示布的线缕密度的单位,据郑玄注,一升为八十缕。

⑫锻:捶捣。灰:石灰,加石灰制成的麻柔滑。

⑬菲:通"扉",鞋。

⑭倚庐:居丧时住的草屋。

⑮苫(shān):居丧时睡的草荐。

⑯歠(chuò):饮。

⑰溢:容量单位,一升米的二十四分之一。相当于一把米,手抓一
　　把米,多则溢出,故名。

⑱疏:粗。

⑲练:祭名,父母去世后第十一个月在家庙进行,可以穿练过的布
　　帛,故名。

【译文】

丧服。丧服最重的是斩衰裳,配以用麻做的首经和腰经、粗糙的丧杖和用粗麻纠合成的绞带,丧冠用麻绳做缨带,鞋是用菅草织成的。

传文说:斩是什么意思呢? 斩就是让衣服边侧的断口露着,不去缝齐它,表示内心悲痛,无心修饰边幅。所谓苴经,苴是指大麻能结子的那一种。首经的粗细约当于一握,麻的根端在左耳上,绕过额、颈,麻的末端压在根上,将首经的粗细减去五分之一,就是斩衰的腰经。齐衰之服的首经,粗细与斩衰腰经的一样,再减去五分之一,就是齐衰的腰经。大功丧服又次一等,首经与齐衰之服的腰经一样粗细,再减去五分之一,则是大功的腰经。小功衰服又次一等,首经的粗细,等于大功腰经,

再减去五分之一,才是小功腰绖的长度。缌麻是五种丧服中最轻的一种,其首绖的粗细与小功的腰绖相等,减去五分之一,则是缌麻的腰绖。苴杖,是用竹子做的。削杖,是用桐木做的。杖是扶病用的,杖的高度都要与心脏的位置相平,而让竹或桐木的根朝下。杖是什么呢?就是爵,有爵者才有杖。为什么有人没有爵位却有杖呢?那是因为他是以嫡子的身份担任丧主。有人不是丧主,但也有杖,又是为什么呢?那是为了扶持他因悲痛而致病的身体。少年男子为什么不用杖呢?那是他不会因悲哀而致病。未成年的女子为什么不用杖呢?那是因为她们与死者关系较疏远,也不会因悲哀而致病。所谓绞带,是用麻搓成绳后,再绞合而成的带子。丧冠用一条绳屈而绕之,再打结,多余的部分下垂为缨带,绳缀连在冠上,缝在右侧。冠布的密度是六升(每升八十缕),冠前后多余部分向外缝纳,冠布捣捶时不加石灰。衰的密度是二百四十缕。所谓菅屦,是用菅草做的丧鞋,鞋两头多余的部分向外缝纳。孝子居丧期间住在倚庐中,睡在草荐上,头枕土块,哭泣唯哀痛所至,不规定在昼夜的某一时间。最初只能喝粥,早晨煮一把米,傍晚煮一把米。睡眠时不能脱去首绖和腰绖。虞祭之后,可以将倚庐上的草苫略事修剪,原置于地上的楣两端也可用柱子顶起来,并可以睡在席上,吃粗疏的食物、饮水,哭泣早、暮各一次就可以了。

举行过练祭之后,就可以睡到倚庐外面的室中,可以开始食用蔬菜和水果,吃饭和素食,哭泣没有规定的时间。

(以上各节为斩衰。)

父,

　传曰:为父何以斩衰也?父至尊也。

诸侯为天子,

　传曰:天子至尊也。

君，

传曰：君至尊也。

父为长子，

传曰：何以三年也？ 正体于上①，又乃将所传重也②。

庶子不得为长子三年，不继祖也。

【注释】

①正体：嫡长子是父亲的正体，是继祢的宗子。

②重：主祢庙祭祀。

【译文】

下列情况，丧主应服斩衰之服：

儿子为父亲服丧，

传文说：为父亲服丧，为什么要服斩衰之服？ 因为父亲是一家中最尊贵的人。

诸侯为天子服丧，

传文说：天子是天下最尊贵的人。

臣为国君服丧，

传文说：国君是一国之中最尊贵的人。

父亲为嫡长子服丧，

传文说：父亲为嫡长子服丧为什么要三年？ 因为嫡长子是要作为父亲的正体而列宗庙之中，又是要主持祢庙之祭的人。如果父亲是庶子，则不得为自己的嫡长子服三年之丧，因为他们不是继承父祖宗庙的人。

为人后者①。

传曰：何以三年也？ 受重者，必以尊服服之②。何如而可为之后？同宗则可为之后。何如而可以为人后？支子可也③。为所后者之祖父母、妻、妻之父母、昆弟、昆弟之子④，若子。

妻为夫，

传曰：夫至尊也。

妾为君⑤，

传曰：君至尊也。

【注释】

①为人后者：指大宗之后，即作为宗子后继人的支子。

②尊服：斩衰。

③支子：嫡妻所生除嫡长子以外的诸子，以及妾所生之子。

④昆弟：兄弟。

⑤君：丈夫。

【译文】

为大宗之后者。

传文说：为大宗之后者，死者并非其父母，为什么也要服三年之丧？大宗之后是承继宗祀的，所以必须服斩衰的丧服。怎样才叫为后？同一大宗就是为后。怎样才叫为人之后？支子就可以。为所后者的祖父、祖母，妻子，为宗子之妻的父母、兄弟，为宗子之妻的兄弟之子所服的丧服，与宗子的亲子所服的丧服相同。

妻子为丈夫，

传文说：丈夫是妻子最尊贵的人。

妾为夫君，

传文说：夫君是妾最尊贵的人。

女子子在室为父^①,布总^②,箭笄^③,髽^④,衰,三年。

传曰:总六升^⑤,长六寸,箭笄长尺,吉笄尺二寸。子嫁^⑥,反在父之室^⑦,为父三年。公士、大夫之众臣^⑧,为其君布带、绳屦。

传曰:公卿、大夫室老、士^⑨,贵臣。其余皆众臣也。君,谓有地者也。众臣杖,不以即位^⑩。近臣^⑪,君服斯服矣。绳屦者,绳菲也。

【注释】

①女子子:即女子。在室:已许嫁而尚未出嫁者。

②总:束发,用巾缠绕头发,然后在发的末端束而垂之,使发不飞蓬。

③箭笄:用可以做箭的一种小竹做的笄。

④髽(zhuā):妇人的丧髻。去掉包发的缅布,露出髻,再用麻与头发合结。

⑤总六升:女子所用"总"的升数与男子冠布的升数一致,如斩衰男子的冠布为六升,则女子总布也是六升。

⑥子:女子。

⑦反在父之室:女子出嫁后,在夫家触犯"七出",而被休返回父母家。

⑧公士:公卿。

⑨室老:家相、家臣之长。士:邑宰。

⑩即位:即朝夕哭泣之位。

⑪近臣:守门人及内侍等。

【译文】

女子已许嫁而尚在父母之室者为父亲服丧,要用布束发,以小竹为笄,梳丧髻,斩衰,服三年之丧。

传文说:束发用的布,密度为四百八十缕,束发后余下的长度为六寸,斩衰用的竹笄长一尺,吉礼时用的笄长一尺二寸。女子出嫁后,被夫家休回父母之室者,为父亲服三年之丧。公卿、大夫的众臣,为其主人服布带、穿绳鞋。

传文说:公卿、大夫的家相和邑宰属于贵臣,其余的家臣都属于众臣。君,是指有封地的公卿、大夫。众臣为主人服丧用丧杖,但不即朝夕哭泣之位。近臣,君服何种丧服则也服之。所谓绳屦,是绳做的丧鞋。

（以上是斩衰三年。）

疏衰裳齐、牡麻绖、冠布缨、削杖、布带、疏屦三年者[1],

传曰:齐者何？缉也。牡麻者,枲麻也[2]。牡麻绖,右本在上,冠者沽功也[3]。疏屦者,藨蒯之菲也[4]。

父卒则为母,继母如母,

传曰:继母何以如母？继母之配父,与因母同[5],故孝子不敢殊也。

慈母如母,

传曰:慈母者何也？传曰:妾之无子者,妾子之无母者,父命妾曰:"女以为子。"命子曰:"女以为母。"若是,则生养之,终其身如母,死则丧之三年如母,贵父之命也。

母为长子。

传曰:何以三年也？父之所不降,母亦不敢降也。

【注释】

①疏衰裳齐:即齐衰之服,在丧服中仅次于斩衰,亦用粗麻布制作,

但边侧缝齐,上衰朝外折缝,下裳向内折缝。丧服之中,除斩衰外,其余都缝边,即"齐"。牡麻:不结籽的麻。疏屦:草屦,草鞋。

②枲(xǐ):不结籽的麻。

③沽功:大功,指大功之布,冠在首,其布应比衣服更粗,故用大功之布。沽,粗略。

④蘸蒯(biāokuǎi):都是草名,比菅草细,茎可以编绳、席,做鞋等。

⑤因母:亲母。

【译文】

穿用粗麻布制作但边侧已缝齐的丧服,用牡麻做的首绖和腰绖,丧冠以布为缨带,丧杖用桐木削制而成,丧带用布制作,穿草鞋服三年之丧的有下列情况:

传文说:齐是什么?是缝缉丧服的边侧。所谓牡麻,就是不结籽的大麻。用牡麻做的首绖,麻根的一端置于右耳之上,从前额绕至颈后,再回到右耳之上,将麻的末端压在麻根之下,再缀而束之。做丧冠的布比大功之布略粗,以示与丧服的区别。所谓疏屦,就是用蘸蒯草编的鞋。

如果父亲健在,母丧则只需服一年之丧,如果父亲已先去世,则母亲去世要服三年之丧,为继母服丧的时间与生母一样。

传文说:为继母服丧的时间为什么能像生母那样?继母承接生母与父亲匹配,则与生母一样,因此,孝子不敢另眼相待。

为慈母服丧的时间与生母一样。

传文说:所谓慈母是指什么呢?传文说:有的妾没有子息,而有些妾生的子女已丧母,于是父亲对妾说:"你就把这孩子当作自己的孩子吧。"又对丧母的孩子说:"你就把她当作是自己的母亲吧。"像这种情况,生则奉养之,直至终老,犹如生母;死则服齐衰三年之丧,如同亲生母亲,这是敬重父亲的命令。

母亲为嫡长子服丧。

传文说:母亲为嫡长子为什么要服齐衰三年之丧?因为嫡长子是宗庙的正体,他的父亲都不敢以自己的尊严而降低礼数,夫妻一体,所以其母亲也不敢降低礼数。

(以上是齐衰三年。)

疏衰裳齐、牡麻绖、冠布缨、削杖、布带、疏屦、期者①,

传曰:问者曰:何冠也?曰:齐衰、大功,冠其受也②。缌麻、小功,冠其衰也③。带缘各视其冠④。

父在为母,

传曰:何以期也?屈也⑤。至尊在,不敢伸其私尊也⑥。父必三年然后娶,达子之志也。

妻,

传曰:为妻何以期也?妻,至亲也。

出妻之子为母⑦。

传曰:出妻之子为母期,则为外祖父母无服。传曰⑧:绝族无施服,亲者属。出妻之子为父后者,则为出母无服。传曰:与尊者为一体,不敢服其私亲也⑨。

父卒,继母嫁,从;为之服,报。

传曰:何以期也?贵终也。

【注释】

①期:一年。

②冠其受:以受衰之布为冠。

③缌(sī):缌麻:五种丧服中最轻的一种,用细麻布制作,服期三个月。冠其衰:冠与衰相同,因为小功以下无受。

④带缘：布带的边缘。

⑤屈：父尊母卑，所以母的丧期不能与父同，子自屈于父，所以一年后除母服。

⑥私尊：母对于子是至尊，但父在不能对母行至尊之礼，一年后除服，但内心依三年之丧致哀，因此称之为私尊。

⑦出妻：触犯"七出"而被休弃的妻子。

⑧传曰：此处及本节下文中的"传曰"，是引证旧说作为证明。

⑨私亲：妻被夫休，则再无匹配之情，但于母子之间仍为私亲。

【译文】

　　身穿用粗麻布制作但边侧已缝齐的衰裳，用牡麻做首绖和腰绖，丧冠以布为缨带，丧杖用桐木削制而成，丧带用布制作，穿草制的丧鞋，服一年之丧的，有下列几种情况：

　　传文说：有人问道：戴什么样的丧冠？回答说：如果是齐衰和大功的丧服，则以受衰之布为冠。如果是缌麻、小功的丧服，则冠与衰相同。衣带边缘的升数，分别与冠布的升数相同。

　　父亲尚健在，为母服丧，

　　传文说：为什么只为母亲服一年之丧？是因为孝子自屈于父亲。作为家中至尊的父亲还健在，孝子不敢将内心对母亲的尊敬扩大到与父亲一样。父亲只为妻子服一年之丧，但一定要在妻子死后三年再续娶，是为了满足儿子为母亲心丧三年的愿望。

　　丈夫为妻子，

　　传文说：为妻子服丧为什么也是一年齐衰？因为妻子与丈夫共同承祀宗庙，是最亲近的人。

　　被丈夫休弃的妻子的儿子为其母亲。

　　传文说：被休弃之妻的儿子为母亲服齐衰一年之丧，对外祖父、外祖母等母家的人不再服丧。旧传说：对已经与父亲断绝关系的妻族不再服丧，但母子之间是骨肉至亲，不能断绝之。被休弃之妻的儿子如果已被确定为父亲的后嗣，则对被休弃的母亲不再服丧。旧传又说：孝子与至尊的父亲是一体，所以不敢再为其被休弃的母亲服丧。

父亲死后，继母改嫁，儿子因年幼而随其母；则可为母服齐衰一年之丧，继母要以相同的丧服回报。

传文说：为什么要服一年之丧？因为曾经是母子，所以要以终其恩谊为贵。

（以上各节是齐衰杖期。）

不杖，麻屦者；祖父母，

传曰：何以期也？至尊也。

世父母①，叔父母；

传曰：世父、叔父，何以期也？与尊者一体也。然则昆弟之子何以亦期也？旁尊也，不足以加尊焉，故报之也。父子一体也，夫妻一体也，昆弟一体也，故父子首足也，夫妻牉合也②，昆弟四体也。故昆弟之义无分，然而有分者，则辟子之私也。子不私其父，则不成为子，故有东宫，有西宫，有南宫，有北宫，异居而同财，有余则归之宗，不足则资之宗。世母、叔母，何以亦期也？以名服也。

大夫之適子为妻。

传曰：何以期也？父之所不降，子亦不敢降也。何以不杖也？父在，则为妻不杖。

昆弟，为众子，昆弟之子；

传曰：何以期也？报之也③。

【注释】

①世父母:伯父母。

②胖(pàn)合:两半相合为一体。

③传曰:何以期也? 报之也:胡培翚云,此九字之义,上文"为伯父母、叔父母"之传文已有之,疑为衍文。

【译文】

服齐衰之服,但不用丧杖,而穿麻鞋的情况是:孙为祖父、祖母,

传文说:孙为祖父、祖母为什么要服丧一年? 祖父、祖母是同宗中最尊贵的人。

为伯父母、叔父母;

传文说:对伯父、叔父,为什么服一年之丧? 因为他们与父亲是兄弟,兄弟是一体。那么对兄弟之子为什么也要服一年之丧呢? 因为他是旁系的尊者,而非自己正宗的尊者,不足以加礼与自己的尊者一样,所以报之以相同的丧礼。父与子是一体,丈夫与妻子是一体,兄弟也是一体,所以父与子好比是首和足,丈夫与妻子好比是两半相合的整体,兄弟各得父亲之体以为体,如四肢本为一体。所以兄弟一体,其义无可分割,然而也有不能不分之时,因为儿子各与其父亲有特殊的恩情,所以要避开这种儿子与父亲的私恩。儿子对其父亲没有私恩,则不能称为儿子。兄弟分居不同宫,所以有东宫、西宫、南宫、北宫,居处不一而财产共有,财用有余则归之于小宗,财用不足则取之于小宗。对伯母、叔母,为什么也要服一年之丧? 这是因为她们是伯父、叔父的配偶,因而有了"母"的名分,所以丧期与伯父、叔父相同。

大夫的嫡长子为妻子。

传文说:为什么大夫的嫡子要为妻子服一年之丧? 父亲看重嫡妻,不肯降低为嫡妻服大功之服的礼数,所以做儿子的也不敢降低这一礼数。为什么不用丧杖? 因为父亲还健在,做儿子的不敢在私丧上尽礼。

为兄弟,为长子之弟或妾之子,为兄弟之子;

　　传文说：为自己的儿子服一年之丧，对兄弟之子应降一等，服大功，为什么要为他们服一年之丧？因为兄弟之子为伯父、叔父服一年之丧，所以要用相同的丧礼回报。

　　大夫之庶子为适昆弟①，

　　传曰：何以期也？父之所不降，子亦不敢降也。

　　适孙。

　　传曰：何以期也？不敢降其适也。有适子者，无适孙，孙妇亦如之。

　　为人后者，为其父母，报。

　　传曰：何以期也？不贰斩也②。何以不贰斩也？持重于大宗者③。降其小宗也④。"为人后者"，孰后？后大宗也。曷为后大宗？大宗者，尊之统也。禽兽知母而不知父。野人曰："父母何算焉⑤！"都邑之士，则知尊祢矣。大夫及学士，则知尊祖矣。诸侯，及其大祖。天子，及其始祖之所自出。尊者尊统上，卑者尊统下。大宗者，尊之统也。大宗者，收族者也，不可以绝，故族人以支子后大宗也。适子不得后大宗。

【注释】

①适昆弟：嫡子的年龄可能比庶子长，也可能比庶子小，所以这里笼统称为嫡昆弟。

②贰斩：斩指斩衰，是子为父的丧服，父不可有二，所以斩也不可有二。

③大宗：百世不迁之宗。

④小宗：五世而迁之宗。

⑤算：当是"尊"字之误。

【译文】

大夫的庶子为其嫡兄或嫡弟，

传文说：大夫的庶子为其嫡兄或嫡弟为什么要服一年之丧？作为父亲的大夫，虽是尊者，但也不敢降低对嫡长子的丧礼，必为之服三年之丧，因此庶子也不敢降低其规定的礼数。

祖父为嫡长孙，

传文说：为什么祖父要为嫡长孙服一年之丧？这是因为不敢降低其嫡长孙的身份。如果嫡子还健在，则不立嫡孙；嫡子之妇在，嫡孙之妇也不得立为嫡孙妇。

受族于人，出为他人之后者，为自己的亲生父母，以一年之丧相报。

传文说：为什么对亲生父母只服一年之丧？因为父亲不得有二，儿子不得同时为两个父亲服斩衰之服。为什么不能为两个父亲服斩衰之服？过继给他人为后嗣，主持宗庙祭祀之重，则与自己的亲兄弟为宗，成为小宗，所以对自己的亲生父母的礼数也就要降低。"为人后者"，后于谁？后于大宗。什么叫后于大宗？所请大宗，是族人所尊之统。禽兽不通人性，所以知母而不知父。郊外的野人不懂礼，说："父母有什么可尊贵的！"生活在都邑之中的士民，就知道尊敬父亲了。居官的大夫和学校的学士，则知道尊敬祖父了。诸侯则能将这种尊敬推及于太祖。天子则能再远推及于其始祖的感生帝。因此，地位越尊，其所尊之祖就越是统于上，地位越低，其所尊之祖就越是统于下。所谓大宗，是族人所尊之统。所谓大宗，是结聚全族的，不能断绝，所以大宗无嫡子时，族人用支子承继之。小宗的嫡子不得为大宗的嗣子。

女子子适人者为其父母、昆弟之为父后者，

传曰：为父何以期也？妇人不贰斩也。妇人不贰斩者何也？妇人有三从之义，无专用之道，故未嫁从父，既嫁从夫，夫死从子。故父者子之天也，夫者妻之天也。妇人不贰斩者，犹曰不贰天也，妇人不能贰尊也。为昆弟之为父后者，何以亦期也？妇人虽在外，必有归宗，曰小宗，故服期也。

【译文】

女子已嫁人者为亲生父母、兄弟中立为父亲之后者，

传文说：为父亲为什么只服一年之丧？因为妇人不能两次服斩衰。为什么妇人不能服两次斩衰？因为妇人一生的意义在于服从三个人，而没有自专自用之道，故尚未出嫁时要服从父亲，出嫁之后要服从丈夫，丈夫死后要服从儿子。所以父亲是子女的天，丈夫是妻子的天。妇人不能两次服斩衰，好比是说不能有两个天，妇人不能同时有两个尊者。那么，为兄弟中立为父亲之后的，为什么也要服一年之丧？因为妇人虽已出嫁在外，但难保没有被丈夫休弃的可能，届时，即使父亲已经去世，也必有可归往之宗，这称为小宗，所以只服一年之丧。

继父同居者，

传曰：何以期也？传曰：夫死，妻稚①，子幼②。子无大功之亲③，与之适人④，而所适者亦无大功之亲；所适者以其货财为之筑宫庙，岁时使之祀焉；妻不敢与焉。若是，则继父之道也，同居则服齐衰期，异居则服齐衰三月也。必尝同居，然后为异居；未尝同居，则不为异居。

【注释】

①妻稚：妻的年龄尚不足五十岁。

②子幼：子女的年龄尚不足十五岁。

③大功之亲：可为之服大功之丧的亲戚，此指堂兄弟、未婚的堂姊妹、已婚的姑、姊妹、侄女等。

④与之适人：子随其母去往再嫁之夫的家中。

【译文】

继父而与之同居的，

传文说：继父并非生身之父，为什么要为他服一年之丧？旧传说道：丈夫死时，妻子年龄不足五十岁，子女不足十五岁。子女又没有可为之服大功之丧的亲戚，因而随其母至再嫁之夫家中，而所再嫁之人也没有可服大功之丧的亲戚；则再嫁之夫要用自己的钱财为上门的子女建造宫庙，每年按时让子女祭祀其生父。妻子因已改嫁，与前夫之族已断绝关系，所以不得参与祭事。如此，才是继父同居之道，继父与自己同居的，则要服齐衰一年之丧，如果没有同居，则为之服齐衰三月之丧就可以了。一定要先同居过，后因继父有大功的亲戚，或者自己有大功的亲戚，或者继父不为自己筑造宫庙而异居，则服齐衰三月之丧；如果子女未随其母到继父家中，则不能称为异居，也不需服丧。

为夫之君。

传曰：何以期也？从服也。

姑、姊妹、女子子适人无主者，姑、姊妹报。

传曰：无主者，谓其无祭主者也。何以期也？为其无祭主故也。

为君之父、母、妻、长子、祖父母。

传曰：何以期也？从服也。父、母、长子，君服斩。妻，则小君也。父卒，然后为祖后者服斩。

妾为女君。

传曰:何以期也? 妾之事女君,与妇之事舅姑等。

【译文】

妻子为丈夫的国君。

传文说:妻子为丈夫的国君为什么要服一年之丧? 因为丈夫与国君有君臣关系,所以要从夫而为之服丧。

对姑姑、姐妹、女子已嫁人但没有丧主的,姑姑、姐妹用一年之丧回报。

传文说:所谓无主,是说没有祭主。为什么要为她们服一年之丧? 这是因为家中没有祭主而哀怜她们。

为国君的父亲、母亲、嫡长子、祖父母。

传文说:为什么要为国君的父亲、母亲、长子、祖父母服一年之丧? 这是从服的一种,死者的亲属是自己的国君。对于自己的父亲、母亲、嫡长子,国君要服斩衰,所以臣降一等,服期年之丧。国君之妻是小君,臣要像为自己的母亲那样服期年之丧。国君之父先于祖父而死,则祖父死时,应为之服斩衰。

妾为君的嫡妻。

传文说:为什么妾为君的嫡妻服一年之丧? 因为妾侍奉嫡妻,与妇人侍奉公公、婆婆一样。

妇为舅姑,

传曰:何以期也? 从服也。

夫之昆弟之子。

传曰:何以期也? 报之也。

公妾、大夫之妾为其子。

传曰:何以期也? 妾不得体君,为其子得遂也。

女子子为祖父母。

传曰：何以期也？不敢降其祖也。

【译文】

媳妇为公公、婆婆，

传文说：为什么媳妇要为公公、婆婆服一年之丧？这是从服的一种，死者是自己丈夫的父母，所以要从夫服丧。

为丈夫的兄弟之子。

传文说：为什么要为丈夫的兄弟之子服一年之丧？这是因为丈夫的兄弟之子为自己服一年之丧，因此要用相同的丧期回报。

诸侯的妾、大夫的妾为她们的儿子。

传文说：诸侯和大夫的妾为什么为自己的儿子服一年之丧？妾不能与其君为一体，所以也就不敢降低其子之服的礼数，而顺其本服的礼数。

女子已嫁人者为祖父母。

传文说：女子已嫁人为什么要为祖父母服一年之丧？祖父是至尊之人，不敢因为已出嫁而降低礼数服丧。

大夫之子为世父母、叔父母、子、昆弟、昆弟之子①，姑、姊妹、女子子无主者，为大夫命妇者②，唯子不报。

传曰：大夫者，其男子之为大夫者也。命妇者，其妇人之为大夫妻者也。无主者，命妇之无祭主者也。何以言"唯子不报"也？女子子适人者为其父母期，故言不报也，言其余皆报也。何以期也？父之所不降，子亦不敢降也。大夫曷为不降命妇也？夫尊于朝，妻贵于室矣。

【注释】

①世父母：伯父母。

②命妇：有爵命的妇人。受国君的爵命而为大夫者，其妻也受后、夫人的爵命，而为命妇。

【译文】

大夫之子为伯父母、叔父母、子、兄弟、兄弟之子，姑姑、姐妹、女子家中无祭主者，以上为大夫命妇者可服一年之丧，只有子女不用相同的丧礼回报。

传文说：此处的大夫，是指以上亲属中男子担任大夫者。所谓命妇，是指以上亲属中妇人是大夫之妻者。所谓无主，是指命妇而没有祭主者。为什么说"唯子不报"呢？女子嫁人者理应为其父母服期年之丧，所以说不报，实际上是说其余的人对大夫之子都要以期服回报。为什么要服期年之丧？父亲对以上亲属不降低丧礼的礼数，子女也不敢降。大夫为什么不像对姑姊妹等那样，降低对命妇的丧礼礼数？因为大夫尊于朝，与妻同尊，妻贵于室，与丈夫同爵。

大夫为祖父母、适孙为士者。

传曰：何以期也？大夫不敢降其祖与适也。

公妾以及士妾为其父母。

传曰：何以期也？妾不得体君，得为其父母遂也。

【译文】

大夫为祖父母以及嫡长孙而有士的身份者。

传文说：大夫为祖父母以及有士的身份的嫡长孙，为什么要服期年之丧呢？因为大夫不敢降低其祖与嫡长孙的礼数。

诸侯的妾以及士的妾为她的父母。

传文说:诸侯和士的妾为什么要为自己的父母服期年之丧? 妾虽不能与君为一体,但是应该顺其父母的本服而服丧。

(以上各节为齐衰不杖期。)

疏衰裳齐,牡麻绖,无受者①;寄公为所寓②,

传曰:寄公者何也? 失地之君也。何以为所寓服齐衰三月也? 言与民同也。

【注释】

①受:承、接,指接受轻丧之服,换下重丧之服。

②寄公:寓公,寓居他国之国君。所寓:所寓居之国。

【译文】

穿用粗麻布制作,但边侧已缝齐的衰裳,用牡麻做首绖和腰绖,三月后即除服,不再换穿轻丧之服者,有下列几种情况:寄寓于他国的国君为所在国的国君,

传文说:寄公是指什么? 是指黜爵失地,寄寓他国的国君。为什么要为寄寓他国的国君服齐衰之服三个月呢? 是说与庶民的丧服相同,庶民为国君服齐衰三个月。

丈夫、妇人为宗子、宗子之母、妻①,

传曰:何以服齐衰三月也? 尊祖也。尊祖故敬宗。敬宗者,尊祖之义也。宗子之母在,则不为宗子之妻服也。

【注释】

①丈夫、妇人:指一族之中的所有男女。宗子:即大宗之子。

【译文】

一族中的男女为宗子、宗子的母亲和妻子，

传文说：为什么族人要对宗子和宗子的母亲、妻子服齐衰三个月？因为要尊祖，祖是族之本。尊祖就要敬宗子。因此，敬宗子，就是尊祖的意思。如果宗子的母亲健在，就不必为宗子之妻服齐衰三月之丧。

为旧君、君之母、妻^①；

传曰：为旧君者，孰谓也？仕焉而已者也。何以服齐衰三月也？言与民同也。君之母、妻，则小君也。

【注释】

①旧君：已退休的官员曾事奉过的国君。

【译文】

已致仕者为过去事奉过的国君以及他的母亲和妻子，

传文说：所谓为旧君，指的是什么？是指居官时曾经事奉过的国君。为什么对他只服齐衰三月之丧？这是说与庶民为国君服丧的礼数相同。国君的母亲、妻子可以视为小君，所以也要为之服丧。

庶人为国君；大夫在外，其妻、长子为旧国君；

传曰：何以服齐衰三月也？妻，言与民同也。长子，言未去也。

【译文】

庶人为国君；大夫离开本国，去往他国，其妻子和长子为旧君；

传文说：为什么大夫不在国内，其妻子、长子要为旧君服齐衰三月之丧？妻子虽随大夫出国，为国君服丧的礼数，与本国庶民相同。长子，是指未随大夫出国，留在国内的。

继父不同居者①，曾祖父母，

传曰：何以齐衰三月也？小功者②，兄弟之服也。不敢以兄弟之服服至尊也。

【注释】

①继父不同居：有两种情况，一是指父亲去世后，随母亲到继父家，先曾同居，后来又分居；二是虽与继父同居，但双方都有大功之亲者。

②小功：丧服名，为兄弟而服，丧期五个月。

【译文】

与继父不同居的，曾祖父母，

传文说：对不同居的继父和曾祖父母，为什么只服齐衰三月之丧？按照服数安排，为曾祖父宜服小功的丧服，但是小功是为外婚姻兄弟服的丧服，因此，不敢以兄弟的丧服作为至尊者的丧服。

大夫为宗子①，

传曰：何以服齐衰三月也？大夫不敢降其宗也。

【注释】

①宗子：指大宗之子。

【译文】

大夫为大宗之子，

传文说：以大夫之尊，为什么还要为大宗之子服齐衰三月之丧？虽然有大夫之尊，但也不敢降低对大宗之子的礼数。

旧君^①：

传曰：大夫为旧君，何以服齐衰三月也？大夫去，君扫其宗庙，故服齐衰三月也，言与民同也。何大夫之谓乎？言其以道去君而犹未绝也。

【注释】

①旧君：指在郊外等待国君悔悟，而尚未离国的大夫为国君服丧。

【译文】

将要离境的大夫为旧君；

传文说：将要见逐的大夫为什么只为旧君服齐衰三月之丧？因为大夫离去后，国君于每年春秋时派有司扫除其宗庙，以示仍希望大夫最终能回来守祀之，君臣之恩并未断绝，所以大夫要为旧君服齐衰三月之丧，这是说礼数只能与庶民相同。既已离境，为何还称其为大夫？因为他用道规劝国君，屡谏而未被采纳，于是在郊外等待国君悔悟，此时他的大夫爵禄尚未被削夺，君臣之恩尚未断绝。

曾祖父母为士者如众人，

传曰：何以齐衰三月也？大夫不敢降其祖也。

【译文】

大夫为有士的身份的曾祖父母者，丧礼与族内的众人相同，

传文说：大夫为有士的身份的曾祖父母服丧，为什么要齐衰三月？因为大夫不敢因为自己位尊而降低对他的曾祖的礼数。

女子子嫁者、未嫁者为曾祖父母。

传曰：嫁者，其嫁于大夫者也。未嫁者，其成人而未嫁

者也。何以服齐衰三月？不敢降其祖也。

【译文】

女子已经出嫁或尚未出嫁者为曾祖父母。

传文说：嫁者，是已嫁给大夫的女子。未嫁者，是已成年而尚未出嫁的女子。为什么她们要为曾祖父母服齐衰三月之丧？因为他们虽因丈夫位尊，仍不敢降低对其曾祖的礼数。

（以上各节为齐衰三月。）

大功布衰裳①，牡麻绖，无受者：子、女子子之长殇、中殇②，

传曰：何以大功也？未成人也。何以无受也？丧成人者，其文缛。丧未成人者，其文不缛。故殇之绖不樛垂③，盖未成人也。年十九至十六为长殇，十五至十二为中殇，十一至八岁为下殇，不满八岁以下皆为无服之殇。无服之殇以日易月。以日易月之殇，殇而无服。故子生三月，则父名之，死则哭之；未名则不哭也。

【注释】

①大功：丧服五服之一，服期九个月。斩衰、齐衰为重丧之服，其布粗恶，不加入人功。从大功布起，开始加入人功，愈往下，加入人功愈多，布也更细密，故缌麻最为细密。大是人工粗大不精之意，大功布只经人工粗略锻冶，故名。其服用熟麻布制作，布的粗细介于齐衰与小功之间。

②殇（shāng）：未成年而夭亡。

③樛（jiū）：缠结。

【译文】

大功的丧服，用熟麻布制作衣裳，用牡麻做首绖和腰绖，自始至终只用一种丧服，不换轻丧之服。服大功九月之丧的情况有：为男子、女子中的长殇和中殇者，

传文说：子女夭亡者，为什么要为之服大功之丧？这是因为他们尚未成年就死亡了。为什么服丧期间不再换轻丧之服？因为为成年人服丧，其礼数繁缛。为未成年人服丧，其礼数不能繁缛。所以，为夭亡者服的腰绖，可用散带的方式，不必缠结后下垂，因为死者尚未成年。年龄在十九岁至十六岁之间死亡的，称为长殇；十五岁至十二岁之间死亡的，称为中殇；十一岁至八岁之间死亡的，称为下殇；不满八岁即死亡的，都称为无服之殇。无服之殇用日数代替死者年龄的月数。用日数代替月数的殇丧，仅仅哀泣而已，不服丧服。所以子女生下三个月后，父亲为之取名，死亡则哀哭之；如果尚未取名，则不必哀哭。

　　叔父之长殇、中殇，姑、姊妹之长殇、中殇，昆弟之长殇、中殇，夫之昆弟之子、女子子之长殇、中殇，適孙之长殇、中殇，大夫之庶子为適昆弟之长殇、中殇。公为適子之长殇、中殇。大夫为適子之长殇、中殇。其长殇，皆九月，缨绖；其中殇，七月，不缨绖。

【译文】

叔父的长殇、中殇，姑姑、姐姐的长殇、中殇，兄弟的长殇、中殇，丈夫的兄弟之子、女儿的长殇、中殇，嫡孙的长殇、中殇，大夫的庶子为嫡兄弟的长殇、中殇，诸侯为嫡长子的长殇、中殇，大夫为嫡长子的长殇、中殇。以上的长殇，服丧的时间都是九个月，首绖上有一条绳，下垂以为缨带；中殇的服丧的时间为七个月，首绖上没有缨带。

（以上各节为殇大功。）

大功布衰裳，牡麻绖缨，布带，三月；受以小功衰，即葛^①。九月者：

　　传曰：大功布，九升。小功布，十一升。

【注释】

①即：就，去旧就新。

【译文】

大功之服，用大功布制作衰裳，用牡麻作首绖、腰绖，首绖上有缨带，以布为丧带，三个月入葬后，脱下大功之服，换上小功布衰裳，脱下麻绖带，换上葛制的绖带，至九个月然后除去此服，下列情况可照此服丧：

传文说：大功丧服所用的布，密度为七百二十缕。小功丧服所用的布，密度为八百八十缕。

　　姑、姊妹、女子子适人者，
　　传曰：何以大功也？出也。

【译文】

为姑姑、姐妹、女子已嫁人者，

传文说：姑姑、姐妹、女子已嫁人者，应当为之服一年之丧，为什么只服大功之丧？因为她们已出嫁，所以要降低其本亲丧服的级别。

　　从父昆弟；为人后者为其昆弟，
　　传曰：何以大功也？为人后者降其昆弟也。

【译文】

为堂兄弟;作为宗子后继者的支子为自己的兄弟,

传文说:作为宗子后继者的支子为其兄弟应该服齐衰一年之丧,为什么只服大功之丧?因为宗子的后继人尊贵,所以对自己兄弟的丧服应降低一等。

庶孙①;適妇②,

传曰:何以大功也? 不降其适也。

【注释】

①庶孙:包括孙子和孙女。

②適妇:嫡子之妻。

【译文】

为庶孙;为嫡长子之妻,

传文说:为什么为庶妇服小功,为嫡长子之妻要服大功?因为重视嫡子的身份,所以不能降低其礼数而服小功。

女子子适人者为众昆弟;侄丈夫妇人①,报;

传曰:侄者何也? 谓吾姑者,吾谓之侄。

【注释】

①侄丈夫妇人:侄男侄女。

【译文】

女子已嫁人者为众兄弟;姑为侄男侄女,侄男侄女以相同的丧服回报姑。

传文说:侄是什么? 称呼我为姑者,我则称他为侄。

夫之祖父母、世父母、叔父母，

传曰：何以大功也？从服也。夫之昆弟何以无服也？其大属乎父道者，妻皆母道也。其夫属乎子道者，妻皆妇道也。谓弟之妻"妇"者，是"嫂"亦可谓之母乎？故名者，人治之大者也，可无慎乎？

【译文】

为丈夫的祖父母、伯父母、叔父母，

传文说：妻与丈夫的祖父母、伯父母、叔父母本无血统关系，为什么要服大功之服？这是从服的一种，因为死者是丈夫的亲人，所以妻子比丈夫必须降一等为之服丧。丈夫对兄弟服期年之丧，妻子应降一等服大功之丧，为什么此处没有提及妻子的丧服？妻子的尊卑，随丈夫的辈分而定，如果丈夫属于父辈，则妻子属于母辈。如果丈夫属于子辈，则妻子属于妇辈。丈夫的兄弟之妻的辈分与自己相同，既不是自己的母辈，也不是自己的妇辈。如果称丈夫之弟的妻为"妇"，那么丈夫之兄的妻，即"嫂"，岂不也可以称其为母了吗？所以，名分，是人君之治中最重要的，能不慎重吗？

大夫为世父母、叔父母、子、昆弟、昆弟之子为士者；

传曰：何以大功也？尊不同也。尊同，则得服其亲服。

【译文】

大夫为伯父母、叔父母、庶子、兄弟、兄弟之子有士的身份者；

传文说：大夫为伯父母、叔父母、庶子、兄弟、兄弟之子应该服齐衰一年之丧，为什么只服大功之丧？因为尊卑不同，这里说的是只有士的身份者，而不是有大夫的身份者，所以丧服也就不同。如果伯父母、叔父母等也是大夫，则可以服本亲之服，即期年之丧。

公之庶昆弟、大夫之庶子为母、妻、昆弟，

传曰：何以大功也？先君余尊之所厌，不得过大功也。大夫之庶子，则从乎大夫而降也。父之所不降，子亦不敢降也。

【译文】

诸侯的庶兄弟、大夫的庶子为母亲、妻子、兄弟，

传文说：这一类亲属都应服期年之丧，为什么只服大功之丧？其父亲虽已去世，嫡子承继为诸侯，先父的余尊犹在，因此丧礼为其所压抑，不能超过大功之丧。至于大夫的庶子，因其父亲尚健在，作为大夫的父亲要降低其妾以及庶子、庶妇的丧服等级，所以大夫的庶子也必须随之将对母亲、妻子、兄弟的丧服降格为大功。父亲对自己的嫡长子不降低丧礼等级，庶子也不敢降低。

皆为其从父昆弟之为大夫者；为夫之昆弟之妇人子适人者①，大夫之妾为君之庶子；女子子嫁者、未嫁者，为世父母、叔父母、姑、姊妹，

传曰：嫁者，其嫁于大夫者也。未嫁者，成人而未嫁者也。何以大功也？妾为君之党服，得与女君同②。下言为世父母、叔父母、姑、姊妹者，谓妾自服其私亲也③。

【注释】

①妇人子：女儿。即前文的女子子。

②"何以"三句："何以大功也？妾为君之党服，得与女君同"十六

字,当是上经"大夫之妾为君之庶子"的传文,误置于此。

③"下言"二句:"下言为世父母、叔父母、姑、姊妹者,谓妾自服其私亲也"二十一字,当是郑玄为经文作的注,窜入传文内。

【译文】

都为其有大夫身份的堂兄弟服大功,若只有士的身份则降服小功;为丈夫兄弟的女儿已嫁人者;大夫的妾为国君的庶子;女子已嫁或未嫁者,为伯父母、叔父母、姑姑、姐妹,

传文说:所谓嫁,是指嫁大夫。所谓未嫁,是指女子成年而未出嫁的。

大夫、大夫之妻、大夫之子、公之昆弟为姑、姊妹、女子子嫁于大夫者,君为姑、姊妹、女子子嫁于国君者。

传曰:何以大功也? 尊同也。尊同则得服其亲服。诸侯之子称公子,公子不得祢先君。公子之子称公孙,公孙不得祖诸侯。此自卑别于尊者也。若公子之子孙有封为国君者,则世世祖是人也,不祖公子,此自尊别于卑者也。是故始封之君不臣诸父昆弟,封君之子不臣诸父而臣昆弟,封君之孙尽臣诸父昆弟。故君之所为服,子亦不敢不服也;君之所不服,子亦不敢服也。

【译文】

大夫、大夫的妻子、大夫的儿子、诸侯的兄弟为姑姑、姐妹、女子已嫁给大夫的,诸侯为姑姑、姐妹、女子已嫁给国君的。

传文说:上述情况为什么都是服大功之丧? 因为她们尊贵的程度已与自己相同。尊贵的程度彼此相同,就可以服其亲服,而不须降等。诸侯之子称为公子,公子不得立祢庙祭其先君。公子所生的儿子称为

公孙,公孙不得立太祖庙祭始封的诸侯。这是用地位卑远者来区别于尊贵者。如果公子的子孙中有被封为国君的,则其后人世世以此始封君为太祖致祭,而不以公子为太祖,这是从地位尊贵者来区别于卑远者。因此,始封之君不以诸父和兄弟为臣;始封君之子即位后不以诸父为臣,而以兄弟为臣;始封君的孙子即位后则要把诸父、兄弟都作为自己的臣。所以国君为之服丧的,子即位后不敢不服丧;国君所不服丧的,子即位后也不敢服丧。

（以上各节为成人大功。）

缌衰裳①,牡麻绖,既葬除之者:

传曰:缌衰者何? 以小功之缌也②。

诸侯之大夫为天子。

传曰:何以缌衰也? 诸侯之大夫以时接见乎天子。

【注释】

①缌:细而疏的麻布。缌衰轻于大功而重于小功,介于两者之间,故其治缕如小功而升数少,其治布与大功同而未经澡治。

②以:用。

【译文】

身穿用细而疏的缌布做的衰裳,用牡麻做首绖和腰绖,灵柩落葬之后就除去丧服的情况是:

传文说:缌衰是什么意思? 就是用小功丧服的布制作的丧服。

诸侯的大夫为天子。

传文说:诸侯的大夫是天子的陪臣,情分疏远,为什么要服缌衰之服? 因为诸侯的大夫奉命依时朝见过天子,恩谊犹存。

（以上为缌衰。）

　　小功布衰裳，澡麻带绖^①，五月者：叔父之下殇，適孙之下殇，昆弟之下殇，大夫庶子为適昆弟之下殇，为姑、姊妹、女子子之下殇，为人后者为其昆弟、从父昆弟之长殇，

　　传曰：问者曰："中殇何以不见也？"大功之殇，中从上；小功之殇，中从下。

【注释】

①澡：洗去麻皮上的莩垢，使之洁白，但不除去麻根。

【译文】

　　用小功之布做衰裳，用洗过的麻做丧带和首绖、腰绖，服丧五个月的情况是：为叔父的下殇，嫡孙的下殇，兄弟的下殇，大夫的庶子为嫡兄弟的下殇，为姑姑、姐妹、女子的下殇，作为宗子后继者的支子为他的兄弟、堂兄弟的长殇，

　　传文说：有人问道："这段经文中只讲上殇、下殇，为什么没有提到中殇呢？"因为大功以上的丧服，中殇与上殇相同；小功以下的丧服，中殇与下殇相同。

　　为夫之叔父之长殇；昆弟之子、女子子、夫之昆弟之子、女子子之下殇；为侄、庶孙丈夫妇人之长殇；大夫、公之昆弟、大夫之子，为其昆弟、庶子、姑、姊妹、女子子之长殇；大夫之妾为庶子之长殇。

【译文】

　　为丈夫的叔父的长殇；为兄弟之子女以及丈夫的兄弟的子女的下殇；姑为侄男侄女的长殇和祖为庶孙男、庶孙女的长殇；大夫、诸侯的兄弟、大夫的儿子，为自己的兄弟、庶子、姑姑、姐妹、女子的长殇；大夫的

妾为庶子的长殇。

（以上各节为殇小功。）

　　小功布衰裳，牡麻绖，即葛^①，五月者：从祖祖父母^②，从祖父母^③，报：从祖昆弟^④，从父姊妹、孙适人者^⑤，为人后者为其姊妹适人者，为外祖父母；

　　传曰：何以小功也？ 以尊加也。

【注释】

①即葛：去麻就葛。即，就。

②从祖祖父母：父亲的伯父母、叔父母。

③从祖父母：父亲的堂兄弟及其配偶。

④从祖昆弟：父亲的堂兄弟之子。

⑤从父姊妹：父亲的兄弟的女儿。

【译文】

　　用小功布做衰裳，用洗过的牡麻做首绖、腰绖，三个月后，除去麻绖换上葛绖，服丧五个月的情况是：为父亲的伯父母、叔父母，父亲的堂兄弟及其妻子；父亲的伯父母、叔父母，父亲的堂兄弟及其妻子用此服相报；父亲的堂兄弟之子，父亲的兄弟的女儿、孙女已嫁人者，作为宗子后继者的支子为他已出嫁的姐妹，为外祖父母；

　　传文说：为外祖父母理应服缌麻之服，为什么是服小功之服？ 因为外祖父母是母亲的至尊之人，所以加一等服小功之服。

　　从母^①，丈夫妇人报^②；

　　传曰：何以小功也？ 以名加也，外亲之服皆缌也。

【注释】

①从母:母亲的姐妹,俗称姨。

②丈夫妇人:未婚嫁的男子、女子。

【译文】

对母亲的姐妹,母亲的姐妹对外甥和外甥女用此服相报。

传文说:母亲的姐妹属于外姓异亲,为什么要服小功之服? 因为从母有母的名分,所以要加服一等为小功。外姓之亲的正服是缌麻,小功都是加服。

夫之姑、姊妹,娣、姒妇①,报;

传曰:娣、姒妇者,弟长也。何以小功也? 以为相与居室中,则生小功之亲焉。

【注释】

①娣、姒(sì)妇:兄之妻称姒,弟之妻称娣,即今之妯娌。

【译文】

为丈夫的姑姑、姐妹和娣姒以此服相报。

传文说:娣、姒,是指兄之妻和弟之妻。娣、姒之间为什么要服小功? 因为彼此因丈夫之故而同居于一室之中,所以生出小功之亲。

大夫、大夫之子、公之昆弟为从父昆弟,庶孙,姑、姊妹、女子子适士者;大夫之妾为庶子适人者;庶妇;君母之父母、从母;

传曰:何以小功也? 君母在,则不敢不从服。君母不在,则不服。

【译文】

大夫、大夫之子、诸侯的兄弟为堂兄弟、庶孙,以及姑姑、姐妹、女子嫁给士的;大夫的妾为庶女嫁给士的;为庶妇;妾之子为嫡母的父母和姐妹;

传文说:妾之子为什么要为嫡母的父母等服小功之丧?因为嫡母犹在,则不敢不从而服之。如果嫡母已不在,则不必为之服丧。

君子子为庶母慈己者^①。

传曰:君子子者,贵人之子也。为庶母何以小功也?以慈己加也。

【注释】

①君子子:大夫或公子的嫡妻所生之子。慈己:养育自己。

【译文】

大夫或公子的嫡妻所生之子,为作为自己养母的庶母。

传文说:所谓君子子,是指贵人之子。为什么贵人之子要为庶母服小功之丧?因为她作为养母养育了自己,所以要加服一等丧服。

(以上各节为成人小功。)

缌麻^①,三月者:

传曰:缌者十五升抽其半^②,有事其缕^③,无事其布^④,曰缌。

族曾祖父母^⑤,族祖父母^⑥,族父母^⑦,族昆弟^⑧;庶孙之妇,庶孙之中殇^⑨;从祖姑、姊妹适人者^⑩,报;从祖父、从祖昆弟之长殇^⑪;外孙;从父昆弟侄之下殇,夫之叔父之中殇、下殇;从母之长殇,报;庶子为父后者^⑫,为其母;

传曰：何以缌也？传曰：与尊者为一体，不敢服其私亲也。然则何以服缌也？有死于宫中者，则为之三月不举祭，因是以服缌也。

【注释】

①缌麻：丧服名，是五服中最轻的一种，三月灵柩落葬后即除丧，不再换别的丧服。此丧服以缌布制作，又用麻做经带，故名缌麻。缌的精细已与朝服同，经澡治，缕细如丝，但未经灰治。

②缌者十五升抽其半：朝服用布的密度为十五升（一千二百缕），其半为七升半（六百缕）。

③有事其缕：洗濯之使其细洁。事，治。

④无事其布：洗濯时不加石灰而使之爽滑。

⑤族曾祖父：曾祖父的亲兄弟，高祖之子。

⑥族祖父：祖父的堂兄弟，高祖之孙。

⑦族父：父亲的从祖兄弟，高祖的曾孙。

⑧族昆弟：同一高祖的同辈兄弟。

⑨中殇：当是“下殇”之误。

⑩从祖姑：祖父兄弟的女儿，父亲的堂姊妹。从祖姊妹：祖父兄弟的孙女。

⑪从祖父：祖父的兄弟。

⑫庶子：妾之子。

【译文】

穿缌麻之服，服丧三月的是：

传文说：所谓缌，就是密度为朝服用布的一半的那种布，缕细如丝，可以洗濯之使其洁白，但不加石灰而使之爽滑，这就是缌布。

为曾祖父的亲兄弟及其配偶、祖父的堂兄弟及其配偶、父亲的从祖兄弟，同一高祖的同辈兄弟；为庶孙的配偶，庶孙的中殇；为父亲的堂姊妹、祖父兄弟的孙女已嫁人者,父亲的堂姊妹和祖父兄弟的孙女已嫁人者以此丧服相报;为祖父的兄弟、同祖兄弟的长殇;为外孙;为堂兄弟之侄的下殇,为丈夫的叔父中殇、下殇;为姨母的长殇,姨母也以此丧服相报;妾之子承嗣父亲之后者为其母亲;

传文说:为什么庶子作为父亲的后继者为其母只服缌麻之服? 旧传说:庶子既已承嗣为父亲之后,就与父亲为一体,所以不敢再用母子之服来为生母服丧。那么,既然与父亲为一体,就不应再为妾母服丧,为什么还服缌麻之服? 宫中若有臣仆死亡,也必定为他三月不举行祭祀,以示哀伤,此时可以为妾母服缌麻三月之丧。

士为庶母;
传曰:何以缌也? 以名服也。大夫以上,为庶母无服。

【译文】

士为父亲的妾;

传文说:为什么士要为父亲的妾服缌麻之服? 因为她有母的名分,所以要为她服丧。但是大夫以上的人没有缌服,所以可以不为庶母服丧。

贵臣、贵妾①;
传曰:何以缌也? 以其贵也。

【注释】

①贵臣:公士、大夫的室老、士。室老是指家相,士指邑宰。贵妾:滕妾中的生子者。

为贵臣、贵妾；

传文说：公士、大夫为什么要为贵臣、贵妾服缌麻之丧？因为他们是家臣和媵妾中的贵者，所以要加以区别，并为之服丧。

乳母，
传曰：何以缌也？以名服也。

为乳母，

传文说：为什么要为乳母服缌麻之丧？因为乳母以乳汁哺育，对自己有母的名分，所以应为之服缌麻丧。

从祖昆弟之子，曾孙，父之姑，从母昆弟，
传曰：何以缌也？以名服也。

为父亲的堂兄弟之子，为曾孙，为父亲的姑姑，为姨所生之子，

传文说：姨所生之子为何也要为之缌麻之丧？因为姨与母亲为姐妹，有母的名分，姨母之子与自己有兄弟的名分，所以要为之服缌麻丧。

甥，
传曰：甥者何也？谓吾舅者，吾谓之甥。何以缌也？报之也。

【译文】

为外甥，

传文说：所谓甥是指什么？称呼我为舅舅的，我称他为外甥。为什么舅舅要为外甥服缌麻之丧？因为外甥为舅服缌麻之丧，所以舅以缌麻之丧相回报。

婿，

传曰：何以缌？报之也。

【译文】

为女婿，

传文说：丈人为什么要为女婿服缌麻之丧？因为女婿从妻子为丈人服缌麻之丧，所以丈人以缌麻之丧相回报。

妻之父母，

传曰：何以缌？从服也。

【译文】

为妻子的父母，

传文说：为什么丈夫要为妻子的父母服缌麻之丧？因为这是从服的一种，死者是妻子的父母，故从妻而服。

姑之子，

传曰：何以缌？报之也。

【译文】

为姑姑的儿子，

传文说：为什么要为姑姑的儿子服缌麻之丧？这也是从报，因为姑姑的儿子从其母为自己服缌麻之丧，所以自己也以同服相报。

舅，

传曰：何以缌？从服也。

【译文】

为舅舅，

传文说：为什么外甥要为舅舅服缌麻之丧？因死者是母亲的弟兄，必须从母亲而为之服丧。

舅之子；

传曰：何以缌？从服也。

【译文】

为舅舅的儿子；

传文说：为什么要为舅舅的儿子服缌麻之丧？因为死者的父亲是自己母亲的兄弟，所以要从母亲而为之服丧。

夫之姑姊妹之长殇；夫之诸祖父母，报；君母之昆弟；

传曰：何以缌？从服也。

【译文】

为丈夫的姑姐妹的长殇；为丈夫的从祖祖父母、外祖父母，丈夫的

从祖祖父母、外祖父母用缌麻之服回报;妾之子为嫡母的兄弟;

传文说:妾之子为什么要为嫡母的兄弟服缌麻之丧?因为嫡母尚在,不敢不从而服之。

从父昆弟之子之长殇,昆弟之孙之长殇。为夫之从昆弟之妻。

传曰:何以缌也?以为相与同室,则生缌之亲焉。长殇、中殇降一等,下殇降二等。齐衰之殇中从上,大功之殇中从下。

【译文】

为堂兄弟之子长殇,为兄弟之孙长殇。为丈夫的堂兄弟之妻。

传文说:为什么要为丈夫的堂兄弟之妻服缌麻之丧?因为彼此同处于一室,久之则生缌麻之亲。因为是妻为丈夫从服,所以丧服规格要比丈夫低,如果是长殇、中殇则降一等,如果是下殇则降二等。如果是齐衰之殇,则中殇从上殇,为之降一等服大功;大功之丧则中殇从下殇,为之降二等服缌麻。

(以上各节为缌麻。)

记

公子为其母①,练冠,麻②,麻衣缥缘③;为其妻,缥冠,葛绖带,麻衣缥缘。皆既葬除之。

传曰:何以不在五服之中也?君之所不服④,子亦不敢服也。君之所为服⑤,子亦不敢不服也。

【注释】

①公子：国君的庶子，此指妾之子。

②麻：缌麻，此指用缌麻制作的绖带。

③縓(quàn)：红色。

④君之所不服：指国君的妾与庶子之妻，国君不为之服丧。

⑤君之所为服：指国君的夫人与嫡子之妻。

【译文】

记

国君之妾的儿子为其母亲所服的丧服是，练熟的麻布做的丧冠，用缌麻做首绖和腰带，三年练祭时换穿的麻布丧衣，边缘为浅红色；为其妻子，则服浅红色的丧冠，细葛布做的绖带，麻布丧衣的边缘是浅红色的。灵柩落葬后就都除去丧服。

传文说：这两种丧服为什么不见于斩衰等五种丧服之中？凡是国君所不为之服丧的对象，其子也不敢为之服丧。凡是国君为之服丧的对象，其子不敢不为之服丧。所以，当国君还健在时，妾之子只能在五服之外另制这种丧服，以表达自己对母亲的哀悼之情。

大夫、公之昆弟，大夫之子，于兄弟降一等①。为人后者，于兄弟降一等，报；于所为后之兄弟之子，若子。

【注释】

①兄弟：泛指族亲。

【译文】

大夫、诸侯的兄弟，大夫之子为族亲服丧，规格都降一等。作为宗子后继者的支子者，为自己的兄弟服丧，规格也要降一等，兄弟以同样规格服丧回报；支子为宗子的兄弟之子服丧，则与为自己的儿子服丧一样。

兄弟皆在他邦,加一等。不及知父母,与兄弟居,加一等。

传曰:何如则可谓之兄弟? 传曰:小功以下为兄弟。

【译文】

兄弟因出游或避仇等原因都在异国,无家室之亲,若有客死者,生者为之服丧的规格要加一等,以示哀怜。幼年时即丧父母,自己尚不懂事,便与兄弟同居,如果兄弟死了,则为之服丧的规格要提高一等,以报答其养育之恩。

传文说:怎样才是可以加一等丧服的兄弟呢? 传文说:这是指只有小功以下血统关系的兄弟。

朋友皆在他邦,袒免①,归则已。

朋友,麻。

【注释】

①袒免(wèn):依礼节需要肉袒时,则用"免"代替冠。冠是至尊之物。肉袒时不能戴冠。免,同"绕",是居丧时的一种束发缠头的方式,用一寸宽的布带,从颈项向上在额上相交,再向后缠在发髻上。

【译文】

朋友都在异国,而或有死亡者,则生者的丧服要加一等,肉袒而免,以示哀怜,如果其灵柩已归还本国,则停止服丧。

朋友虽非血亲,但有同道之谊,所以相互以缌麻的丧服和麻绖带服丧。

君之所为兄弟服①,室老降一等。

夫之所为兄弟服，妻降一等。

【注释】

①兄弟服：指小功以下的丧服。

【译文】

公卿大夫所为之服小功以下丧服的亲属，室老降一等服丧。

丈夫所为之服小功以下丧服的亲属，妻子降一等服丧。

庶子为后者，为其外祖父母、从母、舅，无服。不为后，如邦人。

【译文】

庶子立为后嗣者，对其外祖父母、姨、舅，不再有丧服。如果没有立为后嗣，则像众人一样，可以服丧。

宗子孤为殇①，大功衰，小功衰，皆三月②。亲③，则月算如邦人④。

【注释】

①宗子：大宗之子。孤：无父，未及冠之年而死者。

②皆三月：指与宗子已没有亲属关系者。

③亲：有五服之亲者。

④算：数。

【译文】

大宗之子无父，未及成年而死称为殇，与他没有亲属关系的族人，丧服都降一等，长殇、中殇用大功之衰，下殇用小功之衰，其丧服都与大功、小功的殇服一样，丧期都是三个月。如果与大宗之子有五服之亲，则其服丧的月数与众人一样；与宗子有期之亲者，成人则服齐衰一年之丧，长殇则服大功衰九月之丧，中殇则服大功衰七月之丧，下殇则服大功衰五月之丧；有大功之亲者，成人则为之服齐衰三月之丧，长殇、中殇服大功衰五月之丧，下殇服小功衰三月之丧；有小功之亲者，成人则为之服齐衰三月之丧，其殇与无亲属关系者相同。

改葬，缌。

【译文】

因坟墓崩塌而重新安葬时，臣为君，子为父，妻为夫服缌麻之丧。

童子，唯当室缌①。
传曰：不当室，则无缌服也。

【注释】

①当室：因无父无兄而主持家事。

【译文】

未成年的童子，只有因故而主持家事者才有缌麻之服。

传文说：不主持家事者，则没有缌麻之服。

凡妾为私兄弟，如邦人。

【译文】

凡是妾为私亲服丧，与众人为兄弟服丧相同。

大夫吊于命妇,锡衰①。命妇吊于大夫,亦锡衰。

传曰:锡者何也? 麻之有锡者也。锡者,十五升抽其半,无事其缕,有事其布,曰锡。

【注释】

①锡衰:用细而滑的麻布做的丧服。锡,即緆,滑易。

【译文】

命妇死,大夫前往吊唁其丈夫,服锡衰。大夫死,命妇前往吊唁其妻子,也是服锡衰。

传文说:五服之中不见有锡衰,锡是什么? 锡就是经过整治后变得滑爽的细麻布。所谓锡,其织缕的密度是朝服用布一千二百缕的一半,不整治其缕使之更细,只整治其布,使之滑爽,此即锡布。

女子子适人者为其父母,妇为舅姑,恶笄有首以髽①。卒哭,子折笄首以笄布总②。

传曰:笄有首者,恶笄之有首也。恶笄者,栉笄也。折笄首者,折吉笄之首也。吉笄者,象笄也。何以言子折笄首而不言妇? 终之也。

【注释】

①恶笄:即下文的"栉笄",栉读为即,指柞木,因其粗恶,所以用作丧笄,名之为"恶笄"。

②折笄首:将笄的头部有刻镂的部分折断后去掉。

【译文】

女子已嫁人者为自己的父母,妇人为公公婆婆服丧时的头饰是:用粗恶的柞木做丧笄,头部有刻镂,插在丧髻上。卒哭之后,女子要将丧笄的头部折断后去掉,先松开丧髻,再将笄插在发上,用布束发。

　　传文说:笄有首,是说丧笄的头部有刻镂,吉笄则没有。所谓恶笄,是指用粗恶的柞木做的丧笄。所谓折笄首,是将吉笄头部去掉,因为雕饰过于华丽。所谓吉笄,是用象骨制作的笄。为什么经文说"子折笄"而不说"妇折笄"? 因为子是对父母之称,称子是表示对父母终守为子之道。

　　妾为女君、君之长子,恶笄有首,布总。

【译文】

　　妾为嫡妻的君和嫡长子服丧时,头上要插用粗恶的柞木做的丧笄,用布束发。

　　凡衰①,外削幅②;裳,内削幅③,幅三祃④。若齐⑤,裳内,衰外。负⑥,广出于适寸⑦。适,博四寸,出于衰⑧。衰,长六寸,博四寸。衣带,下尺⑨。衽⑩,二尺有五寸。袂⑪,属幅。衣⑫,二尺有二寸。祛⑬,尺二寸。

【注释】

　　①凡衰:本节之丧服上衰下裳的形制及尺寸。

　　②外削幅:将布的边幅向外折倒一寸。

　　③内削幅:将布的边幅向内折倒一寸。

　　④祃(gōu):裳幅两侧的褶裥。

　　⑤齐:缉边。

　　⑥负:背上的一块方布,上端与衣领相连缀,下端垂放。

　　⑦适:衣服的领口处,纵横方向各剪入四寸然后反折向外,覆压在

肩上,称为适,一名辟领。

⑧衰:当胸的布,与背上的"负"前后相对。

⑨下尺:上衣较短(仅二尺二寸),不能遮掩裳的上端,所以在衣服的当腰之处用布连缀,并垂下一尺,用以遮掩。

⑩衽(rèn):衣的两边掩裳际处。

⑪袂(mèi):衣袖。

⑫衣:指袂中。

⑬祛(qū):袖口。

【译文】

　　五服的衰衣,边幅都向外折倒一寸;下裳,边幅都向内折倒一寸;每幅布都只有三个褶裥。如果衰服要缝边,则裳的边要向内折,衣的边要向外折,然后再用针缝。背上的方布,其宽度要超出辟领一寸。辟领,宽四寸,两侧都超出胸前的衰的宽度。衰,长六寸,宽四寸。上衣的当腰带处,缀以布带,并下垂一尺,以遮掩裳的上端。上衣两边掩遮裳际的布,长两尺五寸。衣袖和衣身的布幅连为一体。衰衣,从领至腰长二尺二寸。衰衣的袖口,宽一尺二寸。

　　衰三升,三升有半。其冠六升。以其冠为受,受冠七升。齐衰四升,其冠七升。以其冠为受,受冠八升。缌衰四升有半,其冠八升。大功八升,若九升。小功十升,若十一升。

【译文】

　　斩衰用的布的密度是二百四十缕,或二百八十缕,其冠的布为四百八十缕。用做丧冠的布作为变换丧服时穿的轻丧之服的布,轻丧之服的丧冠用布,密度为五百六十缕。齐衰之服布的密度为三百二十缕,冠的密度为五百六十缕。用冠的布作为变换丧服后的轻丧之服的布，轻丧之服的丧冠用布，密度为六百四十缕。繐衰用的布，密度为三百六十缕，冠的密度为六百四十缕。大功丧服用布的密度为六百四十缕，或七百二十缕。小功丧服用布的密度为八百缕，或八百八十缕。

（以上各节记丧服用布的规格等。）

士丧礼第十二

【题解】

丧礼在古代属于凶礼,因死者身份、等级的不同,丧仪有严格的等差。本篇主要记诸侯之士的父母、妻子、长子丧亡时所用的礼节,故名"士丧礼"。本篇与下篇《既夕礼》本为一体,因篇幅过长,析分为二。本篇自死者新亡起,至卜择葬日止,都在未启殡以前,主要的仪节有招魂、报丧、致襚、沐浴、饭含、袭尸、小敛、大敛、设奠、朝夕哭、筮宅、卜葬日等。

士丧礼。死于适室①。帻用敛衾②。复者一人③,以爵弁服,簪裳于衣④,左何之⑤,扱领于带⑥;升自前东荣、中屋⑦,北面招以衣,曰:"皋⑧,某复⑨!"三。降衣于前。受用箧,升自阼阶,以衣尸。复者降自后西荣。

【注释】

①适(dí):适室,正寝之室。

②帻(hū):覆盖。衾(qīn):覆盖死尸用的单被。

③复者:招魂的有司。

④簪:缀连。

⑤左何：将死者的衣服放在左肩上，何，通"荷"，负荷。

⑥扱：插。带：指招魂者的衣带。

⑦中屋：屋脊之上。

⑧皋：呼唤死者魂魄的长声。

⑨某死者的名字，男人称其名，女人则称其字。复：返回。

【译文】

士丧礼。死者一定要在正寝之室命终。覆盖尸体的是大敛时用的单被。招魂的只有一人，他拿着死者的爵弁服，将衣和裳缀连在一起，再搭在左肩上，将其交领插入自己的衣带内固定，然后从东边屋檐翘起的地方上房，再到屋脊之上，用死者的衣服面朝北招魂，呼喊道："噢——某人回来吧！"连喊三遍，然后将衣服从屋前扔下，堂下的人用小箱接住衣服，再从阼阶上堂，将衣服覆盖在死者身上，表示魂已回到他身上。招魂者从屋北边西侧的屋檐翘起的地方下去。

（以上为招魂。）

楔齿用角柶①，缀足用燕几②，奠脯醢、醴酒③。升自阼阶，奠于尸东。帷堂④。

【注释】

①楔齿用角柶：人死后要在口中放入珠玉，为防止尸体僵硬时突然紧闭其口，所以要用角质的匙楔入牙齿之间。

②缀足：拘束双足，使之正直，以便为之穿鞋。燕几：燕息时用的矮几。

③奠：对死者在落葬之前的祭祀。下一"奠"字是放置的意思，与此奠字不同。

④帷堂：在堂上用帷幕围隔尸体，因此时尚未敛尸。

【译文】

用角质的匙插入死者的牙齿之间。用燕息时用的小几压束住他的双足,使之端正。为死者设奠,用干肉、肉酱和醴酒祭祀。从阼阶上堂,将祭物放置在尸体之东。在堂上用帷幕围隔尸体。

(以上是楔齿、缀足、奠、帷堂。)

乃赴于君。主人西阶东,南面,命赴者,拜送。有宾①,则拜之。

【注释】

①宾:指同僚或朋友。

【译文】

于是派使者向国君报丧。丧主在西阶之东,面朝南,向使者交待报丧的事宜,然后拜而送之。如果有宾客来吊丧,丧主于此时行拜礼。

(以上是向国君报丧。)

入,坐于床东。众主人在其后①,西面。妇人侠床②,东面。亲者在室③。众妇人户外北面④,众兄弟堂下北面。

【注释】

①众主人:主人的庶兄弟。

②妇人:妻妾及众子孙。侠床:夹床相对,侠,通"夹",妇人在床西,与床东的男子相对,故称"夹床"。

③亲者:指死者的父亲、叔父、伯父、诸兄、姑姊妹、孙子、孙女等服大功以上丧服的亲属。

④众妇人:指服小功以下丧服的亲属。下"众兄弟"同此。

【译文】

丧主入室,坐在尸床的东侧,庶兄弟都站在他的身后,面朝西。妻妾及众子孙在尸床西侧,与男人们夹床而对,面朝东。大功以上的亲属在内犇。小功以下的亲属,妇人都在户外堂上面朝北而立,男子则在堂下面朝北而立,都朝向尸床。

(以上是尸体在室时主人以下亲属的哭位。)

　　君使人吊①,彻帷②,主人迎于寝门外③,见宾不哭,先入,门右北面。吊者入,升自西阶,东面。主人进中庭,吊者致命。主人哭,拜稽颡④,成踊⑤。宾出,主人拜送于外门外。

【注释】

①人:指士。

②彻帷:将帷幕开合的部分向上揭起,事毕再放下。

③寝门:内门。

④拜稽颡(sǎng):跪拜时以额触地。颡,额头。

⑤成踊:有规定次数的顿足,在此之前哭泣、顿足随悲而发,不加限制,此时遵君命节哀,所以有约制,以顿足三次为一节,共三节。

【译文】

国君派士前来吊唁时,有司要将帷幕开合处向上揭起,丧主要到内门外迎接,刚见到宾时不能哭泣,而是要先从门的右侧进入,面朝北而立。接着吊唁者入门,从西阶上堂,面朝东而立。于是丧主走进中庭,吊唁者宣告国君之命。致命毕,丧主可以开始哭泣,跪拜时以额触地,并三番顿足而哭。宾退出,主人在外门之外拜而送之。

(以上是国君派士吊唁。)

　　君使人襚①。彻帷,主人如初。襚者左执领,右执要②,入,升致命。主人拜如初。襚者入衣尸,出。主人拜送如初。唯君命,出,升降自西阶。遂拜宾,有大夫则特拜之③。即位于西阶下④,东面,不踊。大夫虽不辞⑤,入也。

【注释】

①襚(suì):助丧之礼,赠送敛尸用的衣被。

②要:通"腰",指裳的最上端。

③特拜:单独行拜礼,这是区别于对士的"旅拜"而言的,旅拜则不
　　一一拜之。

④即位于西阶下:主人之位在阼阶上,丧主不忍心站在主人之位,
　　所以站在西阶下。

⑤不辞:依照礼节,主人在门前请宾客入内时,宾客要谦辞一番,然
　　后主宾入门。这里未谦辞,主人就入内,表示不能久离尸床。

【译文】

　　国君派襚者致送助丧的衣被时,有司也要将堂上帷幕的开合处向上揭起,丧主出迎的仪节,与迎接国君派来吊唁的人一样。襚者左手执衣领,右手执裳腰,入门后上堂致国君之命。丧主像迎接国君派来吊唁的人那样行拜礼。襚者入室将衣裳覆盖在敛被上,然后出门。丧主像送别国君派来的吊唁者那样,到外门之外拜而送之。只有奉国君之命前来吊唁、致送助丧用品的使者来临时,丧主才出门迎接,上下堂时都从西阶走。借此机会向其他宾行拜礼,如果有大夫前来,则要单独行拜礼。丧主在西阶下即位,面朝东而立,只是哭拜,不顿足。邀请大夫入门后,即使大夫尚未谦辞,也不必等待,而是迅速入内,回到尸床旁。

　　(以上是国君派人致送助丧的衣被。)

亲者襚①,不将命②,以即陈。庶兄弟襚,使人以将命于室;主人拜于位,委衣于尸东床上。朋友襚,亲以进;主人拜;委衣如初,退;哭,不踊。彻衣者,执衣如襚,以适房。

【注释】

①亲者:大功以上的亲属。

②不将命:不派人传命于丧主。

【译文】

大功以上的亲属致送助丧用的衣被,不必派人向丧主通报,可以直接拿着衣被到房内的指定处陈放好。庶兄弟致送助丧用的衣被,要派人到室中向丧主通报,丧主在丧位上拜谢,然后将衣裳放在尸体东侧的床上。朋友致送助丧用的衣被,要亲自拿着进入室内,主人向朋友行拜礼。朋友陈放衣服的方式与庶兄弟一样,然后退下,主人号哭而不顿足。撤走衣裳时,有司拿衣裳的方式与致襚者一样,左手执衣领,右手执裳腰,放到房内。

(以上是亲友致送助丧的衣被。)

为铭①,各以其物②。亡③,则以缁长半幅,赪末长终幅④,广三寸。书铭于末⑤,曰:“某氏某之柩。”竹杠长三尺,置于宇西阶上⑥。

【注释】

①铭:大夫、士死后所立的旗旌,上书其名。

②物:杂色的旗,《周礼》有九旗之物,物的色别、形制因人的等级而不同。

③亡:通“无”,不命之士没有旗物。

④终幅：长两尺。䞓(chēng)：同"赪"，赤色。

⑤铭：此处的"铭"为"名"字之误。

⑥宇：屋檐。

【译文】

为死者建旗，用其生前所用之旗，以表明其等级身份。如果是没有资格建旗的不命之士，则用长一尺的黑色的布，其下缀以长二尺的赤色的布，宽都是三寸。死者的名字写在赤色的布上："某氏某人之柩"。用竹子做的旗杆长度为三尺，立在屋檐之下、西阶之上的地方。

（以上是建旗旌。）

　　甸人掘坎于阶间①，少西②，为垼于西墙下③，东乡④。新盆，槃，瓶，废敦⑤，重鬲⑥，皆濯，造于西阶下。

【注释】

①甸人：掌田野之事的小吏。坎：祭祀用的地坑。

②少西：两阶之间靠西的地方。

③垼(yì)：用土块垒成的灶，用以烧浴尸之水。

④乡：通"向"。

⑤废敦：没有足的瓦敦。用以盛米，器物无足称为"废"。

⑥重鬲：悬挂于木架上的瓦鬲。

【译文】

　　甸人在两阶之间的偏西处挖坎，在中庭的西墙下用土块垒灶，灶口朝东。新的瓦盆、瓦盘、瓦瓶、无足的瓦敦、悬挂于架的瓦鬲，都洗濯干净，放在西阶之下候用。

（以上是陈设沐浴、饭含等的器具。）

　　陈袭事于房中①，西领，南上，不绩②。明衣裳③，用布。鬠笄用桑④，长四寸，缫中⑤。布巾⑥，环幅⑦，不凿⑧。掩⑨，练帛广终幅⑩，长五尺，析其末⑪。瑱，用白纩⑫；幎目⑬，用缁，方尺二寸，赪里；著⑭，组系⑮；握手⑯，用玄，纁里；长尺二寸，广五寸，牢中旁寸⑰；著，组系。决⑱，用正王棘⑲，若柽棘⑳，组系，纊极二㉑。冒㉒，缁质㉓，长与手齐；赪杀，掩足。爵弁服㉔，纯衣㉕。皮弁服㉖。褖衣㉗。缁带㉘。袜韐㉙。竹笏㉚。夏葛屦，冬白屦㉛，皆繶缁绚纯㉜，组綦系于踵㉝，庶襚继陈㉞，不用。

【注释】

①袭事：将要为死者穿的衣服。

②绩（zhēng）：通"绖"，屈曲，此指衣服太多，一行摆不下，需转行时，以前行末端的方向为首端，向相反方向摆。

③明衣：平日斋居时穿的衣服。因其洁净，敛时贴身穿。

④鬠（kuò）：束发。

⑤缫（yōu）：两端窄中间宽的笄，用以固定发髻。

⑥布巾：饭含时覆盖在死者面部的布。

⑦环幅：布巾的长宽都是一幅，一幅为二尺二寸。

⑧不凿：不开口子。死者面容可怖，所以要用布巾覆其面，死者如果是士，则由其子翻开布巾为其饭含；死者如果是大夫以上，则由宾为之饭含，但不翻开布巾，而在布巾对着口的地方挖孔。

⑨掩：用帛裹住死者的额头以上的部分。

⑩练帛：熟帛。

⑪析：撕开，剪开。

⑫纩（kuàng）：新丝绵。

⑬幎(mì)：同"幂"，幎目，遮盖面部的巾，长宽各一尺二寸。

⑭著：充塞，用棉絮充入幅内。

⑮组系：编结而成的带子。幎的四角都有"组系"，可以系结。

⑯握手：裹在死者手上的布块，形状呈长方形，但中间窄，两头阔，四角有带子。

⑰牢中旁寸：握手的长度自手指至臂，两端均宽五寸，中部左右两旁共缝进一寸，实际宽度为四寸。

⑱决：拉弓弦用的扳指，套在右手大拇指上。

⑲正：优良、善。王棘：树木名。

⑳柿(shì)：软枣，似柿而小。

㉑纩极：射箭时套在右手食指、中指、无名指上的套子，便于放弓弦。为死者做的"极"只能放二个指头，表示是不能实用的明器。

㉒冒：尸套，上身、下身各一个。

㉓质：方正，上下等宽。

㉔杀：狭窄。

㉕爵弁服：死者生前戴爵弁时所穿的上衣。死者不戴冠冕，而古人都用冠的名称来称呼衣服，所以称之为爵弁服。

㉖纯衣：缁裳，与爵弁服之衣配成一套。

㉗褖(tuàn)衣：士的礼服，黑色，边缘镶有红色的边。

㉘缁带：黑色的缯带。上述三种衣服共用此带。

㉙韎韐：浅红色的皮袜。

㉚笏(hù)：面见国君时记事备忘的手板。

㉛冬白屦：是"冬白皮屦"的省文；前文的"夏葛屦"是"夏白葛屦"的省文，"白"字互文而见。

㉜繶(yì)：饰鞋的圆丝带。绚(qú)：鞋头上的装饰，有穿鞋带的孔。纯(zhǔn)：鞋的镶边。

㉝綦(qí)：鞋带。踵：脚后跟。

㉞庶襚：亲者及庶兄弟、朋友等赠送的衣被。

【译文】

　　死者穿的衣服陈列在房中，衣领朝西，南北方向陈放，以南首为尊，不转行。贴身的衣裳，用做帷幕的布制作。束发的笄是用桑木做的，长四寸，中间宽，两头窄。饭含时盖在死者面部的布巾，长和宽都是一幅，正对着口部的地方不挖孔。包裹死者额头的，是宽二尺、长五尺的熟帛，末端撕开以便打结。塞在耳朵中的，是白色的新丝绵。蒙在死者面部的巾，外表用黑色的布，一尺二寸见方，里子是红色的布；中间填入棉絮，四角有打结用的绳带。套在死者手上的布套，外表用玄黑色的布，里子用缥色的布，长一尺二寸，宽五寸，中部紧缩一寸；中间填入棉絮，端头有打结用的绳带。戴在拇指上的扳指，用质地优良的王棘木，或柽棘木制作，有打结用的丝带，拉弦用的指套用棉絮制作，套在两个指头上。尸套上下各一，上身的尸套是黑色的，宽度上下一致，长度与死者的双手对齐；下身的尸套是红色的，宽度比上身的窄。先从死者的足部往上套，然后再从其头部往下套另一个尸套。死者身穿三套衣服：生前戴爵弁时穿的上衣，以及缥色的裳；戴皮弁时穿的衣服；镶有红边的黑色礼服。三套衣服的外面用黑色的缯带系束，脚上穿浅红色的皮袜。手板是竹制的。如果时值夏天，死者穿白色的葛屦；如果是冬天，则穿白色的皮屦，但鞋上圆丝带、鞋头的饰物，以及鞋的镶边都是黑色的，再用鞋带系在脚后跟上。亲者和庶兄弟、朋友赠送的衣服等依次陈列在东房中，不给死者穿上。

　　（以上是在房中陈放敛尸用的衣服等。）

　　贝三，实于笲。稻米一豆①，实于筐。沐巾一②，浴巾二③，皆用绤，于笲。栉④，于箪⑤，浴衣，于箧。皆馔于西序下，南上。

【注释】

①一豆：四升。

②沐：洗头洗发。

③浴：洗身。浴巾二，上身、下身各用一块巾。

④栉(zhì)：梳篦。

⑤箪(dān)：苇编的方筐。

【译文】

饭含用的三枚贝，放在笲内。稻米四升，放在筐内。洗头巾一条，洗身巾二条，都是粗葛布的，放在笲内。梳篦，放在箪内。浴后所穿的衣服，放在筐内。以上竹器都放在西墙之下，从南向北陈列，以南首为尊。

（以上是陈设沐浴、饭含的器物。）

管人汲①，不说绠②，屈之。祝淅米于堂③，南面，用盆。管人尽阶，不升堂；受潘④，煮于垼，用重鬲。祝盛米于敦，奠于贝北。士有冰，用夷槃可也⑤。外御受沐入⑥。主人皆出，户外北面。乃沐，栉，挋用巾⑦；浴，用巾，挋用浴衣。渜濯弃于坎⑧。蚤⑨，揃如他日⑩。鬊用组，乃笄，设明衣裳。主人入，即位。

【注释】

①管人：掌馆舍事务的小吏。

②说：通"脱"。绠(yù)：井绳。

③祝：夏祝，前来参与丧事的国君之臣。淅米：淘米。

④潘：淘米水。

⑤夷槃：盛尸体的漆盘。

⑥外御：与"内御"相对，指士生前的侍御仆从等。

⑦抰(zhèn)：擦拭身上的水，使之干。

⑧澳(nuǎn)濯：为死者沐浴后剩下的水。

⑨蚤：读为爪，剪指甲。

⑩揃(jiǎn)：理顺胡须。

【译文】

管人汲水后，不解脱井绳，而将它盘曲在手上，就提着水上堂。夏祝在堂上面朝南，用瓦盆淘米。管人登上最后一级台阶，但不上堂，从夏祝手中接过淘米水，到堂下的灶上煮，用的是挂在木架上的鬲。夏祝将米盛在敦中，再将敦放在盛贝的竹器的北侧。如果时值夏季，可以用国君赐冰给士时用的夷盘接浴尸的水。死者生前的仆御受命入室，为主人洗头。丧主都出门暂避，在室户之外面朝北而立。于是，仆御用煮过的淘米水为死者洗头，梳理头发，再用巾拭干水，接着为死者澡身，用巾洗，用浴衣将身上的水拭干。浴水倒入堂下的坎穴中。然后为死者剪指甲，理顺胡须，就像以往为主人所做的那样。用丝带束发后，插上发笄，再穿上贴身的衣服。此时，主人入室，即其位。

（以上是为死者沐浴。）

商祝袭祭服①，禭衣次。主人出，南面，左袒，扱诸面之右②；盥于盆上，洗贝，执以入。宰洗柶，建于米，执以从。商祝执巾从入，当牖北面，彻枕③，设巾，彻楔，受贝，奠于尸西。主人由足西④，床上坐，东面。祝又受米，奠于贝北。宰从立于床西，在右。主人左扱米，实于右⑤，三；实一贝。左、中亦如之。又实米，唯盈⑥，主人袭⑦，反位。

【注释】

①商：熟悉殷商敬神之礼的祝。袭：将衣服依次放在床上。祭服：爵弁服、皮弁服。

②扱诸面之右：将左袖插入右腋下的衣带内。面，面前。

③彻枕：撤去枕头，使死者头部上仰，以便于饭含。

④由足西：从死者足部一端绕至尸床之西。

⑤右：死者口腔右部。

⑥唯盈：在口中放满米为止，象征死者饱食。

⑦袭：将褪下的左袖重新穿好。

【译文】

商祝将爵弁服、皮弁服依次放在尸床上，接着再放褖衣。丧主出室，面朝南，袒露左臂，将左袖塞在右腋下的衣带中，接着先在盆上洗净双手，再洗贝，然后拿着入室。宰洗濯柶，然后将它插在敦里的米中，再端着敦跟在丧主后面入内。商祝拿着巾随其后入内，在正对着窗户的地方面朝北而立，先抽去死者的枕头，再在死者面部用巾覆盖，以免饭含时米粒掉在死者脸上，接着将死者齿间的角匙抽去，又接过饭含用的贝，放在尸体之西。丧主从死者的足部绕至尸床西侧，然后在床边坐下，面朝东。祝又接过米敦，放在贝的北侧。宰随丧主站在尸床西侧，在丧主之右。丧主左手用角匙从敦中取米，放入死者口内右侧，放三次，再放入一枚贝。在死者口内的中间和左侧放米，贝也是如此。最后再往口内放米，直至放满。然后，主人穿好左衣袖，回到原位。

（以上是饭含。）

商祝掩，瑱，设幎目；乃屦，綦结于跗①，连绚。乃袭②，三称③。明衣不在算。设韐带，搢笏。设决，丽于掔④，自饭持之；设握，乃连掔。设冒，櫜之⑤，幠用衾。巾、柶、鬊蚤⑥，埋于坎。

【注释】

①跗(fū):足背。

②袭:为死者穿衣服。

③三称:三套衣服,指爵弁服、皮弁服和椽衣。

④掔(wàn):同"腕"。

⑤橐(tuó):藏,掩。

⑥鬊(shùn):乱发。

【译文】

　　商祝将"掩"的未撕开的部分覆盖在死者的头顶,将后面的两根丝绳向前交叉,在颐下打结,再将前面的两根丝绳从额部向后交叉,在颈后打结,接着用丝绵塞耳,再将"幎目"覆盖在死者面部,将丝带向脑后系结。然后,为死者穿鞋,鞋带结在足面上,再用剩余的带子将两只鞋的鞋带孔穿结在一起,以免死者的双足分开。接着为死者穿衣服,一共三套,贴身的衣服不在此数。然后,在三套衣之外结以大带,又将手板插在带间,再为死者套上扳指,带子系在手腕处,在拇指根打结;又为死者套上套袖,其丝带与扳指的丝带相连结;再用尸套将尸体装入,然后在上面盖以大敛时用的衾被。把用过的巾、角匙,以及剪下的乱发、指甲埋在堂下两阶之间的坎穴中。

　　(以上是为死者穿衣。)

　　重木①,刊凿之②。甸人置重于中庭,三分庭一,在南。夏祝鬻余饭③,用二鬲于西墙下。幂用疏布,久之④,系用靲⑤,县于重;幂用苇席,北面,左衽,带用靲,贺之⑥,结于后。祝取铭置于重⑦。

【注释】

①重木：悬挂器物的横木。

②刊：砍削。凿：凿孔眼。

③夏祝：熟悉夏人忠信之礼的祝。鬻（yù）：煮。余饭：饭含所剩余的米。

④久：塞。

⑤靲（qín）：竹篾织的索带。

⑥贺：加，指用苇席上下旋卷于重木之上。

⑦祝：周祝，熟悉周礼的祝。

【译文】

悬挂器物的横木，要先斫削再凿眼。甸人将横木放在庭中，庭的南北距离若分为三等分，则重木在其南侧的一分处。夏祝将饭含所剩的米盛在两个鬲中，在西墙之下煮成粥。用粗布盖住鬲口，系鬲的绳索是竹篾编的，悬挂在横木上；再用苇席将横木和鬲掩卷起来，苇席由南朝北卷，同时又从右向左卷，然后以竹篾索为带，缚于其上，在后面打结固定。祝取来铭，插在横木上。

（以上是设置悬物的横木。）

厥明，陈衣于房，南领，西上，绡；绞横三缩一①，广终幅，析其末②。缁衾，赪里③，无紞④。祭服次，散衣次⑤，凡十有九称，陈衣继之⑥，不必尽用。

【注释】

①绞：收紧衣服甩的布。缩：纵。

②析其末：布的两端均撕成三条，以便于打结，中间部分不撕裂。

③赪（chēng）：赤色。

④紞（dǎn）：缝在被端的丝带，用以识别前后。

⑤散衣：除爵弁服、皮弁服之外的衣服，包括襐衣在内。

⑥陈衣：陈列而不用的衣服。

【译文】

次日天明，在房内陈放小敛用的衣服，衣领都朝南，由西向东摆放，以西首为尊，一行放不下时，向相反方向转行；收紧衣服用的"绞"，横向的三幅，纵向的一幅，宽度都是一幅，布的两端都撕开。衾被以缁布为被面，里子是赤色的，被端不缝被识。接着陈放祭服，再接着放襐衣等衣服，总共十九套，陈列而不用的衣服又陈放于其后，不必都用上。

（以上是陈放小敛用的衣服。）

馔于东堂下①，脯醢醴酒。幂奠用功布②，实于篚，在馔东。设盆盥于馔东，有巾。

【注释】

①馔：此处的"馔"字当陈设讲，下文的两个"馔"字指脯醢醴酒。

②功布：小功之布。

【译文】

陈设在东堂之下的，有干肉、肉酱、醴、酒。遮盖祭品用的小功之布放在篚内，篚在祭品的东侧，作为盥洗器的盆，也是放在东侧，另有拭手用的布巾。

（以上是陈放小敛用的祭品及盥器。）

苴绖①，大鬲②，下本在左，要绖小焉③；散带垂④，长三尺。牡麻绖⑤，右本在上，亦散带垂。皆馔于东方⑥。妇人之带，牡麻结本⑦，在房。

【注释】

①苴绖：斩衰之首绖，用粗恶的苴麻制作。

②扼(è)：通"搹"，用手握物，量其粗细。

③要绖：腰绖小于首绖五分之一。

④散带：用一股麻缠成的带，而不是多股麻绞合成的带。

⑤牡麻绖：齐衰至小功的首绖。

⑥东方：东坫之南。

⑦结本：缠结麻的根。

【译文】

此时尚未成服，小敛时丧服的暂用形式是，斩衰的首绖，要比一扼的圆径还大，麻根朝下，在头之左，腰绖则比首绖细五分之一；用单股麻缠成，多余部分向下散垂，长度为三尺。齐衰至小功的首绖，麻根在头之右，朝上，其腰绖也用单股麻缠成，多余部分向下散垂。这些都陈放在东坫之南。妇人的首绖与男人相同，腰绖则不同，是用牡麻制作的，麻的根部缠结于腰间；陈设在东房内。

（以上是陈放小敛用的绖带。）

床第①，夷衾②，馔于西坫南。西方盥，如东方。

【注释】

①第(zǐ)：床第，竹席。

②夷衾：覆盖在尸体上的衾被。

【译文】

床、竹席、覆盖尸体的衾被，陈放在西坫之南。在西堂之下为举尸者准备的盥洗用具，有盆有巾，与东堂之下一样。

（以上是陈设竹席、衾被等。）

陈一鼎于寝门外,当东塾,少南,西面。其实特豚,四鬣①,去蹄,两胉②,脊、肺。设肩鼏,鼏西末。素俎在鼎西,西顺③;覆匕,东柄④。

【注释】

①四鬣:将牲体割裂为前面的左肩、右肩,后面的左髀、右髀,共四大块。鬣(tì),通"剔",割裂牲体。

②胉(bó):胁骨。

③西顺:东西向横放。

④东柄:匕柄朝东。

【译文】

在正寝的门外陈设一鼎,正对着东塾而稍稍偏南,鼎面朝西。鼎中放有一只被肢解成七块的小猪:前肢左右各一,后髀左右各一,共四块,都已剥去蹄甲;胁骨两块,与脊骨相连的肺。鼎配有鼎杠和鼎盖,鼎盖的方向朝西。盛素食的俎又在鼎之西,首朝东尾朝西;俎上覆扣着匕,匕柄朝东。

(以上是陈放鼎及食物。)

士盥,二人以并,东面立于西阶下。布席于户内,下莞上簟①。商祝布绞、衾、散衣、祭服。祭服不倒②,美者在中③。士举迁尸,反位。设床第于两楹之间,衽如初④,有枕。卒敛,彻帷。主人西面冯尸⑤,踊无算;主妇东面冯,亦如之。主人髻发⑥,袒,众主人免于房⑦。妇人髽于室⑧。士举,男女奉尸,侇于堂⑨,帐用夷衾。男女如室位,踊无算。主人出于足⑩,降自西阶。众主人东即位。妇人阼阶上西面。主人拜宾,大夫特拜,士旅之;即位踊,袭绖于序东⑪,复位。

【注释】

①莞（guān）：草名，圆茎空心，可以织席，俗名"席子草"。簟（diàn）：竹席。

②倒：颠倒。衣服迭放时，为使四处厚薄均衡，有的衣服需要颠倒着放。

③中：内。

④衽：卧席。

⑤冯尸：将敛时，亲属接触死者的仪式，因亲疏及等级的不同，接触的方式有抚、奉、执等多种。

⑥髺（kuò）：除去笄、𬟽，挽束头发。

⑦免：用布束发，在此之前用麻束发。

⑧𩮀（zhuā）：麻发合结。

⑨侇（yí）：安放。

⑩出于足：从死者足部方向绕过。死者头南足北，主人本在东，从死者足前绕行至西。

⑪袭绖：披上衣服，围上麻带，戴上麻绖。

【译文】

　　准备抬尸的士洗手后，两人一排，面朝东站在西阶之下。在室户之内铺席，底下一重是莞草席，上面一重是竹席。商祝在席上依次迭放敛尸用的绞带、衾被、散衣、祭服。祭服不得颠倒着放，越是好的祭服，越要贴近死者的身体。抬尸的士入室，将死者从尸床上抬至竹席上，再回到堂下西阶前。接着，在堂上的东、西楹柱之间安放床和竹床垫，死者的寝卧之席，与在室内铺的一样，下面是莞草席，上面是竹席，席上有枕头。小敛完毕，将帷幕的出入处的帷布向上掀开。丧主面朝西抚尸顿足痛哭，顿足不计次数；丧主之妇面朝东抚尸顿足痛哭，顿足也不计次数。丧主用麻挽发，袒露左臂，丧主的庶兄弟等在房中用布束发，去冠戴免，他们的配偶则在室中用麻与发合结。士抬起死者的尸体，众男女则在旁捧着尸体，然后将尸体安放在堂上，用夷衾覆盖尸体。众男女在尸周围的位置与在室内时一样，顿足而哭不计次数。丧主从死者足部走到尸体之西，再从西阶下堂。丧主的庶兄弟也随之下堂，在东阶下即位。妇人们则在阼阶之上面朝西而立。丧主向各位来宾行拜礼，如果是大夫，则要一一拜之，对士，则只要拜三拜，表示全部拜遍了。主人回到东阶下面朝西之位顿足而哭，再到东序前披上衣服，围上麻绖，又回到东阶下面朝西的位置。

（以上是小敛迁尸以及挽发等仪节。）

乃奠。举者盥①。右执匕②，却之；左执俎③，横摄之④；入，阼阶前西面错⑤，错俎北面。右人左执匕，抽扃予左手⑥，兼执之；取鼏，委于鼎北，加扃，不坐。乃朼载⑦。载两髀于两端，两肩亚⑧，两胉亚，脊肺在于中，皆覆。进柢⑨，执而俟。夏祝及执事盥，执醴先，酒、脯、醢、俎从，升自阼阶。丈夫踊⑩。甸人彻鼎，巾待于阼阶下。奠于尸东，执醴酒，北面西上。豆错，俎错于豆东。立于俎北，西上。醴酒错于豆南。祝受巾，巾之，由足降自西阶。妇人踊。奠者由重南东。丈夫踊。宾出，主人拜送于门外。乃代哭⑪，不以官。

【注释】

①举者：出门举鼎的二人。

②右执匕：右边的人用右手兼执匕。

③左执俎：左边的人用左手兼执俎。

④摄：持。

⑤错：放置。

⑥予：给予，放在。

⑦枇(bǐ):通"匕"、"朼",用木勺挑起鼎中的牲肉。载:接过牲肉放在俎上。

⑧亚:从两端依次向中央。

⑨柢(dǐ):根,本,此指牲骨的根部。

⑩丈夫:男子,指丧主及众主人。

⑪代哭:更代而哭。为防止孝子悲痛过甚而伤身,让其他亲人轮番号哭,以节其哀。

【译文】

于是举行奠祭。两位抬鼎人洗手后出门。右边的抬鼎者用右手执匕,使匕仰着;左边的人用左手持俎,俎横着;两人分别用另一只手抬鼎入寝门,在阼阶之前,按鼎面朝西的方向放下鼎,俎按面朝北的方向横放。右边的人左手执匕,右手抽出鼎杠,放在左手上,与匕一起拿着;用右手取下鼎盖,放在鼎的北侧,再将鼎杠放在鼎盖上,不必坐下取放。于是,右边的人用匕从鼎中挑出牲肉,左边的人接过来放在俎上。先将牲后面的左右两髀放在俎的两端,接着往髀的内侧放左右两肩,再在其内侧放两胁,带有脊骨的肺放在最中间,牲肉都倒扣着放,牲骨的根部都朝前。放毕,左边的人持俎等候。接着,夏祝和负责奠祭的执事洗手。夏祝拿着醴走在前面,执事们分别拿着酒、干肉、肉酱和俎跟随其后,从阼阶上堂。主丧的男子们顿足而哭。甸人将空鼎撤到门外,有司在阼阶下执巾等候。在尸体的东侧举行奠祭,执醴、酒者先入内,都面朝北,表示以西首的死者为尊。接着放置笾豆,俎放在笾豆的东侧。放置的人站在俎的北侧,以西首为尊。醴、酒放置在笾豆的南侧。祝从有司手中接过布巾,遮盖在豆、俎、醴、酒之上,然后从尸体的足前绕到西侧,再从西阶下堂,妇人们开始顿足而哭。奠祭者从重木的南侧绕至东侧。主丧的男子们又顿足而哭。祭毕,宾出门,丧主到庙门外拜而送之。于是亲人们轮流号哭,不得请官员来号哭。

(以上为奠祭。)

有襚者，则将命。摈者出请，入告。主人待于位。摈者出，告须，以宾入①。宾入中庭，北面致命。主人拜稽颡。宾升自西阶，出于足，西面委衣如于室礼，降，出。主人出，拜送。朋友亲襚，如初仪②，西阶东，北面哭，踊三，降；主人不踊。襚者以褶③，则必有裳，执衣如初。彻衣者亦如之，升降自西阶；以东。宵，为燎于中庭④。

【注释】

①须：等待。

②初仪：指本节"则将命"至"主人出，拜送"的仪节。

③褶（dié）：上衣。

④燎：大烛。

【译文】

小敛之后，如果还有派人来致送助丧的衣被的，则要先让人传命。摈者出门，请问宾为何事而来，然后入内禀告丧主。丧主便在阼阶下面朝西之位等候。摈者出门，告诉宾，主人已在等候，然后引导宾入内。宾走进中庭，面朝北致词。丧主拜了又叩首。宾从西阶上堂，从死者的足前绕至东侧，将衣服放在尸体东侧的床上，就像在室中尸体尚未小敛时一样，然后下堂，出门。丧主也出门，拜而送之。如果是朋友亲自来致送助丧的衣被，其仪节与上述大致相同，所不同的是，不必致词，但要在西阶之东面朝北号哭，以顿足三次为一节，一共三节，然后下堂；主人则不用顿足。用上衣来助丧，就一定会有与之配套的裳，执持衣服的方式与前述相同，都是左手执衣领，右手执裳腰。撤走衣服时也是如此，上、下堂都从西阶，然后拿着衣服到庭东放好。夜晚，在庭中点燃大烛以照明。

（以上是小敛后致送衣服的仪节。）

厥明，灭燎。陈衣于房，南领，西上，绩。绞，纷①，衾二。君襚，祭服，散衣，庶襚，凡三十称，纷不在算。不必尽用。东方之馔②：两瓦瓶，其实醴酒，角觯，木柶；髬豆两③，其实葵菹芋④，蠃醢；两笾，无縢⑤，布巾，其实栗，不择；脯四脡。奠席在馔北，敛席在其东。掘肂见衽⑥。棺入，主人不哭。升棺用轴⑦，盖在下⑧。熬黍稷各二筐，有鱼腊，馔于西坫南。陈三鼎于门外，北上。豚合升，鱼鲼鲋九⑨，腊左胖，髀不升，其他皆如初。烛俟于馔东。

【注释】

①纷(jīn)：单被。

②东方：指东堂之下。

③髬(hé)：白色的毛布，引申为白色。

④葵菹芋：腌的韭菜不按规定的长度切碎，原大放入。芋，粗大，芋的根叶都很大，故得义。

⑤縢(téng)：边缘，此指豆的边缘的纹饰。

⑥肂(sì)：埋棺的坎穴。衽：连接棺与盖之缝的木榫，形如衽，故名。

⑦轴：升降棺木的空车。

⑧盖在下：升棺时，棺盖仍在堂下。

⑨鲼(zhuān)：鱼名。鲋(fù)：鲫鱼。

【译文】

次日天明，熄灭大烛。在房中陈设大敛用的衣服，衣领朝南，由西向东摆放，以西首为尊，一行放不下时，向相反方向转行。先依次陈放敛尸用的绞带、单被一条、絮被两条。接着放国君赠送的衣服，丧主准备的祭服、散衣，亲者及庶兄弟、朋友赠送的衣服，总共三十套，绞带、单被、絮被不在此数。陈设的衣服不一定都用上。在东堂下陈设的祭品是:瓦瓶两个,分别盛着醴和酒,角质的觯,木质的勺;白色的豆两个,分别盛着未经切碎的腌菹菜、蜗肉酱;笾两个,没有缘饰,底部垫着布巾,上面放着栗,没有拣选,肉干四条。奠祭用的席在祭品的北侧,大敛用的席则在东侧。在西阶之上挖埋棺的坎穴,其深度以能见到棺与盖之际的木椁为准。放下棺木时,主人不哭,以免影响安放。吊起棺木时用窆车,棺盖仍放在堂下。炒黍和稷各两筐,上面还放着鱼和腊肉,设在西坫之南。把三个鼎由北向南陈设在门外,以北首为尊。上鼎内放的是左右体相合为一的小猪,中鼎内放的是九条鲔鱼或鲫鱼,下鼎内放的是风干的兔子的左体,但将髀骨除去。豚肉和匕、俎的陈放,与小敛时一样。执烛者站在祭品的东侧等候。

（以上是陈设大敛用品及殡具。）

　　祝彻盥于门外[1],入,升自阼阶。丈夫踊。祝彻巾[2],授执事者以待。彻馔,先取醴酒,北面。其余取先设者,出于足,降自西阶。妇人踊。设于序西南,当西荣,如设于堂。醴酒位如初。执事豆北,南面东上。乃适馔。

【注释】

　　①彻盥:撤去小敛时的盥洗用具,准备大敛。

　　②巾:指小敛时覆盖在祭品上的巾。

【译文】

　　祝将盥洗用具撤至寝门之外,返入时,从阼阶上堂。男子们顿足而哭。祝又撤去覆盖在祭品上的巾,交给执事者,让他在阼阶下等候。接着撤去小敛用的祭品,祝和执事分别取醴、酒,面朝北而立,等待其他撤物者一起下堂。其余的祭品,先陈设的先撤,撤物者都从死者足前绕过,从西阶下堂。此时妇人们顿足而哭。撤下的祭品都陈设在堂下西序的西南方，正对着堂西檐角的地方，摆放的位置，与堂上一样。执持醴、酒者的位置与在堂上时一样，面朝北，以西首为尊。执持豆、俎者站在豆的北侧，面朝南，以东首为尊。设置完毕，祝和执事者一起到东堂下陈设大敛奠的地方去。

（以上是撤除小敛的祭品。）

帷堂。妇人尸西，东面。主人及亲者升自西阶，出于足，西面袒。士盥位如初。布席如初。商祝布绞、紟、衾、衣，美者在外。君襚不倒。有大夫，则告①。士举迁尸，复位。主人踊无算。卒敛，彻帷。主人冯如初，主妇亦如之。

【注释】

①则告：大夫来吊唁，丧主应下堂拜迎，但如果正在大敛时有大夫来吊唁，则丧主派人出去告知正在大敛，不能拜迎。

【译文】

于是，为大敛而在堂上张设帷幕。妇人们站在尸体西侧，面朝东。丧主与亲属从西阶上堂，从尸体的足部绕到东侧，面朝西，袒露左臂。抬尸的士洗手的仪节和站立的位置都和小敛时一样。有司在东阶之上铺席，方法也和小敛时一样。商祝依次在席上陈放敛尸用的绞带、单被、絮被、衣服，最好的祭服放在外面。国君赠送的衣服不能颠倒着放置。此时如有大夫来吊唁，则派人告知正在大敛，丧主无法下堂迎拜。士将尸体抬到阼阶上的大敛席上后，回到原位。丧主号哭时，顿足不计次数。大敛完毕，撤去帷幕。丧主像小敛时那样抚尸痛哭，丧主之妇也是如此。

（以上是大敛。）

主人奉尸敛于棺，踊如初，乃盖。主人降，拜大夫之后至者，北面视椁。众主人复位。妇人东复位。设熬①，旁一筐②，乃涂。踊无算。卒涂，祝取铭置于椁。主人复位，踊，袭。

【注释】

①熬：古代齐、楚等地称用火炒熟的五谷之类。

②旁一筐：棺木的四旁各放一筐炒熟的黍稷。

【译文】

丧主将尸体捧入棺木入敛，像小敛时那样号哭，顿足不计其数，接着盖上棺盖。丧主下堂，拜见晚来的大夫，然后上堂，面朝北察看坎穴中的棺木。众主人回到阼阶下之位，妇人则回到阼阶上之位。于是，放置炒熟的黍稷，在棺木四旁各放一筐，然后在棺木上用木料覆盖，再在其上涂泥。丧主号哭，顿足不计次数。涂泥毕，祝将标志死者身份的旌旗插在坎穴的东侧。主人回到东阶下之位，顿足而哭，然后穿好左衣袖。

（以上是殡。）

乃奠。烛升自阼阶，祝执巾，席从；设于奥①，东面。祝反降，及执事执馔。士盥，举鼎入，西面北上，如初。载，鱼左首，进鬐②，三列；腊进柢。祝执醴如初，酒、豆、笾、俎从，升自阼阶。丈夫踊。甸人彻鼎。奠由楹内入于室，醴酒北面。设豆，右菹，菹南栗，栗东脯。豚当豆，鱼次。腊特于俎北，醴酒在笾南。巾如初。既错者出，立于户西，西上。祝后，阖户；先由楹西，降自西阶。妇人踊。奠者由重南，东。丈夫踊。

【注释】

①奥：室的西南角。

②鬐（qí）：鱼的脊鳍。

【译文】

于是为大敛设祭席。执烛者从阼阶上堂入室，祝执巾与执席者跟随其后，祭席设在室内西南角，席面朝东。祝回身下堂，与执事一起取祭品。士洗手后，扛鼎入内，放置在东阶前，面朝西，以北为尊，如同小敛时那样。往俎上放鼎中的食物时，鱼头朝左，鳍朝前，一共三列，每列三条鱼；腊肉则骨根部的一端朝前。祝像小敛时那样执醴上堂，执酒、豆、笾、俎的执事跟随其后，从阼阶上堂。男人们顿足号哭。甸人将空鼎撤走。陈放祭品者从东楹柱的西侧入室，执醴者面朝北站在西首。在席前设豆，最右边是盛菹的豆，左边是盛肉酱的豆，菹豆南边是盛栗脯的笾，栗东边是盛干肉的豆。豚俎在豆的东边，再往东是鱼俎。腊肉单独放在两俎的北边，醴、酒放在栗笾之南。与小敛奠时一样，祭品上要用巾覆盖。祭品放毕，执事者出室，站在室户之西，面朝南而立，以西首为尊。祝最后出室，此时要合上门；并且率先绕经西楹柱的西侧，从西阶下堂，执事者随其后下堂。此时妇人们顿足而哭。祝和祝事者从庭中悬挂物品的横木之南向东方走去，回到门东原位。此时男子们顿足而哭。

（以上是陈设大敛的祭席。）

宾出。妇人踊。主人拜于门外，入，及兄弟北面哭殡①。兄弟出，主人拜送于门外。众主人出门，哭止，皆西面于东方。阖门。主人揖，就次②。

【注释】

①殡：停放着的灵柩。

②次：丧次，居丧时的住处，服斩衰者在倚庐，服齐衰者在垩室。

【译文】

来宾退出时，妇人顿足而哭。丧主在寝门之外拜而送宾，然后入室，与同族兄弟们面朝北向着灵柩号哭。接着，同族兄弟退出，丧主也在寝门之外拜送。众主人出殡宫之门时，哭声停止，大家都在寝门外的东方面朝西而立。有司在室内合上门。丧主向众主人拱手行礼，然后各就丧居。

（以上是大敛完毕送宾及亲属。）

君若有赐焉①，则视敛。既布衣，君至，主人出迎于外门外，见马首，不哭，还，入门右，北面，及众主人袒。巫止于庙门外，祝代之。小臣二人执戈先，二人后。君释采②，入门，主人辟③。君升自阼阶，西乡。祝负墉，南面；主人中庭。君哭。主人哭，拜稽颡，成踊，出。君命反行事，主人复位。君升主人，主人西楹东，北面。升公卿大夫，继主人，东上。乃敛。卒，公卿大夫逆降，复位；主人降，出。君反主人，主人中庭。君坐抚，当心。主人拜稽颡，成踊，出。君反之；复初位；众主人辟于东壁，南面。君降，西乡，命主人冯尸。主人升自西阶，由足，西面冯尸，不当君所；踊。主妇东面冯，亦如之。奉尸敛于棺，乃盖；主人降，出。君反之。入门左，视涂。君升即位，众主人复位。卒涂，主人出；君命之反奠。入门右，乃奠，升自西阶。君要节而踊④，主人从踊。卒奠，主人出，哭者止。君出门，庙中哭。主人不哭，辟。君式之⑤。贰车毕乘⑥，主人哭，拜送。袭，入即位；众主人袭。拜大夫之后至者，成踊。宾出，主人拜送。

【注释】

①君若有赐焉：指国君亲临大敛。依常礼，国君在士殡后前往吊唁，若国君亲临大敛，则视为恩赐。

②释采：脱去吉服。此从万斯大说。郑玄注认为"采"通"菜"，释采即奠菜祭门神，亦可通。

③主人辟：主人身穿丧服，不敢以此见国君，所以回避。辟，通"避"。

④要节而踊：在需要踊的仪节处踊。要，会，遇。

⑤式：站在车上，手扶车前横木，略为欠身，向他人致意。

⑥贰车：副车。

【译文】

　　国君若有对士的恩赐，那就是亲临大敛了。丧主闻讯，要预先铺设好绞带、衣被。国君到达时，丧主要到外门之外迎接，看到国君车驾的马头，就不再号哭，转身从门的右侧入内，在门东面朝北而立，并与众主人一起袒露左臂。随君前来的男巫走到庙门外立定，丧祝代替巫为国君先导。两名小臣执戈先行，另二人执戈随后。国君脱去吉服，入门，身穿丧服的主人回避。国君从阼阶上堂，在东序前面朝西而立。丧祝背靠东房之墙，面朝南而立；丧主到中庭面朝北而立。国君面对尸体而哭，丧主也跟着哭，并且向国君拜而叩首，又按规定三番顿足而踊，然后到庙门外等候。国君命令丧主返回行大敛之事，于是丧主回到中庭。国君请丧主先上堂，丧主从西阶上堂，在西楹柱的东侧，面朝北而立。接着，公、卿、大夫依次奉命上堂，站在丧主之西，以东首为尊位。于是开始大敛。敛毕，公、卿、大夫按照与上堂时相反的顺序下堂，回到哭吊之位；接着丧主下堂，出庙门。国君命丧主返回，丧主回到中庭站立。国君在尸体的东边坐下，抚摸死者的心口处，丧主拜而叩首，再按规定的次数顿足而哭，然后出庙门。国君又命丧主返回，丧主回到门内东侧之位，众主人都在东墙下回避国君，一律面朝南。接着国君下堂，面朝西而立,命令丧主上前抚尸。丧主从西阶上堂,从死者足前绕至尸床东侧,面朝西抚尸,但不能抚摸国君抚摸过的地方,然后顿足而哭。丧主之妇奉命上堂,面朝东抚尸,其仪节也是如此。抬尸入棺时,丧主要捧住死者的头部,于是盖上棺盖。然后,丧主下堂,出庙门。国君命丧主返回。丧主入门后站在左侧,注视有司往棺上涂泥。国君上堂,即东阶上之位,众主人也都回到阼阶下原位。涂完泥,丧主出庙门。国君又命丧主返回察看陈设祭席。丧主从门右侧入内,于是开始陈设祭席,执事者从西阶上堂。国君在必要时顿足而哭,丧主跟着顿足而哭。执事者将祭席摆设完毕,丧主出庙门,号哭者停止哭泣。国君出庙门后,庙中哭声又起。正在门外的丧主不能哭,因为国君将要离开,应暂避。国君上车后,扶轼欠身,向丧主致意。接着,随行人员也都上了副车。此时,丧主号哭,拜送国君。然后穿好左衣袖,入庙门到东阶下即位;众主人也随后穿好左衣袖。丧主礼拜大夫,要按规定三番顿足而哭。宾出门时,丧主要拜送。

（以上是国君亲临大敛的仪节。）

三日①,成服②,杖,拜君命及众宾。不拜棺中之赐③。

【注释】

①三日:从死者始死日起算的第三天,即殡后的次日。

②成服:死者刚死的两天,丧主与亲属只束发、围绖带,从第三日起,则要依规定服各自应服的丧服,丧冠、丧屦及衣服都要穿上,此即“成服”。

③棺中之赐:即襚,宾客所赠助丧的衣物。

【译文】

第三天,丧主与亲属开始正式服丧,应该有丧杖的要执持丧杖。此时可以出门拜谢国君的吊唁,顺便拜谢众宾客,不必拜谢他们赠送助丧衣物,因为那不是送给自己的。

（以上是成服）

　　朝夕哭,不辟子卯①。妇人即位于堂,南上,哭。丈夫即位于门外,西面北上;外兄弟在其南,南上;宾继之,北上。门东,北面西上;门西,北面东上;西方,东面北上。主人即位,辟门。妇人拊心②,不哭。主人拜宾,旁三③;右还,入门,哭。妇人踊。主人堂下,直东序,西面。兄弟皆即位,如外位。卿大夫在主人之南。诸公门东,少进。他国之异爵者门西,少进。敌④,则先拜他国之宾。凡异爵者,拜诸其位。彻者盥于门外⑤,烛先入,升自阼阶。丈夫踊。祝取醴,北面;取酒,立于其东;取豆、笾、俎,南面西上。祝先出,酒、豆、笾、俎序从⑥,降自西阶。妇人踊。设于序西南,直西荣。醴酒北面西上;豆西面,错。立于豆北,南面。笾、俎既错,立于执豆之西,东上。酒错,复位。醴错于西,遂先⑦,由主人之北适馔。乃奠,醴、酒、脯、醢升。丈夫踊,入。如初设,不巾⑧。错者出,立于户西,西上。灭烛,出。祝阖户,先降自西阶。妇人踊。奠者由重南东。丈夫踊。宾出,妇人踊,主人拜送。众主人出,妇人踊。出门,哭止。皆复位。阖门。主人卒拜送宾,揖众主人,乃就次。

【注释】

①子卯:子日、卯日,古时的忌日。

②拊心:捶胸。拊(fǔ),击、打。

③旁三:南面、西南、东面,每一面都拜三拜,表示遍拜。

④敌：双方爵位相同。

⑤彻：撤除昨天大敛时所陈设的祭品。

⑥序从：依次序跟从。

⑦遂先：接着先到朝奠之馔处去，不再回到原位。

⑧不巾：祭品中如有菹、栗，则必定有俎，俎上必用巾覆盖，而大敛
　　奠没有菹、栗，也没有俎，所以不用巾。

【译文】

　　每天早晚，以及哀痛时，家中的男女都到殡宫号哭，不必避子、卯忌日。妇人们到堂上即位，面朝西，从南向北排列，以南首为尊，号哭。男人们在殡宫门外即位，面朝西，从北向南排列，以北首为尊；应服丧的异姓男子接着往南排，以南首为尊；再接着是宾客，以北首为尊。诸公等站在外门东侧，面朝北，以西首为尊；异国有爵者站在外门西侧，面朝北，以东首为尊；士站在西方，面朝东，以北首为尊。丧主在庙门外东侧即位后，殡宫之门打开。此时，妇人捶胸，但不哭。丧主向众宾客行拜礼，每一面拜三拜，表示已全部拜遍；然后向右转身，入庙门号哭。妇人们顿足而哭。丧主在阼阶下，对着堂东序的地方，面朝西而立。众兄弟也都即位，站立的方位与在门外时一样。卿大夫站在丧主的南侧。诸公在门东，比士的私臣稍稍靠前。异国的卿大夫站在门西，比诸公的有司稍稍靠前。如果本国卿大夫爵位与异国来宾相同，则要先拜异国的来宾。凡是有各种爵位的，丧主要到其面前，一一行拜礼。撤大敛祭品者，在门外洗手，执烛火者先入室，经由东阶上堂。此时，男子顿足而哭。祝先取醴，然后面朝北，等候其余的撤者一起下堂；取酒者取毕，立在祝的东侧；取豆、笾、俎者取毕，面朝南而立，以西首为尊。于是，祝先出室，然后执酒、豆、笾、俎者依次出室，从西阶下堂。此时，妇人们顿足而哭。撤下的祭品放在西序的西南、正对着西端屋翼的地方。执醴、酒者面朝北，站在西方上首；执豆者面朝西，放下豆，然后站在豆的北侧，面朝南。执笾和俎者放好笾、俎后，站在执豆者西侧，以东边为尊；执酒

者放下酒,回到祝的东边,面朝北。祝将醴放在酒的西边,率先从丧主的北侧,向东走到堂下设朝奠之馔的地方。于是设朝奠的祭席,祝和执事们执醴、酒、干肉、肉酱从西阶上堂。此时男子们顿足而哭,祝和执事进入室内。祭品摆设的方式与大敛时一样,但不设巾。摆完祭品后,执事们走出室外,并排站在室户之西,以西首为尊。祝熄灭火烛后出室,然后合上门,率先从西阶下堂。此时妇人们顿足而哭。设祭品者从庭中挂物的横木南侧绕过,向东走回门东原位,此时,男人们顿足而哭。宾客出门时,妇人们顿足而哭。丧主送宾至庙门外,拜而送之。众主人出来时,妇人们顿足而哭。出庙门后,哭声停止。众主人在门外东边各复其位,接着合上门。丧主拜送宾客完毕,向众主人行拱手礼,然后回到各自的丧居。

(以上是朝夕哭奠。)

朔月①,奠用特豚、鱼腊,陈三鼎如初。东方之馔亦如之。无笾,有黍稷。用瓦敦,有盖,当笲位。主人拜宾,如朝夕哭,卒彻。举鼎入,升,皆如初奠之仪,卒朼。释匕于鼎,俎行。朼者逆出,甸人彻鼎。其序:醴酒,菹醢,黍稷,俎。其设于室:豆错,俎错,腊特,黍稷当笲位。敦启会②,却诸其南。醴酒位如初。祝与执豆者巾,乃出。主人要节而踊,皆如朝夕哭之仪。月半不殷奠。有荐新,如朔奠。彻朔奠,先取醴酒,其余取先设者。敦启会,面足③,序出,如入。其设于外,如于室。

【注释】

①朔月:每月朔日,即每月初一。

②会:敦盖。

③面足：让敦的足间朝前。

【译文】

　　每月初一，所设祭品为一只小猪、鱼和风干的兔肉，陈放在三只鼎内，与大敛时一样陈放在庙门外。设在堂东的祭品也是如此，只是没有笾，而有黍和稷，用瓦敦盛放，有盖，放置在原先放笾的地方。丧主拜宾的节，与朝夕哭时拜宾一样。拜毕，撤去昨日的祭品。设奠时执事抬鼎入门，将牲体放入鼎内的仪节与初奠时一样。接着，用匕将牲体从鼎中挑出，放在俎上，再将匕放入鼎中，执俎者端上堂。执匕者按与进来时相反的顺序退出。甸人将空鼎撤走。祭品入室的秩序是：醴、酒、菹、醢、黍、稷、俎。在室内放设的位置是：盛肉酱的豆在北、盛菹的豆在南，豚俎在两豆之东，鱼俎又在其东，腊肉单独放在俎豆之北。盛黍稷的敦放在大敛时放笾的位置，敦盖打开后，仰置于敦的南侧。醴、酒的位置与大敛时一样。祝和执豆者用巾遮盖在牲肉上，然后退出。丧主在仪节需要时顿足而哭，与朝夕哭时一样。月半时，不再像初一那样盛奠，而仍与朝夕奠一样。行祭新之祭，就像初一所陈设的那样。撤走初一的祭品，先取醴、酒，其余的祭品先设者先撤。敦盖打开，撤走时让敦足之间向前，撤奠者出室的次序与入室时一样。祭席改设在室外西序西南时，位次与室内一样。

　　（以上是朔月奠及荐新。）

　　筮宅，冢人营之①。掘四隅，外其壤。掘中，南其壤。既朝哭，主人皆往，兆南北面②，免绖。命筮者在主人之右③。筮者东面，抽上韇，兼执之，南面受命。命曰："哀子某，为其父某甫筮宅。度兹幽宅，兆基无有后艰？"筮人许诺，不述命，右还，北面，指中封而筮④。卦者在左。卒筮，执卦以示命筮者。命筮者受视，反之，东面。旅占，卒，进告于命筮者与主人："占之曰从。"主人绖，哭，不踊。若不从，筮择如初仪。归，殡前北面哭，不踊。

【注释】

①冢人：掌墓地的小吏。

②兆：兆域，即墓地。

③命筮者：指宰。

④中封：墓地中央挖出来的土。

【译文】

用卜筮的方法择定死者的安葬处后，冢人度量墓地。挖掘墓地四角，所起的壤土堆在四角之外。挖掘墓地的中央，所起的壤土堆在墓地南侧。朝哭之后，丧主和众主人都前往预选的墓地之南，面朝北而立，解除绖带。宰站在主人右边。筵者面朝东，抽去筮草筒的上部，左手将上、下部一起拿着，面朝南接受丧主之命。主人命令说："哀子某人，为其父某甫卜筮选择墓地。选定此处为幽冥之宅，墓地始得，将来有灾难吗？"筮者闻命应诺，不再重述丧主之命，向右转身，面朝北，指着墓中央所起壤土卜筮，记卦者在其左边。筮毕，筮者将所得之卦交给宰。宰接来看过后，还给筮者，筮者面朝东，与其下属的筮人共同占筮此圭的吉凶，占筮毕，上前禀告宰和丧主："占筮的结果是吉利。"丧主又围上绖带，号哭而不顿足。如果占筮的结果不吉利，再另选墓地占筮，仪节与前面相同。回去后，丧主在殡之前，面朝北号哭，但不顿足。

（以上是筮择墓地。）

既井椁①，主人西面拜工，左还椁，反位，哭，不踊。妇人哭于堂。献材于殡门外②，西面北上，绪。主人遍视之，如哭椁。献素、献成亦如之③。

【注释】

①井椁：呈井字形构架的椁木。

②材：做明器用的木材。

③素：外形已成，尚未而的明器。成：已是成品的明器。

【译文】

呈井字形的椁木做完后，丧主在殡门东面朝西拜谢工匠，然后向左转身周绕椁架一圈，回到原位，号哭而不顿足。妇人们在堂上号哭。进献来做明器的木材放置在殡门之外，面朝西，从北向南排放，以北首为尊位，然后向相反方向转行。丧主检视一遍后，要像检视椁木时那样号哭。献尚未修饰的明器和已完工的明器，仪节也是如此。

（以上是检视椁木等。）

卜日，既朝哭，皆复外位。卜人先奠龟于西塾上，南首，有席。楚焞置于燋①。在龟东。族长莅卜②，及宗人吉服立于门西，东面南上。占者三人在其南，北上。卜人及执燋、席者在塾西。阖东扉，主妇立于其内。席于阈西阈外。宗人告事具。主人北面，免绖，左拥之。莅卜即位于门东，西面。卜人抱龟燋，先奠龟，西首，燋在北。宗人受卜人龟，示高③。莅卜受视，反之。宗人还，少退，受命。命曰："哀子某，来日某，卜葬其父某甫。考降④，无有近悔⑤？"许诺，不述命；还即席，西面坐；命龟，兴；授卜人龟，负东扉。卜人坐，作龟⑥，兴。宗人受龟，示莅卜。莅卜受视，反之。宗人退，东面。乃旅占，卒，不释龟，告于莅卜与主人："占曰：某日从。'"授卜人龟。告于主妇，主妇哭。告于异爵者，使人告于众宾。卜人彻龟。宗人告事毕。主人绖，入哭。如筮宅。宾出，拜送。若不从，卜择如初仪。

【注释】

①楚焞：灼龟用的荆木枝条。楚，木名，又名"荆"。焞（tūn），灼龟。
　　燋（jiāo）：用明火点燃的苇束。

②族长：掌族人亲疏等事务的有司。

③示高：将龟腹甲高起而可灼的部位给卜者看。示，给⋯看。

④考降：成其下棺落葬之事。考，成。降，下。

⑤近悔：接近咎悔，如天雨不能落葬等。

⑥作龟：灼龟，用燃着的荆树枝灼龟甲，使之受热而出现裂纹，视裂
　　纹而定吉凶。

【译文】

　　占卜落葬日期的那天，丧主和众主人在朝哭之后都到殡宫外就位。卜人先将占卜用的龟甲放在西塾上，首部朝南，龟甲下铺着席。灼龟用的荆木枝放在燃着的苇束上，位置在龟甲的东侧。族长亲临卜日仪式，与宗人一样穿着吉服站在门的西侧，都面朝东，以南首为尊。三位占卜者站在他们的南侧，而以北首者为尊。卜人和执有明火的苇束者、铺席者站在西塾之西。有司合上东边的门扉，丧主之妇立在门内。接着在门橛之西、门限之外铺席。宗人禀告丧主，一切准备完毕。丧主面朝北，解去绖带，搭在左臂上。亲临卜事的族长在门的东侧即位，面朝西。卜人怀抱龟甲，燃着明火的苇束已先放好，接着放下龟甲，首部朝西，苇束在北边。宗人从卜人手中接过龟甲，将腹甲高而当灼的部位给族长看。族长接过龟甲检视，然后交还宗人。宗人转身，稍向后退，接受族长之命。族长以丧主的口气说："哀子某人，在未来的某日，占卜落葬其父某甫。成此幽室下棺，有无接近咎悔之事？"宗人闻命应诺，不再复述，转身回到席上，面朝西而坐；将命辞传达给龟，然后起身，将龟甲交给卜人，背负东边的门扉而立。卜人坐下，用荆树枝灼龟，然后起身。

宗人接过龟甲,请族长观察。族长接过来观察后,交还宗人。宗人退下,面朝东而立。于是,三位占者一起占卜所得之卦,占毕,宗人不放下龟甲,而向族长和丧主禀告:"占卜的结果是:'葬日吉利',然后,宗人将龟甲交还卜人。又将占卜结果向丧主之妇禀告,丧主之妇号哭。宗人再将占卜结果向异国的卿大夫报告,最后派人向未到场的宾客报告。卜人撤走龟甲。宗人向丧主禀告,占卜葬日之事已经完毕。丧主又系上经带,到殡前号哭,其仪节与占筮墓地后到殡前号哭时一样。于是宾客退出,丧主出庙门拜送。如果占卜的结果不吉利,可以重新占卜,其仪节与此相同。

（以上是卜葬日。）

既夕礼第十三

【题解】

　　本篇所记,与上篇《士丧礼》相接续,从葬前二日的既夕哭开始,至落葬为止。主要的仪节有启殡、迁柩、朝祖庙、载柩、饰车、陈明器、来宾助丧、大遣奠等。有关《士丧礼》的记,一并置于本篇之末。篇名取篇首两字为题,应无"礼"字,宋景德年间所刊《仪礼疏》即如是,但唐石经有"礼"字,姑仍石经之旧。

　　既夕哭①,请启期②。告于宾。

【注释】

　　①既夕哭:夕哭之后。既,已。
　　②启期:启殡的日期,此时灵柩仍在肆中。

【译文】

　　夕哭之后,有司向丧主请示启殡的日期,并通知将参加葬礼的众宾客。

　　(以上是请示启殡的日期。)

　　夙兴,设盥于祖庙门外。陈鼎皆如殡,东方之馔亦如之。夷床馔于阶间①。

【注释】

①夷床：迁移灵柩时用的床。夷，或作"侇"。

【译文】

次日清早，有司在祖庙门外陈设盥洗的用具。又与大敛既殡时那样，在门外陈设三个鼎，在东堂下陈设祭品也是如此。迁移灵柩用的夷床陈放在祖庙堂下的东、西阶之间。

（以上是在祖庙陈设器具。）

二烛俟于殡门外。丈夫髽①，散带垂，即位如初。妇人不哭。主人拜宾，入，即位，袒。商祝免袒，执功布入，升自西阶，尽阶，不升堂。声三②；启三③；命哭。烛入。祝降，与夏祝交于阶下。取铭置于重。踊无算。商祝拂柩用功布，帷用夷衾。

【注释】

①丈夫髽(zhuā)："丈夫免，妇人髽"的互文，或有脱漏。

②声三：连续三次发出"噫兴"的叫声，意在告知神明将要起殡。

③启三：连续喊三次"起殡"。

【译文】

两支点燃的烛炬停放在殡宫门外，等待启殡时使用。男子用布缠头，妇人麻发合结，腰间的散带下垂，各自在朝夕哭的地方即位。男子将入殡宫时，堂上的妇人不哭。丧主向来宾行拜礼后，入殡宫门到堂下即位，并袒露左臂。商祝用布缠头，袒露左臂，执大功之布入门，走上西阶在最后一段台阶停住，不上堂。接着，连续三次发出"噫兴"的叫声；

又连喊三次"启殡",然后命令男女们号哭。此时,持烛炬者入内。祝下堂时,与正要上堂的夏祝在阶前交错而过。祝拿起表示死者身份的旗旐,插在庭中挂物的横木上。丧主号哭,顿足不计次数。商祝用大功之布拂去灵柩上的灰尘,覆盖在灵柩上,是小敛覆尸用的夷衾。

（以上是启殡。）

迁于祖,用轴①。重先,奠从,烛从,柩从,烛从,主人从。升自西阶。奠俟于下,东面北上。主人从升。妇人升,东面。众主人东即位。正柩于两楹间②,用夷床。主人柩东,西面。置重如初。席升设于柩西。奠设如初,巾之,升降自西阶。主人踊无算,降,拜宾;即位,踊,袭。主妇及亲者由足,西面。

【注释】

①轴:轴车,专用于将灵柩运至祖庙。

②正柩:调正灵柩的方向,灵柩本为头朝南,上堂后变为头朝北。

【译文】

将灵柩从坎穴中起出迁至祖庙,用轴车为工具。迁柩时,挂物的横木在最前,接着是祭品、再接着是烛炬,然后是灵柩,接着又是烛炬,最后是丧主及其亲属。灵柩从祖庙的西阶抬上堂,祭品先放在堂下,等正柩后再上堂陈设,祭品都按面朝东的方向陈放,以北首为尊位。丧主跟随灵柩之后上堂。接着妇人上堂,面朝东而立。众主人在东阶下即位。在两楹柱之间将灵柩的方向调整为头朝北,并将灵柩安放在夷床上。丧主站到灵柩东侧,面朝西。把挂物件的横木放在中庭,位置与在殡宫时一样。设奠者拿着席上堂,铺设在灵柩西侧。陈设祭品的方式与在殡宫时一样,再在其上用巾覆盖,奠者上下堂都从西阶走。丧主号哭顿足不计次数,然后下堂,向来宾行拜礼,再在阼阶前即位,顿足而哭,并穿好左衣袖。丧主之妇及大功以上的亲属从死者的足前绕至东阶之上,面朝西而立。

（以上是迁柩于祖庙。）

　　荐车①,直东荣,北辀②。质明③,灭烛。彻者升自阼阶,降自西阶。乃奠如初,升降自西阶。主人要节而踊④。荐马;缨三就⑤;入门,北面;交辔⑥,圉人夹牵之⑦。御者执策立于马后⑧。哭成踊,右还,出。宾出,主人送于门外。

【注释】

①荐:进。进车,将死者生前所乘坐的车拉进庭内,象征死者的灵魂将要出行。

②辀(zhōu):车辕。

③质明:天刚亮。

④要节而踊:在奠者上下堂时顿足而哭。

⑤缨:交于马颈前的丝带。三就:三种颜色各有三匹。

⑥交辔:辔在马胸前左右交叉,每马有两辔。

⑦圉人:掌养马的小吏。夹牵:分在马的左右两边夹牵两辔,以防马奔跑。

⑧策:马鞭。

【译文】

　　将死者生前乘坐的车拉入庭中,位置在正对着堂东端屋翼的地方,车辕朝北。天刚亮时,熄灭烛炬;撒奠者从阼阶上堂,从西阶下堂。于是,为迁柩于祖庙设祭席,也是在柩的西侧,席面朝东,上下堂都走西阶。丧主在奠者上下堂时顿足而哭。然后,将驾车的马匹牵进来,马胸

前的缨带有三种颜色,各有三匝,入门后面朝北,左右辔在马胸前相交,
圉人在马两侧夹牵着马。御车者手持马鞭站在马后。丧主按规定三番
顿足而哭,圉人向右转身,牵马出庙门。接着,宾客出门,丧主送到
门外。

（以上是进车马,设迁祖的祭席。）

有司请祖期①。曰:"日侧②。"主人入,祖。乃载③。踊
无算。卒束④。袭,降奠,当前束⑤。商祝饰柩:一池⑥,纽前
縪后缁⑦,齐三采⑧,无贝。设披⑨。属引⑩。

【注释】

①祖:祖奠。祖,本指为出行者饯行,因死者明日将行为之设祭席,
　所以也称为祖。

②日侧:日昃,日头偏西。

③载:将灵柩抬上柩车。

④束:用绳带将灵柩缚于柩车上,使之稳固。

⑤前束:缚灵柩的束带前后各一,前束指前头的束带。

⑥池:丧饰,棺如死者宫室,池用竹制,模拟屋霤之形。

⑦纽:连结棺顶与四周之布的扣纽。顶部的布称为"荒",四周的布
　称为"帷",都用白布。

⑧齐:车顶的圆盖。

⑨披:缚于棺两边的帛带,柩车行进时,使人牵持,以保持棺的
　平稳。

⑩属:挽住,拴住。引:牵引柩车的绳索。

【译文】

有司请问为死者设祭的时间。丧主说:"日头偏西以后。"于是,丧
主入内,袒露左臂。接着,将灵柩抬上柩车。丧主顿足而哭,不计次数。

将灵枢在车上束缚完毕,丧主穿好左衣袖。有司从堂上将祭品端下来,陈设在正对着枢前第一道束带的地方。然后,商祝装饰灵枢:前部有一个形如屋霤的"池",连结棺顶及四周白布的纽扣前后左右各一,前红后黑,车顶的圆盖有红、白、青三色,四周不悬挂贝。棺两侧各有两条帛带。牵引丧车的绳索拴在车辂上。

（以上将祭时载枢及饰枢车。）

陈明器于乘车之西①。折②,横覆之。抗木③,横三,缩二。加抗席三④。加茵⑤,用疏布,缁翦⑥,有幅⑦,亦缩二横三。器:西南上,绸。茵。苞二⑧。筲三⑨:黍,稷,麦。瓮三:醯,醢,屑⑩。幂用疏布。甒二:醴,酒,幂用功布。皆木桁⑪,久之。用器:弓矢,耒耜,两敦,两杅⑫,槃,匜。匜实于槃中,南流⑬。无祭器。有燕乐器可也。役器⑭:甲,胄,干,笮⑮。燕器:杖,笠,翣⑯。

【注释】

①明器:随葬于墓圹中的器物,其特点是制作粗劣,尺寸小,不能实用。

②折:落葬后架在墓圹上的大木架,成木格状,用以铺席。

③抗木:架在"折"上面的大木,用以防止墓上的填土落到棺上。

④抗席:铺在抗木上面的席,用以防止尘灰下落到棺上。

⑤茵:垫在墓底的粗布,作用是不让棺直接落于土上。

⑥翦:通浅。

⑦幅:缘边。

⑧苞:包裹羊豕之肉的苇。

⑨筲(shāo):淘米用的竹器,形状像畚箕。

⑩屑：姜、桂的碎末。

⑪桁（háng）：木架。

⑫杅（yú）：盛汤浆或食物的器皿。

⑬流：器物流水的口。

⑭役器：师役时的用器，即兵器。

⑮笮（zé）：盛箭的竹器。

⑯翣（shà）：用雉尾编制的扇子。

【译文】

明器陈放在乘车的西侧。棺上的大木架横着放，粗糙的一面朝下，隔土用的抗木，三根横放，两根竖放。上面铺着三层抗席。落葬前，墓底要铺的布，是大功的粗疏之布，染成浅黑色，四周有缘边，也是竖放两块布，横放三块布。明器陈放的位置是：以最西边一行的南端为尊位，自西向东，放完一行，再向相反方向转行。从茵之北：包裹羊肉、豕肉的苇包二个，每筲三个，分别盛放黍、稷、麦。瓮三只：分别盛放着醋、酱和姜桂的碎末。覆盖在上面的是大功的粗布。瓦瓿两只：分别盛着醴和酒，覆盖在上面的是小功之布。每一器都有木架，器口都塞着。死者生前日常的用器有：弓箭，耒耜，两个敦，两个盂、盘、匜。匜放在盘中，流水的口朝南。不陈放祭器，可以放燕饮用的乐器。兵器有：铠甲、头盔、盾牌和盛箭器。燕居时的用具：手杖，竹笠，雉扇。

（以上是陈设明器与葬具。）

彻奠，巾席俟于西方。主人要节而踊；袒。商祝御柩，乃祖①，踊，袭，少南，当前束。妇人降，即位于阶间。祖，还车不还器。祝取铭，置于茵。二人还重②，左还。布席，乃奠如初，主人要节而踊。荐马如初。宾出。主人送，有司请葬期。入，复位。

【注释】

①祖:用人力挽车掉头。

②还重:将"重"的方向由朝北转向朝南,表示将要出行。

【译文】

撤去祭席,巾和席放在西阶下候用。丧主在规定的仪节处顿足而哭,袒露左臂。商祝将柩车掉头朝南,表示开始出行。丧主顿足而哭,穿好左衣袖,稍向南,站在正对着灵柩前面的束带的地方。妇人下堂,在东、西阶之间即位。于是,用人力挽转车头,明器的方向不移动。祝拿起标志死者身份的旗旌,放在茵上。两位有司抬起挂物横木掉转方向,从右向左转成面朝南。有司铺席,接着摆设祭品,方法与迁祖奠时相同,丧主在设祭席时顿足而哭。驾车的马匹又被牵进来,就像第一次做的那样。于是,宾客告辞出门,丧主送至庙门外。有司请问落葬的日期后,主人入内,回到原位。

(以上是陈设祭席。)

公赗①:玄𬘫束②,马两。摈者出请,入告。主人释杖,迎于庙门外,不哭;先入门右,北面,及众主人祖。马入设③。宾奉币,由马西当前辂④,北面致命。主人哭,拜稽颡,成踊。宾奠币于栈左服⑤,出。宰由主人之北,举币以东。士受马以出⑥。主人送于外门外,拜,袭,入复位,杖。

【注释】

①赗(fèng):赠送助丧的车马等器物。

②玄𬘫束:玄色与𬘫色的帛共一束(五匹),其中玄色的帛三匹,𬘫色的帛二匹。

③设:陈设在庭中,"重"的南侧。

④辂(lù)：缚在辕上供人挽车用的横木。

⑤栈：不加装饰的柩车。服：车厢。

⑥士：胥徒之长。

【译文】

国君派使者致送的助丧之物是：黑色和浅黄色的帛共五匹，马两匹。摈者出门，请问使者为何事而来，然后入门禀告丧主。丧主放下丧杖，到庙门之外迎接，不号哭；接着率先入门，站在门的右侧，面朝北，与众主人都袒露着左臂。国君赠送的马匹牵进门后，陈设在庭中间悬挂物件的横木的南侧。使者捧着五匹帛，从马的西边绕过，在辕上的横木旁，面朝北传达国君之命。主人号哭，拜了又叩首，然后按规定三番顿足而哭。使者将束帛放在柩车车厢的左侧，然后出门。宰从丧主的北侧绕过，捧起五匹帛至东边去收藏。士牵着马出门。丧主送到外门之外，拜送使者，然后穿好左衣袖，入门回到原位，重新拿起丧杖。

（以上是国君赠送助丧器物。）

宾赗者①，将命。摈者出请，入告，出告须。马入设，宾奉币，摈者先入，宾从，致命如初。主人拜于位，不踊。宾奠币如初，举币、受马如初。摈者出请。若奠，入告，出，以宾入，将命如初。士受羊，如受马。又请。若赗②，入告；主人出门左，西面；宾东面将命；主人拜，宾坐委之；宰由主人之北，东面举之，反位。若无器③，则捂受之④。又请，宾告事毕；拜送，入。赠者将命；摈者出请，纳宾如初。宾奠币如初。若就器⑤，则坐奠于陈。凡将礼，必请而后拜送。兄弟，赗、奠可也。所知，则赗而不奠。知死者赠，知生者赗。书赗于方⑥，若九，若七，若五。书遣于策⑦。乃代哭，如初。宵，为燎于门内之右。

【注释】

①宾：指卿、大夫、士。

②赗(fù)：赠送助丧的财物。

③器：指盛放助丧财物的器皿。

④受之：面对面直接授受，其间器物不放在地上。

⑤就器：已做成的器物。

⑥方：书写用的木版。

⑦遣：送，此指随葬的明器。

【译文】

卿、大夫、士赠送助丧的财物，要派使者前往致命。摈者出门，请问使者为何事而来，然后入内禀告丧主，再出门告诉使者，丧主正在等候他。使者的随从将赠送的马匹牵进庙门，陈设在庭中悬挂物件的横木的南侧，使者捧着币帛，摈者先入门导引，使者跟随其后。丧主在枢车东侧之位对使者行拜礼，不必顿足而哭。使者像国君的使者那样，把五匹帛放在枢车之左，丧主接受币帛和马的仪节，与接受国君使者的赠予时一样。使者出门后，摈者出门请问还有何事。如果使者还要赠送致祭的物品，摈者就入内禀告丧主，然后出门，导引使者入内。使者像刚才一样，传达主人的吊唁之词。士接受使者赠送的羊的仪式，与接受马时一样。使者出门后，再次请问是否还有事。如果使者还要赠送助丧的财物，摈者就入内禀告丧主；丧主出庙门站在左侧，面朝西，使者面朝东向丧主转达主人的辞令；丧主拜谢之，使者坐下，将盛有财物的器皿放在地上；宰从丧主的北侧绕过，面朝东举起器皿，再回到原位。如果没有器皿，宰就直接从使者手中接过财物。使者出门后，摈者又一次请问还有何事，使者告诉说，事已全部办完。于是丧主拜送使者，然后入门。如果有奉命来赠送助丧的币帛或器皿的，则摈者要出门请问，导引来宾入门的仪节与前述相同，放置币帛的仪节也是一样。如果赠送已做成的实用器物，则要坐下来，陈放在地上。凡是传命送礼的，一定要让摈者问明是否还有事,若事已办完;则丧主要亲自拜送。服丧的众兄弟,可以赠送助丧之物,又赠送致祭的物品。平时互相熟知的人,则只赠送助丧之物,而不赠送致祭的物品。与死者熟知的人,可以既赠助葬之物,又赠送随葬之物;与生者熟知的人,可以既赠送助丧之物,又可向主人赠送财物。丧主命人将来宾赠送的物品记载在木板上,或九行,或七行,或五行,视物总多少前定。赠送的明器记载在简册上。于是,丧主与亲属轮流号哭,如同小敛时那样。入夜,在庙门内右侧点燃大的烛炬。

（以上是卿大夫等赠助丧之物。）

厥明,陈鼎五于门外,如初。其实:羊左胖,髀不升;肠五、胃五,离肺;豕亦如之,豚解,无肠胃;鱼、腊、鲜兽,皆如初。东方之馔:四豆,脾析①,蜱醢②,葵菹,蠃醢;四笾,枣,糗③,栗,脯;醴酒。陈器。灭燎;执烛,侠辂④,北面。宾入者,拜之。彻者入,丈夫踊;设于西北,妇人踊。彻者东。鼎入,乃奠。豆南上。绵;笾,蠃醢南,北上,绵。俎二以成,南上,不绵;特鲜兽。醴酒在笾西,北上。奠者出,主人要节而踊。

【注释】

①脾析:牛百叶,即牛胃。

②蜱(pí):同"蠯",蚌类。

③糗(qiǔ):将稻或黍磨成粉后做成的饼。

④侠:通"夹"。

【译文】

次日天明,在庙门外陈设五只鼎,位置与大敛奠时相同。鼎中的食物是:羊体的左半边,但要将股骨切去,不放在鼎内;肠五节,胃五块,划割而不切断的肺一块;猪也是如此,像肢解小猪那样分割,不用肠胃;鱼;腊兔、鲜兔;都与殡时所设相同。陈设在柩车之东的祭品是:四个豆,分别盛有牛胃,蚌肉酱,腌葵菜,蜗肉酱;四个笾,分别盛着枣、米饼、栗、干肉;此外有醴和酒。昨天收藏起来的明器,此时再次陈列出来。于是,将庭中的烛炬熄灭,两位执烛炬者分站在柩车前辂的两侧,面朝北。参加葬礼的来宾入门时,丧主在庙内行拜礼,而不离开灵柩。撤祭品的人入庙门时,男子们顿足而哭。撤下的祭品改设在柩车西北,此时,妇人们顿足而哭,撤祭品者从柩车之北往东走。鼎从门外抬进来时,开始陈设祭品,四个豆呈方形排列:牛胃在西南蚌肉酱在其北侧,腌葵菜又在其东,蜗肉酱在其南,以南边的豆为尊,向相反的方向转行;四个笾也呈方形排列:枣在蜗肉酱之南,米饼又在其南,栗在米饼之东,干肉在栗之北,以北边的笾为尊,向相反方向转行。俎以两个为一组,从南向北排列,而以南边的俎为尊,不转行。鲜兔之俎单独陈设在豕俎之东。醴和酒在笾的西侧,以北为尊。设祭品者退出时,丧主在规定的仪节处顿足而哭。

(以上是陈设大遣奠的祭品。)

　　甸人抗重[①],出自道[②],道左倚之。荐马,马出自道,车各从其马;驾于门外,西面而俟,南上。彻者入,踊如初。彻巾,苞牲,取下体。不以鱼腊。行器[③],茵、苞、器序从[④],车从。彻者出,踊如初。

【注释】

　　①抗:抬、举。

　　②道:门中央。

③行器:指明器,明器不载于车,由人持之而行,故称为行器。

④茵:包括茵、抗席、抗木等在内。苞:包括筲、瓮、瓯等。器指各种
　　用器。

【译文】

甸人抬起悬挂物件的横木,从庙门中央出去,然后将它倚靠在门左侧的墙上。接着,将驾车的马匹牵出来,每辆车两匹马,从门中央出去,车由人挽拉,跟随于马后,到门外套好车,在门东侧面朝西等待出发,以南边的车为尊。撤祭品者入门时,丧主、众主人和妇人像先前那样顿足而哭。覆盖在祭品上的巾撤去后,将牲肉包起来,只取其后肢的下端。不包鱼和干兔。接着撤明器,茵席、瓮、瓯和各种用器顺序撤出,车马跟在最后。撤祭品者出门时,丧主、众主人和妇人像先前那样顿足而哭。

(以上是撤祭品及各种器物。)

　　主人之史请读赗①,执算从②。柩东,当前束,西面。不命毋哭,哭者相止也。唯主人主妇哭。烛在右,南面。读书,释算则坐。卒,命哭,灭烛;书与算,执之,以逆出。公史自西方③,东面,命毋哭,主人、主妇皆不哭。读遣④,卒,命哭,灭烛,出。

【注释】

①主人之史:为丧主掌管文书者。读赗:宣读礼品单。

②执算:主人之史的助手。算,算筹。

③公史:为国君掌礼书的官员。

④遣:随葬的物品。

【译文】

丧主的史请求宣读助丧礼品的清单,执算者跟随其后。史在柩车

的东侧,正对着灵柩前端束带的地方,面朝西而立。不得命令在场者不许号哭,若有人哭,则彼此劝戒。只有丧主及其配偶可以号哭。执烛者站在史的右侧,面朝南。史宣读记载在木版上的礼品单,其助手抽算筹计数时可以坐着。读毕,命大家号哭。然后,熄灭烛炬,木版与算筹由史和助手拿着,按进来时相反的顺序退出。公史站在柩车之西,面朝东,命令在场者不得号哭,丧主及其配偶也都不哭。公史宣读随葬品的清单,读毕,宣布可以号哭,接着熄灭烛炬,公史出门。

(以上是宣读礼品及随葬器物的清单。)

商祝执功布以御柩①。执披。主人袒。乃行。踊无算。出宫,踊,袭。至于邦门,公使宰夫赠玄纁束;主人去杖,不哭,由左听命;宾由右致命。主人哭,拜稽颡。宾升,实币于盖②,降。主人拜送,复位,杖。乃行。

【注释】

①功布:用大功之布做的器具,形制类似后世的麾,启殡时用以拂拭灵柩,柩车出发后,商祝用以指挥行车,示意道路的高低、倾斜,以防柩车倾翻。

②盖:灵柩的帷盖。

【译文】

商祝执功布在前面,准备指挥柩车的行进。八位士在车两旁执披,以保持灵柩的平稳。丧主袒露着左臂。于是,柩车开始行进。丧主与亲属顿足而哭,不计次数。出宫门时,丧主顿足而哭,接着穿好左衣袖。柩车到达邦国的城门时,国君派宰夫前往赠送黑色和浅黄色的帛共五匹。此时,丧主放下丧杖,不哭,在车辕的左侧听命;宰夫在车辕的右侧致国君之命。丧主听罢号哭,拜了又叩首。宰夫登上柩车,将五匹帛放在灵柩的帷盖内,然后下车。丧主拜送宰夫后,回到原位,重新拿起丧杖。枢车及送葬者继续行进。

（以上是枢车开始行进及国君赠束帛。）

　　至于圹①。陈器于道东西,北上。茵先入。属引。主人祖。众主人西面,北上。妇人东面。皆不哭。乃窆②。主人哭,踊无算,袭;赠用制币③,玄纁束;拜稽颡,踊如初。卒,祖,拜宾,主妇亦拜宾;即位,拾踊三④,袭。宾出,则拜送。藏器于旁,加见。藏苞筲于旁。加折,却之;加抗席,覆之;加抗木。实土三。主人拜乡人;即位,踊,袭,如初。

【注释】

　　①圹(kuàng):墓穴。

　　②窆(biǎn):落葬。

　　③制币:长一丈八尺的帛,即国君派宰夫所赠的帛。

　　④拾踊三:丧主、丧主之妇、宾轮流哭踊三次。

【译文】

　　送葬的队伍到达墓穴前。将随葬的明器陈设在墓道的东西两侧,以靠近墓室的北端为尊。茵先放入墓穴的底部。接着系好下棺的绳索。丧主袒露左臂,众主人面朝西排列在墓道之东,以北首为尊位。妇人面朝东站在墓道之西。男女都不哭。于是开始落葬。丧主号哭,顿足不计次数,接着穿好左衣袖,将长一丈八尺的制币,即黑色和浅黄色的五匹帛献给死者,然后向灵枢拜而叩首,起立后像先前那样顿足而哭。献毕,丧主袒露左臂,礼拜来宾,丧主之妇也礼拜来宾;接着各就其位,轮流顿足而哭三遍,再穿好左衣袖。宾退出时,丧主要拜送。用器、兵器放置在棺旁,棺上加棺饰。苇包和菅草编的筲也放在棺旁。接着在棺上放置大木架,粗糙的一面朝上;上面再铺抗席,粗糙的一面朝下;上面再加抗木。然后往墓穴中填土夯实,一共三遍。丧主向填土和夯土的乡人拜谢后,回到原位,顿足而哭,再穿好左衣袖,就像前面已做过的那样。

（以上是落葬。）

乃反哭,入,升自西阶,东面。众主人堂下东面,北上。妇人入,丈夫踊,升自阼阶。主妇入于室,踊,出即位,及丈夫拾踊,三。宾吊者升自西阶,曰:"如之何!"主人拜稽颡。宾降,出。主人送于门外,拜稽颡;遂适殡宫,皆如启位①,拾踊,三。兄弟出,主人拜送。众主人出门,哭止,阖门。主人揖众主人,乃就次。

【注释】

①启位:殡未启运时的站位,妇人在堂上,丈夫在中庭,此时在启位,有亲人犹在殡内之意。

【译文】

接着,返回祖庙号哭,丧主入门后,从西阶上堂,面朝东而立。众主人在堂下西阶前面朝东而立,以北首为尊位。妇人入门时,男子们顿足而哭,妇人从阼阶上堂。丧主之妇登堂后又入室,顿足而哭,然后出室,在阼阶上即位,面朝西,与男子们轮流号哭三遍。前来吊唁的宾从西阶上堂,说:"这是无可奈何的事!"丧主拜而叩首。宾下堂后出门,丧主送到门外,再次拜而磕头;接着前往殡宫,像殡还在时那样各就其位,轮流顿足而哭三遍。同族兄弟出门时,丧主拜送。众主人出门时,哭声停止。丧主合上殡宫的门。丧主向众主人拱手行礼,于是大家分别前往自己的丧居。

（以上是反哭于庙及殡宫。）

犹朝夕哭，不奠。三虞^①。卒哭。明日，以其班祔^②。

【注释】

①虞：丧祭名，古人认为，人死归于土，其精气无所附依而游荡于空中，虞祭的目的就是要安其精气于骨肉。

②班：次序。祔（fù）：祭名，按死者的昭穆之序附祭于先祖。

【译文】

这一天，还是朝夕号哭，不设祭席。要举行三次虞祭，接着举行卒哭之祭。次日，按死者的昭穆之序，附祭于先祖。

（以上是虞、卒哭、祔祭等。）

记^①

士处适寝，寝东首于北墉下。有疾，疾者齐^②。养者皆齐，彻琴瑟。疾病^③，外内皆扫。彻亵衣^④，加新衣。御者四人，皆坐持体。属纩，以俟绝气。男子不绝于妇人之手，妇人不绝于男子之手。乃行祷于五祀^⑤。乃卒。主人啼^⑥，兄弟哭。设床第，当牖。衽，下莞上簟，设枕。迁尸。

【注释】

①记：本篇是《士丧礼》与《既夕礼》两篇的记，所以从士"始死"开始。

②齐：通"斋"，斋戒。

③疾：身体不适。病：疾加重。

④亵衣：贴身的内衣。

⑤五祀：对司命、中霤、国门、国行、公厉的祭祀，士只祭国门、国行。

⑥啼：因过度悲痛，而哭不成声。

【译文】

记

士有疾病时，为避免不测，要住在正寝，头朝东睡在北墙之下。士欲斋戒以养病。侍养病人者内心忧愁也要斋戒，撤去琴瑟，使心志齐一。病重时，常有人来探视，所以室内外都要洒扫。贴身的内衣必然很脏，要脱下，换上新衣。四位侍从者都坐在床边，为病人翻身。病人垂危时，将细絮绵放在他的口鼻之上，以观察是否还有气息。男人不能死于妇人的手中，妇人不能死在男人的手中。病人弥留之际，应为他向五祀祈祷。病人气绝时，丧主悲啼，众兄弟号哭。于是设床席，正对着室南面的窗户。床上的卧席是，下面是莞草席，上面是竹席，设一枕头。然后，将尸体移于此床。

（以上是孝子侍奉亲人寿终。）

复者朝服，左执领，右执要，招而左①。楔，貌如轭②，上两末。缀足用燕几，校在南③，御者坐持之。即床而奠，当腢④，用吉器，若醴，若酒，无巾柶。

【注释】

①招而左：招魂者面朝北招魂，招毕，向左转而面朝南。

②轭(è)：马具，在车辕前端，略呈人字形，扼于马颈之上。

③校：燕几的足，燕几形状略如半环，三足。

④腢(ǒu)：肩头。

【译文】

招魂者身穿朝服，手持死者生前的爵弁服，左手执衣领，右手执裳腰，招魂后转身朝南，将衣服扔到屋下。插在死者齿间的楔，形状像车轪，使用时分叉的两端向上。拘束死者的足用燕几，几的足朝南，侍者坐着扶持几。就着尸床设祭席，在正对着死者左肩之处，用死者生时使用过的器物，或用醴酒，或用酒，不设巾和梩。

（以上是始死时的有关仪节。）

赴曰：“君之臣某死。”赴母、妻、长子，则曰：“君之臣某之某死①。”

【注释】

①某之某死：前一“某”字指代士的姓名，后一某字指代其亲属称谓及死者姓名。

【译文】

向国君报丧时说：“君的臣某人已死。”向国君报母亲、妻子、嫡长子之丧，则说：“君的臣某人之亲属某某已死。”

（以上记向国君报丧的辞令。）

室中，唯主人、主妇坐。兄弟有命夫命妇在焉，亦坐。

【译文】

尸室之中，只有丧主及其配偶可以坐。大功以上的众兄弟中，如果有命夫命妇，也可以坐。

（以上记室中哭位之异。）

尸在室，有君命，众主人不出。襚者委衣于床，不坐。
其襚于室，户西北面致命。

【译文】

尸体在室中时，若有国君之命到，丧主出迎即可，众主人不必出迎。送助丧衣物者只将衣服放在床上，不坐。将助丧衣服送至室中者，在室户之西、面朝北代表主人致词。

（以上记赠衣服之仪。）

夏祝淅米差盛之①。御者四人抗衾而浴②，禡第③。其母之丧，则内御者浴④，鬠无笄。设明衣，妇人则设中带⑤。卒洗，贝反于笄，实贝，柱右齻左齻⑥。夏祝彻余饭。瑱塞耳。掘坎，南顺；广尺，轮二尺，深三尺；南其壤。垼，用块。明衣裳，用幕布，袂属幅，长下膝。有前后裳，不辟，长及骹⑦。缘绅绤⑧。缁纯。设握，里亲肤，系钩中指，结于掔。甸人筑坅坎⑨，隶人涅厕⑩。既袭，宵为燎于中庭。

【注释】

①差：选择。差盛之，选择完好的米粒，盛在敦中，饭含时用，其余的米熬成粥，悬挂在横木上。

②抗：抬、举。衾：敛尸用的被子。

③禡：同"袒"，暴露。

④内御：女侍。

⑤中带：男子的明衣有衣有裳，妇人则有衣无裳，因此要加一贴身的裤子，腰中间用带束之，此中带实指内裤。

⑥齻（diān）：牙两侧最大的白齿。

⑦骹：脚背。

⑧缘（quàn）：浅红色。绅（bì）：裳的边缘。绤（xī）：裳的缘饰。

⑨坅（qǐn）：坎穴。

⑩隶人：罪隶。涅：填塞。

【译文】

夏祝淘米，选择外形完好的米粒盛在敦中。四位侍者举着衾被，以遮掩死者的裸体，并将尸床的竹席去掉，以便沥浴水。如果是士的母亲去世，则由女侍为之沐浴，头发挽束而不用笄。死者若是男子，则有明衣；若是妇人，则另有内裤。将贝洗净后，要将贝放回笲内。饭含时，先要用贝顶住左右侧最大的臼齿。夏祝撤去饭含所余的米，用絮绵塞入死者双耳。在堂下东、西阶之间掘坎穴，要从北向南掘，宽一尺，长二尺，深三尺，挖出来的壤土堆坎穴之南。灶，用土块垒筑。明衣、明裳，用帷幕之布制作，衣与袖是整幅的布，衣长至双膝。明裳的形制与生人相同，也是前三幅、后四幅，腰间没有襞裥，长度及于脚背。裳的边缘及缘饰都是浅红色的。上衣的领口和袖口都是黑色的。死者的左手有"握"，握的里贴着皮肤，面朝外，两端都有绳，一端绕掌，另一端钩住中指，再在手腕处打结。甸人将坎穴填平、筑实。罪隶填平死者用过的厕所。袭尸之后，要为其换好衣服，入夜，在中庭点燃烛炬。

（以上记沐浴饭含等。）

厥明，灭燎，陈衣。凡绞绤用布，伦如朝服①。设杅于东堂下②，南顺，齐于坫。馔于其上：两瓶醴、酒，酒在南；篚在东，南顺，实角觯四，木柶二，素勺二；豆在瓶北，二以并；笾亦如之。凡笾豆，实具设③，皆巾之。觯，俟时而酌④，柶覆加之，面枋；及错，建之。小敛，辟奠不出室⑤。无踊节。既冯尸，主人袒，髺发，绞带；众主人布带。大敛于阼。大夫升自西阶，阶东，北面东上。既冯尸，大夫逆降，复位。巾奠，执烛者灭烛出，降自阼阶，由主人之北，东。

【注释】

①伦：比、如。

②杅(yú)：放置酒器的木盘。

③实：盛入食品。具设：同时陈设。

④时：朝、夕之时。

⑤辟：移动。

【译文】

次日天明，熄灭烛炬后，陈设小敛用的衣服。凡是小敛、大敛的绞带和单被所用之布，都和朝服一样。放置酒器用的木盘，陈设在东堂之下，使器首朝北尾朝南，南端与堂隅的东坫对齐。陈放在木盘上的有：盛有醴和酒的瓶两只，酒瓶在南；篚在瓶的东侧，器首朝北，尾朝南，里面放着四个角质的觯，二把木质的枓，二把素色的勺；豆在瓶的北侧，每二豆为一组；笾也是如此。凡是小敛、大敛的笾豆，盛上食物后同时陈设，上面都用巾覆盖。觯，要等到朝祭、夕祭时才酌上醴酒，然后将枓放在觯上，枓柄朝前，等放置后，再将枓插入觯内。小敛时，只在室内移动祭席，而不移出室。在移席时不必顿足而哭。抚尸之后，丧主袒露左臂，用麻束发，以合股的麻绳为腰带；众主人以麻布为腰带。大敛在阼阶上举行。大夫从西阶上堂，在西阶之东，面朝北由东向西排列，以东首为尊位。抚尸之后，大夫们按与上堂时相反的顺序下堂，回到原位。大敛的祭席设好后，用巾覆盖于其上，然后，执烛者熄灭烛炬而出，再从阼阶下堂，由丧主的北侧绕过，往东而出。

（以上记小敛、大敛时陈设衣物及祭席。）

既殡，主人说髦①。三日，绞垂。冠六升，外縪②，缨条属厌。衰三升。履外纳。杖下本，竹桐一也。居倚庐，寝苫枕块，不说绖带，哭昼夜无时，非丧事不言。歠粥③，朝一溢米，夕一溢米，不食菜果。主人乘恶车：白狗幦④，蒲蔽；御以蒲菆⑤；犬服，木琯⑥，约绥，约辔，木镳⑦；马不齐髦。主妇之车亦如之，疏布襜⑧。贰车：白狗摄服，其他皆如乘车。

【注释】

①髦：发饰，用假发制作，齐眉，父母健在时，孝子戴此以象征幼年时发型。

②绊（bì）：缝。外绊：将冠布两端由里向外卷在冠圈上，再缝住。

③歠（chuò）：通啜，喝、饮。

④幦（mì）：车轼上遮风尘用的帷幕。

⑤菆（zōu）：植物的茎。

⑥琯（guǎn）：同"辖"，车毂端头的销钉。

⑦镳（biāo）：马嚼子。

⑧襜（chān）：车中的帷幕。

【译文】

已殡之后，丧主脱下假发饰。死者去世后的第三天，大功以上的亲属，要将腰绖散垂的部分绞合成带子缠于腰。丧冠用密度为四百八十缕的布制作，从里向外缝在冠圈上，冠圈下垂的部分为缨带，连属于丧冠。斩衰的丧服，用密度为二百四十缕的布制作。丧鞋向外收束。丧杖的根部在下端，竹杖、桐杖都是一样。丧主居住在倚庐中，寝卧在草席上，头枕着土块，首绖和腰绖都不解下，悲之所至即号哭，昼夜都无定时，与丧事无关的话不说。喝粥，早晨煮一溢米，傍晚煮一溢米，不吃蔬菜和水果。丧主出行时乘坐的是粗劣的木制丧车：用尚未长成长毛的白狗皮做车轼上的顶盖，用蒲草做车后面和两侧的藩蔽，用蒲草的茎做御车的马鞭；用狗皮做武器囊，车毂端头的销钉是木质的，登车用的引绳是用绳子做的，辔也是用绳子做的，马嚼子是木质的；驾车的马的鬃毛不加修剪。丧主配偶的车也是如此。只是车中的帷幕是用大功之布制作的。副车上兵器囊也用白狗皮制作，边缘缀以粗布，其余均与丧主所乘的车一样。

（以上记殡后居丧者的冠服车马等。）

朔月，童子执帚，却之①，左手奉之，从彻者而入。比奠②，举席；扫室，聚诸宎③；布席如初。卒奠，扫者执帚，垂末内鬣④，从执烛者而东。燕养、馈羞、汤沐之馔，如他日。朔月若荐新，则不馈于下室⑤。

【注释】

①却之：将扫帚的末端朝上，表示未用。

②比：先。

③宎（yào）：屋的东南角。

④鬣（liè）：扫帚的末端。

⑤下室：燕寝。

【译文】

每月初一，童子左手帚，末端朝上，跟随撤祭席者入室。设祭席之前，先撤去先前设的祭席，扫除室内的尘土，垃圾堆在室内的东南角；再铺席，方法与原先一样。祭席设置完毕，扫除者拿起扫帚，末端下垂，斜向自己，跟随执烛者出室后往东走去。平日燕居时的供养物品、朝夕吃的食物、沐浴用的水，都和往日一样在燕寝中准备着。若逢朔月之祭或荐新之祭，则不必在燕寝中陈设饭食之类。

（以上记朔月奠童子洒扫奉养之事。）

筮宅，冢人物土。卜日，吉，告从于主妇；主妇哭，妇人皆哭；主妇升堂，哭者皆止。

【译文】

通过卜筮选择葬处,先由冢人选择土地。卜葬之日,卜得的结果是吉利,则告诉丧主之妇,丧主之妇号哭,妇人们都跟着号哭;丧主之妇上堂后,哭者都停止号哭。

(以上记筮卜葬日及地点。)

启之昕,外内不哭。夷床,輁轴,馔于西阶东①。

【注释】

①"夷床"三句:据郑玄注,是"夷床馔于祖庙,輁轴馔于殡宫",但二者都在两阶之间则相同,故并言之。

【译文】

启殡之日天将明时,内外的人都不哭泣。夷床设在祖庙,輁轴设在殡宫,都是在西阶的东侧。

(以上记启殡之事。)

其二庙①,则馔于祢庙,如小敛奠;乃启。朝于祢庙,重止于门外之西,东面。柩入,升自西阶。正柩于两楹间。奠止于西阶之下,东面北上。主人升,柩东,西面。众主人东即位,妇人从升,东面。奠升,设于柩西,升降自西阶,主人要节而踊。烛先入者,升堂,东楹之南,西面;后入者,西阶东,北面,在下。主人降,即位。彻,乃奠,升降自西阶;主人踊如初。

【注释】

①二庙:祖庙、祢庙,上士朝二庙,下士朝一庙。

【译文】

如果是上士,则要朝祖、祢二庙,在祢庙设祭席,就如小敛之祭那样;接着启殡。朝祢庙时,悬挂物件的横木停放在庙门外的西侧,面朝东。灵柩进入祢庙后,从西阶抬上堂。在东、西楹柱之间调正灵柩的方位。祭品放在西阶之下,面朝东,从北向南排列,以北首为尊。丧主上堂,在灵柩东侧,面朝西而立。众主人在阼阶下东侧,面朝西就位。妇人跟着上堂,在柩西面朝东而立。接着将祭品设于堂上灵柩之西。陈设祭品者上下堂都从西阶上堂时,男子顿足而哭,下堂时,女子顿足而哭。在灵柩之前进入庙门的执烛者,上堂后,站在东楹柱之南,面朝西;在灵柩之后进入庙门的执烛者,站在西阶之东,面朝北,在堂下。丧主下堂,在阼阶下面朝西就位。然后,撤去堂上的祭品,又摆上朝祖庙的祭品,上下堂时都从西阶,男女们像先前那样在规定的仪节处顿足而哭。

（以上记迁祖朝祢庙。）

祝及执事举奠,巾席从而降,柩从、序从如初,适祖。

【译文】

祝和执事拿着撤下的祭品下堂,执巾席者跟随其后,灵柩接着下堂,顺序与出殡宫时一样,于是朝祖庙。

（以上记从祢庙至祖庙的仪节。）

荐乘车[1],鹿浅幦[2],干[3],笮[4],革鞔[5],载旃,载皮弁服,缨、辔、贝勒县于衡[6]。道车[7],载朝服。槀车[8],载蓑笠。将载,祝及执事举奠,户西,南面东上。卒束前而降,奠席于柩西。巾奠,乃墙[9]。抗木,刊[10]。茵著用荼[11],实绥泽焉[12]。苇苞,长三尺,一编。菅筲三,其实皆瀹^⑬,祖,还车不易位。执披者,旁四人。凡赠币,无常。凡糗,不煎。

【注释】

①乘车:柩车。

②鹿浅:夏天的鹿皮,其时鹿毛新生,色浅,故名。

③干:盾牌。

④笮(zé):盛箭的竹器。

⑤靾(xiè):同"绁",马缰。

⑥贝勒:用贝装饰的马络头。

⑦道车:朝夕及燕游时乘的车。

⑧槀(gào):散。散车,田猎时乘的车。

⑨墙:装饰灵柩。

⑩刊:削。

⑪著:充塞。茶:菅茅的花,白色。

⑫绥:一名廉姜,姜类植物,生于沙石之中。泽:泽兰,草名。

⑬瀹(yuè):浸渍。

【译文】

朝祖庙时陈设的乘车,车前横木上覆盖着浅色鹿皮,车上放着盾牌、箭袋、革制的马缰,插着旞旗,又载着皮弁服,缨带、缲绳,有贝饰的马络头,都悬挂在车衡上。死者生前上朝或燕游时乘的车上,放着朝服;田猎时乘的车上,放着蓑衣和斗笠。灵柩将要载上车时,祝和执事捧着祭品,站在室户之西,面朝南,从东向西排列,以东首为尊位。灵柩装车,前端束缚完毕时,祝和执事下堂,在灵柩之西设祭席。接着用巾覆盖祭品,然后装饰柩车。抗木,要经过整削。茵的夹层内塞上菅茅的花,再塞上廉薑和泽兰草,用以防潮。苇苞,以三尺长为一编,以便于包牲。菅草编织的筲箕有三个,盛于其中的黍、稷、麦都已用水浸渍过。

准备出发时,调转车头,使之朝向门外,但车仍在原位。在车旁执拨的人,左右各四位。凡是宾客赠送玩好之物,数量没有规定。凡是作祭品用的粉饼之类,都不用油煎。

(以上记在祖庙中载柩、陈器、设祭等。)

唯君命,止柩于堩①,其余则否。车至道左,北面立,东上。柩至于圹,敛服载之②。卒窆而归,不驱。

【注释】

①堩(gèng):道路。

②敛服载之:将乘车、道车、槀车上的朝服等集中在柩车内带回。

【译文】

只有宰夫奉国君之命在国门向丧主赠助丧之物时,才能将柩车停在路上,其他情况不得停柩车于路。乘车等到达墓道左侧后,面朝北,先到者在东,后到者在西,以东为尊。柩车到达墓圹,灵柩落葬后,将各车所载的衣服等集中到柩车上带回。葬毕而归时,不驱赶车子,疑心死者的精魂还要回家。

(以上记柩车在道及葬毕返归。)

君视敛,若不待奠,加盖而出;不视敛,则加盖而至,卒事。

【译文】

国君亲临大敛之礼,若因故不能等到设祭席后再走,则可以在盖棺后离去;若未及赶上大敛,则应在盖棺之后再到,然后到祭事完毕再离去。

(以上记国君亲临大敛。)

　　既正柩，宾出，遂、匠纳车于阶间^①。祝馔祖奠于主人之南，当前辂，北上，巾之。

【注释】

①遂：遂人，掌徒役之事者。匠：匠人，掌柩葬之事者。

【译文】

　　在堂上两楹之间调正柩的方位后，丧主送宾出门，此时，遂人与匠人将柩车拉到堂下东、西阶之间。祝在丧主之南陈设祖奠，西侧正对着柩车的前辂，祭品的陈设，以北为尊，上面用巾覆盖。

（以上记设祖奠。）

　　弓矢之新，沽功^①。有弭饰焉^②，亦张可也。有柲^③。设依挞焉^④。有韣^⑤。翭矢一乘^⑥，骨镞，短卫^⑦。志矢一乘，轩輖中^⑧，亦短卫。

【注释】

①沽功：粗功，做工粗恶，表示非实用品。

②弭（mǐ）：弓的两头。

③柲（bì）：一名弓檠，竹制，弓不用时，缚于弓的内侧，以防损坏。

④依：缠弦的衣革。挞：即"箭溜"，大如钱、嵌入弓把之侧，以别上下，射时在弓的右侧、弓的上方。

⑤韣（dú）：弓套。

⑥翭（hóu）：同"鍭"，箭名，近距离射时所用。

⑦卫：箭羽。

⑧轩：车轻。輖（zhōu）：车重；轩輖引申为轻重。轩輖中，指矢的前后轻重均衡，这是随葬的器物，不能实用，实用的矢前重后轻。

【译文】

随葬的弓箭是新的，但做工粗恶，弓的两端以骨角为饰，只要能张开就行，不必切用。有护弓用的祕。还设有缠弦的"柲"和区别弓上下的"挞"。还有弓套。近距离射击用的箭四支，以骨为镞，箭羽很短。习射用的箭四支，前后轻重均衡，箭羽也很短。

（以上记随葬弓箭之制。）

士虞礼第十四

【题解】

　　丧主安葬尸柩后，要迎死者的精气而返回殡宫，于日中致祭，以安其精气、魂魄，称为虞礼。虞是安的意思。虞祭比较简约，无胏俎，不致爵，不加爵，献尸之后不献宾，不旅酬，不嘏。虞祭的次数与时间有等差，士三虞四天，大夫五虞八天，诸侯七虞十二天，天子九虞十六天，但初虞的时间都是在落葬之日。本篇所记为士葬父母之后举行虞祭的正礼。

　　士虞礼。特豕馈食①，侧亨于庙门外之右②，东面。鱼腊爨亚之③，北上。馔爨在东壁④，西面。设洗于西阶西南，水在洗西，篚在东。尊于室中北墉下，当户，两甒醴、酒，酒在东。无禁，幂用绤布；加勺，南枋。素几，苇席，在西序下。苴刌茅⑤，长五寸，束之，实于篚，馔于西坫上。馔两豆菹、醢于西楹之东，醢在西，一铏亚之。从献豆两亚之⑥，四笾亚之，北上。馔黍稷二敦于阶间，西上，藉用苇席⑦。匜水错于槃中，南流，在西阶之南，箪巾在其东。陈三鼎于门外之右，北面，北上，设扃鼏。匕俎在西塾之西。羞燔俎在内西塾上⑧，南顺。

【注释】

①馈:或作归,进献。大夫士之祭为馈食。

②侧亨:烹煮牲体的一侧(左半边)。

③爨(cuàn):灶。

④饎(chì):炊黍稷。

⑤苴(jū):衬垫。刌(cǔn):切断。

⑥从献:先献给祝或主妇,然后再荐。

⑦藉:衬垫。

⑧燔:炙肉。

【译文】

士虞礼。用一只猪致祭死者,在庙门外的右侧,烹煮猪的左半边,灶要朝东。烹煮鱼和腊肉的灶顺次往南陈设,而以最北边的灶为尊。炊黍稷的灶在东墙前,面朝西。洗设在西阶的西南,水在洗的西侧,篚在洗的东侧。酒尊放在室中北墙下,正对着室的门户之处,醴和酒各一甒,酒甒在东。甒不用"禁"承托,放在地上即可,甒的口部用粗葛布覆盖,上面放勺,勺柄朝南。素色的几和苇席,陈设在西序之下。作衬垫用的白茅切成五寸长,捆束后放入篚内,然后在堂的西坫上。将盛有菹菜和肉酱的两个豆陈设在西楹柱之东,肉酱在西,菹菜在东,再往东是一只有盖的铏。主人先献给祝的两个豆又在铏东,主妇献给尸和祝的四个笾再在其东,笾豆的陈列,都以北为尊位。盛黍稷的两个敦陈设在堂下东、西阶之间,以西侧的黍为尊,敦的底下以苇席为衬垫。供尸洗手的匜盛着水放在盘中,匜的流水口朝南,设在西阶之南,盛擦手巾的竹簞放在匜的东侧。在门外的右侧陈设三只鼎,鼎面朝北,以最北的鼎为尊,每鼎都配设鼎杠和鼎盖。放有匕的俎陈设在西塾之西。进烤肉的俎陈设在门内西塾之上,俎首朝北尾朝南。

(以上是陈设牲酒器具。)

　　主人及兄弟如葬服，宾执事者如吊服，皆即位于门外，如朝夕临位。妇人及内兄弟服、即位于堂，亦如之。祝免①，澡葛绖带②，布席于室中，东面，右几；降，出，及宗人即位于门西，东面南上。宗人告有司具，遂请拜宾。如临③，入门哭，妇人哭。主人即位于堂，众主人及兄弟、宾即位于西方，如反哭位。祝入门，左，北面。宗人西阶前北面。

【注释】

①免（wèn）：通"绖"，丧服名。

②澡：洗，此指洗去葛的莩垢。

③临：朝夕哭。

【译文】

　　丧主及众兄弟依然穿着丧服，助祭的宾客依然穿着吊服，都在庙门外即位，与朝夕哭时的位置一样。妇人和内兄弟身穿丧服，在堂上即位，位置也与朝夕哭时一样。丧祝服绖，用洗过的葛做绖带，在室中铺席，席面朝东，几在席右；然后下堂、出门，与宗人在门的西侧就位，面朝东，以站在南边者为尊。宗人禀告丧主，有司已准备完毕，接着又请丧主礼拜来宾。像朝夕哭时那样，丧主和众兄弟入门号哭，妇人们也跟着号哭。丧主在堂上即位，众主人和堂兄弟、来宾在堂下西方即位，与朝夕哭的位置相反。丧祝入门后，站在左侧，面朝北。宗人在西阶前面朝北而立。

　　（以上是主宾入门即位。）

　　祝盥，升，取苴降，洗之；升，入设于几东席上，东缩①；降，洗觯；升，止哭。主人倚杖，入。祝从，在左，西面。赞荐菹醢，醢在北。佐食及执事盥，出举，长在左。鼎入，设于西阶前，东面北上。匕俎从设。左人抽扃、鼏。匕，佐食及右人载。卒，杜者逆退复位。俎入，设于豆东；鱼亚之；腊特。赞设二敦于俎南，黍，其东稷。设一铏于豆南②。佐食出，立于户西。赞者彻鼎。祝酌醴，命佐食启会。佐食许诺，启会，却于敦南，复位。祝奠觯于铏南，复位。主人再拜稽首。祝飨③，命佐食祭。佐食许诺，钩袒④，取黍稷祭于苴，三；取肤祭⑤，祭如初。祝取奠觯祭，亦如之；不尽，益，反奠之。主人再拜稽首。祝祝卒⑥，主人拜如初，哭，出复位。

【注释】

①东缩：东纵，自西向东放设，以西为上。

②铏（xíng）：盛菜羹的器皿。

③飨：请神享祭。

④钩袒：卷起衣袖，露出臂肩。

⑤肤：颈项。

⑥祝祝卒：前一祝字指丧祝，后一祝字指丧祝读的祝辞。

【译文】

丧祝洗手，上堂，取西坫上篚内的白茅后下堂，再洗净白茅，接着上堂，入室放在几东侧的席上，由西向东纵向陈放。又下堂，洗涤酒觯，然后上堂，众人停止号哭。丧主将丧杖倚靠在在西序下，走入室内。祝跟随其后，入室后站在左侧，面朝西。赞者进上菹菜和肉酱，肉酱放在北侧。接着，尸的佐食者及助祭的宾洗手，再出门抬鼎，宾之长在鼎的左边抬。鼎抬进门后，放置在西阶之前，鼎面朝东，以北边的鼎为尊。匕和俎紧接着往鼎的东边放。鼎左的人放下鼎后抽去鼎杠，撤去鼎盖。用匕将鼎中的牲肉取出来，由佐食者与来宾之长放在俎上。放毕，执柲者按与入门时相反的顺序退出，回到原位。牲俎端入室中后，放在豆的东侧;再往东是鱼俎;腊肉俎单独放在牲俎和鱼俎之北。赞者将两个盛黍稷的敦放置在俎的南侧,黍在西,其东是稷。在豆的南侧放一只盛有菜羹的铏。于是,佐食者出室,站在门户之西。赞者撤去空鼎。丧祝在觯中酌上醴酒后,命令佐食者打开敦盖。佐食者应诺,打开敦盖,仰置于敦的南侧,再回到原位。丧祝将觯放在铏南,然后回到原位。丧主再拜叩首,虞祭正式开始。祝祷请死者的神灵来享祭,又命佐食者祭神。佐食者应诺后,挽起袖子,露出双臂,将黍稷放在切碎的白茅上致祭,祭毕,再取黍稷致祭,一共三次;接着取猪的颈脖上的肉致祭,也像刚才那样祭三次。丧祝拿起铏南侧的觯祭祀,用勺舀觯中之醴,浇在白茅上,但不能舀空,然后再添满,放回原处。丧主再拜叩首。丧祝读完祝辞,丧主又像刚才那样再拜叩首,然后号哭着出门,回到西阶上的位置。

(以上是设馔神。)

祝迎尸①。一人衰绖,奉篚,哭从尸。尸入门,丈夫踊,妇人踊。淳尸盥②,宗人授巾。尸及阶,祝延尸。尸升,宗人诏踊如初。尸入户,踊如初,哭止。妇人入于房。主人及祝拜妥尸③,尸拜,遂坐。

【注释】

①尸:代表死者受祭的人,一般由死者的孙子担任。

②淳(zhūn):浇灌。

③妥:安坐。

【译文】

丧祝迎接尸入庙。丧主的一位兄弟身穿衰绖的丧服,双手捧篚,哭着跟随尸后。尸入门时,男子们顿足而哭,妇人们也跟着顿足而哭。执事者为尸浇水洗手,宗人递上擦手巾。尸走到阶前,丧祝上前请尸上堂。

尸上堂后，宗人像尸初入门时那样诏告丧主等顿足而哭。尸入室后，丧主等还像刚才那样顿足，但停止号哭，以示对尸的尊敬。妇人们到房中暂避，以便让执事者入室。丧主和丧祝拜请尸安坐；尸回拜，然后坐下。

（以上是迎尸安坐。）

从者错篚于尸左席上，立于其北。尸取奠，左执之，取菹，擩于醢，祭于豆间，祝命佐食堕祭[1]。佐食取黍稷肺祭，授尸，尸祭之。祭奠，祝祝，主人拜如初。尸尝醴，奠之。佐食举肺脊授尸。尸受，振祭，哜之，左手执之。祝命佐食迩敦[2]。佐食举黍，错于席上。尸祭铏，尝铏。泰羹湆自门入[3]，设于铏南；臡四豆[4]，设于左。尸饭，播余于篚。三饭，佐食举干；尸受，振祭，哜之，实于篚。又三饭，举胳，祭如初。佐食举鱼腊，实于篚。又三饭，举肩，祭如初。举鱼腊俎，俎释三个。尸卒食，佐食受肺脊，实于篚；反黍，如初设。

【注释】

①堕(huì)：祭名，专指尸放下祭品而祭。

②迩(ěr)：接近。

③泰羹：大羹。湆(qì)：肉汁。

④臡(zì)：大块的肉。

【译文】

跟从尸入门的那位丧主兄弟，将篚放在尸左边的席上，然后站在席的北侧。尸拿起铏南边的醢，用左手执持，然后取菹菜，在肉酱中蘸一下，放在两豆之间祭祀。祝命令佐食者协助尸堕祭。佐食者取黍稷和祭肺，授给尸，尸接过来后放下致祭。祭毕放回原处，丧祝读祝辞，丧主像先前那样，再拜叩首。尸尝一口醴酒，然后将醢放回原处。佐食者拿

肺、脊授给尸。尸接受后振祭,再尝一口,用左手拿着,放入俎豆中。丧
祝命佐食者将敦移过来。佐食者拿起盛黍的敦,放在席上。接着,尸祭
铏中的菜羹,并尝一口。大羹肉汁从庙门外端进来后,放在铏的南侧;
大块的肉盛在四个豆内,放在铏的左边。尸用手抓饭吃,吃余的饭放在
篚中。尸吃三口饭,佐食者就奉上肋条肉;尸接受后,振祭之,然后尝一
口,再放入篚中。尸又吃三口饭,佐食者奉上猪的小腿肉,尸像刚才那
样振祭。佐食者又奉上鱼和兔腊肉,尸不接受,佐食者便放入篚中。尸
又吃三口饭,佐食者奉上猪肩肉,尸像刚才那样振祭之。佐食者又奉上
鱼俎和兔腊肉俎,每俎都只放三条鱼或三块兔腊肉,尸吃完后,佐食者
接过吃剩的肺、脊,放入篚中,再把盛黍的敦放在最初的位置。

　　(以上是飨尸。)

　　主人洗废爵,酌酒,酳尸[①]。尸拜受爵,主人北面答拜。
尸祭酒,尝之。宾长以肝从,实于俎,缩[②],右盐。尸左执爵,
右取肝,擩盐,振祭,哜之,加于俎。宾降,反俎于西塾,复
位。尸卒爵,祝受,不相爵[③]。主人拜,尸答拜。祝酳授尸,
尸以醋主人[④];主人拜受爵,尸答拜。主人坐祭,卒爵,拜;尸
答拜。筵祝[⑤],南面。主人献祝;祝拜,坐受爵;主人答拜。
荐菹醢,设俎。祝左执爵,祭荐,奠爵,兴;取肺,坐祭,哜之,
兴;加于俎,祭酒,尝之。肝从。祝取肝擩盐,振祭,哜之,加
于俎,卒爵,拜。主人答拜。祝坐授主人。主人酌,献佐食;
佐食北面拜,坐受爵;主人答拜。佐食祭酒,卒爵,拜。主人
答拜,受爵,出,实于篚,升堂复位。

【注释】

　　①酳(yìn):献酒。

②缩:纵,肝在俎上纵向放置。

③不相爵:不命令丧主拜送爵。

④醋:回报。

⑤筵祝:为祝铺席。

【译文】

　　丧主洗涤废爵,酌上酒,献给尸。尸拜丧主后接爵,丧主面朝北答拜还礼。尸祭爵中之酒,然后尝酒。来宾之长跟从主人之后向尸献肝俎,肝纵向放在俎的左侧,右侧是盐。尸左手执爵,右手取肝后,蘸上盐,振祭之,再尝一口,然后放到俎上。宾客之长下堂,将俎放回西塾,再回到原位。尸将爵中的酒饮毕,祝接过空爵,不再赞襄丧主拜送爵。丧主拜尸,尸答拜还礼。丧祝酌酒递给尸,尸用它酢丧主;丧主拜谢后接爵,尸答拜还礼。丧主坐下祭酒,然后将爵中的酒饮毕,再拜尸,尸答拜还礼。有司为丧祝铺席,在北墙之下,席面朝南。丧主以爵酌酒献给丧祝,丧祝行拜礼,然后坐下接爵,丧主答拜还礼。接着,献上菹菜和肉酱,为祝设燔俎。丧祝左手执爵,右手祭菹菜和肉酱,然后放下爵,再起身,从俎上取过肺,坐下祭祀,再尝一口,然后起身,把肺放回俎上,接着祭酒,祭毕尝酒。执事跟从来宾之长之后接着献上肝俎,祝拿起肝蘸上盐,进行振祭,祭毕,尝一口,再放回俎上。然后将爵中的酒饮毕,拜谢丧主,丧主答拜还礼。丧祝坐着将空爵递给丧主。丧主在爵中酌上酒,献给佐食者,佐食者面朝北向丧主拜礼,再坐下接爵,丧主答拜还礼。佐食者祭爵中之酒,然后将它喝完,再向丧主行拜礼。丧主答拜还礼,再接过空爵,下堂,放入篚中,然后上堂回到原位。

　　(以上是丧主向尸、丧祝、佐食者献酒。)

　　主妇洗足爵于房中①,酌,亚献尸②,如主人仪。自反两笾枣、栗③,设于会南,枣在西。尸祭笾,祭酒,如初。宾以燔从,如初。尸祭燔,卒爵,如初。酌献祝,笾燔从;献佐食;皆如初。以虚爵入于房。

【注释】

①足爵：装饰有足的爵。

②亚献：第二次献。

③自反：自己返回堂上取两笾，入设于室，无人赞助。

【译文】

丧主之妇在房中洗涤足爵，酌上酒，第二次向尸献爵，其间仪节与丧主向尸献爵时一样。丧主之妇自己返回堂上，取盛有枣和栗的两个笾，再入室陈设在敦盖之南，枣笾在西侧，栗笾在东侧。尸祭笾中的枣栗，又祭酒，其间仪节与丧主献尸时一样。接着，宾跟从丧主之妇之后向尸献烤肉，仪节与丧主献尸时一样。尸祭烤肉后，将爵中之酒饮毕，其仪节与丧主献尸时一样。丧主之妇在空爵中酌上酒又献给祝，接着又献上笾食和烤肉；最后向佐食者献酒；其仪节都像丧主献尸时一样。献毕，丧主之妇拿着空爵进入房内。

（以上是丧主之妇亚献。）

　宾长洗繶爵^①，三献，燔从，如初仪。

【注释】

①繶爵：器口与器足之间有篆文的爵。

【译文】

来宾之长洗涤繶爵，酌上酒，第三次向尸献爵，接着献烤肉，其间仪节与前面一样。

（以上是来宾之长三献。）

妇人复位。祝出户，西面告利成①。主人哭，皆哭。祝入，尸谡②。从者奉篚哭③，如初。祝前尸。出户，踊如初；降堂，踊如初；出门，亦如之。

【注释】

①利成：养礼完毕。利，身体之养。

②谡(sù)：起身。

③从者：指前文身穿衰绖丧服的丧主的一位兄弟。

【译文】

妇人们回到阼阶上面朝西之位。丧祝走出室户，面朝西禀告丧主，养礼已经完毕。丧主想到神将离走而号哭，男女们都随之号哭。丧祝走入室内，尸起身。丧主的一位兄弟捧着篚跟从在尸之后号哭，其仪节与刚才入门时一样。丧祝在尸的前面引路。尸出室时，丧主及男女们顿足而哭，就像尸入室时那样；尸下堂时，又像尸上堂时那样顿足而哭；尸出门时，又像尸进门时那样顿足而哭。

（以上是三献之礼完毕尸出门。）

祝反，入，彻，设于西北隅①，如其设也几在南，厞用席②。祝荐席，彻入于房。祝自执其俎出。赞阖牖户。

【注释】

①设于西北隅：尸出室后，将祭席改设于西北隅，即所谓"阳厌"。

②厞(fèi)用席：在室的西北角用席围隅，以求幽隐。厞，室角的隐蔽处。

【译文】

丧祝送尸出门后，返入室中，撤去神前的祭品，改设在室的西北角，祭品的陈设方式与改设前一样。几放置在祭席之南，屋的西北角用席围隔。执事者将祝的荐席撤至房内。丧祝自己拿着俎出室,赞礼者合上窗和门。

（以上是改设祭席。）

　　主人降,宾出。主人出门,哭止。皆复位。宗人告事毕。宾出,主人送,拜稽颡。

【译文】

　　丧主下堂,来宾走出殡宫门。丧主送至殡宫门外时,哭声停止,丧主、众兄弟及来宾都回到门外朝夕哭时的位置。宗人向丧主禀告:虞祭之事已毕。于是,来宾出大门,丧主相送,拜了又叩首。

（以上是礼毕送宾。）

　　记

　　虞,沐浴,不栉。陈牲于庙门外,北首,西上;寝右①。日中而行事。

【注释】

　　①寝右:将牲体的右半边平放在地上。虞祭用牲体的左半边,所以将剩下的右半边放在地上。

【译文】

　　记

　　虞祭前,致祭者要洗头洗澡,但不梳头。祭牲陈设在庙门之外,头朝北,以西方为尊;牲体的右半边放在地上。中午时举行虞祭。

（以上记沐浴、陈牲以及开始虞祭的时间。）

杀于庙门西，主人不视。豚解[1]。羹饪[2]，升左肩、臂、臑、肫、骼、脊、胁，离肺。肤祭三，取诸左臄上[3]；肺祭一[4]，实于上鼎。升鱼：鲔鲋九，实于中鼎。升腊，左胖，髀不升，实于下鼎。皆设扃鼏，陈之，载犹进柢，鱼进鬐。祝俎，髀、脰、脊、胁、离肺，陈于阶间，敦东。

【注释】

①豚解：将豚分解为前后四足、一块脊骨、二块胁骨，共七块。

②羹：肉羹。饪：煮熟。

③臄（yì）：颈脖的肉。

④肺祭：即祭肺。

【译文】

在庙门外的西侧杀牲，丧主不亲临现场。豚体按规定分解为七块。肉羹煮熟后，将牲体左半边的肩、臂、前胫骨、股骨、脊骨、胁骨以及切成块的肺从镬中取出，放进鼎中。取猪颈脖上的肉祭祀，祭一次取一块，一共三次，从左边的颈脖上取；划割而不切断的肺一块，放入上边的鼎内。接着放鱼，鲔鱼或鲫鱼九条，放入中间的鼎内。放兔腊肉，用左半边的，但后股处不能放入，除去后放入下边的鼎内。每鼎都配设鼎杠和鼎盖。牲肉放在俎上后，要像士丧礼时那样，牲肉之骨的根端朝前，如果放着鱼，则鱼鳍也要朝前。丧祝的俎上，放着牲的髀骨、颈骨、脊骨、胁骨和切断的肺，陈设在东、西阶之间，敦的东边。

（以上记陈设鼎俎。）

淳尸盥，执槃，西面。执匜，东面。执巾在其北，东面。宗人授巾，南面。

【译文】

浇水让尸洗手时，执盘接弃水者面朝西而立。执匜浇水者面朝东而立。执擦手巾者在其北侧，面朝东而立。由宗人将擦手巾递给尸，面朝南而立。

（以上记为尸盥洗的面位。）

主人在室，则宗人升，户外北面。佐食无事，则出户，负依南面①。铏芼，用苦②，若薇，有滑③：夏用葵，冬用荁④，有柶。豆实，葵菹。菹以西，蠃醢。笾，枣烝，栗择。

【注释】

①依：室的门与窗之间的地方。

②苦：苦菜，一名荼。

③滑：用以调味，并使菜滑腻的菜。

④荁（huán）：堇菜类。

【译文】

丧主在室时，宗人上堂，在室户之外面朝北而立。佐食者无事时，则走出室户，背对门窗之间的地方，面朝南而立。铏中作菜羹的菜，用苦菜，或者用薇，用以调味的菜：夏天用新鲜的葵菜，冬天用晒干的堇菜，铏中放有角柶，用以和羹。豆中盛的是葵菹。菹的西侧，放的是螺酱。笾中盛的食物，枣子是蒸过的，栗子是挑选过的。

（以上记笾豆所盛食物。）

尸入，祝从尸。尸坐不说屦。尸谡，祝前，乡尸①；还，出户，又乡尸；还，过主人，又乡尸；还，降阶，又乡尸；降阶，还，及门，如出户。尸出。祝反，入门左，北面复位，然后宗人诏降。尸服卒者之上服②。男，男尸。女，女尸；必使异姓③，不使贱者④。

【注释】

①乡：通"向"。

②上服：爵弁服。

③异姓：指媳妇。媳妇对丈夫家而言属异姓；孙女是同姓，但不能承祖母之重，所以不能立为尸。

④贱者：指庶孙之妾。

【译文】

丧祝迎尸时，在前引路，并先行入门，等尸入门后，丧祝再跟随于尸后。尸坐下时不脱鞋，以示侍神不敢怠惰。尸起身时，丧祝为其前导，先面向尸，再转身，导引尸出门。接着又面向尸，然后转身引路，从丧主前走过，又面向尸；再转身，下堂，又面向尸；等尸下堂后，又转身引路，走到庙门时，其仪节与出室门时一样。尸出庙门后，丧祝返回，从庙门左侧入内，在门左，面朝北回复到原位，此时，宗人诏告丧主下堂。尸身穿死者的上服。死者是男子，则以男子为尸。死者若是女子，则以女子为尸，但一定要以异姓的孙媳妇为尸，不得以庶孙之妾为尸。

（以上记虞尸、侍尸的仪节。）

无尸①，则礼及荐馔皆如初。既飨，祭于苴。祝祝卒，不绥祭②，无泰羹、湆、胾，从献。主人哭，出复位。祝阖牖户，降，复位于门西；男女拾踊三，如食间③。祝升，止哭；声三，启户。主人入；祝从，启牖、乡④，如初。主人哭，出复位。卒彻，祝、佐食降，复位。宗人诏降如初。

【注释】

①无尸:指没有可以为尸的孙辈。

②绥祭:即前文"祝命佐食墮祭,佐食取黍稷肺祭,授尸,尸祭之"的过程。

③食间:尸一食九饭的时间。

④乡:为"飨"字之误。

【译文】

如果没有可以作尸的人,则祭祀者的衣服、即位、升降之礼,以及陈设祭品的仪节,都与有尸时一样。享祭之后,佐食者祭于白茅。祝宣读祝辞完毕,不再举行绥祭,原因是没有尸,没有大羹、肉汁、大块的肉,因为这是为尸加设的,也没有从献之礼。丧主号哭着,走出室门,回到西阶之上的原位。丧祝合上窗和门,下堂,回到门西侧的原位,男女们轮流顿足而哭三遍,所用的时间与尸一食九饭的时间差不多。丧祝上堂,哭声停止。祝在室门前接连三次发出"噫兴"的叫声。然后打开室户。丧主入室,丧祝跟随其后,打开窗,飨食,仪节与先前一样。丧主号哭,然后出室到西阶之上复位。撤完祭席,丧祝、佐食者下堂,回到原位。宗人像先前那样诏告丧主下堂。

(以上记虞祭无尸时的仪节。)

　　始虞用柔日①,曰:"哀子某②,哀显相③,夙兴夜处不宁。敢用洁牲刚鬣、香合、嘉荐、普淖、明齐溲酒④,哀荐祫事⑤,适尔皇祖某甫。飨!"再虞,皆如初;曰"哀荐虞事⑥"。三虞,卒哭,他⑦,用刚日⑧,亦如初;曰"哀荐成事⑨"。

【注释】

①柔日:天干为乙、丁、己、辛、癸的日子。

②哀子：丧主自称。

③哀显相：指众子及嗣孙。

④刚鬣：猪。香合：黍。嘉荐：菹醢。普淖：黍稷。明齐：新水。溲
　酒：酒名。

⑤祫(xiá)：为新死者当祔于祖而在祖庙举行的合祭。

⑥虞：新死者的魂魄将归安于祖庙。

⑦他：三虞与卒哭相隔三个月，其间可能有其他的祭祀。

⑧刚日：一旬有十日，古人以甲、丙、戊、庚、壬五日为刚日，以乙、
　丁、己、辛、癸五日为柔日。

⑨成：祔祭后礼成。

【译文】

　　第一次虞祭要用柔日，祝辞说："哀子某人，及其他居丧的直系亲
属，日夜悲痛不安。冒昧地用洁牲猪、黍、菹菜、肉酱、黍、稷、新水酿的
酒，哀痛地举行祫祭，以达于您皇考某某。献给！"第二次虞祭，仪节都
和第一次一样，只是最后一句要说成"哀痛地进行虞祭"。第三次虞祭，
至三月后的卒哭，如果有其他祭祀，则要选择刚日，仪节与第一次相同；
第三次虞祭时，最后一句要说成"哀痛地将虞祭之事进行完毕"。

　　（以上记虞祭的择日及祝辞。）

　　献毕①，未彻，乃馈②。尊两甒于庙门外之右③，少南。水
尊在酒西④，勺北枋。洗在尊东南，水在洗东，篚在西。馈笾
豆，脯四脡。有干肉折俎，二尹⑤，缩，祭半尹⑥，在西塾。尸
出，执几从，席从。尸出门右，南面。席设于尊西北，东面。
几在南。宾出，复位。主人出，即位于门东，少南；妇人出，
即位于主人之北；皆西面，哭不止。尸即席坐。唯主人不
哭，洗废爵，酌献尸；尸拜受。主人拜送，哭，复位。荐脯醢，

设俎于荐东，胸在南⑦。尸左执爵，取脯擩醢，祭之。佐食授
哜。尸受，振祭，哜，反之。祭酒，卒爵，奠于南方。主人及
兄弟踊，妇人亦如之。主妇洗足爵，亚献如主人仪，无从，踊
如初。宾长洗繶爵，三献，如亚献，踊如初。佐食取俎，实于
篚。尸谡，从者奉篚，哭从之。祝前，哭者皆从，及大门内，
踊如初。尸出门，哭者止。宾出，主人送，拜稽颡。主妇亦
拜宾。丈夫说绖带于庙门外。入彻，主人不与。妇人说首
绖，不说带。无尸，则不饯。犹出几席，设如初；拾踊三。哭
止，告事毕，宾出。

【注释】

①献：献祭，卒哭有三献之祭。

②饯：送行的酒。卒哭之后，尸将祔于祖庙，所以为之饯行。

③庙门：此指寝门。

④水：即玄酒。

⑤尹：正。折断的肉干，外形必须规正。

⑥缩：祭名。

⑦胸（qú）：中间弯曲的干肉或肉脯。

【译文】

卒哭的三献之礼完毕，荐俎尚未撤去，就为尸饯行。两瓶陈设在寝门
外的右侧，稍向南的地方。盛玄酒的瓶在盛酒的瓶的西侧，瓶上都有勺，
勺柄朝北。洗陈设在瓶的东南侧，水在洗东，篚在洗西。在西塾上陈设笾
豆。笾中盛有干肉四条；俎上放的是两截外形很规整的干肉，另有半块
供缩祭时用的干肉，放在两块干肉之上。尸从室内出来时，执事者持几
而从，执席者也跟从而出。尸出庙门后站在右侧，面朝南，等待设席。席
设在瓶的西北，席面朝东。几设在席的南侧。宾出庙门，回到朝夕哭时的

位置。丧主出门后,在门东稍偏南的地方即位;妇人们出门后,在丧主的北边即位;都是面朝西,号哭不止。尸即席坐下。此时只有丧主不哭,洗涤废爵,酌上酒后献给尸;尸行拜礼后接爵。丧主拜而送之,然后号哭,回到原位。进献干肉和肉酱,又在它的东侧设俎,干肉弯曲的一端朝南。尸左手执爵,右手取干肉,在肉酱中蘸一蘸,然后致祭。佐食者将俎上干肉递给尸。尸接过干肉,进行振祭,接着尝一口,交还佐食者;然后祭酒,再将爵中之酒饮毕,将空爵放在干肉和肉酱之南。此时,丧主和众兄弟顿足而哭,妇人们也是如此。丧主之妇洗涤足爵,第二次向尸献酒,仪节与丧主献尸时一样,只是不以烤肉从献,顿足而哭与第一次献尸时一样。来宾之长洗涤繶爵,第三次向尸献酒,其仪节与第二次献尸时一样,顿足而哭也是如此。佐食者拿起俎上的肉,放入篚中。尸起身,侍从者捧着篚,哭着跟随于后。丧祝在前引导,哭者都跟从于后,走到大门内时,众人像先前那样顿足而哭。尸出门时,停止号哭。来宾出门时,丧主在门外相送,拜了又叩首。丧主之妇也在门内拜送女宾。男子们在庙门外脱去麻布的腰绖,换成葛布的腰绖。大功以下的亲属撤去饯尸的酒食,丧主不参与此事。妇人只脱首绖,不脱腰绖。如果无人可以为尸,则不必饯尸,但还是摆出几和席,摆法与上述相同;男女们轮流顿足而哭三遍。哭声停止后,宗人宣布祭事完毕,于是来宾出门。

　　（以上记饯尸。）

　　死三日而殡,三月而葬,遂卒哭。将旦而祔,则荐[1]。卒辞曰[2]:"哀子某,来日某[3],隮祔尔于尔皇祖某甫[4]。尚飨[5]。"女子,曰"皇祖妣某氏"。妇,曰"孙妇于皇祖姑某氏"。其他辞,一也。飨辞曰:"哀子某,圭为而哀荐之[6]。飨。"

【注释】

①荐：即侁，卒哭之夕，为新死者将祔于祖庙而设的祭祀。

②卒辞：荐毕告以将祔日期的祝辞。

③来日：次日，祔祖庙之日。某：指代次日的干支。

④隮（jī）：升。

⑤尚：庶几。差不多。

⑥圭：洁净。

【译文】

　　士死三日而移棺于殡宫，三月之后落葬。落葬后，举行卒哭之祭。次日天明举行祔祭，则当日夕时要举行荐祭。荐祭完毕，告知将祔日期的祝辞说："哀子某人，将于明天某干支，升于您的皇祖某某之庙。庶几可以受到缩祀！"如果新死者是女子，将升于祖母之庙，祝辞说："升于您的皇祖妣某氏之庙。"如果新死者是孙子的媳妇，祝辞说："孙妇升于皇祖姑某氏。"其余的辞令，都是一样。缩尸之辞说："哀子某某，备下洁净的供品，哀敬地献上，请享用！"

　　（以上记卒哭后告祔及缩尸之辞。）

　　明日，以其班祔①。沐浴，栉，搔翦②。用专肤为折俎③，取诸脰膉。其他如馈食。用嗣尸④。曰："孝子某，孝显相，夙兴夜处，小心畏忌，不惰其身，不宁。用尹祭、嘉荐、普淖、普荐、溲酒⑤，适尔皇祖某甫，以隮祔尔孙某甫。尚飨。"

【注释】

①班：次序，此指昭穆之序。

②搔：通"爪"，手足的指甲。

③专：厚。肉有厚薄，专肤指肥厚的肉。

④用嗣尸：仍用虞祭卒哭之尸。嗣，相继。

⑤尹祭：即脯。普荐：中之羹。

【译文】

卒哭的次日，按新死者的昭穆次序祔于祖庙。至此，死者的亲属可以洗头、洗澡、梳头、剪指甲。将肥厚的猪肉与节折的牲肉一起，放在丧主之妇以下的俎上，肉从猪的颈脖处取。祔祭的其他仪节与特牲馈食礼一样。尸还是由虞祭卒哭时的尸担任。祔祭之辞说："孝子某某，及其他居丧的直系亲属，从早起到夜居，小心畏忌，不敢怠惰其身，不敢安宁。用干肉、莥菜、肉酱、黍稷、菜羹、溲酒，致祭，以达于您皇祖某某，以升您的孙某某。请受飨！"

（以上记祔祭之礼及告祔之辞。）

期而小祥①，曰："荐此常事。"又期而大祥②，曰："荐此祥事。"中月而禫③。是月也，吉祭④，犹未配⑤。

【注释】

①小祥：祭名，士死一周年时举行。孝子自此除首服，服练冠。

②大祥：祭名，士死二周年时举行，孝子自此除一服，服朝服缟冠。

③中：间隔。禫(dàn)：祭名，于大祥后一个月举行，孝子自此除服。

④吉祭：指春、夏、秋、冬四季的常祭，常祭属吉祭，通常都要配祭。

⑤配：配祭，此指母亲先亡，未与新亡的父亲配祭。父母的配祭，从禫祭之后才能开始。

【译文】

士死一周年而有小祥之祭，祝辞基本相同，只是最末一句变为"献祭品于这如期的小祥之祭"。又过一周年而有大祥之祭，祝辞基本相同，只是末一句变为"献祭品于这如期的大祥之祭"。再过一个月而有禫祭。这一个月，如果适逢四时常祭，虽是吉祭，仍不能将先亡故的母亲与新亡的父亲配祭。

（以上记小祥、大祥、禫祭。）

特牲馈食礼第十五

【题解】

　　特牲馈食礼是诸侯之士每逢岁时在宗庙祭祀祖父、父亲的礼仪,属于吉礼。天子、国君祭祀用太牢,即牛、羊、猪各一;卿、大夫用少牢,即羊、猪各一;诸侯之士用一猪,即所谓特牲。馈食,是向鬼神进献牲和黍稷等祭品。上士父、祖别庙,中士、下士父、祖同在一庙,但特牲馈食礼无论别庙、同庙、祭祖、祭父,仪节完全相同。核心仪节为阴厌、尸九饭、三献尸等。

　　特牲馈食之礼。不诹日①。及筮日,主人冠端玄,即位于门外,西面。子姓兄弟如主人之服②,立于主人之南,西面北上。有司群执事,如兄弟服,东面北上。席于门中,阈西阈外。筮人取筮于西塾③,执之,东面受命于主人。宰自主人之左赞命,命曰:"孝孙某,筮来日某,诹此某事,适其皇祖某子④,尚飨!"筮者许诺,还,即席,西面坐。卦者在左,卒筮,写卦。筮者执以示主人。主人受视,反之。筮者还,东面。长占,卒,告于主人:"占曰'吉'。"若不吉,则筮远日,如初仪。宗人告事毕。

【注释】

①诹（zōu）：商议，选择。

②子姓兄弟：受祭者的子孙，子姓，意为子所生。

③取筮：取蓍草。

④某子：皇祖的字。

【译文】

特牲馈食之礼。诸侯之士的特牲馈食礼不预先商定祭祀的日期。到卜筮祭祀日期的那天，主人玄冠玄端，在庙门外的东边即位，面朝西。受祭者的子孙穿着与主人一样的服装，站立在主人的南侧，都面朝西，由北向南排列，而以北首为尊。有司和助祭的执事们，身穿与受祭者的子孙同样的服装，在庙门西边就位，面朝东，由北向南排列，以北首为尊。有司在门中央的门橛之西、门限之外的地方铺席。筮人从西塾取蓍草，执持在手，面朝东听命于主人。宰在主人的右侧传达主人之命，命筮之辞说：“孝孙某某，卜筮未来某日之吉凶，谋此祭事，以往皇祖某之庙祭祀。请皇祖某受飨！”筮者应诺后，转身回到西塾之席，面朝西而坐。卦者在其左侧，卜筮毕，将卦写在版上。筮者拿着版给主人看。主人接过来看了之后，还给筮者。筮者转身，回到庙门之西，面朝东而立。众筮者依年齿长幼之序占卜，占毕，禀告主人说：“占卜的结果是‘吉利’。”如果占卜的结果是不吉利，则再在本旬以外的日子里占筮、选择，其仪节与这一次一样。最后，宗人宣布筮日之事完毕。

（以上是筮日。）

前期三日之朝①，筮尸，如求日之仪。命筮曰：“孝孙某，诹此某事，适其皇祖某子，筮某之某为尸②。尚飨！”

【注释】

①前期三日：祭祀前三天。

②某之某：前一某字为父之字，后一某字为子之名。

【译文】

祭祀前三天的清早，通过卜筮来决定尸的人选，其仪节与筮祭日时一样。命筮之辞说："孝孙某某，谋此某事，以往祭于皇祖某某，筮问某人之子某某为尸。请受缩！"

（以上为筮尸。）

乃宿尸①。主人立于尸外门外。子姓兄弟立于主人之后，北面东上。尸如主人服，出门左，西面。主人辟；皆东面，北上。主人再拜，尸答拜。宗人摈辞如初，卒曰："筮子为某尸，占曰'吉'，敢宿！"祝许诺，致命。尸许诺，主人再拜稽首。尸入，主人退。

【注释】

①宿：是"速"的假借字，邀请。

【译文】

接着，前往邀请尸。主人站在尸家的大门之外，面朝北。受祭者的子孙站在主人身后，面朝北，从东向西排列，以东首为尊。尸穿着与主人一样的服装，出外门后站在左侧，面朝西。于是主人避位，与身后的众人一起变为面朝东，从北向南排列，以北首为尊。主人向尸行再拜礼，尸答拜还礼。宗人为摈者，所用辞令与宰赞命筮尸之辞大体相同，只是最末一句改为："筮问由某子为某人的尸，占筮的结果是'吉利'。所以冒昧地前来邀请！"祝应诺，向尸转达主人之命。尸表示允诺，主人向尸再拜叩首。于是，尸入门，主人等退归。

（以上是邀请尸。）

　　宿宾。宾如主人服，出门左，西面再拜。主人东面，答再拜。宗人摈，曰："某荐岁事，吾子将莅之，敢宿！"宾曰："某敢不敬从！"主人再拜，宾答拜。主人退，宾拜送。

【译文】

　　前往邀请嘉宾。宾穿着与主人一样的衣服，出门后站在左边，面朝西向主人行再拜礼。主人站在门右，面朝东，再拜作答。宗人为摈者，致辞说："某人将有岁时之祭，想请您光临，特冒昧相邀！"宾回答说："某人岂敢不恭敬从命！"主人再拜，宾答拜还礼。主人退归。宾拜送。

　　（以上是邀请嘉宾。）

　　厥明夕[1]，陈鼎于门外，北面北上。有鼏。枋在其南[2]。南顺，实兽于其上[3]，东首。牲在其西[4]，北首，东足。设洗于阼阶东南，壶、禁在东序，豆、笾、铏在东房，南上。几、席、两敦在西堂。主人及子姓兄弟即位于门东，如初。宾及众宾即位于门西，东面北上。宗人、祝立于宾西北，东面南上。主人再拜，宾答再拜。三拜众宾，众宾答再拜。主人揖入，兄弟从，宾及众宾从，即位于堂下，如外位。宗人升自西阶，视壶濯及豆笾，反降，东北面告濯、具。宾出，主人出，皆复外位。宗人视牲，告充[5]。雍正作豕[6]。宗人举兽尾，告备[7]；举鼎鼏，告洁。请期，曰："羹饪[8]"。告事毕，宾出，主人拜送。

【注释】

　　①厥明夕：宿宾次日的傍晚，即致祭前二天的傍晚。

②桙(yú)：盛放酒器的木盘。

③兽：指腊兔。

④牲：指猪。

⑤充：肥大。

⑥雍正：雍人之长，雍人是掌割烹的小吏。

⑦备：完备。

⑧羹饪：肉羹煮熟。

【译文】

邀请嘉宾的次日傍晚，将鼎陈设在庙门外，鼎面朝北，由北向南排列，以北边的鼎为尊。鼎有盖。盛放酒器的木盘在鼎的南侧，南北向陈放，腊兔放在木盘上，头朝东。祭牲在木盘的西侧，头朝北，足朝东。洗陈放在阼阶的东南，壶、承尊器陈放在东序前，豆、笾、铏陈放在东房内，从南向北排列，以南首者为尊。几、席和两敦都陈放在西堂。主人和受祭者的子孙在庙门外的东侧即位，与初筮时一样。嘉宾和众宾在庙门的西侧就位，面朝东，从北向南排列，而以北首为尊。宗人和祝站在众宾的西北，面朝东，从南向北排列，而以南首的位置为尊。主人向宾行再拜礼，宾也行再拜礼作答。主人向众宾拜三拜，表示遍拜，众宾行再拜礼作答。主人拱手行礼后入门，兄弟跟从其后，宾和众宾跟从于兄弟之后，接着都在堂下即位，位置与在门外一样。宗人从西阶上堂，检视荐献用的壶是否已洗净，豆笾等祭器是否备齐，接着转身下堂，面朝东北禀告主人，所需器具均已洗净、备齐。于是，宾出庙门，主人随后出门，都回到刚才在庙门外站立的位置。宗人检视祭牲是否合于要求，接着禀告主人，祭牲肥硕。雍正用竹策拨动作祭牲的猪，观察其声音、气息，以确认其是否健康。宗人掀起兔腊的尾巴，禀告主人腊物无伤缺；接着又掀起鼎盖，禀告主人鼎内洁净。然后向主人请示致祭的时间，主人说："明天一早肉羹煮熟时开始。"宗人宣布检视祭器、祭牲之事已经完毕，于是宾出门，主人拜送。

（以上为检视祭器、祭牲。）

　　夙兴，主人服如初，立于门外东方，南面，视侧杀①，主妇视馆爨于西堂下②。亨于门外东方③，西面北上。羹饪，实鼎，陈于门外，如初，尊于户东，玄酒在西。实豆、笾、铏，陈于房中，如初。执事之俎④，陈于阶间，二列，北上。盛两敦，陈于西堂，藉用萑⑤，几席陈于西堂，如初。尸盥匜水，实于槃中；簞巾，在门内之右。祝筵几于室中，东面。主妇纚笄，宵衣，立于房中，南面。主人及宾、兄弟、群执事，即位于门外。如初。宗人告有司具。主人拜宾如初，揖入，即位，如初。佐食北面立于中庭。

【注释】

①侧杀：杀一牲，"侧"与"特"意思相通，都是指独一。

②馆（chì）：炊黍稷。爨：灶。

③亨：通"烹"，煮。

④执事：指宾和兄弟。

⑤萑（huán）：细苇。

【译文】

　　祭祀之日清晨起身，主人身穿视濯时所穿的衣服，站立在庙门外东侧，面朝南，亲自检视宰杀祭牲。主妇在西堂下的灶前检视炊煮黍稷。烹煮猪、鱼、腊肉的灶在门外东方，灶面都朝西，从北向南排列，以北首的灶为尊。肉羹煮熟后，放入鼎内，陈设在庙门外，位置与视濯时一样。酒壶陈设在室户之东，玄酒在西侧。盛有食物的豆、笾、铏，陈设在房内，位置与视濯时一样。执事们的俎，陈设在东西阶之间，从北往南排成两行，以北首为尊。两个敦分别盛黍稷，陈设在西堂，垫在下面的席子,是用细苇织成的,几和席陈设在西堂,位置与昨天的一样。尸洗手用的匜盛着水,放在盘中;竹箪内放着擦手巾,以上诸物都陈设在门内右侧。祝将供神凭依的席铺设在室的西南隅。席面朝东。主妇用帛束发,再加簪绡髻,身穿黑色缯衣,站在房中,面朝南。主人和宾、兄弟、众执事,都在庙门外即位,位置与昨天的一样。宗人禀告主人:有司已准备完毕。主人拜宾,仪节与视濯时一样,然后相揖而入,各就其位,仪节也和视濯时一样。佐食者面朝北站立在庭中。

(以上是致祭前的陈设及位次。)

主人及祝升[1],祝先入,主人从,西面于户内。主妇盥于房中,荐两豆:葵菹、蜗醢,醢在北。宗人遣佐食及执事盥,出。主人降,及宾盥,出。主人在右,及佐食举牲鼎。宾长在右,及执事举鱼腊鼎。除鼏。宗人执毕先入[2],当阼阶,南面。鼎西面错,右人抽扃,委于鼎北。赞者错俎,加匕。乃枇。佐食升肵俎[3],鼏之,设于阼阶西。卒载。加匕于鼎。主人升,入复位。俎入,设于豆东。鱼次,腊特于俎北。主妇设两敦黍稷于俎南,西上;及两铏铏芼设于豆南,南陈。祝洗,酌奠,奠于铏南,遂命佐食启会。佐食启会,却于敦南,出,立于户西,南面。主人再拜稽首。祝在左,卒祝,主人再拜稽首。

【注释】

①主人及祝升:本节记"阴厌",即尸入室之前,在屋角设祭席。

②毕:祭器名,木制,前端分叉,指挥执事陈放器物时用。

③肵(qí)俎:盛祭牲心、舌的俎,用以敬尸。

【译文】

主人和祝上堂，接着，祝先走入室中，主人跟随其后，面朝西站在门内。主妇在东房中洗手后进献两个豆，里面分别盛着葵菜和螺酱，酱放在葵菜之北。宗人让佐食者和执事洗手后出门。主人下堂，与宾洗手后出门抬鼎。主人在鼎的右侧，与鼎左的佐食者抬起牲鼎。来宾之长在鼎右，与鼎左的执事者抬起鱼、腊之鼎，抬鼎前，先去鼎盖。宗人手执"毕"，先于抬鼎者入门，在正对着阼阶的地方，面朝南而立。鼎在庭中面朝西放置，右侧的人抽去鼎杠，放在鼎北。赞礼者将俎放在鼎西，再在其上放匕。鼎右侧的人用匕取出鼎中的牲体。左侧的人将牲体放在俎上。佐食者准备好肵俎，盖好后，陈放在阼阶之西。三鼎内的牲体放置完毕，将匕放在鼎上。主人上堂，走入室中，回复原位。豕俎端入室中后，陈设在豆的东侧。再往东放鱼俎，腊俎单独放在豕俎之北。主妇将盛黍稷的两个敦陈设在俎的南侧，东西排列，以西边的敦为尊；盛肉羹和菜羹的两只铏陈设在豆的南侧，从北向南排列。祝洗涤觯，再酌上酒放在铏的南侧，接着命令佐食者打开敦盖。佐食者打开敦盖，将敦盖仰置于敦的南侧，然后出室，站在门的西侧，面朝南。主人再拜叩首。祝在主人的左侧，向神致辞完毕，主人再拜叩首。

（以上为阴厌。）

祝迎尸于门外。主人降，立于阼阶东。尸入门左，北面盥。宗人授巾。尸至于阶，祝延尸；尸升，入；祝先，主人从。尸即席坐，主人拜妥尸[①]。尸答拜，执奠；祝飨，主人拜如初。祝命挼祭[②]。尸左执觯，右取菹揳于醢[③]，祭于豆间。佐食取黍、稷、肺祭，授尸。尸祭之，祭酒，啐酒，告旨。主人拜。尸奠觯答拜；祭铏[④]，尝之，告旨。主人拜，尸答拜。祝命尔敦[⑤]。佐食尔黍稷于席上，设大羹湆于醢北。举肺脊以授尸。尸受,振祭。哜之,左执之;乃食,食举。主人羞肵俎于腊北。尸三饭,告饱。祝侑,主人拜。佐食举干⑥;尸受,振祭,哜之。佐食受。加于肵俎;举兽干、鱼一,亦如之。尸实举于菹豆。佐食羞庶羞四豆,设于左,南上,有醓。尸又三饭,告饱。祝侑之,如初;举骼及兽、鱼,如初。尸又三饭。告饱。祝侑之,如初;举肩及兽、鱼如初。佐食盛肵俎,俎释三个;举肺脊加于肵俎,反黍稷于其所。

【注释】

①妥:安坐。

②绥(suī):尸未食之前的祭祀。

③挼(rǔ):蘸,浸。

④祭铏:祭铏中和有菜的肉羹。

⑤尔:通"迩",近。

⑥干:牲的长肋。

【译文】

祝代表主人到庙门外迎接尸。主人下堂,站立在阼阶之东。尸入庙门后站在左侧,接着面朝北洗手。宗人递上擦手巾。尸走到西阶前,祝在他身后请他上堂;尸上堂后,入室;祝先从阼阶上堂,主人跟从于后。尸即席而坐,主人礼拜尸,请他安坐。尸答拜还礼,拿起放在铏南侧的觯;祝告神享祭,主人像先前那样对尸再拜叩首。祝命令举行接祭。尸左手执觯,右手取菹菜,醮上肉酱,在两豆之间祭祀。佐食者取黍、稷、祭肺献给尸以堕祭。尸逐一致祭,接着祭酒,祭毕尝酒,并向主人称赞酒的甜美。主人礼拜尸。尸放下觯答拜还礼;然后,尸祭祀铏中的羹,祭毕尝羹,并向主人称赞羹的甜美。主人拜尸,尸答拜还礼。祝命令将敦移近尸。佐食者将盛黍稷的敦移至尸的席上,接着,将大羹肉

汁陈设在肉酱之北。佐食者拿起肺脊献给尸。尸接过来，进行振祭，祭
毕尝之，用左手拿着；于是吃饭，兼食肺、脊。主人进献肵俎，放肵在腊
俎之北。尸取饭二次，告诉主人已经吃饱。祝劝尸再吃，主人拜尸。佐
食者将牲的长肋献给尸，尸接受后振祭，再尝肋。佐食者接过吃剩的
肋，放在肵俎上；接着又献上兔肋和一条鱼，其间仪节与献长肋时一样。
尸将吃剩的肺脊放在盛菹的豆上。佐食者又进上各种食品共四豆，陈
设在菹醢二豆的左边，从南往北排列，以南首的为尊，内有一豆是肉酱。
尸又取饭三次，告诉主人已经吃饭。祝劝尸再吃，其仪节与前一次劝食
一样。佐食者又献上牲的前肢以及兔、鱼，其仪节与前一次献食时一
样。尸又取饭三次，告诉主人已经吃饱。祝劝尸再吃，其仪节与第一次
劝食时一样；佐食者又献上牲肩及兔、鱼，其仪节与第一次献食时一样。
佐食者将尸吃剩的食物放在肵俎上，准备让尸带回去，原来的俎上，牲、
腊二俎只留三块牲体，鱼俎留三条鱼；又将菹豆上的肺脊放在带走的俎
上，将黍稷放回原处。

（以上是尸九饭。）

主人洗角[①]，升酌，酳尸[②]。尸拜受，主人拜送。尸祭酒，
啐酒，宾长以肝从。尸左执角，右取肝揳于盐，振祭，哜之，
加于菹豆，卒角。祝受尸角，曰："送爵！皇尸卒爵。"主人
拜，尸答拜。祝酌授尸，尸以醋主人[③]。主人拜受角，尸拜
送。主人退，佐食授挼祭。主人坐，左执角，受祭祭之；祭
酒，啐酒，进听嘏[④]。佐食抟黍授祝[⑤]，祝授尸。尸受以菹豆，
执以亲嘏主人。主人左执角，再拜稽首受，复位；诗怀之[⑥]，
实于左袂，挂于季指；卒角，拜。尸答拜。主人出，写嗇于
房[⑦]；祝以筵受。筵祝，南面。主人酌献祝，祝拜受角，主人
拜送。设菹醢、俎。祝左执角，祭豆，兴取肺，坐祭，哜之，兴

加于俎,坐祭酒,啐酒,以肝从。祝左执角,右取肝揳于盐,
振祭,哜之,加于俎,卒角,拜。主人答拜,受角,酌献佐食。
佐食北面拜受角。主人拜送。佐食坐祭。卒角,拜。主人
答拜,受角;降,反于篚;升,入复位。

【注释】

①角:饮酒器名。

②酳(yìn):献酒,尸食毕后献酒,有主人初献、主妇亚献、宾长三献。

③醋(zuò):即酢,回敬酒。

④听:静待。嘏(gǔ):祝福之辞。

⑤抟(tuán):用手团物。

⑥诗:即"持",拿。

⑦写:通"泻",倒出。啬:通"穑",指黍。

【译文】

　　主人洗涤角,上堂酌酒,献给尸。尸拜而受之,主人拜而送之。尸
祭酒,祭毕尝酒,来宾之长跟从主人向尸献上肝俎。尸左手执角,右手
取肝,蘸上盐,振而祭之,祭毕尝肝,再将吃剩的肝放在菹豆上,然后将
角中的酒喝完。祝接过空角,禀告主人:"这是您拜送的酒爵!尸已将
爵中的酒饮完."主人拜尸。尸答拜还礼。祝酌酒献给尸,尸用它酢主
人。主人行拜礼后接过角,尸拜而送之。主人退回原位,佐食者将尸吃
剩的黍稷等给主人,以此堕祭。主人遂坐下,左手执角,右手接过佐食
者送上的黍稷等祭祀;接着祭酒,祭毕尝酒。然后走到尸的前面,等待
尸传达神意、致祝福之辞。佐食者将黍饭搓成团交给祝。祝又献给尸。
尸用菹豆接受黍饭团,然后拿着,亲自向主人致祝福之辞。主人左手执
角,向尸再拜叩首,然后接过黍饭团;回到原位,先将黍饭团捧着放入怀
中,再放入左袖内,将袖口挂在左手小指上;接着,主人将角中的酒饮
毕,礼拜尸。尸答拜还礼。主人出室走入房中,将左袖内的黍饭团倒出

来;祝用笾接住。接着,为祝铺席,席面朝南,主人在角杯中酌上酒后献给祝,祝拜主人后接角,主人拜而送之。于是陈设菹菜、肉酱和俎。祝左手执角,右手祭豆,接着起身取肺,再坐下致祭,祭毕尝之,再起身将肺放在俎上,然后坐下祭酒,祭毕尝酒,有司跟从主人,主人献上肝俎。祝左手执角,右手取肝蘸上盐,振而祭之,尝肝后将肝放在俎上,将角中的酒饮完后,向主人行拜礼。主人答拜还礼,接过空角,酌上酒献给佐食者。佐食者面朝北礼拜主人后接过角,主人拜而送之。于是,佐食者坐下祭酒,接着将角中的酒饮完,向主人行拜礼。主人答拜还礼,并接过空角;然后下堂,将角放回篚中,再上堂,入室回到原位。

（以上是主人初献。）

　　主妇洗爵于房,酌,亚献尸。尸拜受,主妇北面拜送。宗妇执两笾[1],户外坐;主妇受,设于敦南。祝赞笾祭。尸受,祭之,祭酒,啐酒。兄弟长以燔从。尸受,振祭,哜之,反之。羞燔者受,加于肵,出。尸卒爵,祝受爵,命送如初。酢,如主人仪。主妇适房,南面。佐食授祭。主妇左执爵,右抚祭[2],祭酒,啐酒;入,卒爵,如主人仪。献祝,笾燔从,如初仪。及佐食,如初。卒,以爵入于房。

【注释】
①宗妇:指来助祭的同宗之妇。
②抚祭:抚摸祭品而祭。
【译文】
　　主妇在房中洗爵,酌上酒,第二次向尸献酒。尸拜主妇后接爵,主妇面朝北拜而送之。宗妇手执盛有枣、栗的两只笾,坐在门外;主妇接过笾,将它们陈设在敦的南侧。祝协助祭笾中的枣、栗。尸接过笾,祭枣、栗,然后祭酒,祭毕尝酒。兄弟中的最年长者跟从主妇之后献上烤肉。尸接过后,振而祭之,再尝一口,然后递还。献烤肉者接过来,放在肵俎上,然后退出。尸将爵中的酒饮完,祝接过空爵,命主妇拜尸,就像初献时命主人拜尸一样。尸用酒酢主妇,其仪节与酢主人一样。主妇走到房中,面朝南而立。佐食者为主妇堕祭。主妇左手执爵,右手抚祭品而祭,接着祭酒,祭毕尝酒;然后入室,将爵中的酒饮完,其仪节与主人初献时一样。主妇洗爵,酌酒献给祝,有司跟从主妇之后献上盛有枣、栗的笾和烤肉,其仪节与初献时一样。向佐食者献酒,仪节与初献时一样。二献结束,主妇拿着空爵进入房内。

（以上为主妇亚献。）

宾三献,如初[1]。燔从如初。爵止[2]。席于户内。主妇洗爵,酌,致爵于主人。主人拜受爵。主妇拜送爵。宗妇赞豆如初,主妇受,设两豆两笾。俎入设。主人左执爵,祭荐;宗人赞祭。奠爵;兴取肺,坐绝祭,嚌之;兴加于俎,坐捝手,祭酒,啐酒;肝从。左执爵,取肝换于盐,坐振祭。嚌之。宗人受,加于俎。燔亦如之。兴,席末坐卒爵,拜。主妇答拜,受爵,酌醋,左执爵,拜;主人答拜。坐祭,立饮,卒爵,拜;主人答拜。主妇出,反于房。主人降,洗,酌,致爵于主妇,席于房中,南面。主妇拜受爵。主人西面答拜。宗妇荐豆、俎,从献皆如主人。主人更爵酌醋,卒爵,降;实爵于篚,入复位。三献作止爵。尸卒爵,酢。酌献祝及佐食。洗爵,酌致于主人、主妇,燔从皆如初。更爵,酢于主人;卒,复位。

【注释】

①如初:如亚献。

②爵止:尸将宾所献之爵放下不举。

【译文】

　　宾第三次向尸献酒,其仪节与主妇亚献时一样。献酒后从献烤肉的仪节也和亚献时一样。尸将宾所献之爵放下不举。有司在室户之内为主人铺席。主妇洗爵后,酌上酒,献给主人,主人行拜礼后接爵,主妇拜而送爵。宗妇像亚献时那样协助主妇进笾豆,主妇接过两豆两笾,设在主人席前。佐食者拿着俎入室,设在主人席前。主人左手执爵,右手取祭送上来的祭品;宗人协助致祭。接着,主人放下爵,起身取肺,又坐下扯断肺祭祀,祭毕尝肺;再起身将肺放在俎上,然后坐下擦手,再祭酒,祭毕尝酒;有司跟从主妇之后,进上肝俎、烤肉俎。主人左手执爵,右手取肝蘸上盐,坐着振而祭之,然后尝肝。宗人接过肝,放在俎上。接着献烤肉,其仪节也是如此。主人起身,再在席末坐下,将爵中的酒饮完,向主妇行拜礼。主妇答拜还礼,接过空爵,酌上酒自酢,主妇左手执爵,向主人行拜礼,主人答拜还礼。主妇坐着祭祀。站起来饮酒,将爵中之酒饮毕,向主人行拜礼,主人答拜还礼,主妇出室,返回到房中。于是,主人下堂,洗爵,酌上酒,将爵献给主妇,主妇之席在房中,面朝南。主妇向主人行拜礼后接爵,主人面朝西答拜还礼。宗妇进献豆、俎,其仪节以及接着献上的食品,都与主人初献时一样。主人更换酒爵,酌酒后自酬,将爵中的酒饮尽后,下堂;将空爵放入篚中,然后入室回到原位。主人、主妇致爵完毕,宾请尸饮三献时所放下的爵。尸将此爵的酒饮毕,又酌酒酬宾。接着,宾又酌酒献给祝及佐食者。然后,再洗爵,酌上酒献给主人、主妇,从献烤肉,其仪节与亚献时一样。献毕,又更换一爵,酌酒自酢;主人饮毕,宾回到堂下原位。

　　(以上为宾三献。)

　　主人降阼阶,西面拜宾,如初;洗。宾辞洗。卒洗,.揖让升,酌,西阶上献宾。宾北面拜受爵。主人在右。答拜。

荐脯醢，设折俎。宾左执爵，祭豆，奠爵；兴取肺，坐绝祭，哜
之；兴加于俎，坐挩手，祭酒，卒爵，拜。主人答拜，受爵，酌
酢，奠爵，拜。宾答拜。主人坐祭，卒爵，拜。宾答拜，揖，执
祭以降①，西面奠于其位；位如初。荐、俎从设。众宾升，拜
受爵，坐祭，立饮。荐、俎设于其位，辩。主人备答拜焉，降，
实爵于篚。尊两壶于阼阶东，加勺，南枋，西方亦如之。主
人洗觯，酌于西方之尊，西阶前北面酬宾；宾在左。主人奠
觯拜，宾答拜。主人坐祭，卒觯，拜。宾答拜。主人洗觯，宾
辞；主人对，卒洗，酌，西面；宾北面拜。主人奠觯于荐北。
宾坐取觯，还，东面，拜；主人答拜。宾奠觯于荐南，揖复位。
主人洗爵，献长兄弟于阼阶上，如宾仪。洗，献众兄弟，如众
宾仪。洗，献内兄弟于房中，如献众兄弟之仪。主人西面答
拜，更爵酢，卒爵；降，实爵于篚；入复位。

【注释】

①祭：指放在地上的脯、肺等祭品。

【译文】

主人从阼阶下堂，面朝西拜宾，其仪节与检视祭器洗涤情况时一
样；接着洗爵，准备向宾献酒。宾谦辞。主人洗完爵，与宾揖让后上堂，
再酌上酒，在西阶之上献宾。宾面朝北拜主人后接爵。主人在宾的右
侧，面朝北答拜还礼。接着，进献干肉和肉酱，陈放节解的牲体的折俎。
宾左手执爵，右手取豆中的肉酱祭祀，再放下爵；又起身取折俎上的肺，
坐下将肺扯断后祭祀，再尝肺；然后起身将肺放在俎上，再坐下擦手，接
着祭酒，祭毕将爵中的酒饮完，向主人行拜礼。主人答拜还礼，接过空
爵，酌酒自酢，将酒爵放下，向宾行拜礼。宾答拜还礼。主人坐着祭祀，
祭毕将爵中的酒饮完，向宾行拜礼。宾答拜还礼。向主人拱手行礼后，

拿起地上的祭品下堂，面朝西放于原位，祭品都面朝东，笾豆和俎接着往东放。众宾上堂，拜主人后接爵，坐下祭祀，再站起来饮酒。笾豆和俎陈设在每位宾的席前，众宾接爵时向主人行拜礼，主人一一答拜后，下堂，将众宾用过的爵放入篚中。两只盛酒的壶陈设在阼阶之东，上面放着勺，柄朝南，西阶之西的两壶酒的放法也是如此。接着，主人洗酒觯。从西阶的壶中酌酒，然后在西阶之前面朝北酬宾；宾面朝北站在主人左边。主人放下觯拜宾，宾答拜还礼。主人坐下祭祀，接着将觯中的酒饮完，拜宾。宾答拜还礼。主人洗觯，准备向宾献酒，宾谦辞；主人以辞答对，将觯洗好，酌上酒，面朝西而立；宾面朝北行拜礼。主人将觯放在祭品的北侧。宾坐下取觯，转身，面朝东拜主人；主人答拜还礼。宾将觯放在祭品的南侧，向主人拱手行礼后回到原位。主人洗爵，酌上酒，在阼阶之上向兄弟中的年长者献酒，其仪节与向宾献酒一样。主人又洗爵、酌酒，献给众兄弟，其仪节与向众宾献酒一样。主人又洗爵、酌酒，到房中献给姑姐妹和宗妇，其仪节与向众兄弟献酒一样。主人面朝西答拜还礼，接着更换酒爵，酌酒自酢，将爵中的酒饮完，下堂，将爵放入篚中；然后入室，回到原位。

（以上向宾和兄弟献酒。）

长兄弟洗觚为加爵①，如初仪，不及佐食；洗致如初。无从。

【注释】

①加爵：加献之礼所用的爵。大夫、士的特牲馈食礼，正礼为三献之礼，如果除此之外还有其他仪节，则称为加礼。

【译文】

兄弟中的年长者洗觚，作为加献之礼的爵杯，其献尸、拜受、拜送等仪节，与宾三献之礼一样，但献酒不及于佐食者；洗觚、致觚于主人、主妇,其仪节也与宾三献一样,但没有肝俎、烤肉俎等从献的食品。

(以上为兄弟之长献加爵。)

众宾长为加爵,如初,爵止。

【译文】

众宾之长行加献之礼,其仪节也与宾三献一样,但尸接爵后放下不饮,等旅酬完毕再饮。

(以上是众宾长献加爵。)

嗣举奠①,盥入,北面再拜稽首。尸执奠,进受,复位。祭酒,啐酒。尸举肝。举奠左执觯,再拜稽首,进受肝,复位;坐食肝,卒觯,拜。尸备答拜焉②。举奠洗酌入,尸拜受,举奠答拜。尸祭酒,啐酒,奠之。举奠出,复位。

【注释】

①嗣:嗣子,主人的继承人。奠:尸入室前,祝放置在铏南边的酒爵,尸入室后祭而未饮,此时嗣子方举而饮之。

②备:尽。

【译文】

主人的嗣子举起放置在铏南边的爵饮尽,洗手入室,面朝北向尸再拜叩首。尸执爵,上前授给嗣子后,回到原位。嗣子祭酒,祭毕尝酒。尸拿起肝献给嗣子。嗣子左手举起觯,向尸再拜叩首,上前接过肝,回到原位;然后坐下吃肝,又将觯中的酒饮毕,再拜尸。尸每次都答拜还礼。嗣子拿空觯下堂洗涤,上堂酌酒后,入内献给尸,尸拜而受之;嗣子举觯答拜。于是,尸祭酒,祭毕尝酒,然后将觯放在铏南。嗣子拿起觯出室,回到东阶下的原位。

（以上是嗣子献尸。）

兄弟弟子洗酌于东方之尊①,阼阶前北面,举觯于长兄弟,如主人酬宾仪。宗人告祭脀②。乃羞③。宾坐取觯,阼阶前北面,酬长兄弟;长兄弟在右。宾奠觯拜,长兄弟答拜。宾立卒觯,酌于其尊,东面立。长兄弟拜受觯;宾北面答拜,揖,复位。长兄弟西阶前北面,众宾长自左受旅,如初。长兄弟卒觯,酌于其尊,西面立。受旅者拜受。长兄弟北面答拜,揖,复位。众宾及众兄弟交错以辩④。皆如初仪。为加爵者作止爵⑤,如长兄弟之仪。长兄弟酬宾,如宾酬兄弟之仪,以辩。卒受者实觯于篚。宾弟子及兄弟弟子洗,各酌于其尊,中庭北面,西上;举觯于其长,奠觯,拜;长皆答拜。举觯者祭,卒觯,拜;长皆答拜。举觯者洗,各酌于其尊,复初位;长皆拜。举觯者皆奠觯于荐右。长皆执以兴,举觯者皆复位答拜。长皆奠觯于其所,皆揖其弟子,弟子皆复其位。爵皆无算。

【注释】

①兄弟弟子:即兄弟之弟,兄弟中最年幼者。弟子,后生者。

②脀(zhēng):牲体放在俎上,此指俎上的肺。

③羞:庶羞,为饮酒而设,自祝、主人以至内宾,每人四豆。

④交错:众宾执觯由西往东酬众兄弟,众兄弟又执觯由东往西酬众宾,彼此东西互酬。

⑤为加爵者:众宾之长。

【译文】

兄弟中最年幼者洗觯,再到阼阶之东的壶中酌酒,然后站在阼阶前,面朝北,向兄弟中的最年长者献酬,其仪节与主人酬宾时一样。宗人宣布,众宾、众兄弟等以自己俎上的肺致祭。接着献上庶羞。宾坐下取觯,然后走到阼阶之前,面朝北酬敬兄弟中的最年长者,受酬者站在宾的右侧。宾放下觯行拜礼,兄弟中的最年长者答拜还礼。宾站着将觯中的酒饮完,又到阼阶之东的壶中酌酒,酌毕,在阼阶上原位面朝东而立。兄弟中的最年长者拜宾后接觯;宾面朝北答拜还礼,接着向宾拱手行礼,再回到原位。兄弟中的最年长者走到西阶之前,面朝北酬敬众宾之长,众宾之长在其左侧受觯,其仪节与宾酬兄弟之长一样。兄弟中的最年长者将觯中的酒饮完,到西阶之西的壶中酌酒,然后回到西阶前原位面朝西而立。众宾之长行拜礼后接觯。兄弟中的最年长者面朝北答拜还礼,又拱手行礼后,回到原位。众宾与众兄弟东西互酬而遍,其仪节与宾酬兄弟之长、兄弟之长酬宾一样。众宾之长请尸将旅酬前置而未饮的加爵之酒饮完。其仪节与兄弟之长为加爵一样。兄弟中的最年长者酬众宾,其仪节与众宾酬兄弟一样。每人都酬遍。最后一位受酬者将空觯放入篚中。宾中的年幼者和兄弟中的年幼者洗觯,然后分别到西阶之西和东阶之东的壶中酌酒,再到庭中面朝北而立,以站在西侧者为尊;接着分别将觯献给自己的年长者,先放下觯,向长者行拜礼;长者都答拜还礼。两位年幼者举觯祭祀,接着将觯中的酒饮完,然后向年长者行拜礼;年长者都答拜还礼。两位年幼者洗觯,又分别到西阶之西和东阶之东的壶中酌酒,再回到刚才向年长者献酒的位置。年长者都行拜礼。两位年幼者都将觯放在两位长者席前的祭品之右。接着,年长者都执觯起身,年幼者都回到庭中的原位答拜还礼。年长者又都将觯放在原处,向各自的年幼者拱手行礼,年幼者回到阶下各自的位置。随后,众宾客与众兄弟互相劝饮,不计次序和爵数。

(以上为旅酬。)

利洗散^①，献于尸；酢；及祝；如初仪。降，实散于篚。

【注释】

①利：佐食者。散：酒器名，卑贱者敬酒时用。

【译文】

佐食者洗散，酌酒后献给尸；尸酌酒酢佐食者；佐食者又酌酒献给祝；其仪节与宾长加爵时一样。接着，佐食者下堂，将散放入篚中。

（以上是佐食者献尸。）

主人出，立于户外，西面。祝东面告利成^①。尸谡，祝前，主人降。祝反，及主人入，复位。命佐食彻尸俎，俎出于庙门；彻庶羞，设于西序下。

【注释】

①利：供养。

【译文】

主人出室，站在门外，面朝西。祝面朝东禀告主人，供养之礼已成。尸起身，祝为其前导，主人下堂。祝送尸出门后，返回，等主人入室后，再回到原位。祝命佐食者撤去尸的胙俎，并将它送出庙门，让尸的侍者带回去；又撤去各种肴羞，改设在西序之下。

（以上为尸退归。）

筵对席^①，佐食分簋铏^②。宗人遣举奠及长兄弟盥，立于西阶下，东面北上。祝命尝食，簋者举奠许诺^③，升，入，东面。长兄弟对之，皆坐。佐食授举，各一肤。主人西面再拜，祝曰："簋，有以也。"两簋奠举于俎，许诺，皆答拜。若是者三。皆取举,祭食④,祭举⑤;乃食,祭铏,食举。卒食,主人降洗爵,宰赞一爵。主人升酌,酢上篜⑥,上篜拜受爵,主人答拜;酢下篜⑦,亦如之。主人拜,祝曰:"酢,有与也。"如初仪。两篜执爵拜,祭酒,卒爵,拜。主人答拜。两篜皆降,实爵于篚。上篜洗爵,升酌,酢主人;主人拜受爵。上篜即位坐,答拜。主人坐祭,卒爵,拜。上篜答拜,受爵,降,实于篚。主人出,立于户外,西面。

【注释】

①筵对席:在尸席对面另设一席。尸席在东侧,此席在西侧,由嗣子与长兄弟对坐,以便"篜"。

②分簋铏:将敦中的黍分出一半到盖上,以供给东、西席用;铏有两个,则东西席各得其一,此簋即敦。

③篜(jùn):或作馂,吃尸剩下的食物。

④祭食:祭饭。

⑤祭举:祭肉。

⑥上篜:嗣子。

⑦下篜:长兄弟。

【译文】

　　在尸席对面另设一席,以便举行"篜"礼。佐食者将敦中的黍分一半到仰置的盖上,分送至东西二席,两个盛羹的铏也分送二席。宗人让嗣子及兄弟之长洗手,洗毕站在西阶下等候,都面朝东,尊者站在北侧。祝告诉说,开始尝食。兄弟之长和嗣子应诺,接着上堂、入室,嗣子面朝东站在尸席前,兄弟之长在其对面,都坐下。佐食者将俎上剩下的猪肉授给两人,各一块。主人面朝西再拜,祝说:"你们能在吃尸的余食,是因为先祖有德,而受享此祭。"两位篜食者举肉于俎,都应诺,答拜还礼。

如此反复叮咛三遍。祝诏告时,两人都将俎上的肉举起来,接着祭饭,祭肉;然后吃饭,又祭铏中的羹,吃肉。食毕,主人下堂洗爵,宰帮着洗另一爵。主人上堂酌酒,献给嗣子,嗣子行拜礼后接爵,主人答拜还礼;接着酌酒献给兄弟之长,其仪节也是如此。主人行拜礼后,祝又说:"你们饮此酒,当知兄弟相睦。"其仪节与前面一样。两位饮食者执爵而拜,然后祭酒,祭毕将爵中的酒饮完,又拜。主人答拜还礼。两位饮食者都下堂,将空爵放入篚中,嗣子另取一爵,洗过后,上堂酌酒,回敬主人;主人拜而受爵。嗣子即位坐下,答拜还礼。主人坐下祭祀,祭毕将爵中的酒饮完,又、拜。嗣子答拜还礼,接过空爵,下堂放入篚中。于是主人出室,站在室门外,面朝西。

（以上为嗣子和兄弟之长饮食。）

祝命彻阼俎、豆、笾①,设于东序下。祝执其俎以出,东面于户西。宗妇彻祝豆、笾入于房,彻主妇荐、俎②。佐食彻尸荐、俎、敦,设于西北隅,几在南,厞用筵,纳一尊。佐食阖牖户,降。祝告利成,降,出。主人降,即位。宗人告事毕。

【注释】

①阼俎:主人之俎。

②荐:豆、笾。

【译文】

祝命佐食者撤去主人的俎、豆、笾,陈设在东序下。祝拿起自己的俎出室,面朝东站在室门之西。宗妇把祝的豆、笾撤至房内,又撤去主妇的荐、俎。佐食者撤去尸的荐、俎、敦,改设在室的西北角,几放在席的南侧,用席遮盖祭物,再从堂上撤一酒尊于此。接着,佐食者合上窗门,下堂,祝禀告主人,供养之礼已成,然后下堂,出庙门。主人下堂,在阼阶下即位。宗人宣布礼毕。

（以上为阳厌。）

宾出，主人送于门外，再拜。佐食彻阼俎。堂下俎
毕出。

【译文】

宾出门时，主人送到大门外，行再拜之礼。佐食者撤去主人之俎，收藏起来。堂下的俎也都出庙门，让亲友带回家。

（以上为礼毕宾出。）

记

特牲馈食，其服皆朝服，玄冠、缁带、缁韠。唯尸、祝、佐食玄端，玄裳、黄裳、杂裳可也[①]，皆爵韠。

【注释】

①玄裳、黄裳、杂裳：玄裳为上士所服，黄裳为中士所服，杂裳为下　士所服。

【译文】

记

参加特牲馈食之礼，宾及助祭的众兄弟都穿朝服，头戴浅黑色的冠，腰束黑色大带，腹下膝上围着黑色的蔽膝。只有尸、祝、佐食者穿玄端服，下身穿玄裳或黄裳、杂裳，依其身份而定，但围在腹下膝上的蔽膝都是雀色的。

（以上记致祭时的衣冠。）

设洗，南北以堂深，东西当东荣。水在洗东。篚在洗西，南顺，实二爵、二觚、四觯、一角、一散。壶、枓禁^①，馔于东序，南顺，覆两壶焉^②，盖在南；明日卒奠，幂用绤；即位而彻之，加勺。笾，巾以绤也，缥里，枣烝，栗择。铏芼，用苦，若薇，皆有滑；夏葵，冬苣。棘心匕刻^③。牲爨在庙门外东南，鱼腊爨在其南，皆西面；馈爨在西壁。肵俎心舌，皆去本末^④，午割之^⑤，实于牲鼎，载心立、舌缩俎。宾与长兄弟之荐，自东房，其余在东堂。

【注释】

①枓、禁：都是承置壶、尊的器具，枓无足，禁有足。

②覆：倒扣。

③棘心：棘木的心部。刻：刻成龙首形。

④本末：指心舌的两端。

⑤午割：纵横割划。古文的“午”字作纵横交叉形。

【译文】

在庭中设洗，洗与堂的南北间距与堂的深度相同，其东西方的位置，则是正对着堂东角的屋檐。洗手用的水放在洗的东侧。篚在洗的西侧，篚首朝北尾朝南，里面放着两只爵、两只觚、四只觯、一只角、一只散。壶和承尊的枓禁，陈设在东序，器首朝北尾朝南，两只壶倒扣着放在上面，壶盖在南侧；次日致祭时，再将壶翻过来，盛上酒，用粗葛布遮盖；在尸入室即位时再撤去壶盖，放上勺。盛果品的笾上，覆盖着粗葛布做的夹层巾，里子是浅绛色的；笾里的枣是蒸熟的，栗是挑选过去皮的。铏中的菜羹，用的是苦菜，或者薇菜，都有调味的菜：夏天用葵菜，冬天用苣菜。用棘木心做的匕，首端刻成龙头形。煮祭牲的灶在庙门外的东南方，煮鱼和兔腊的灶在其南侧，灶都是面朝西；煮黍稷的灶在西墙前。肵俎上放着的心和舌,都切去了两头,交叉割划过,然后放入牲鼎内,煮熟后放在俎上时,心要立着放,舌要纵向放。宾和兄弟之长的食物先放在东房,其余人的食物则先放在东堂。

(以上记器具等的陈设。)

沃尸盥者一人。奉槃者东面,执匜者西面,淳沃①;执巾者在匜北。宗人东面取巾,振之三②,南面授尸;卒,执巾者受。尸入,主人及宾皆辟位;出亦如之。

【注释】

①淳沃:徐徐浇水于手。

②振之三:抖动三次,以去掉灰尘。

【译文】

尸洗手时,执匜浇水、捧盘接水以及执巾者各一人。捧盘者面朝东,执匜者面朝西,徐徐浇水;执巾者站在执匜者的北侧。尸洗完手,宗人面朝东接过擦手巾,抖动三次,然后面朝南递给尸;尸擦完手,执巾者接过擦手巾。尸入门时,主人和宾都要从自己的位置退避;尸出庙门时也是如此。

(以上记侍奉尸的礼节。)

嗣举奠①,佐食设豆、盐。佐食当事②,则户外南面;无事,则中庭北面。凡祝呼,佐食许诺。宗人,献与旅齿于众宾③。佐食,于旅齿于兄弟。

【注释】

①奠:此指肝。

②当事：将要有事。

③齿于众宾：与众宾一起，按年齿长幼排序。

【译文】

嗣子举肝而食时，佐食者为之专设一豆，里面放着盐，以便蘸用。佐食者将要有事时，则在室门外面朝南而立；没有事时，则在庭中面朝北而立。凡是祝有事呼唤时，佐食者要应诺。在主人献酒和旅酬时，宗人排在众宾之后，再按年齿排序。旅祭时佐食者排在兄弟之后，再按年齿排序。

（以上记佐食者与宗人的位次。）

尊两壶于房中西墉下，南上。内宾立于其北①，东面南上。宗妇北堂东面，北上。主妇及内宾、宗妇亦旅，西面。宗妇赞荐者，执以坐于户外，授主妇。

【注释】

①内宾：指姑姊妹。

【译文】

将两只盛酒的壶陈设在房内的西墙下，南北排列，以南侧盛玄酒的壶为尊。内宾们站的北边，面朝东，从南向北排列，以南首为尊。宗妇站在北堂，面朝东，北向南排列，以北首为尊。主妇和内宾、宗妇也行旅酬之礼，行礼时面朝西。宗妇中的助祭者，献笾豆时要捧着坐在室门之外，再授给主妇。

（以上记内宾、宗妇的位置和旅酬等仪节。）

尸卒食，而祭馂爨、雍爨①。

【注释】

①饎爨：炊黍稷的灶。雍爨：统指烹煮牲、鱼、腊的灶。雍，通"饔"，割、烹、煎的总称。

【译文】

尸食毕，助祭的宗妇祭祀炊黍稷的灶、烹煮牲、鱼、腊肉的灶。

（以上记祭灶。）

　宾从尸①，俎出庙门，乃反位。

【注释】

①从尸：送尸。

【译文】

助祭的宾送尸出庙门，等尸的俎拿出庙门后，才能入庙门返回原位。

（以上记宾送尸。）

　尸俎：右肩、臂、臑、肫、胳①，正脊二骨，横脊，长胁二骨，短胁。肤三，离肺一，刌肺三②，鱼十有五。腊如牲骨。祝俎：髀、脡脊二骨③，胁二骨，肤一，离肺一。阼俎：臂，正脊二骨，横脊，长胁二骨，短胁。肤一，离肺一。主妇俎：觳折④，其余如阼俎。佐食俎：觳折，脊，胁。肤一，离肺一。宾，骼。长兄弟及宗人，折，其余如佐食俎。众宾及众兄弟、内宾、宗妇，若有公有司、私臣⑤，皆觳脀，肤一，离肺一。

【注释】

①臑（nào）：牲的前肢。肫（chún）：牲后股骨的上部。胳（gé）：牲的

　　后胫骨。

②刌（cǔn）：切断。

③脡（tǐng）脊，中脊。脡：直。

④觳（hú）折：折祭牲的后右足。

⑤公有司：士的同僚、朋友。

【译文】

　　尸的俎上放着：牲体右半边的肩，前肢的上臂、下臂，后肢的上段、胫骨，前脊两块，后脊一块，长胁两块，短胁一块。颈脖上的肉皮三块，划割而不切断的肺一块，切断的肺三块，鱼十五条。兔腊有骨者，部位及数目与牲骨一样。祝的俎上放着：股骨一块，中脊两块，前胁两块，颈脖上的肉皮一块，划割而不切断的肺一块。主人的俎上放着：牲体的左臂，正脊两块，后脊一块，长胁二块，短胁一块，颈脖上的肉皮一块，划割而不切断的肺一块。主妇的俎上放着：折解的牲后右足，其余与主人俎上的一样。佐食者的俎上放着：折解的牲后右足，脊一块、胁一块，颈脖上的肉皮一块，划割而不断的肺一块。宾的俎上放着：后胫骨一块，其它与佐食者一样。兄弟中的最年长者和宗人的俎上有：折解的牲后右足，其它与佐食者一样。众宾以及众兄弟、内宾、宗妇，如果有前来助祭的同僚、朋友、私臣，其俎上都放带肉的骨一块，颈脖上的肉皮一块，划割而不切断的肺一块。

　　（以上记各俎的牲体之数。）

　　公有司，门西，北面东上，献次众宾。私臣，门东，北面西上，献次兄弟。升受，降饮。

【译文】

　　前来助祭的众宾及众兄弟等的同僚、朋友，祭祀时站在门的西侧，面朝北，从东向西排列，以东首为尊，献酒时排在众宾之后，再按年齿排序。家臣，祭祀时站在门的东侧，面朝北，从西向东排列，以西首为尊，献酒时排在众兄弟之后，再按年齿排序。接着献酒时，公有司之长与私臣之长上堂接爵，主人答拜后下堂饮酒。

（以上记僚友、私臣的位次。）

少牢馈食礼第十六

【题解】

　　少牢馈食礼，诸侯的卿大夫每逢岁时在祖庙祭祀祖祢的礼仪。古代祭祀之前，先要将选定的祭牲系在"牢"中刍养，牢是关养牲畜的圈栏，因此祭牲称"牢"。一羊、一豕为"少牢"，是卿大夫用牲的规格，以区别于天子、诸侯用的"太牢"：一牛、一羊、一豕。本篇记卿大夫正礼，与下篇《有司彻》本为一体，因篇幅过长，分为两篇。本篇核心的仪节为阴厌、尸十一饭、三献尸等。

　　少牢馈食之礼。日用丁、己①，筮旬有一日②。筮于庙门之外。主人朝服，西面于门东。史朝服③，左执筮，右抽上韇，兼与筮执之，东面受命于主人。主人曰："孝孙某，来日丁亥④，用荐岁事于皇祖伯某，以某妃配某氏。尚飨！"史曰："诺！"西面于门西，抽下韇，左执筮，右兼执韇以击筮，遂述命曰⑤："假尔大筮有常。孝孙某，来日丁亥，用荐岁事于皇祖伯某，以某妃配某氏。尚飨！"乃释韇，立筮。卦者在左坐，卦以木。卒筮，乃书卦于木，示主人，乃退占。吉，则史韇筮，史兼执筮与卦以告于主人："占曰从⑥。"乃官戒，宗人命涤,宰命为酒,乃退。若不吉,则及远日,又筮日如初。

【注释】

①日:祭日。丁、己:丁日,己日。依古礼,宗庙祭祀用柔日,即天干
　　为乙、丁、己、辛、癸等五个双日之一的日子,丁日、己日是其中优
　　先选择的日子。

②旬有一日:十一天。占筮一般是在某月下旬的某日,筮下一月上
　　旬的某日,筮日与被筮日的日干相同,如某月下旬丁日,筮下一
　　月上旬的丁日,其间相隔十一天。旬,一旬,十天。

③史:掌卜筮的家臣。

④丁亥:这是假定的日子,并非一定要在丁亥日。

⑤述命:复述主人之命。

⑥从:意思是筮求吉利而得到吉利。

【译文】

　　少牢馈食之礼。祭祀尽可能用柔日中的丁日、己日。日期初步选
定后,要提前一个丁日或己日占筮,即筮问十一天后的丁日或己日是否
吉利。卜筮的仪式在庙门外举行。主人身穿朝服,面朝西站在门的东
侧,史身穿朝服,左手执蓍草筒,右手抽开蓍草筒的上部,放到左手上,
与下部一起拿着,面朝东听令于主人。主人说:"孝孙某某,将于来日丁
亥致祭于皇祖伯某,并以某妃配享某氏。请受缟。"史回答说:"是!"于
是,史面朝西站在门的西侧,抽去蓍草筒的下部,左手执蓍草,右手同时
拿着蓍草筒的上下两部分,用以敲击蓍草,然后复述主人之命说:"借此
常有灵验的大蓍草用以卜筮。孝孙某某,将于来日丁亥,致祭于皇祖伯
某,并以某妃配享某氏,请受缟。"接着,放下蓍草筒,站着占筮,记卦爻
者在左侧坐着,用木条将每一爻记在地上。占筮完毕,再将所得之卦写
在木版上,呈给主人看,然后退下,面朝东而立,由三位占人顺序占筮。
如果占筮的结果吉利,则史将蓍草放回筒内收起来,史同时拿着蓍草筒

和卦向主人禀告："占筮的结果是，得到了所希望的吉利。"于是告诫诸位参与祭祀的官员备齐祭品。宗人命执事洗涤祭器，宰命执事准备祭祀用的酒，然后都退下。如果占筮的结果不吉利，则从下一旬以外的日子中去筮求，其仪节与此相同。

（以上是筮求祭日。）

宿①。前宿一日，宿戒尸②。明日，朝筮尸，如筮日之礼，命曰："孝孙某，来日丁亥，用荐岁事于皇祖伯某，以某妃配某氏，以某之某为尸。尚飨！"筮、卦、占如初。吉，则乃遂宿尸。祝摈，主人再拜稽首。祝告曰："孝孙某，来日丁亥，用荐岁事于皇祖伯某，以某妃配某氏，敢宿！"尸拜，许诺；主人又再拜稽首。主人退，尸送，揖，不拜。若不吉，则遂改筮尸③。

【注释】

①宿：邀请，此指邀请前来助祭的官员等。

②宿戒尸：此尸指尸的候选人。祭祀时作尸的人，要经占筮后才能确定：即从二至三位候选人中选择一人为尸。

③改筮尸：当时改换一尸占筮，不必变旬换日。

【译文】

祭祀之前，要邀请前来助祭的人员。祭祀前两天，邀请尸并告知日期。祭祀前三天早晨，筮定尸的人选，其礼节与筮定祭日时一样。命辞说："孝孙某某，将于来日丁亥致祭于皇祖伯某，并以某妃配享某氏，以某之某为尸。请受飨。"占筮、画卦、旅占等仪节都与筮定祭日时一样。如果占筮的结果是吉利，则随即正式邀请选定的尸参加祭礼。邀请时，祝担任傧相，主人再拜叩首。祝告诉尸说："孝孙某某，将于来日丁亥致祭于皇祖伯某,并以某妃配享某氏,特冒昧地邀请您担任尸!"尸行拜礼后,同意。主人又再拜叩首。主人退下时,尸相送,拱手行礼,但不拜。如果卜筮的结果不吉利,则立即改换一尸占筮。

（以上为筮求尸。）

既宿尸,反为期于庙门之外。主人门东,南面。宗人朝服,北面。曰:"请祭期。"主人曰:"比于子①。"宗人曰;"旦明行事②。"主人曰:"诺!"乃退。

【注释】

①比:比次,决定时间的早晚。子:宗人。

②旦:旦日,即明日。明:质明,天明。

【译文】

邀请过尸之后,返回庙门之外约定祭祀的时辰。主人站在庙门东侧,面朝南。宗人身穿朝服,面朝北,对主人说:"请问祭祀的具体时辰。"主人说:"由你来决定吧。"宗人说:"明日天明时举行。"主人说:"好!"于是退下。

（以上是决定致祭的时辰。）

明日,主人朝服,即位于庙门之外,东方南面。宰、宗人西面,北上,牲北首东上。司马刲羊①,司士击豕②。宗人告备,乃退。雍人概鼎、匕、俎于雍爨③,雍爨在门东南,北上。廪人概甑、甗、匕与敦于廪爨④,廪爨在雍爨之北。司宫概豆、笾、勺、爵、觚、觯、几、洗、篚于东堂下,勺、爵、觚、觯实于篚;卒概,馔豆、笾与篚于房中,放于西方;设洗于阼阶东南,当东荣。

【注释】

①刲(kuī)：刺而杀之。

②击：击而杀之。

③摡(gài)：洗涤。

④廪人：掌米仓的小吏。甑(zèng)：蒸煮器名。廪爨：炊黍稷的灶。

【译文】

次日清晨，主人身穿朝服，在庙门外的东侧即位，面朝南。宰、宗人站在门的东侧，面朝西，从北往南排列，以北首为尊。祭牲的头都朝北，从东向西排列，以东边的为尊。司马杀羊，司士杀猪。宗人禀告主人：一切都已准备完毕。然后退下。雍人在煮鱼和腊肉的灶上洗鼎、匕、俎，煮鱼和腊肉的灶在庙门的东南方，从北向南排列，以北边的灶为尊。廪人在炊黍稷的灶上洗涤甑、甗、匕和敦，炊黍稷的灶在煮鱼和腊肉的灶的北边。司宫在东堂之下洗涤豆、笾、勺、爵、觚、觯、几、洗、篚，勺、爵、觚、觯洗后放在篚中；祭器全部洗完后，将豆、笾和篚拿到房内，放在靠西墙处；洗陈设在阼阶的东南方，与东端的屋翼正对着的地方。

（以上是主人检视杀牲和洗涤祭器。）

　　羹定，雍人陈鼎五，三鼎在羊镬之西①，二鼎在豕镬之西。司马升羊右胖，髀不升，肩、臂、臑、肫、胳②，正脊一、脡脊一、横脊一、短胁一、正胁一、代胁一③，皆二骨以并；肠三、胃三，举肺一、祭肺三，实于一鼎。司士升豕右胖，髀不升，肩、臂、臑、肫、骼，正脊一、脡脊一、横脊一、短胁一、正胁一、代胁一，皆二骨以并，举肺一、祭肺三，实于一鼎。雍人伦肤九④，实于一鼎。司士又升鱼、腊，鱼十有五而鼎，腊一纯而鼎⑤，腊用麋。卒脀，皆设扃幂，乃举。陈鼎于庙门之外，东方，北面、北上。司宫尊两甒于房户之间，同棜，皆有幂，甒有玄酒。司宫设罍水于洗东,有枓⑥,设篚于洗西,南肆。改馔豆、笾于房中,南面,如馈之设,实豆、笾之实。小祝设槃、匜与簞、巾于西阶东。

【注释】

①镬(huò):釜属,烹煮牲体用,形如大盆,无足。

②肫(chún):纯肢骨。

③代胁:前面的胁骨。

④伦:通"抡",选择。肤:牲皮与胁骨之间的肉。

⑤纯:全,此指牲体的左半边与右半边合在一起。

⑥枓(zhǔ):舀水的勺。

【译文】

肉羹煮熟后,雍人陈设五个鼎,其中的三个鼎设在煮羊的大釜之西,两个设在煮猪的大釜之西。司马将羊的右半边从大釜中捞起来放入鼎中,只有靠后窍的部分去掉,不放入鼎中;肩,前肢的上臂、下臂,后肢的上段、中段,前脊骨一块,中脊骨一块,后脊骨一块,后胁骨一块,中胁骨一块,前胁骨一块,每块骨头都由两小块并在一起;肠三截,胃三块,划割而不切断的肺一块,切断的肺三块,都放在一个鼎内。司士将猪的右半边从大釜中取出放入鼎中,靠后窍之处除去,不放入鼎中;肩:,前肢的上臂、下臂,后肢的上段、中段,前脊骨一块,中脊骨一块,后脊骨一块,后胁骨一块,中胁骨一块,前胁骨一块。每块骨头都由两小块并在一起;划割而不切断的肺一块,切断的肺三块,都放入同一鼎中。雍人选择皮、胁之间肉九块,放入同一鼎中。司士又将鱼、腊肉放入鼎中,鱼十五条放一鼎,完整的腊兽放一鼎。腊兽用麋鹿。放置完毕,每鼎都配设鼎杠和鼎盖,接着将鼎抬到庙门之外的东侧陈设,鼎面朝北,从北向南排列,以北边的鼎为尊。司宫将两只盛酒的甒陈设在房和室门之间的地方,底下用同一只杅,上面都用幂覆盖,其中一甒为玄酒。

司宫将盛水的罍放在洗的东侧,罍上有舀水的勺,将篚放在洗的西侧,篚首朝北尾朝南。接着,又将豆、笾改设在房中,面朝南,像馈食时那样陈设,再在豆、笾内放上菹菜、肉酱。小祝将盘、匜和竹筲、擦手巾陈设在西阶之东。

(以上为加祭牲于鼎。)

　　主人朝服,即位于阼阶东,西面。司宫筵于奥[①],祝设几于筵上,右之[②]。主人出迎鼎,除鼏。士盥,举鼎;主人先入。司宫取二勺于篚,洗之,兼执以升;乃启二尊之盖幂[③],奠于杅上;加二勺于二尊,覆之,南柄。鼎序入,雍正执一匕以从,雍府执四匕以从,司士合执二俎以从[④]。司士赞者二人,皆合执二俎以相,从入。陈鼎于东方,当序,南于洗西,皆西面,北上,肤为下[⑤]。匕皆加于鼎,东枋。俎皆设于鼎西,西肆。肵俎在羊俎之北,亦西肆。宗人遣宾就主人,皆盥于洗,长杙[⑥]。佐食上利升牢心舌[⑦],载于肵俎。心皆安下切上[⑧],午割勿没[⑨];其载于肵俎,末在上。舌皆切本末[⑩],亦午割勿没;其载于肵,横之。皆如初为之于爨也。佐食迁肵俎于阼阶西,西缩,乃反。佐食二人。上利升羊,载右胖,髀不升,肩、臂、臑、肫、骼;正脊一、脡脊一、横脊一、短胁一、正胁一、代胁一,皆二骨以并;肠三、胃三,长皆及俎拒;举肺一,长终肺,祭肺三,皆切。肩、臂、臑、肫、骼在两端,脊、胁、肺,肩在上。下利升豕,其载如羊,无肠胃;体其载于俎,皆进下。司士三人,升鱼、腊、肤。鱼用鲋十有五而俎,缩载,右首,进腴[⑪]。腊一纯而俎,亦进下[⑫],肩在上。肤九而俎,亦横载,革顺[⑬]。

【注释】

①奥：屋的西南角，是神位之所在。

②右之：神席朝东而设，"右"即席的南侧。

③二尊：即二瓾。

④合执：将两个鼎的俎一起拿着，每鼎一匕、一俎。

⑤肤：肤鼎，即盛有九块皮胁之间的肉的鼎。

⑥长朼：年长的宾先将牲肉从鼎中取出，接着再由年次的宾取。朼，同"枇"，本是从鼎中取肉的工具，此处当动词用。

⑦佐食上利：即上佐食。佐食者有两人，上佐食与下佐食。利，佐食者。

⑧安下：切去心的下端，使之平正，便于竖立于俎。安，平。

⑨午割：交叉割划。勿没：不使散落。为食时方便，心被交叉划割，但中心部分仍连着，否则就散落为几块了。

⑩本末：上下。

⑪进腴：进献时鱼腹朝前。

⑫进下：进献时下端朝前。

⑬革顺：肉上的皮顺次排列，不乱放。革，皮。

【译文】

主人身穿朝服，在阼阶之东就位，面朝西。司宫在室的西南角为神铺席，祝将供神凭依的几放置在席上，靠南侧。主人到庙门外迎鼎，并揭去鼎盖，表示将要致祭。士洗手后，抬鼎入门；主人为前导。司宫从篚中取出两把勺，再次洗涤，然后一起拿在手中上堂。接着掀去两个瓾上的盖和巾，放在承尊器杆上，又将两把勺分别反扣在两个瓾上，勺柄朝南，再用巾盖好。五个鼎顺序抬进庙门内，雍正持匕跟随于后，作为其属员的二位雍府，又各执两把匕跟在后面。司士拿着两个鼎的俎跟着雍府，司士的两位助手也各拿着两个鼎的俎，跟在后面入庙。将鼎陈设在庭的东边，正对着东序，在洗的西南方，都是面朝西，从北向南排列，以北首为尊，而将肤鼎放在最南处。匕都放在鼎上，柄朝东。俎都放在鼎的西侧，俎面朝西。肵俎设在羊俎之北，也是面朝西陈设。宗人命前来助祭的宾上前就近主人，都在设洗处洗手。宾中的年长者先从鼎中往外取牲肉，其余的宾按年齿为序取牲肉。上佐食将羊和猪的心、舌从鼎中取出，放在肵俎上。心都切去下端，使之平齐可以竖立，上端也切去一块，使之平正，中间则交叉割划，但又连着中部不使散落；将它放在肵俎上时要末端朝上地立着。舌也都切去上下两端，也是交叉划割而又不散落，放在俎上时要横着。心与舌都如最初煮牲那样，先放在灶上烹煮。接着，佐食者将肵俎迁到阼阶之西，向西陈放，然后返回到阼阶东。佐食者共有二人，上佐食将羊牲右半边从鼎中取出，放在俎上，靠后窍的部分除去，放在俎上的为肩，前肢的上臂、下臂，后肢的上段、中段；前脊骨一块，中脊骨一块，后脊骨一块，后胁骨一块，中胁骨一块，前胁骨一块，每块骨都由两小块并在一起；肠三截，胃三块，长度都与俎横向两足之间距离相当；划割而不切断的肺一块，长度与整肺一样；祭肺三块，都是切成块的。肩，前肢的上臂、下臂，后肢的上段、中段放在俎的两端，脊骨、胁骨、肺、肩在俎的上部。下佐食将猪牲从鼎中取出，放在俎上的方式与羊一样，只是没有肠胃；牲体放在俎上，进献时都以下端朝前。三位司士，分别取牲肉载在鱼鼎、腊鼎、肤鼎上。鱼是用的鲫鱼，每十五条放一俎，竖着放，头朝右，进献时鱼腹朝前。腊兽左右体合在一起放在俎上，进献时也是骨的末端朝前，肩在俎的上端。九块肤放在一俎上，也是横着放，有皮的一端顺次而列。

（以上是主人即位后设神席及载牲于俎。）

卒胥，祝盥于洗，升自西阶。主人盥，升自阼阶。祝先入，南面。主人从，户内西面。主妇被锡[1]，衣移袂[2]，荐自东房，韭菹、醓醢；坐奠于筵前。主妇赞者一人[3]，亦被锡，衣移袂，执葵菹、蠃醢，以授主妇。主妇不兴，遂受，陪设于东④，韭菹在南，葵菹在北。主妇兴，入于房。佐食上利执羊俎，下利执豕俎，司士三人执鱼、腊、肤俎，序升自西阶，相，从入。设俎，羊在豆东，豕亚其北，鱼在羊东，腊在豕东，特肤当俎北端。主妇自东房，执一金敦黍⑤，有盖；坐设于羊俎之南。妇赞者执敦稷以授主妇⑥。主妇兴受，坐设于鱼俎南；又兴受赞者敦黍，坐设于稷南；又兴受赞者敦稷，坐设于黍南。敦皆南首。主妇兴，入于房。祝酌，奠，遂命佐食启会。佐食启会，盖二以重，设于敦南。主人西面，祝在左，主人再拜稽首。祝祝曰："孝孙某，敢用柔毛、刚鬣、嘉荐、普淖⑦，用荐岁事于皇祖伯某，以某妃配某氏。尚飨！"主人又再拜稽首。

【注释】

①被锡：即鬄鬊（bìtì），假发。

②衣：穿绡衣。移袂：衣袖的长度与袖口的宽度都加大二分之一，士妻的衣袖长二尺二寸，袖口宽一尺二寸，加大二分之一后，则袖长三尺三寸，袖口宽一尺八寸。

③主妇赞者：指宗妇。

④陪设：接着陈设。

⑤金敦：以金装饰的敦。

⑥妇赞者：即主妇赞者。

⑦柔毛：羊。刚鬣：猪。嘉荐：菹醢。普淖：黍稷。

【译文】

俎上的食物都盛好后，祝在洗前洗手，然后从西阶上堂。主人洗手后从阼阶上堂。祝先入室，在北墙前面朝南而立。主人跟随祝入室，在门内东边面朝西而立。主妇戴着假发，穿的是与士妻一样的绡衣，只是袖长和袖口之宽加大二分之一,从东房端出韭菹、醓肉酱,然后坐下放在席前。主妇的一位助手,也戴着假发,穿着与士妻一样的绡衣,只是袖长和袖口之宽,加大二分之一。她端着葵菹、螺酱,把它授给主妇。主妇不起身,直接接过来,放在东边,但分为两处,韭菹在南侧,葵菹在北侧。于是,主妇起身,进入房内。上佐食执羊俎,下佐食执猪俎,三位司士分别执鱼俎、腊俎、肤俎,依次从西阶上堂,相随入室。陈设俎的方位是,羊俎在豆的东侧,豕俎在豆的北侧,鱼俎在羊俎之东,腊俎在猪俎之东,肤俎单独设在四俎之北。主妇从东房出来,执一有金饰的敦,盛着黍,有盖;主妇坐下,将敦设在羊俎的南侧。主妇的助手执盛稷的敦入室,交给主妇。主妇起身接受,又坐下将它设在鱼俎之南;接着又起身从助手手中接过另一只盛黍的敦,再坐下设在稷敦的南侧;又起身从助手手中接过另一只盛稷的敦,再坐下设在黍敦的南侧。装饰在敦盖上的兽首都朝南。主妇起身,进入房中。祝为神酌上酒,放在席前,命令佐食者打开敦盖。佐食者打开敦盖,每两只重叠在一起,放在敦的南侧。主人面朝西而立,祝在其左侧,主人再拜叩首。祝祷告说:“孝孙某某,谨用羊、猪、菹醢、黍稷,致祭于皇祖伯某,并以某妃配享某氏。请受飨!”主人又再拜叩首。

(以上为阴厌。)

祝出,迎尸于庙门之外。主人降立于阼阶东,西面。祝先,入门右。尸入门左,宗人奉槃,东面于庭南。一宗人奉匜水,西面于槃东。一宗人奉箪、巾,南面于槃北。乃沃尸。盥于槃上,卒盥,坐奠箪,取巾,兴,振之三,以授尸;坐取箪,兴,以受尸巾。祝延尸[①]。尸升自西阶,入,祝从。主人升自阼阶,祝先入;主人从。尸升筵,祝、主人西面立于户内,祝在左。祝、主人皆拜妥尸[②],尸不言[③];尸答拜,遂坐。祝反南面。

【注释】

①延:进,此指祝在尸的后面,请尸上堂。

②妥:安坐。

③尸不言:像神一样沉默。

【译文】

祝出去,到庙门之外迎接尸。主人下堂,站在阼阶之东,面朝西。祝为尸的前导,从门右侧入内后右行。尸从门左侧入内后左行。宗人捧着盘,面朝东站在庭的南边。另一位宗人捧着盛有水的匜,面朝西站在捧盘的宗人之东。还有一位宗人捧着放有擦手巾的箪,面朝南站在捧盘的宗人之北。接着为尸浇水,在盘的上方洗手。洗毕,捧箪的宗人坐下放好箪,取出擦手巾,再起身,用力抖动三次,然后递给尸;接着坐下拿起箪,再起身,用箪接过尸的擦手巾。祝在尸的身后请尸上堂。尸从西阶上堂,然后入室,祝跟从于后。主人从阼阶上堂,祝先入室,主人随之而入。尸即席,祝、主人面朝西站在室门之东,面朝西而立,祝在主人的左侧。祝、主人都向尸行拜礼,并请他安坐,尸沉默不言;尸向祝、主人答拜还礼,然后坐下。祝回到室中面朝南而立的位置。

(以上为迎尸。)

尸取韭菹,辩擩于三豆,祭于豆间。上佐食取黍稷于四敦。下佐食取牢一切肺于俎[①],以授上佐食。上佐食兼与黍以授尸[②]。尸受,同祭于豆祭[③]。上佐食举尸牢肺、正脊以授尸[④]。上佐食尔上敦黍于筵上,右之。主人羞肵俎[⑤],升自阼阶,置于肤北。上佐食羞两铏,取一羊铏于房中,坐设于韭菹之南。下佐食又取一豕铏于房中以从。上佐食受,坐设于羊铏之南。皆芼[⑥],皆有柶。尸扱以柶,祭羊铏,遂以祭豕铏;尝羊铏。食举[⑦]。三饭。上佐食举尸牢干[⑧];尸受,振祭,唘之。佐食受，加于肵。上佐食羞嘏两瓦豆，有醢，亦用瓦豆，设于荐豆之北。尸又食，食嘏。上佐食举尸一鱼；尸受，振祭，唘之；上佐食受，加于肵，横之。又食。上佐食举尸腊肩；尸受，振祭，唘之；上佐食受，加于肵。又食。上佐食举尸牢骼，如初。又食。尸告饱。祝西面于主人之南，独侑不拜。侑曰："皇尸未实⑨，侑！"尸又食，上佐食举尸牢肩；尸受，振祭，唘之；佐食受，加于肵。尸不饭，告饱。祝西面于主人之南。主人不言，拜侑。尸又三饭。上佐食受尸牢肺、正脊，加于肵。

【注释】

①取牢一切肺：取羊、猪的祭肺各一块。牢，羊、猪。切肺，祭肺。

②"上佐食"句：此句"黍"字后当脱一"稷"字。

③同祭：合祭。豆祭：祭豆实之处，即豆间。

④牢肺：指离肺，即划割而不切断的肺。

⑤羞：进献。

⑥芼(mào)：用菜和肉做成的羹。

⑦举：即上文的"牢肺、正脊。"

⑧干：正胁骨。

⑨实：饱。

【译文】

尸取了韭菹，在三个盛酱的豆中逐一蘸遍，然后在豆与豆之间致祭。上佐食从四只敦中取黍稷。下佐食从羊俎和猪俎上各取一块祭肺，递给上佐食。上佐食将祭肺与黍稷一起献给尸。尸接过后，取韭菹合祭于豆间。上佐食捧着羊和猪的祭肺、前脊骨献给尸。上佐食将放在上首的盛黍的敦移近到席上，放在靠近尸的右侧。接着，主人献肵俎,从东阶上堂后,将它放在肤俎之北。上佐食进献两只盛羹的铏,先从房中取羊铏,到尸席前坐下,放在韭菹的南侧。下佐食跟着又从房中取一只猪铏。上佐食接过来后,坐下,将它放在羊铏的南侧。铏中都有加菜,都有勺。尸用勺取羊羹,祭羊铏,接着取猪羹,祭猪铏,再尝羊铏中的羹。接着,尸吃上佐食举上的祭肺和前脊骨。尸又吃三口黍饭。上佐食又将牲的正胁骨献给尸,尸接过后,振而祭之,再尝一口。佐食者接过尸吃剩的正胁骨,放在肵俎上。上佐食献上两瓦豆大块的肉,还有羊、猪的肉酱,也是用两只瓦豆盛着,陈设在韭菹等四只豆的北侧。尸又吃一口饭,又吃豆中的大肉。上佐食将一条鱼献给尸;尸接受后,振而祭之,然后尝一口。佐食者接过尸吃剩的鱼,横放在肵俎上,尸又接着吃一口饭。上佐食将腊兽的肩献给尸;尸接过来,振而祭之,然后尝一口,上佐食接过尸吃剩的兽肩,放在肵俎上。尸又接着吃一口饭。上佐食将羊、猪后肢的上段献给尸,其仪节与刚才一样。尸又接着吃一口饭,然后尸禀告主人已吃饱。祝面朝西站在主人的南侧,只向尸劝食但不拜尸。劝食之辞说:"尊敬的尸还未吃饱,请继续享用!"于是,尸又接着吃一口饭。上佐食将羊、猪的肩献给尸;尸接过来,振而祭之,然后尝一口;佐食者接过尸吃剩的牲肩,放在肵俎上。尸不再吃黍饭,禀告主人已经吃饱。祝面朝西站在主人的南侧,劝尸再吃。主人不说话,但通过向尸行拜礼,劝他继续吃。尸又吃三口饭。上佐食将尸起初尝过后放在菹豆上的祭肺和前脊骨拿起来,放到肵俎上。

（以上是正祭。）

　　主人降,洗爵;升,北面酌酒,乃酳尸、尸拜受,主人拜送。尸祭酒,啐酒。宾长羞牢肝,用俎,缩执俎,肝亦缩;进末,盐在右②。尸左执爵,右兼取肝,擩于俎盐;振祭,啐之,加于菹豆,卒爵。主人拜。祝受尸爵。尸答拜。

【注释】

①酳(yìn)：献酒。

②盐在右：便于尸蘸用。

【译文】

主人下堂，洗爵；又上堂，面朝北酌酒，然后献给尸。尸行拜礼后接过爵，主人拜而送之。尸祭爵中之酒，祭毕尝酒。来宾之长向尸进献羊、猪的肝，用俎盛着，俎要纵向端着，肝也纵向放在俎上；进献时俎和肝的末端都朝前，盐在俎的右侧。尸左手执爵，右手将羊、猪的肝一起拿着，蘸盐；接着振而祭之，祭毕尝一口，然后放在菹豆上，再将爵中的酒饮完。主人向尸行拜礼。祝接过尸饮完的空爵。尸向主人答拜还礼。

（以上为主人献尸。）

祝酌授尸，尸醋主人。主人拜受爵，尸答拜。主人西面奠爵，又拜。上佐食取四敦黍稷；下佐食取牢一切肺，以授上佐食。上佐食以绥祭①。主人左执爵，右受佐食②，坐祭之；又祭酒，不兴，遂啐酒。祝与二佐食皆出，盥于洗，入。二佐食各取黍于一敦。上佐食兼受，抟之，以授尸；尸执以命祝③。卒命祝，祝受以东，北面于户西，以嘏于主人，曰："皇尸命工祝④，承致多福无疆于女孝孙。来女孝孙⑤，使女受禄于天，宜稼于田⑥，眉寿万年⑦，勿替引之⑧。"主人坐奠爵，兴；再拜稽首，兴，受黍，坐振祭，哜之；诗怀之⑨，实于左袂，挂于季指⑩，执爵以兴，坐卒爵，执爵以兴；坐奠爵，拜。尸答拜。执爵以兴，出。宰夫以笾受啬黍。主人尝之，纳诸内⑪。

【注释】

①绥：祭名，将食之前，先取少许黍稷、牲肉而致祭于豆间。绥，或

作"授"读为堕。

②受佐食:受黍稷与肺于佐食者。

③命祝:命令祝复述嘏辞。

④工祝:祝的自称。工,官。

⑤来:是"釐"的假借字,赐给。

⑥稼:耕种。

⑦眉寿:长寿。

⑧勿:无、没有。替:废止。引:长久。

⑨诗:承接。

⑩季指:小指。

⑪内:箧内。

【译文】

祝在爵中酌上酒后授给尸,尸接受后用它酢主人。主人拜尸后接爵,尸答拜还礼。主人面朝西放下爵,又一次拜尸。上佐食从四个敦中取出少许黍稷;下佐食从羊俎和猪俎上各取一块祭肺,递给上佐食。上佐食以黍稷和祭肺请主人绥祭。主人左手执爵,右手接过上佐食的黍稷和祭肺,坐下致祭;接着祭酒,祭毕不起身就尝酒。祝与二位佐食者出室,到设洗处洗手,然后入室。二位佐食者各从一敦中取黍饭。上佐食将两人所取黍饭一并拿在手中,搓成团,再授给尸;尸拿着饭团命祝代表他致辞。向祝交代完毕,祝拿着饭团往东走,面朝北站在室门之西,用嘏辞祝福主人,说:"尊敬的尸命我工祝,赐你无疆之福于孝孙你。赐福于孝孙你,使你受福于天,耕稼于田,长寿万年,永远不废。"主人坐着放好爵,接着起身,再拜叩首,再起身,接过黍饭团,坐下振祭,祭毕尝一口,然后先放入怀中,再放入左袖内,将袖口挂在小指上,再执爵起身,接着又坐下,将爵中的酒饮完,执爵起身;又坐下放好爵,拜尸。尸答拜还礼。主人执爵起身,出门。宰夫用箧接过主人的黍饭团。主人尝一口黍饭团,然后放入箧内。

(以上是尸酢主人。)

主人献祝，设席南面。祝拜于席上^①，坐受。主人西面答拜。荐两豆菹、醢。佐食设俎：牢髀^②，横脊一，短胁一，肠一，胃一，肤三，鱼一横之，腊两髀属于尻^③。祝取菹揳于醢，祭于豆间。祝祭俎，祭酒，啐酒。肝牢从。祝取肝揳于盐，振祭，哜之；不兴，加于俎；卒爵，兴。

【注释】

①祝拜于席上：一般拜不得在席上，此时因室中狭小，只能在席上拜。

②牢髀：羊牲、豕牲体的右髀骨。

③尻：脊骨的末端，在两股骨之间，或称髋。

【译文】

主人向祝献酒，在室中面朝南设席。祝在席上向主人行拜礼，再坐下接爵。主人面朝西答拜还礼。有司献上两只分别盛有葵菹和螺酱的豆。佐食者所设的俎上有羊、猪的右髀骨，后脊骨一块，后胁骨一块，羊肠一截，羊胃一块，肤三块，鱼一条横着放，腊鹿的两块髀骨连着髋骨。祝取菹蘸上肉酱，在豆间致祭。祝祭俎上的肤，接着祭酒，祭毕尝酒。接着献上羊、猪的肝。祝取肝蘸上盐，振而祭之，祭毕尝肝，不起身，将肝放在俎上；然后将爵中的酒饮完，起身。

（以上是主人向祝献酒。）

主人酢献上佐食。上佐食户内牖东北面拜。坐受爵。主人西面答拜。佐食祭酒，卒爵，拜，坐授爵，兴。俎设于两阶之间，其俎：折^①，一肤。主人又献下佐食，亦如之，其肴亦设于阶间，西上，亦折，一肤。

【注释】

①折：即《特牲馈食礼》的记中所说的"觳折"，指折解的牲后右足。

【译文】

主人在爵中酌上酒后献给上佐食。上佐食站在室门之内、窗的东侧，面朝北拜主人，然后坐下接爵。主人面朝西答拜还礼。上佐食祭爵中之酒，祭毕将酒饮完，拜主人，再坐下将空爵交给主人，然后起身。上佐食的俎陈设在东、西阶之间，其俎上放的是：折解的牲后右足，一块皮胁之间的肉。接着，主人又向下佐食献酒，其仪节也是如此。放牲肉的俎也是陈设在东、西阶之间，在上佐食之俎的东侧，而以西侧的上佐食之俎为尊，俎上放的也是折解的牲后右足、一块皮胁之间的肉。

（以上是主人向佐食者献酒。）

有司赞者取爵于篚以升①，授主妇赞者于房户。妇赞者受②，以授主妇。主妇洗于房中，出酌，入户，西面拜，献尸。尸拜受。主妇主人之北西面拜送爵。尸祭酒，卒爵。主妇拜。祝受尸爵。尸答拜。

【注释】

①有司赞者：有司的助手。

②妇赞者：即主妇赞者。

【译文】

有司的助手从篚中取爵后上堂，在东房门前递给主妇的助手。主妇的助手接爵，将它递给主妇。主妇在房中洗爵，出房酌酒后，走入室门，面朝西向尸行拜礼，然后献爵于尸。尸拜主妇后接爵。主妇站在主人的北侧，面朝西行拜礼，送受爵者。尸祭爵中之酒，祭毕将酒饮完。主妇拜尸。祝接过尸的空爵。尸向主妇答拜还礼。

（以上为主妇向尸献酒。）

易爵^①,洗,酌,授尸。主妇拜受爵,尸答拜。上佐食绥
祭。主妇西面,于主人之北受祭,祭之;其绥祭如主人之礼,
不嘏^②;卒爵,拜。尸答拜。

【注释】

①易爵:换爵,换爵者为祝。

②不嘏:不再致嘏辞,因为夫妇一体,不必一一致辞。

【译文】

祝另换一只爵,洗涤后酌上酒,授给尸。主妇向尸行拜礼后接受酢
酒,尸答拜还礼。上佐食为主妇行绥祭。主妇面朝西,站在主人的北
侧,接过黍稷和肺等祭品致祭;绥祭的仪节与主人一样,只是尸不再向
主妇致嘏辞;主妇将爵中之酒饮毕,向尸行拜礼。尸答拜还礼。

（以上是尸酢主妇。）

主妇以爵出。赞者受^①,易爵于篚,以授主妇于房中。
主妇洗,酌,献祝。祝拜,坐受爵。主妇答拜于主人之北。
卒爵,不兴,坐授主妇。

【注释】

①赞者:主妇赞者。

【译文】

主妇执爵出室。主妇的助手从主妇手中接过爵,到篚中更换一只,
到房中交给主妇。主妇洗爵后,酌上酒,献给祝。祝拜主妇后,坐下接
爵。主妇站在主人的北侧答拜还礼。祝将爵中的酒饮完后,不起身,坐

着将空爵交给主妇。

（以上为主妇向祝献酒。）

主妇受，酌，献上佐食于户内。佐食北面拜，坐受爵，主妇西面答拜。祭酒，卒爵，坐授主妇。主妇献下佐食，亦如之。主妇受爵以入于房。

【译文】

主妇接过爵，酌上酒，在室门内献给上佐食。上佐食面朝北拜主妇，然后坐下接爵，主妇面朝西答拜还礼。接着，上佐食祭爵中之酒，祭毕将酒饮完，再坐下将空爵交给主妇。主妇向下佐食献酒，仪节也是如此。主妇拿着空爵回到房中。

（以上是主妇向佐食者献酒。）

宾长洗爵献于尸，尸拜受爵，宾户西北面拜送爵。尸祭酒，卒爵。宾拜。祝受尸爵，尸答拜。

【译文】

来宾之长洗爵，酌上酒献给尸，尸行拜礼后接爵，来宾之长站在室门之西，面朝北拜送接爵者。尸祭爵中之酒，祭毕将酒饮完。来宾之长向尸行拜礼。祝接过尸饮完的空爵，尸向来宾之长答拜还礼。

（以上是宾酢来宾之长。）

祝酌授尸。宾拜受爵。尸拜送爵。宾坐奠爵，遂拜，执爵以兴；坐祭，遂饮，卒爵，执爵以兴；坐奠爵，拜。尸答拜。

【译文】

祝在爵中酌酒后授给尸。来宾之长向尸行拜礼后，接过酢酒。尸拜送接爵者。来宾之长坐下，放爵，接着拜尸，再执爵起身；又坐下祭酒，祭毕饮酒，将爵中之酒饮完，然后执爵起身；再坐下放好爵，向尸行拜礼。尸答拜还礼。

（以上是来宾之长向祝献酒。）

宾酌献祝。祝拜，坐受爵。宾北面答拜。祝祭酒，啐酒，奠爵于其筵前。

【译文】

来宾之长又酌酒献给祝。祝向来宾之长行拜礼，再坐下接爵。来宾之长面朝北答拜还礼。祝祭爵中之酒，祭毕尝酒，然后将爵放在席前。

（以上是宾长终献。）

主人出立于阼阶上，西面。祝出立于西阶上，东面。祝告曰：“利成。”祝入。尸谡。主人降立于阼阶东，西面。祝先，尸从，遂出于庙门。

【译文】

主人出室，站立在阼阶之上，面朝西。祝出室后，站立在西阶之上，面朝东。祝禀告主人说：“供养之礼已经完成。”祝又走入室内。尸起身。主人下堂站在阼阶之东，面朝西。祝上前引路，尸跟随于后，然后走出庙门。

（以上是尸出庙。）

　　祝反,复位于室中。主人亦入于室,复位。祝命佐食彻
胏俎,降设于堂下阼阶南。司宫设对席,乃四人餕。上佐食
盥升,下佐食对之,宾长二人备①。司士进一敦黍于上佐食,
又进一敦黍于下佐食,皆右之于席上。资黍于羊俎两端②,
两下是餕③。司士乃辩举,餕者皆祭黍、祭举④。主人西面,
三拜餕者⑤。餕者奠举于俎,皆答拜,皆反,取举。司士进一
铏于上餕⑥,又进一铏于次餕,又进二豆湆于两下。乃皆
食⑦,食举。卒食,主人洗一爵,升酌,以授上餕。赞者洗三
爵,酌。主人受于户内,以授次餕,若是以辩。皆不拜,受
爵。主人西面,三拜餕者。餕者奠爵,皆答拜,皆祭酒,卒爵,
奠爵,皆拜。主人答壹拜。餕者三人兴,出;上餕止⑧。主人
受上餕爵,酌以醋于户内,西面坐奠爵,拜;上餕答拜。坐祭
酒,啐酒。上餕亲嘏,曰:"主人受祭之福,胡寿保建家室⑨。"
主人兴,坐奠爵,拜,执爵以兴;坐卒爵,拜;上餕答拜。上餕
兴,出。主人送,乃退。

【注释】

①备:四个人饯食,即佐食者二人、宾长二人。

②资:分,减,将黍分出一部分放在羊俎的两端。

③两下:指二位来宾之长。餕以二位佐食者为主,所以以二位来宾
　　之长为下。

④举:举肤。

⑤拜:对餕者拜三次,表示遍拜,即所谓"旅拜"。

⑥上餕:指上佐食,下佐食为次餕。

⑦皆食:指食黍。

⑧止：止步不出。

⑨胡寿：恒寿。

【译文】

祝返回室中，恢复面朝南之位。主人也进入室中，恢复面朝西之位。祝命上佐食撤去肵俎，陈设于堂下阼阶之南。司宫在尸席的对面再设一席。东西相对，接着行四人蕡食之礼。上佐食洗手后上堂，面朝东坐于尸席，下佐食面朝西相对而坐，一位宾长坐在上佐食之北，另一位宾长坐在下佐食之南，至此蕡食者人数齐备。司士将一只盛有黍的敦献给上佐食，又将另一只盛有黍的敦献给下佐食，都设在每人的席右。接着，将二位佐食敦中的黍分出一部分放在羊俎的两端，以便让二位宾长蕡食。司士为每位蕡食者进献一块肤，蕡食者都祭黍、祭肤。主人面朝西，向蕡食者拜三次，表示遍拜。蕡食者将肤放在俎上，离席答拜，然后都回到席上，取肤。司士向上佐食进献一只铏，再向下佐食进献一只铏，又向两位宾长进献两个盛有肉汁的豆。接着都开始吃黍，又吃肤。吃完后，主人下堂洗一只爵，再上堂酌酒，献给上佐食。赞者洗濯三只酒爵，酌上酒。主人在室内接过酒爵，授给下佐食，如此，向每位助食者都献遍。蕡食者都不必向主人行拜礼，就可接爵。主人面朝西，向蕡食者拜三次，表示遍拜。蕡食者放下爵，向主人答拜还礼，然后都祭酒，再将爵中之酒饮完，放下爵，向主人行拜礼。主人总答一拜之礼。蕡食者中的三位起身、出室；只有上佐食止步不出。主人接过上佐食的空爵，在门内酌酒自酢，面朝西坐下放好爵，拜上佐食；上佐食答拜还礼。主人又坐下祭酒，祭毕尝酒。上佐食亲自向主人致祝福之辞，说："主人受此祭祀之福，将享恒寿，并保全和建设家业。"主人起身致意，再坐下放好爵，拜上佐食，又执爵起身，然后坐下将爵中的酒饮完，拜上佐食；上佐食答拜还礼。上佐食起身，走出庙门。主人送至门外，然后退回。

（以上为蕡食之礼。）

有司彻第十七

【题解】

　　本篇记大夫祭祖祢之后，在堂上傧尸的礼节，与《少牢馈食礼》文义相贯。本篇内容可约略分成两部分，从篇首至"主人退，有司彻"为第一部分，记上大夫傧尸；其余为第二部分，记下大夫不傧尸。有司彻，有司指助祭的各位执士，如司士、宰夫等；彻是撤去室中的器物。因为即将在堂上傧尸，原先陈设在室中的馈尸之器，如四豆、五俎、四敦、两铏、四瓦豆、觯，以及祝和佐食者的俎等，都不再使用，所以命有司全部撤去。

　　有司彻。扫堂①。司宫摄酒②，乃燅尸俎③。卒燅，乃升羊、豕、鱼三鼎，无腊与肤；乃设扃鼏，陈鼎于门外，如初。乃议侑于宾④，以异姓。宗人戒侑⑤。侑出，俟于庙门之外。

【注释】

①扫堂：傧尸之礼在堂上举行，所以要重新打扫一遍。

②摄酒：郑玄注云："更洗，益整顿之。"即搅动甒中之酒，意为已成新酒。

③燅（xún）：加温使之热。

④议：选择。侑：劝侑、辅助尸的人。傧尸时由尸担任宾，所以要为

之选择副介作为佐助者,侑者一般选择来宾中的贤者担任。

⑤戒:告请。

【译文】

有司彻。在室中致祭完毕,有司奉命撤去馈尸的器物,为准备行傧尸之礼而扫堂。司宫搅动甒中之酒,接着将尸俎上的牲肉放到锅中加热。加热后,将羊、猪、鱼分别放入三个鼎中,不再设腊鼎与肤鼎;三鼎都设有鼎杠和鼎盖,然后将鼎陈设在庙门之外,位置与祭祖祢前一样。接着,从来宾中挑选一位侑者,被选者必须与尸异姓。宗人告请被选定的侑者。于是,侑者出庙门,等待尸入门。

(以上为选择侑者。)

司宫筵于户西,南面;又筵于西序,东面。尸与侑,北面于庙门之外,西上。主人出迎尸,宗人摈①。主人拜,尸答拜。主人又拜侑,侑答拜。主人揖,先入门,右。尸入门,左;侑从,亦左。揖,乃让。主人先升自阼阶;尸、侑升自西阶,西楹西,北面东上。主人东楹东,北面拜至;尸答拜。主人又拜侑,侑答拜。

【注释】

①摈:赞,导引。

【译文】

司宫在室门外的西边为尸设席,席面朝南;又在西序为侑者设席,席面朝东。此时,尸与侑者都面朝北站在庙门之外,以站在西侧者为尊。主人出庙门迎接尸,宗人为导引。主人向尸行拜礼,尸答拜还礼。主人又向侑者行拜礼,侑答拜还礼。主人向尸拱手行礼,先行从庙门右侧入内。接着尸从庙门左侧入内;侑者跟随于尸后,从庙门左侧入内。

主人与尸三次拱手行礼后，走到阶前，双方互相谦让三次。主人先从阼阶上堂；尸、侑者从西阶上堂后，站在西楹柱的西侧，面朝北，以站在东边的尸为尊。主人站在东楹柱的东侧，面朝北拜谢尸的到来；尸答拜还礼。主人又向侑者行拜礼，侑者答拜还礼。

（以上是迎接尸和侑。）

乃举①，司马举羊鼎，司士举豕鼎、举鱼鼎，以入。陈鼎如初。雍正执一匕以从，雍府执二匕以从，司士合执二俎以从，司士赞者亦合执二俎以从。匕皆加于鼎，东枋。二俎设于羊鼎西，西缩。二俎皆设于二鼎西，亦西缩。雍人合执二俎，陈于羊俎西，并，皆西缩；覆二疏匕于其上②，皆缩俎，西枋。

【注释】

①举：举鼎。傧尸之礼礼数较低，所以举鼎者不必先洗手。举鼎者每鼎二人。

②疏匕：柄上刻有纹饰的匕。

【译文】

于是抬鼎，司马二人抬羊鼎，司士四人分别抬猪鼎、鱼鼎，进入庙门。鼎在门内庭东陈设的位置与祭祖祢时一样。雍正拿着一把匕跟随于鼎后，雍府拿着两把匕跟着雍正，司士将两个俎合在一起拿着，跟着雍府，司士的助手也将两个俎合在一起拿在手中，跟着司士。匕都放在鼎上，柄朝东。两个俎陈设在羊鼎的西侧，俎面朝西。另外两个俎分别陈设在猪鼎和鱼鼎之西，也是俎面朝西。雍人把两只俎一并搬来，陈设在羊俎之西，并列着，都是俎面朝西；将两把柄上刻有纹饰的匕反扣在俎上，与俎的方向一致，柄朝西。

（以上是在阶下陈鼎设俎。）

主人降，受宰几。尸、侑降，土人辞，尸对。宰授几，主人受，二手横执几，揖尸。主人升，尸、侑升，复位。主人西面，左手执几，缩之；以右袂推拂几①，三；二手横执几，进授尸于筵前。尸进，二手受于手间，主人退。尸还几，缩之；右手执外廉②，北面奠于筵上，左之，南缩，不坐。主人东楹东，北面拜。尸复位，尸与侑皆北面答拜。

【注释】

①推拂：推和拂都是掸去灰尘的意思。

②廉：边。

【译文】

主人下堂，准备接宰所奉之几。尸、侑者随之下堂，表示不敢在堂上安处，主人向他们辞谢，尸谦辞以对。宰将几授给主人，主人接过来，双手横执着几，向尸行揖。接着主人上堂，尸、侑者也跟着上堂，各自回到阶上的原位。主人面朝西，左手拿住几的一端，使几纵向朝前；接着用右袖掸去几上的灰尘，一共掸三次；然后，双手横端着几，走到尸席前献给尸。尸上前，双手从主人的双手之间接几，主人退回原位。尸将几转一个方向，纵向拿着，右手执住几的外边，面朝北放置在席的左侧，几面朝南，放置时不必坐下。主人站在东楹柱的东侧，面朝北向尸行拜礼。尸回到西阶上原位，然后尸与侑者都面朝北向主人答拜还礼。

（以上为主人向尸授几。）

主人降洗，尸、侑降，尸辞洗。主人对，卒洗，揖。主人升，尸、侑升。尸西楹西北面拜洗。主人东楹东北面奠爵答

拜,降盥。尸、侑降,主人辞,尸对。卒盥,主人揖,升,尸、侑
升。主人坐取爵,酌献尸。尸北面拜受爵,主人东楹东北面
拜送爵。

【译文】

　　主人下堂洗爵,尸、侑者跟着下堂,表示不敢在堂上安处,尸劝阻主
人下堂洗爵。主人谦词以对,洗毕,向尸拱手行礼。主人上堂,尸、侑者
接着上堂。尸站在西楹柱的西侧,面朝北拜谢主人亲为洗爵。主人站
在东楹柱的东侧,面朝北放下爵,答拜还礼,然后下堂洗手。尸、侑者跟
着下堂,表示不敢在堂上安处,主人辞谢,尸谦词以对。主人洗完手,向
尸拱手行礼,然后上堂,尸、侑者接着上堂。主人坐下拿起爵,酌上酒献
给尸。尸面朝北向主人行拜礼,然后接爵,主人站在东楹柱的东侧,面
朝北拜送受爵者。

　　(以上为主人向尸献爵。)

　　主妇自东房荐韭、菹、醓,坐奠于筵前;菹在西方。妇赞
者执昌、菹、醓以授主妇①。主妇不兴,受。陪设于南,昌在
东方。兴,取笾于房;麷、蕡坐设于豆西②,当外列③;麷在东
方。妇赞者执白、黑以授主妇④。主妇不兴,受。设于初笾
之南⑤,白在西方;兴,退。

【注释】

　　①昌、菹:将菖蒲根切成四寸长做的菹。昌,昌本,即菖蒲根。
　　②麷(fēng):炒麦。蕡(fén):大麻的种子。
　　③外列:豆之南的一列,即韭菹醓之南的昌菹醓。
　　④白:煮稻。黑:煮黍。

⑤初笾：即麷、蕡之笾，因其为先设之笾，故名。

【译文】

主妇从东房端出韭菹和肉酱，坐下，放置在尸的席前；韭菹放在西侧。主妇的助手将昌本菹和肉酱授给主妇。主妇不起身，接过来，重设于南边，昌本菹在东。然后主妇起身，到房中取笾；两个分别盛着炒熟的麦和大麻子的笾，陈设在豆的西边，正对着豆之南的一列；炒熟的麦放在大麻子之东。主妇的助手端着蒸熟的稻米和黍递给主妇。主妇不起身，接过来后，陈设在最初设的麦、麻二笾之南，蒸熟的稻放在黍的西侧，然后起身，退下。

（以上为主妇荐笾豆。）

乃升①。司马乜羊，亦司马载。载右体，肩，臂，肫，骼，臑，正脊一，脡脊一，横脊一，短胁一，正胁一，代胁一，肠一，胃一，祭肺一，载于一俎。羊肉湆②：臑折、正脊一③，正胁一，肠一，胃一，哜肺一④，载于南俎。司士乜豕，亦司士载，亦右体：肩，臂，肫，骼，臑，正脊一，脡脊一，横脊一，短胁一，正胁一，代胁一，肤五，哜肺一，载于一俎。侑俎：羊左肩，左肫，正脊一，胁一，肠一，胃一，切肺一，载于一俎。侑俎：豕左肩折，正脊一，胁一，肤三，切肺一，载于一俎。酢俎⑤：羊肺一，祭肺一，载于一俎。羊肉湆：臂一，脊一，胁一，肠一，胃一，哜肺一，载于一俎。豕胾；臂一，脊一，胁一，肤三，哜肺一，载于一俎。主妇俎：羊左臑，脊一，胁一，肠一，胃一，肤一，哜羊肺一，载于一俎。司士乜鱼，亦司士载：尸俎五鱼，横载之；侑、主人皆一鱼，亦横载之；皆加胑祭于其上⑥。

【注释】

①升:将鼎中的牲体取出来放在俎上。

②羊肉湆:从羊俎上折分出一部分牲肉而成的俎,这是为了表示隆
　重而加设的俎。肉湆,肉在汁中,肉多汁少。

③臑折:将羊俎上的右体之臑折分下来。

④哜肺:离肺,切成块的肺。

⑤阼俎:主人之俎。

⑥胏(hū):有大和覆两个意思;将鱼的下腹最肥美处切成大块,可
　以称为胏,将大块的鱼腹覆在俎上待祭,也可称为胏,此处的胏
　兼有上述两种意思。

【译文】

　　于是,将鼎中的牲体取出放到俎上。司马用匕将鼎中的羊牲取出
来,由另一位司马将它放在俎上。俎上放的是羊牲的右半边,有肩,前
肢的上段,后肢的上段、中段,前肢的下段,前脊骨一块,中脊骨一块,后
脊骨一块,后胁骨一块,中胁骨一块,前胁骨一块,肠一截,胃一块,划割
而不切断的肺一块,都放在同一个俎上。加设的俎,是从有汁的羊肉上
折分下来的:从前肢下半段折下的半块,前脊骨一块,中胁骨一块,肠一
截,胃一块,离肺一块,都放在南边的俎上。司士用匕将鼎中的猪牲取
出来,由另一位司士将它放到俎上,俎上放的也是牲的右半边,有肩,前
肢的上段,后肢的上段、中段,前肢的下段,前脊骨一块,中脊骨一块,后
脊骨一块,后胁骨一块,中胁骨一块,前胁骨一块,肤五块,离肺一块,放
在同一个俎上。侑者的俎上放:羊牲的左肩,左后肢的上段,前脊骨
一块,胁骨一块,肠一截,胃一块,划割而不切断的肺一块,都放在同一
个俎上。侑者的另一俎上放有:从猪俎左肩上折分下来的一块,前脊骨
一块,胁骨一块,肤三块,划割而不切断的肺一块,都放在同一个俎上。
主人的俎上放有:羊肺一块,划割而不切断的肺一块,放在同一个俎上。
有羊肉汁的俎:左前肢的上段一块,脊骨一块,胁骨一块,肠一截,胃一

块，离肺一块，放在同一个俎上。载猪牲的俎上有：前肢的上段一块，脊骨一块，胁骨一块，肤三块，离肺一块，放在同一个俎上。主妇的俎上放有：羊左前肢的下段，脊骨一块，胁骨一块，肠一截，胃一块，肤一块，羊的离肺一块，放在同一个俎上。司士用匕将鱼从鼎中取出，由另一位司士放到俎上：尸的俎上有五条鱼，横着放；侑者之俎和主人之俎各有一条鱼，也是横着放在俎上；俎上都有从鱼腹下切的一大块朊，准备祭祀时用。

（以上为司马设羊俎。）

卒升[①]。宾长设羊俎于豆南，宾降。尸升筵自西方，坐，左执爵，右取韭菹㨎于三豆，祭于豆间。尸取麷、蕡，宰夫赞者取白、黑以授尸。尸受，兼祭于豆祭。

【注释】

①卒升：指尸的羊俎已放好。

【译文】

尸的羊俎准备完毕。宾长将羊俎陈设在豆的南边，然后下堂。尸从西边走到席上，坐下，左手执爵，右手取韭菹，在三个豆中一一蘸过后，在豆之间祭祀。尸取炒熟的麦子、大麻子，宰夫的助手取蒸熟的稻米、黍呈给尸。尸接过来后，同时在豆之间祭祀。

（以上是来宾之长设俎。）

雍人授次宾疏匕与俎。受于鼎西[①]，左手执俎左廉，缩之，却右手执匕枋，缩于俎上，以东面受于羊鼎之西。司马在羊鼎之东，二手执桃匕枋以挹湆[②]，注于疏匕，若是者三，尸兴，左执爵，右取肺，坐祭之；祭酒，兴，左执爵。次宾缩执

匕俎以升,若是以授尸。尸却手受匕枋③,坐祭,哜之;兴,覆
手以授宾。宾亦覆手以受,缩匕于俎上以降。尸席末坐啐
酒,兴,坐奠爵,拜,告旨,执爵以兴。主人北面于东楹东,
答拜。

【注释】

①鼎西:羊鼎之西。

②桃:即歃,一种长柄的勺,勺头部比普通的勺浅;用于从器物内往
　外舀物。二手执桃匕枋,用双手执勺柄是表示恭敬,不敢空垂
　一手。

③却手:仰手,手心向上,与下“覆手”相对。

【译文】

　　雍人将柄部刻有纹饰的匕以及俎递给次宾。次宾站在鼎的西侧接
受,左手执持俎的左边,使俎呈纵向,右手掌仰着握匕柄,再纵向放在俎
上,然后面朝东站在羊鼎之西接羊肉汁。司马站在羊鼎的东侧,双手执
桃匕的柄从羊鼎中取肉汁,再倒入柄部刻有纹饰的匕中,一共三次。尸
起身,左手执爵。右手取羊的祭肺,坐下致祭,接着祭酒,再起身,左手
执爵。次宾纵向端着匕和俎上堂,依然如此递给尸。尸仰着手掌接住
匕柄,坐下祭肉汁,祭毕尝之,然后起身,手心向下拿着匕,将它交给次
宾。次宾也是手心向下接过匕,将它纵向放在俎上,再将匕、俎一起端
下堂。尸坐在席的末端尝酒,又起身,然后坐下放好爵,向主人行拜礼,
称赞酒味甜美,再执爵起身。主人面朝北站在东楹柱的东侧,答拜
还礼。

　　(以上是次宾进献匕和肉汁。)

　　司马羞羊肉湇,缩执俎。尸坐奠爵,兴取肺,坐绝祭①,

唶之;兴,反加于俎。司马缩奠俎于羊湆俎南^②,乃载于羊俎;卒载俎^③,缩执俎以降。

【注释】

①绝祭:绝断肺的下端以祭。

②缩奠俎于羊湆俎南:当作"缩奠湆俎于羊俎南",湆字误置于羊字之后,当在奠字之后。

③卒载俎:"俎"字为衍文,应删。

【译文】

　　司马进献有汁的羊肉俎,纵向端着。尸坐下放好爵,再起身从俎上拿肺,然后坐下扯断肺的下端进行祭祀,祭毕尝肺;接着起身,将吃剩的肺放回俎上。司马将有汁的羊肉俎放在羊俎的南侧,再将有汁的羊肉全部放到羊俎上,放完后,纵向端着空俎下堂。

　　(以上为司马放带汁羊肉于羊俎。)

　　尸坐执爵以兴。次宾羞羊燔,缩执俎,缩一燔于俎上,盐在右。尸左执爵,受燔,揳于盐;坐振祭,唶之;兴,加于羊俎。宾缩执俎以降^①。尸降筵,北面于西楹西,坐卒爵;执爵以兴,坐奠爵,拜;执爵以兴。主人北面于东楹东答拜。主人受爵。尸升筵,立于筵末。

【注释】

①执俎:执刚才放着烤羊肉的俎。

【译文】

　　尸坐下,执爵起身。次宾进献烤羊肉,俎纵向端在手中,一块烤羊肉纵向放在俎上,盐放在它的右侧。尸左手执爵,右手接过烤羊肉,在盐上蘸一蘸,坐下振而祭之,祭毕尝一口;接着起身,将尝过的烤羊肉放在羊俎上。宾纵向端着俎下堂。尸离席,走到西楹柱的西侧面朝北坐下,将爵中的酒饮完;再执爵起身,又坐下放好爵,向主人行拜礼;再执爵起身。主人面朝北站在东楹柱之东答拜还礼。主人接过尸饮过的空爵。尸回到席上,站立在席的末端。

（以上为次宾进献烤羊肉。）

主人酌,献侑。侑西楹西北面拜受爵。主人在其右,北面答拜。主妇荐韭菹醢,坐奠于筵前,醢在南方。妇赞者执二笾黍、蓻,以授主妇。主妇不兴,受之,奠蓻于醢南,蓻在蓻东。主妇入于房。

【译文】

主人在爵中酌上酒,献给侑者。侑者站在西楹柱的西侧,面朝北向主人行拜礼,然后接过爵。主人站在侑者的右侧,面朝北答拜还礼。主妇又献上韭菹和肉酱,先坐下,再将它放在席前,肉酱在韭菹之南。主妇的助手端着盛有炒熟的麦和大麻子的两个笾,递给主妇。主妇不起身,接受之后,将炒麦放在肉酱的南侧,炒大麻子放在炒麦的东侧。然后,主妇进入房内。

（以上为主人向侑者献爵,主妇献笾豆。）

侑升筵自北方。司马横执羊俎以升[1],设于豆东。侑坐,左执爵,右取菹揠于醢,祭于豆间;又取蓻、蓻同祭于豆祭;兴,左执爵,右取肺,坐祭之,祭酒;兴,左执爵。次宾羞羊燔,如尸礼。侑降筵自北方,北面于西楹西;坐卒爵,执爵以兴;坐奠爵,拜。主人答拜。

【注释】

①羊俎：即上文所说的"侑俎"。

【译文】

侑者从席的北方入席。司马横向端着羊俎上堂，将它陈设在韭菹的东侧。侑者坐下，左手执爵，右手取韭菹在肉酱中蘸一蘸，然后在豆间致祭；又取炒麦和大麻子一并在豆间致祭；祭毕起身，左手执爵，右手取肺，再坐下致祭，祭毕又祭酒；然后起身，左手执爵。次宾进献烤羊肉，其仪节与向尸献烤羊肉时一样。侑者从席的北方离席，面朝北站在西楹柱的西侧；接着坐下饮尽爵中之酒，再执爵起身，然后又坐下放好爵，向主人行拜礼。主人答拜还礼。

（以上为设羊俎，进献烤羊肉。）

尸受侑爵，降洗。侑降立于西阶西，东面。主人降自阼阶，辞洗。尸坐奠爵于篚，兴对。卒洗，主人升，尸升自西阶。主人拜洗。尸北面于西楹西，坐奠爵，答拜，降盥。主人降，尸辞，主人对。卒盥，主人升，尸升，坐取爵，酌。司宫设席于东序，西面。主人东楹东北面拜受爵，尸西楹西北面答拜。

【译文】

尸从侑者手中接过空爵，下堂洗涤。侑者也下堂，站在西阶之西，面朝东。主人从阼阶下堂，谦词劝阻尸洗爵。尸坐下，将爵放入篚中，起身谦词对答。洗完爵，主人上堂，尸从西阶上堂。主人拜谢尸亲自洗爵。尸面朝北站在西楹柱的西侧，接着坐下放好酒爵，向主人答拜还礼，然后下堂洗手。主人随后下堂，表示不敢独自在堂上安处，尸谦词劝阻，主人谦辞以对。洗完手，主人上堂。尸也上堂，在西楹柱之西坐下取过爵,酌上酒。司宫在东序为主人铺席,席面朝西。主人站在东楹柱的东侧,面朝北拜尸后接爵,尸站在西楹柱的西侧,面朝北答拜还礼。

（以上是主人接酒爵。）

主妇荐韭菹、醢,坐奠于筵前;菹在北方。妇赞者执二笾麷、蕡;主妇不兴,受;设麷于菹西北,蕡在麷西。主人升筵自北方,主妇入于房。

【译文】

主妇进献韭菹、肉酱,坐着陈放在主人席前;菹放在肉酱之北。主妇的助手端着分别盛有炒麦和大麻子的两个笾;主妇不起身,接过笾;将炒麦陈设在菹的西北侧,炒熟的大麻子在炒麦的西侧。主人从北方入席,主妇进入房内。

（以上是主妇献笾。）

长宾设羊俎于豆西。主人坐,左执爵,祭豆笾,如侑之祭;兴,左执爵,右取肺;坐祭之,祭酒,兴。次宾羞匕湆,如尸礼。席末坐啐酒,执爵以兴。

【译文】

宾长将羊俎陈设在豆的西侧。主人坐下,左手执爵,右手祭豆笾,其仪节与侑祭时一样;然后起身,左手执爵,右手取肺,再坐下致祭,接着又祭酒,祭毕起身。次宾进献匕和羊肉汁,其仪节与献尸时一样。主人在席的末端坐着尝酒,尝毕执爵起身。

（以上是长宾设俎,次宾进献匕和肉汁。）

司马羞羊肉湆，缩执俎。主人坐，奠爵于左；兴，受肺，坐绝祭，哜之；兴，反加于湆俎。司马缩奠湆俎于羊俎西，乃载之；卒载，缩执虚俎以降。主人坐取爵以兴。次宾羞燔；主人受，如尸礼。

【译文】

司马献带汁的羊肉俎，纵向端在手中。主人坐下，将爵放在席前左方；再起身，从羊肉俎上接过祭肺，又坐下，将肺的下端绝断后致祭，祭毕尝肺；然后起身，将肺放回羊肉俎上。司马将羊肉俎纵向放在羊俎的西侧，再将带汁的羊肉全部拨到羊俎上，然后纵向端着空俎下堂。主人坐下，执爵后起身。次宾又献上烤羊肉，主人接受之，其间仪节与献尸时一样。

（以上是司马进献带汁羊肉，次宾进献烤羊肉。）

主人降筵自北方，北面于阼阶上，坐卒爵，执爵以兴；坐奠爵，拜，执爵以兴。尸西楹西答拜。主人坐奠爵于东序南。侑升。尸、侑皆北面于西楹西。主人北面于东楹东，再拜崇酒。尸、侑皆答再拜。主人及尸、侑皆升就筵。

【译文】

主人从席的北方离席，面朝北站在阼阶之上，再坐下，将爵中的酒饮完，又执爵起身；又坐下，放好爵，向尸行拜礼，然后执爵起身。尸站在西楹柱的西侧答拜还礼。主人坐下，将爵放在东序南端。侑者上堂。尸、侑者都面朝北站在西楹柱的西侧。主人面朝北站在东楹柱的东侧，行再拜礼，感谢为他斟满酒。尸、侑者都用再拜之礼作答。主人和尸、侑者都入席就座。

（以上为主人拜崇酒。）

司宫取爵于篚，以授妇赞者于房东，以授主妇。主妇洗爵于房中，出实爵，尊南，西面拜献尸。尸拜，于筵上受。主妇西面于主人之席北，拜送爵；入于房，取一羊铏，坐奠于韭菹西。主妇赞者执豕铏以从；主妇不兴，受，设于羊铏之西；兴，入于房，取糗与腶脩①，执以出；坐设之。糗在贲西，脩在白西；兴，立于主人席北，西面。尸坐，左执爵，祭糗脩，同祭于豆祭；以羊铏之柶挹羊铏，遂以挹豕铏，祭于豆祭，祭酒。次宾羞豕匕湇，如羊匕湇之礼。尸坐啐酒，左执爵，尝上铏，执爵以兴；坐奠爵，拜；主妇答拜。执爵以兴。司士羞豕胾。尸坐奠爵，兴受，如羊肉湇之礼；坐取爵，兴。次宾羞豕燔。尸左执爵，受燔，如羊燔之礼；坐卒爵，拜。

【注释】

①糗（qiǔ）：米粉做的饼。腶脩（duànxiū）：捣碎后加姜、桂的干肉。

【译文】

司宫从篚中取出酒爵，在房门外的东侧递给主妇的助手，主妇的助手又将它递给主妇。主妇在房内洗涤酒爵，再出门，在酒尊之南酌酒，接着面朝西向尸行拜礼，将爵献给尸。尸在席上行拜礼后接爵。主妇面朝西站在主人之席的北侧，拜送受爵者；然后走入房内，取出一只盛羊肉羹的铏，又坐下，将它放在韭菹的西侧。主妇的助手端着盛猪肉羹的铏跟在主妇之后；主妇不起身，从助手的手中接过铏，将它放在羊肉羹的铏的西边；又起身，走入房内，取米粉饼和加了姜桂的干肉，端着出门，在尸席前坐下。米粉饼放在大麻子之西，干肉放在稻米之西；然后起身，站在主人之席的北侧，面朝西。尸坐下，左手执爵，右手拿着米粉饼和干肉致祭,并与先前所陈祭品一并在豆间祭祀;尸用放在羊铏上的勺舀取羊铏中的羊肉羹,再用这把勺舀取猪铏中的猪肉羹,在豆间致祭,接着又祭酒。次宾进献匕和猪肉汁,其仪节与进献匕和羊肉汁时一样。尸坐着尝酒,左手执爵,右手舀取放在上首的羊铏,尝羊肉羹,执爵起身,又坐下放好爵,向主妇行拜礼;主妇答拜还礼。尸执爵起身。司士进献猪俎。尸坐下放好爵,再起身接受,其仪节与接受带汁的羊肉俎时一样;尸又坐下取爵,再起身。次宾进献烤猪肉。尸左手执爵,右手接过烤猪肉,其仪节与接受烤羊肉时一样;尸坐下将爵中的酒饮完,向主妇行拜礼。

（以上为主妇向尸献酒。）

　　主妇答拜,受爵;酌,献侑。侑拜受爵,主妇主人之北西面答拜。主妇羞糗、脩,坐奠糗于麷南,脩在蕡南,侑坐,左执爵,取糗、脩兼祭于豆祭。司士缩执豕胾以升。侑兴取肺,坐祭之。司士缩奠豕胾于羊俎之东,载于羊俎,卒,乃缩执俎以降。侑兴。次宾羞豕燔;侑受如尸礼,坐卒爵,拜。

【译文】

　　主妇答拜还礼后,接过空爵,酌上酒,献给侑者。侑者拜礼后接爵,主妇站在主人的北侧,面朝西答拜还礼。主妇进献米粉饼、加姜桂的干肉,坐着将米粉饼放在麦之南,肉放在大麻子之南,侑者坐下,左手执爵,右手执米粉饼、加姜桂的干肉,与先前所放的祭品一并在豆间致祭。司士纵向端着猪俎上堂。侑者起身,从俎上取过肺,坐下致祭。司士将猪俎纵向放在羊俎的东侧,再将猪俎上的肉全部拨到羊俎上,拨完后,纵向端着空俎下堂。于是侑者起身。次宾献上烤猪,侑者接受的仪节与献尸时一样,然后尸坐下,将爵中的酒饮完,向主妇行拜礼。

（以上为主妇向侑者献酒。）

主妇答拜，受爵，酌以致于主人。主人筵上拜受爵，主妇北面于阼阶上答拜。主妇设二铏与糗、脩，如尸礼。主人其祭糗、脩，祭铏，祭酒，受豕匕湆，拜啐酒①，皆如尸礼；尝铏不拜。其受豕胥，受豕燔，亦如尸礼；坐卒爵，拜。主妇北面答拜，受爵。

【注释】

①拜啐酒："拜"字当为衍文，可删去

【译文】

主妇答拜还礼后，接过空爵，酌上酒致送给主人。主人在席上行礼后接爵，主妇面朝北站在阼阶之上答拜还礼。主妇陈设两只盛羹的铏以及米粉饼、加姜桂的干肉，陈设的方式与献尸时一样。主人祭祀米粉饼、加姜桂的干肉，再祭铏中之羹，又祭酒，然后接过匕和带汁的猪肉，尝酒，其仪节与献尸时一样；只是尝铏中之羹后不必行拜礼。主人接受猪俎，接受烤猪，其仪节也和献尸时一样；然后坐下将爵中的酒完，向主妇行拜礼。主妇面朝北答拜还礼，再接过空爵。

（以上为主妇致爵于主人。）

尸降筵，受主妇爵以降。主人降，侑降。主妇入于房。主人立于洗东北，西面。侑东面于西阶西南。尸易爵于篚，盥洗爵。主人揖尸、侑。主人升。尸升自西阶，侑从。主人北面立于东楹东，侑西楹西北面立。尸酌。主妇出于房，西面拜，受爵。尸北面于侑东答拜。主妇入于房。司宫设席于房中，南面。主妇立于席西。妇赞者荐韭菹、醢，坐奠于筵前,菹在西方。妇人赞者执麷、蕡以授妇赞者①;妇赞者不兴,受;设麷于菹西,蕡在麷南。主妇升筵。司马设羊俎于豆南。主妇坐,左执爵,右取菹�于醢,祭于豆间;又取麷、蕡兼祭于豆祭。主妇奠爵,兴取肺,坐绝祭,唭之;兴加于俎,坐捝手,祭酒,啐酒。次宾羞羊燔。主妇兴,受燔,如主人之礼。主妇执爵以出于房,西面于主人席北,立卒爵,执爵拜。尸西楹西北面答拜。主妇入立于房。尸、主人及侑皆就筵。

【注释】

①妇赞者:宗妇中的年少者。

【译文】

尸离开席位,从主妇手中接过空爵下堂。主人随之下堂,侑者也下堂,表示不敢在堂上安处。主妇进入房内。主人站在洗的东北方,面朝西,侑者面朝东站在西阶的西南方。尸将空爵放入篚中又另取一爵,然后洗手、洗爵。主人向尸、侑者拱手行礼。主人上堂。尸从西阶上堂,侑者跟随于后。主人面朝北站在东楹柱的东侧,侑者则在西楹柱的西侧面朝北而立。尸在爵中酌上酒。主妇从房内出来,面朝西拜尸,然后接爵。尸面朝北站在侑者之东,答拜还礼。主妇走入房内。司宫在房中为主妇铺席,席面朝南。主妇站在席西。主妇的助手进献韭菹、肉酱,坐在主妇席前陈设,菹放在西侧。宗妇中的年少者端着炒麦、大麻子,将它递给主妇的助手;主妇的助手不必起身,坐着接过来;然后将炒麦放在菹的西侧,大麻子放在麦的南侧。于是,主妇入席。司马将羊俎陈设在豆的南侧。主妇坐下,左手执爵,右手取菹在肉酱中一蘸,再在豆之间祭祀;又取炒麦、大麻子,与先前所放的祭品一并在豆之间致祭。主妇放下爵,起身取肺,又坐下,将肺的下端绝断致祭,祭毕尝肺;再起身,将肺放回俎上,然后坐下擦手,又祭酒,祭毕尝酒。次宾进献烤羊

肉。主妇起身,接过烤羊肉,其仪节与次宾向主人献烤羊肉时一样。主
妇执爵走出房,面朝西站在主人之席的北侧,将爵中的酒饮完,然后执
爵拜尸。尸站在西楹柱的西侧,面朝北答拜还礼。主妇进入房内站着,
不入席。尸、主人以及侑者都入席。

(以上为尸回敬主妇。)

上宾洗爵以升[1],酌,献尸。尸拜,受爵。宾西楹西北面
拜送爵。尸奠爵于荐左[2]。宾降。

【注释】

①上宾:即宾长。

②荐左:醢的东侧。

【译文】

上宾洗爵后上堂,酌上酒,献给尸。尸行拜礼后,接爵。上宾站在
西楹柱的西侧,面朝北拜送受爵者。尸将爵放在肉酱的左侧。上宾
下堂。

(以上为上宾三献尸。)

主人降,洗觯。尸、侑降。主人奠爵于篚[1],辞。尸对。
卒洗。揖。尸升,侑不升。主人实觯酬尸,东楹东,北面坐
奠爵,拜。尸西楹西北面答拜。坐祭,遂饮,卒爵拜。尸答
拜。降洗。尸降辞。主人奠爵于篚,对,卒洗。主人升,尸
升。主人实觯,尸拜受爵。主人反位,答拜。尸北面坐,奠
爵于荐左。

【注释】

①爵：指觯，爵是饮酒器的通称，故可与觯混用。下同。

【译文】

主人下堂，洗涤酒觯。尸、侑者也随之下堂，表示不敢在堂上安处。主人将觯放入篚中，谦词劝阻。尸谦词对答。主人洗完觯，向尸拱手行礼后上堂。尸接着上堂，侑者不上堂。主人在觯中酌上酒后酬尸，在东楹柱的东侧，面朝北坐下，放好爵，向尸行拜礼。尸在西楹柱的西侧，面朝北答拜还礼。主人坐下祭酒，接着将觯中的酒饮完，再向尸行拜礼。尸答拜还礼。主人下堂洗觯。尸跟着下堂谦词劝阻。主人将觯放入篚中，谦词以对，然后将觯洗完。主人上堂，尸也上堂。主人在觯中酌酒，尸向主人行拜礼后接觯。主人回到东楹柱东侧面朝北的位置，答拜还礼。尸面朝北坐下，将觯放在肉酱的左侧稍往南的地方。

（以上为主人酬尸。）

尸、侑、主人皆升筵。乃羞，宰夫羞房中之羞于尸、侑、主人、主妇①，皆右之；司士羞庶羞于尸、侑、主人、主妇②，皆左之。

【注释】

①房中之羞：指用笾豆盛的米粉点心之类，由妇人制作，也称内羞。

②庶羞：指羊肉羹、猪肉羹等。

【译文】

尸、侑者、主人都入席。于是进献肴馔，宰夫向尸、侑者、主人、主妇进献各种谷物点心，都陈设在席的右侧；司士向尸、侑者、主人、主妇进献各种肉类食物，都陈设在席的左侧。

（以上为向尸和主人等进献肴馔。）

主人降,南面拜众宾于门东,三拜。众宾门东,北面,皆答壹拜。主人洗爵,长宾辞。主人奠爵于篚,兴对,卒洗,升酌,献宾于西阶上。长宾升,拜受爵;主人在其右,北面答拜。宰夫自东房荐脯、醢,醢在西。司士设俎于豆北,羊骼一,肠一,胃一,切肺一,肤一。宾坐,左执爵,右取脯擩于醢,祭之;执爵兴,取肺,坐祭之;祭酒,遂饮,卒爵,执爵以兴;坐奠爵,拜,执爵以兴。主人答拜,受爵。宾坐取祭以降,西面坐委于西阶西南。宰夫执荐以从,设于祭东。司士执俎以从,设于荐东。

【译文】

主人下堂,在门东面朝南向众宾行拜礼,拜三次,表示遍拜。众宾在门东面朝北而立,都以一拜之礼作答。主人洗涤酒爵,宾长谦词劝阻。主人将酒爵放入篚内,起身对答,再将爵洗完,然后上堂酌酒,在西阶之上献给宾长。宾长上堂,向主人行拜礼后接爵;主人站在他的右侧,面朝北答拜还礼。宰夫从东房进献干肉、肉酱,肉酱放在干肉之西。司士将俎陈设在豆的北侧,俎上放着:羊左后肢的中段一块,肠一截,胃一块,切肺一块,肤一块。宾长坐下,左手执爵,右手取了干肉在肉酱中蘸过,再进行祭祀;接着执爵起身,取俎上的肺,坐下致祭;然后祭酒,祭毕,将爵中的酒饮完,再执爵起身;接着又坐下,放好爵,向主人行拜礼,再执爵起身。主人答拜还礼后接爵。宾长取祭过的干肉和肺下堂,面朝西坐下,将它放在西阶的西南。宰夫执笾豆跟随于后,并将它陈设在干肉和肺的东侧。司士执俎跟在宰夫之后,将俎陈设在笾豆的东侧。

(以上为主人向宾长献酒。)

众宾长升[①],拜受爵,主人答拜。坐祭,立饮,卒爵,不拜既爵②。宰夫赞主人酌，若是以辩③。辩受爵，其荐脯、醢与肴，设于其位。其位继上宾而南④，皆东面。其肴体⑤，仪也⑥。

【注释】

①长升：按年齿长幼顺序上堂。

②既爵：卒爵，饮尽爵中之酒。

③辩：通"遍"。

④上宾：即宾长。

⑤肴体：放在俎上的牲骨。

⑥仪：度，选择。此指在剩余的牲骨中选择可用者。

【译文】

除宾长之外的众宾，按长幼之序上堂，向主人行拜礼后接爵，主人答拜还礼。众宾都是坐着祭酒，站着饮酒，要将爵中之酒饮完，饮完后不必向主人行拜礼。宰夫协助主人酌酒，一一为众宾酌遍。众宾一一接过爵后，进献干肉、肉酱和放有牲体的俎，都陈设在每位宾的席前。他们的席位接在上宾之后往南排列，都是面朝东。俎上的牲体，都经过选择。

（以上为遍献众宾。）

乃升长宾。主人酌，酢于长宾①；西阶上北面，宾在左。主人坐奠爵，拜，执爵以兴；宾答拜。坐祭，遂饮，卒爵，执爵以兴；坐奠爵，拜。宾答拜。宾降。

【注释】

①酢于长宾：主人代替长宾自酢。长宾是助祭之宾，身份较低，不

敢酢主人。

【译文】

于是，请长宾上堂。主人酌酒后，代替长宾向自己酢酒；主人在西阶之上面朝北而立，长宾在其左侧。主人坐下放好酒爵，向长宾行拜礼，再执爵起身，长宾答拜还礼。主人坐下祭酒，接着将爵中之酒饮完，再执爵起身；然后又坐下放好爵，向长宾行拜礼。长宾答拜还礼。长宾下堂。

（以上为主人自酢。）

宰夫洗觯以升。主人受酬，降酬长宾于西阶南，北面。宾在左。主人坐奠爵，拜，宾答拜。坐祭，遂饮，卒爵拜。宾答拜。主人洗，宾辞。主人坐奠爵于篚，对，卒洗，升酌，降复位。宾拜受爵，主人拜送爵。宾西面坐，奠爵于荐左。

【译文】

宰夫洗觯后上堂。主人接觯酌上酒，下堂到西阶之南酬长宾，面朝北。长宾站在主人的左侧。主人坐下，放好觯，起身拜长宾，长宾答拜还礼。主人坐下祭酒，祭毕饮酒，，将爵中的酒饮完后拜长宾。长宾答拜还礼。主人准备洗觯，长宾谦词劝阻。主人坐下将觯放入篚中，谦词以对，洗完后，上堂酌酒，然后下堂回到原位。长宾向主人行拜礼后接觯，主人拜送接觯者。长宾面朝西坐下，将觯放在笾豆的左侧。

（以上为主人酬宾长。）

主人洗，升酌，献兄弟于阼阶上。兄弟之长升，拜受爵。主人在其右答拜。坐祭，立饮，不拜既爵。皆若是以辩。辩受爵，其位在洗东，西面北上。升受爵，其荐脀设于其位。

其先生之肴^①，折胁一，肤一。其众，仪也。

【注释】

①先生：即兄弟中的最年长者。

【译文】

主人又洗爵，上堂酌酒，在阼阶之上献给兄弟。兄弟中的年长者上堂，向主人行拜礼后接爵。主人站在他的右侧答拜还礼。兄弟中的年长者坐下致祭，站着将爵中之酒饮完，不必拜谢主人。其余的兄弟都用这样的仪节一一轮遍。众兄弟都接过爵，站在洗的东侧，面朝西，从北往南排列，以站在北首者为尊。接着，众兄弟上堂接爵，进献的笾豆和俎，陈设在每人的位前。兄弟中最年长者的俎上放着：折断的胁骨一块，肤一块。众兄弟的俎上的食物，都选择过。

（以上为主人向兄弟献酒。）

主人洗，献内宾于房中^①。南面拜受爵，主人南面于其右答拜。坐祭，立饮，不拜既爵。若是以辩，亦有荐肴。

【注释】

①内宾：姑姊妹、宗妇等。

【译文】

主人洗爵酌酒，在房中献给内宾。内宾面朝南拜主人后接爵，主人面朝南站在内宾的右侧答拜还礼。内宾坐下致祭，站着将爵中的酒饮完后，不必向主人行拜礼。用这样的仪节一一向各位内宾献酒，每人位前都有笾豆和俎。

（以上为主人向内宾献酒。）

　　主人降洗,升献私人于阼阶上①。拜于下,升受,主人答其长拜。乃降,坐祭,立饮,不拜既爵。若是以辩。宰夫赞主人酌。主人于其群私人不答拜。其位继兄弟之南,亦北上,亦有荐胥。主人就筵。

【注释】

　　①私人:家臣。

【译文】

　　主人下堂洗爵,上堂酌酒,在阼阶之上献给家臣。家臣在堂下向主人行拜礼,然后上堂接爵,主人只向家臣之长答拜还礼。家臣下堂,坐着祭酒,站着将爵中之酒饮毕,不必向家长行拜礼。主人用这样的仪节向每位家臣献酒。宰夫在旁协助主人酌酒。对于家臣之长以外的众家臣,主人不答拜还礼。众家臣之位接在众兄弟之后往南排列,也是以北首为尊,各自也都有笾豆和俎。礼毕主人到东序即席。

　　(以上为主人向家臣献酒。)

　　尸作三献之爵①。司士羞湆鱼,缩执俎以升。尸取朊祭祭之,祭酒,卒爵。司士缩奠俎于羊俎南,横载于羊俎,卒,乃缩执俎以降。尸奠爵拜。三献北面答拜②,受爵,酌献侑。侑拜受,三献北面答拜。司马羞湆鱼一,如尸礼。卒爵拜。三献答拜,受爵,酌致主人。主人拜受爵,三献东楹东北面答拜。司士羞一湆鱼,如尸礼。卒爵拜。三献答拜,受爵。

【注释】

　　①三献之爵:指上宾所献之爵,因上宾献爵后三献之礼成,故名。此时尸的席前除上宾所献之爵外,还有主人酬尸之爵,所以此处

　　说明所举为三献之爵。

②三献:指上宾。

【译文】

　　尸举起上宾所献之爵。司士献带汁的鱼俎,纵向端着上堂。尸取俎上鱼下腹的大块肉致祭,接着祭酒,最后将爵中之酒饮完。司士将鱼俎纵向放置在羊俎的南侧,再将俎上的鱼横放在羊俎上,放毕,纵向端着俎下堂。尸放下酒爵,向上宾行拜礼。上宾面朝北答拜还礼,然后接过空爵,酌上酒献给侑者。侑者行拜礼后接爵,上宾面朝北答拜还礼。司马又进献一条带汁的鱼,其仪节与献尸时一样。侑者将爵中的酒饮完,向上宾行拜礼。上宾答拜还礼,接过空爵,酌上酒献给主人。主人行拜礼后接爵,上宾站在东楹柱的东侧,面朝北答拜还礼。司士又献上一条带汁的鱼,其仪节与献尸时一样。主人将爵中的酒饮完后,向上宾行拜礼。上宾答拜还礼,接过空爵。

　　(以上为尸献侑者、致爵于主人。)

　　尸降筵,受三献爵,酌以酢之。三献西楹西北面拜受爵,尸在其右以授之。尸升筵,南面答拜,坐祭,遂饮,卒爵拜。尸答拜。执爵以降,实于篚。

【译文】

　　尸离席,从上宾手中接过空爵,酌酒酢上宾。上宾在西楹柱的西侧,面朝北向尸行拜礼,然后接爵,尸站在上宾的右侧将爵授给他。尸即席,面朝南答拜上宾,后坐下致祭,接着将爵中的酒饮完,向尸行拜礼。尸答拜还礼。上宾执空爵下堂,将它放入篚中。

　　(以上为主人接受尸的敬酒。)

　　二人洗觯，升实爵，西楹西，北面东上，坐奠爵，拜，执爵以兴；尸、侑答拜。坐祭，遂饮，卒爵，执爵以兴，坐奠爵，拜；尸、侑答拜。皆降洗，升酌，反位。尸、侑皆拜受爵，举觯者皆拜送。侑奠觯于右。尸遂执觯以兴，北面于阼阶上酬主人；主人在右。坐奠爵，拜；主人答拜。不祭，立饮，卒爵，不拜既爵；酌，就于阼阶上酬主人。主人拜受爵，尸拜送。尸就筵，主人以酬侑于西楹西；侑在左。坐奠爵，拜，执爵兴；侑答拜。不祭，立饮，卒爵，不拜既爵；酌，复位。侑拜受，主人拜送。主人复筵，乃升长宾。侑酬之，如主人之礼。至于众宾，遂及兄弟，亦如之；皆饮于上。遂及私人，拜受者升受，下饮；卒爵，升酌，以之其位，相酬辩。卒饮者实爵于篚。乃羞庶羞于宾、兄弟、内宾及私人。

【译文】

　　堂下的二位助祭者各洗一觯，上堂酌酒，然后在西楹柱的西侧面朝北并排而立，以站在东边者为尊，再坐下放好觯，向尸、侑者行拜礼，然后执觯起身；尸、侑者答拜还礼。二位助祭者坐下祭酒，祭毕将觯中的酒饮完，执觯起身，接着又坐下放好觯，向尸、侑者行拜礼；尸、侑者答拜还礼。二位助祭者都又下堂洗觯，再上堂酌酒，回到西楹之西原位。尸、侑者都行拜礼后接觯，两位助祭者拜送接觯者。侑者将觯放在席前右侧。尸则执觯起身，面朝北站在阼阶之上酬敬主人；主人站在他的右侧。尸坐下放好觯，向主人行拜礼，主人答拜还礼。尸不必祭祀觯中的酒，就可以站着饮酒，并且全部饮完，饮毕不必再拜主人；但要再在觯中酌上酒，就近在阼阶之上酬敬主人。主人行拜礼后接觯，尸拜送接觯者。尸即席，主人在西楹柱的西侧举觯酬敬侑者；侑者站在主人的左侧。主人坐下放好觯，向侑者行拜礼，再执觯起身；侑者答拜还礼。主人不必祭酒，就可以站着饮酒，将觯中之酒饮完，不必再拜侑者；然后再在觯中酌上酒，回到西楹之西原位。侑者向主人行拜礼后接觯，主人拜而送之。主人回到东序的席位上，接着，请长宾上堂。侑者举觯酬敬长宾，其仪节与酬敬主人时一样。接着轮到向众宾酬酒，再轮到向众兄弟酬酒，其仪节也是如此，都是在堂上饮酒。又轮到向家臣酬酒，家臣之长先在堂下行拜礼，再上堂接觯，然后下堂饮酒；将觯中之酒饮完后，又上堂酌酒，站到所酬者之位，与所有家臣相酬而遍。最后一位饮酒的家臣要将空觯放回篚中。接着，向宾、兄弟、内宾和家臣进献各种肴馔。

（以上为旅酬。）

兄弟之后生者举觯于其长，洗，升酌，降，北面立于阼阶南；长在左。坐奠爵，拜，执爵以兴；长答拜。坐祭，遂饮，卒爵，执爵以兴；坐奠爵，拜，执爵以兴；长答拜。洗，升酌，降。长拜受于其位，举爵者东面答拜。爵止。

【译文】

兄弟中的年幼者举觯献给他们中的年长者，先洗觯，再上堂酌酒，然后下堂，面朝北站在阼阶之南；年长者站在他的左侧。年幼者坐下放好觯，向年长者行拜礼，再执觯起身；年长者答拜还礼。年幼者坐下致祭，接着将觯中之酒饮完，再执觯起身；然后坐下放好觯，向年长者行拜礼，再执觯起身；年长者答拜还礼。年幼者洗觯，再上堂酌酒，然后下堂。年长者在阼阶东南的席位上拜年幼者，然后接觯，年幼者面朝东答拜还礼。年长者放下觯。

（以上为年幼者举觯。）

宾长献于尸[1]，如初；无湆[2]，爵不止。

【注释】

①宾长:指众宾之长。

②滫:指滫鱼,带汁的鱼。

【译文】

宾长向尸献酒,其仪节与上宾献尸时一样;不进献带汁的鱼,献尸时即举爵,尸受爵后不奠爵。

(以上为宾长向尸献加爵。)

宾一人举爵于尸①,如初,亦遂之于下②。

【注释】

①宾一人:指年龄次于众宾之长的一位。

②之:往,及。

【译文】

一位年龄次于众宾之长的宾举爵向尸进酬酒,表示再次旅酬开始,其仪节与二位助祭者向尸、侑者献酒时一样,也及于众宾、兄弟,下至家臣。

(以上为宾一人举爵于尸及再次旅酬开始。)

宾及兄弟交错其酬,皆遂及私人,爵无算。

【译文】

众宾及兄弟互相酬酒,最后都下及于私臣,所进酬酒不计爵数。

(以上为宾长等献尸以及旅酬。)

尸出,侑从。主人送于庙门之外,拜,尸不顾;拜侑与长宾,亦如之。众宾从。司士归尸、侑之俎。主人退,有司彻。

【译文】

尸出庙门时,侑者跟随于后。主人在庙门之外送别,向尸行拜礼,到尸不再回头时才回门内;向侑者和长宾行拜礼,也是如此。众宾跟随长宾离去。司士将尸、侑者的俎送至各自的家中。于是,主人回到寝室,有司们撤除堂上堂下的荐俎等。

(以上为傧尸之礼完毕。)

若不傧尸①,则祝侑亦如之②。尸食③,乃盛俎:臑、臂,肫,脡脊,横脊,短胁,代胁,皆牢;鱼七;腊辩④。无髀。卒盛,乃举牢肩。尸受,振祭,哜之。佐食受,加于肵。

【注释】

①不傧尸:下大夫不傧尸,以示礼数有别。

②祝侑亦如之:祝侑尸之前与上大夫傧尸相同,指七饭时。

③尸食:祝侑毕尸又吃饭,即八饭。

④腊辩:即腊胖,指腊的右半边。

【译文】

如果是下大夫,则不傧尸,祝侑尸以前的仪节都与上大夫傧尸时一样。尸八饭时,在俎上盛放牲前肢的下段、上段,后肢的上段,中脊骨,后脊骨,后胁骨,前胁骨,都是有羊、有猪;鱼七条;兽腊的右半边,但没有靠近后窍的部分。盛放完毕,上佐食进献羊、猪的右肩。尸接受后,振而祭之,然后尝一口。上佐食将尝过的右肩接过来,放在肵俎上。

(以上为下大夫在尸八饭之后的仪节。)

佐食取一俎于堂下，以入，奠于羊俎东。乃摭于鱼、腊俎①，俎释三个②。其余皆取之，实于一俎以出。祝、主人之鱼、腊取于是③。尸不饭，告饱。主人拜侑，不言；尸又三饭④。佐食受牢举⑤，如傧。

【注释】

①摭（zhí）：拾取。

②俎释三个：每俎剩下三个不取，以备阳厌时用。个，枚。

③祝、主人之鱼、腊取于是：此句"祝、主人"之后当有"主妇"二字，由下文可以推知。

④尸又三饭：尸此前已八饭。此时有三饭，共十一饭。依古礼，士九饭，大夫十一饭。

⑤举：肺、脊。

【译文】

佐食者在堂下取一空俎，进入室内，放在羊俎的东侧。然后从鱼俎、腊俎上拾取鱼、腊，每俎都只剩三枚。其余都拾取，放在同一个空俎上，端出室。祝、主人、主妇俎上的鱼、腊肉都取于此。尸不再吃饭，禀告主人已经吃饱。主人对尸行拜礼，劝他再吃，但不必说话；尸又吃三口饭。佐食者进献羊和猪的肺、脊，其仪节和上大夫傧尸时一样。

（以上为不傧尸者尸十一饭的仪节。）

主人洗、酌，酳尸，宾羞肝①，皆如傧礼。卒爵，主人拜，祝受尸爵，尸答拜。祝酌授尸，尸以醋主人②，亦如傧。其绥祭，其嘏，亦如傧。其献祝与二佐食，其位，其荐羞，皆如傧。

【注释】

①肝：指牢肝，羊和猪的肝。

②醋（zuò）：客以酒回敬主人，也作"酢"。

【译文】

　　主人洗爵、酌酒，然后献给尸，宾长进献羊肝、猪肝，其仪节与上大夫傧尸时一样。尸将爵中的酒饮完，主人拜尸，祝从尸手中接过空爵，尸答拜还礼。祝在爵中酌上酒后递给尸，尸用它酢主人，其仪节与傧尸时一样。其后的绥祭、祝福的嘏辞，也与傧尸时一样。主人向祝、二位佐食者献酒时，其位置和所献荐豆俎，都与傧尸时一样。

　　（以上为不傧尸者的主人初献之仪。）

　　主妇其洗献于尸，亦如傧。主妇反取笾于房中，执枣、糗；坐设之，枣在稷南，糗在枣南。妇赞者执栗、脯；主妇不兴，受，设之，栗在糗东，脯在枣东。主妇兴，反位。尸左执爵，取枣、糗。祝取栗、脯以授尸。尸兼祭于豆祭，祭酒，啐酒。次宾羞牢燔，用俎，盐在右。尸兼取燔换于盐，振祭，哜之。祝受，加于肵。卒爵。主妇拜。祝受尸爵。尸答拜。祝易爵，洗，酌，授尸。尸以醋主妇，主妇主人之北拜受爵，尸答拜。主妇反位，又拜。上佐食绥祭，如傧。卒爵拜，尸答拜。主妇献祝，其酌如傧。拜，坐受爵。主妇主人之北答拜。宰夫荐枣、糗，坐设枣于菹西，糗在枣南。祝左执爵，取枣、糗祭于豆祭，祭酒，啐酒。次宾羞燔，如尸礼。卒爵。主妇受爵，酌献二佐食，亦如傧。主妇受爵，以入于房。

【译文】

主妇洗爵献酒于尸,其仪节也和傧尸时一样。主妇返回房内取二笾,分别盛有枣和米粉饼;然后在室中坐下陈设,枣放在稷的南侧,米粉饼又放在枣的南侧。主妇的助手端着栗、干肉;主妇不起身,坐着接过来陈设,栗在米粉饼的东侧,干肉在枣的东侧。然后,主妇起身,回到原位。尸左手执爵,右手取枣、米粉饼。祝取栗、干肉递给尸。尸把它们与原先所放的祭品一并在豆之间致祭,接着祭酒,祭毕尝酒。次宾献上炙烤的羊肉和猪肉,用俎盛放,盐在肉的右侧。尸同时拿着炙烤的羊肉和猪肉,在盐上蘸,接着振而祭之,祭毕尝一口。祝接过尸尝过的烤肉,放在肵俎上。尸又将爵中的酒饮完。主妇向尸行拜礼。祝从尸手中接过空爵。尸向主妇答拜还礼。祝下堂另换一爵,洗涤后,酌上酒,再递给尸。尸用它酢主妇,主妇站在主人的北侧,拜尸后接爵,尸答拜还礼。主妇回到原位,又拜尸。上佐食协助主妇进行绥祭,其仪节与傧尸时一样。主妇将爵中之酒饮毕,向尸行拜礼,尸答拜还礼。主妇向祝献酒,自尸卒爵到此的仪节,都与傧尸时一样。尸向主妇行拜礼后,坐下接爵。主妇站在主人的北侧答拜还礼。宰夫进献枣、米粉饼,坐着将枣陈设在菹的西侧,米粉饼在枣的南侧。祝左手执爵,右手取枣、米粉饼在豆间致祭,接着祭酒,祭毕尝酒。次宾进献烤肉,其仪节与献尸时一样。祝将爵中之酒饮完。主妇接过空爵,酌上酒后又献给二位佐食者,其仪节也和傧尸时一样。主妇接过空爵,拿着走入房内。

(以上为不傧尸者的主妇亚献之仪。)

宾长洗爵,献于尸。尸拜受,宾户西北面答拜。爵止。主妇洗于房中,酌,致于主人。主人拜受,主妇户西北面拜送爵。司宫设席。主妇荐韭、菹、醢,坐设于席前,菹在北方。妇赞者执枣、糗以从;主妇不兴,受设枣于菹北,糗在枣

西。佐食设俎，臂、脊、胁、肺皆牢，肤三，鱼一，腊臂。主人
左执爵，右取菹揳于醢，祭于豆间；遂祭笾，奠爵，兴，取牢
肺，坐绝祭，哜之；兴，加于俎；俎，坐捝手，祭酒；执爵以兴，
坐卒爵，拜。

【译文】

　　宾长洗爵，酌酒后献给尸。尸向宾长行拜礼后接爵，宾长站在室门
之西，面朝北答拜还礼。尸将酒爵放在席前，表示三献之礼已成，希望
神的恩惠遍及室中之人。主妇在房中洗爵，再酌上酒，致送给主人。主
人拜后接爵，主妇站在室户之西，面朝北拜送受爵者。司宫为主人设
席。主妇进献韭菹、肉酱，坐着陈设在主人席前，菹放在北边。主妇的
助手拿着枣、米粉饼跟在主妇之后；主妇不起身，坐着接过来，将枣放在
菹的北侧，米粉饼放在枣的西侧。佐食者陈设俎，俎上放着牲前肢的上
段、脊骨、胁骨、肺，都是羊、猪各一块，肤三块，鱼一条，腊兽的前肢上
段。主人左手执爵，右手取菹，蘸上肉酱，在豆之间致祭；接着祭笾，主
人放下爵，再起身，从俎上取羊和猪的肺，坐下将肺的末端扯断致祭，祭
毕尝肺，然后起身，将肺放回俎上，再坐下擦手，接着祭酒；祭毕执爵起
身，再坐下将爵中之酒饮完，向主妇行拜礼。

　　（以上为不傧尸者宾长献尸、主妇致爵于主人。）

　　主妇答拜，受爵，酌以醋，户内北面拜，主人答拜。卒
爵，拜。主人答拜。主妇以爵入于房。

【译文】

　　主妇向主人答拜还礼后，接过空爵，酌酒自酢，然后在室门之内面
朝北行拜礼，主人答拜还礼。主妇将爵中的酒饮完，向主人行拜礼。主

人答拜还礼。主妇执空爵走入房内。

（以上为不傧尸者主妇自酢的仪节。）

　　尸作止爵，祭酒，卒爵。宾拜。祝受爵。尸答拜。祝酢授尸。宾拜受爵，尸拜送。坐祭，遂饮，卒爵拜。尸答拜。献祝及二佐食。

【译文】

　　尸举起席前宾长所献、放置未饮的爵，先祭酒，然后将爵中的酒饮完。宾长向尸行拜礼。祝从尸手中接过空爵。尸向宾长答拜还礼。祝酌酒后将爵授给尸。宾长拜而接爵，尸拜送接爵者。宾长坐下致祭，接着饮酒，将爵中之酒饮毕，向尸行拜礼。尸答拜还礼。接着，宾长向祝和二位佐食者献酒。

　　（以上为不傧尸者举止爵酢宾，宾献祝等。）

　　洗，致爵于主人。主人席上拜受爵，宾北面答拜。坐祭，遂饮，卒爵，拜。

【译文】

　　宾长洗爵，酌酒后献爵于主人。主人在席上向宾长行拜礼后接爵，宾长面朝北答拜还礼。主人坐下致祭，祭毕将爵中的酒饮完，再向宾长行拜礼。

　　（以上为不傧尸者宾长献爵于主人。）

　　宾答拜，受爵，酌，致爵于主妇。主妇北堂[①]；司宫设席，东面。主妇席北东面拜受爵，宾西面答拜。妇赞者荐韭、菹、醢,菹在南方。妇人赞者执枣、糗,授妇赞者;妇赞者不兴,受,设枣于菹南,糗在枣东。佐食设俎于豆东:羊臑,豕折,羊脊、胁,祭肺一、肤一、鱼一,腊臑。主妇升筵,坐,左执爵,右取菹�于醢,祭之;祭笾,奠爵,兴取肺,坐绝祭,哜之;兴加于俎,坐挩手;祭酒,执爵兴,筵北东面立卒爵,拜。宾答拜。

【注释】

①北堂:中房以北。

【译文】

　　宾长向主人答拜还礼后,接过空爵,酌上酒,献爵于主妇。主妇站在北堂;司宫为主妇铺席,席面朝东。主妇站在席的北侧,面朝东向宾长行拜礼,然后接爵,宾长面朝西答拜还礼。主妇的助手进献韭菹、肉酱,韭菹放在肉酱南边。宗妇中的年少者拿着枣、米粉饼,递给主妇的助手;主妇的助手不起身,坐着接受,将枣陈设在菹的南侧,米粉饼陈设在枣的东侧。佐食者将俎陈设在豆的东侧,俎上放着:羊前肢的下段,节折的猪骨,羊的脊骨、胁骨,祭肺一块,肤一块,鱼一条,腊兽前肢的下段。主妇即席坐下,左手执爵,右手取菹蘸肉酱,进行祭祀;接着祭笾,祭毕放下爵,起身从俎上取肺,再坐下将肺的下端绝断后致祭,祭毕尝肺,又起身将肺放到俎上,然后坐下擦手;接着祭酒,祭毕执爵起身,在席的北边,面朝东站着将爵中的酒饮完,再向宾长行拜礼。宾长答拜还礼。

　　(以上为不傧尸者宾长向主妇献爵。)

　　宾受爵,易爵于篚,洗、酌,醋于主人,户西北面拜,主人答拜。卒爵,拜,主人答拜。宾以爵降奠于篚。

【译文】

　　宾长接过主妇的空爵，在篚中另换一爵，洗涤后酌上酒，代替主人酢自己，并在室门之西面朝北行拜礼，主人答拜还礼。宾长将爵中之酒饮完后，向主人行拜礼，主人答拜还礼。宾长拿着空爵下堂，将它放在篚中。

　　（以上为不傧尸者宾长自酢。）

　　乃羞。宰夫羞房中之羞，司士羞庶羞于尸、祝、主人、主妇，内羞在右，庶羞在左。

【译文】

　　接着，进献各种点心和肴馔。宰夫进献房中之羞，司士将各种肴馔分别献给尸、祝、主人、主妇，房中之羞为内羞，放在右边，各种肴馔放在左边。

　　（以上为不傧尸者陈设庶羞。）

　　主人降，拜众宾；洗，献众宾。其荐胥，其位，其酬醋，皆如傧礼。主人洗，献兄弟与内宾，与私人，皆如傧礼。其位，其荐胥，皆如傧礼。卒，乃羞于宾、兄弟、内宾及私人，辩。

【译文】

　　主人下堂，向众宾行拜礼；接着洗爵，酌酒后献给众宾。进献的笾豆和俎，分设于众宾之位；主人酬长宾与主人自酢，其仪节与傧尸之时一样。主人又洗爵，酌酒后献给兄弟的内宾，下及于家臣，其仪节也与傧尸时一样。每人的位置，以及笾豆和俎，都与傧尸时一样。献毕，乃进献庶羞于众宾、兄弟、内宾以及家臣，每人都献到。

（以上为不傧尸者三献后主人遍献。）

宾长献于尸，尸醋。献祝，致[1]，醋。宾以爵降，实于篚。

【注释】

①致：致爵于主人、主妇。

【译文】

宾长向尸献酒，尸用它酢宾长。宾长又向祝献酒，并致爵于主人主妇，又代替主人自酢。最后，宾长执空爵下堂，放入篚中。

（以上为不傧尸者次宾长向尸献加爵。）

宾，兄弟，交错其酬，无算爵。

【译文】

众宾、兄弟举爵交错相酬以行旅酬之礼，不计爵数。

（以上为不傧尸旅酬无算爵。）

利洗爵，献于尸。尸醋。献祝。祝受，祭酒，啐酒，奠之。

【译文】

上佐食洗爵，酌酒后献给尸。尸向上佐食进酢酒。上佐食又向祝献酒。祝接爵后祭酒，祭毕尝酒，然后放爵于席前。

（以上为不傧尸者加爵、旅酬等。）

主人出，立于阼阶上，西面。祝出，立于西阶上，东面。

祝告于主人曰："利成。"祝入,主人降,立于阼阶东,西面。尸谡。祝前,尸从,遂出于庙门。祝反,复位于室中。祝命佐食彻尸俎。佐食乃出尸俎于庙门外;有司受,归之。彻阼荐俎。乃餍,如傧。

【译文】

　　主人走出室门,站在阼阶之上,面朝西。祝走出室门,站立在西阶之上,面朝东。祝向主人禀告说:"供养之礼已成。"祝走入室内。主人下堂,站在阼阶的东侧,面向西。尸起身。祝在前引路,尸跟从于后,于是走出庙门。然后,祝回到室中原位。祝命令佐食者撤去尸的俎。佐食者便将尸的俎撤到庙门外,有司接过来,送往尸的家中。接着,佐食者撤去主人的笾豆和俎。于是,行餍食之礼,其仪节与傧尸时一样。

　　(以上为不傧尸者礼毕餍食。)

　　卒餍,有司官彻馈[1],馔于室中西北隅,南面,如馈之设,右几,厞用席。纳一尊于室中。司宫扫祭[2]。主人出,立于阼阶上,西面。祝执其俎以出,立于西阶上,东面。司宫阖牖户。祝告利成,乃执俎以出于庙门外;有司受,归之。众宾出。主人拜送于庙门外,乃反。妇人乃彻,彻室中之馔。

【注释】

　　①有司官:指司马、司士、宰夫等。馈:指俎、豆、敦等馈食之器。
　　②扫祭:清扫豆间致祭的食物,然后埋于西阶的东侧。

【译文】

　　餍食之礼完毕,司马、司士撤俎,宰夫撤豆、敦,改设于室中的西北角,面朝南,具体位置与馈食时所设一样。几放在右侧,屋角用席围隔,使之阴幽。只将一尊酒放到室中。司宫扫除豆间致祭的食物。主人走出室门，站立在阼阶之上，面朝西。祝拿着自己的俎走出室门，站立在西阶之上，面朝东。司宫合上门窗。祝宣布供养之礼已经结束，于是拿着俎走出庙门，有司在此接过俎，送往祝的家。接着，众宾出门。主人到庙门外拜而相送，然后返回。于是主妇的助手撤除室中、房中所剩祭品，撤除司马、司士、宰夫等陈设在室内西北角的祭品。

（以上为不傧尸者的阳厌之仪。）

中华经典名著
全本全注全译丛书
（已出书目）

老子	说苑
道德经	列仙传
鹖冠子	盐铁论
黄帝四经·关尹子·尸子	法言
孙子兵法	方言
墨子	潜夫论
管子	政论·昌言
孔子家语	风俗通义
吴子·司马法	申鉴·中论
商君书	太平经
慎子·太白阴经	伤寒论
列子	周易参同契
鬼谷子	人物志
庄子	博物志
公孙龙子(外三种)	抱朴子内篇
荀子	抱朴子外篇
六韬	西京杂记
吕氏春秋	神仙传
韩非子	搜神记
山海经	拾遗记
黄帝内经	世说新语
素书	弘明集
新书	齐民要术
淮南子	刘子
九章算术(附海岛算经)	颜氏家训
新序	中说